中国基本单位统计年鉴 2018

国家统计局普查中心 编

CHINA BASIC STATISTICAL UNITS YEARBOOK

中国统计出版社
China Statistics Press

图书在版编目（CIP）数据

中国基本单位统计年鉴. 2018 / 国家统计局普查中心编. -- 北京 ：中国统计出版社, 2018.9
ISBN 978-7-5037-8639-6

Ⅰ. ①中… Ⅱ. ①国… Ⅲ. ①统计资料－中国－2018－年鉴 Ⅳ. ①C832-54

中国版本图书馆 CIP 数据核字(2018)第 201563 号

中国基本单位统计年鉴—2018

作　者/国家统计局普查中心
责任编辑/王振宇
封面设计/杨　超　李雪燕
出版发行/中国统计出版社
通信地址/北京市丰台区西三环南路甲 6 号　邮政编码/100073
电　话/邮购（010）63376909　书店（010）68783171
网　址/ http://www.zgtjcbs.com
印　刷/河北鑫兆源印刷有限公司
经　销/新华书店
开　本/880×1230㎜　1/16
字　数/588 千字
印　张/19
版　别/2018 年 9 月第 1 版
版　次/2018 年 9 月第 1 次印刷
定　价/220.00 元（附光盘）

本书附同版本 CD-ROM 一张，光盘内容以书面文字为准。
如有印装差错，由本社发行部调换。

《中国基本单位统计年鉴-2018》编辑委员会

编 者 说 明

一、《中国基本单位统计年鉴－2018》是一部反映中华人民共和国各类基本单位情况的资料性工具书。本书分为两部分：第一部分是全国各类法人单位按地区、国民经济行业等进行各种分组汇总而成的综合资料；第二部分是全国各类企业法人单位按地区、国民经济行业、登记注册类型、营业状态等进行各种分组汇总而成的综合资料。

二、1996 年数据来源于第一次全国基本单位普查资料，2001 年数据来源于第二次全国基本单位普查资料，2004 年数据来源于第一次全国经济普查资料，2008 年数据来源于第二次全国经济普查资料，2013 年数据来源于第三次全国经济普查资料，其他年份的数据来源于基本单位年度统计资料。

三、资料的汇总范围为我国境内从事经济社会活动的法人单位，未包括香港、澳门特别行政区和台湾省。

《中国基本单位统计年鉴－2018》内容系统、翔实，具有较强的实用性，可作为各级政府和经济管理部门进行宏观管理、制定政策的参考，也是企业生产经营及投资决策和科研机构、大专院校进行科研及教学活动的辅助资料。

恳请广大读者对本书提出宝贵意见。

目　　录

第一部分　全部法人单位综合资料

第二部分　企业法人单位综合资料

第一部分

全部法人单位综合资料

1-1 按行业(门类)分组的法人单位数

单位：个

行业门类	代码	法人单位数							
		1996年	1997年	1998年	1999年	2000年	2001年	2002年	2003年
总计	--	**4402276**	**4344278**	**4417508**	**4221995**	**4366141**	**5107015**	**5170849**	**5214144**
农、林、牧、渔业	A	148029	148269	147656	142055	142140	171526	170953	156033
采矿业	B	100362	99578	102265	91026	90484	71409	70851	72538
制造业	C	1256323	1221878	1290304	1192280	1243607	1220587	1239549	1298870
电力、热力、燃气及水生产和供应业	D	30543	29864	30299	30031	30841	36982	37136	33570
建筑业	E	126710	125476	125541	112973	118240	123187	129062	132059
批发和零售业	F	681853	678488	668847	654887	693108	807454	829029	840241
交通运输、仓储和邮政业	G	63808	62871	62941	57772	59711	82162	83489	85991
住宿和餐饮业	H	81444	71835	79270	78804	83014	100768	102244	103537
信息传输、软件和信息技术服务业	I	20381	18545	22141	22826	25425	57420	59368	58307
金融业	J	73824	74054	73941	69029	70228	63996	64806	64802
房地产业	K	39693	40903	44606	44051	48363	92417	96795	98943
租赁和商务服务业	L	96609	109537	100411	97410	107229	234265	242109	219567
科学研究和技术服务业	M	42048	41299	43264	42608	45003	75666	78356	110685
水利、环境和公共设施管理业	N	29508	28661	30273	29315	30189	51007	51426	47847
居民服务、修理和其他服务业	O	52677	45707	51786	48898	54366	94655	96244	64391
教育	P	215358	219281	215530	214042	218304	307817	308320	304056
卫生和社会工作	Q	112326	112810	112695	112375	114388	200360	200761	198879
文化、体育和娱乐业	R	41064	36522	41388	40094	41060	57410	57891	77717
公共管理、社会保障和社会组织	S	1185790	1174810	1170475	1137752	1146645	1254546	1250166	1243967
国际组织	T	3926	3890	3875	3767	3796	3381	2294	2144

注：2004年和2008年农、林、牧、渔业法人单位数为兼营第二、三产业的农、林、牧、渔业法人单位；2013年农、林、牧、渔业法人单位数为农、林、牧、渔服务业和兼营第二、三产业的农、林、牧、渔业法人单位；2013年法人单位数不包括金融业、铁路运输业和无分组标识的部分数据(下同)。

1-1　续表 1

单位：个

行业门类	代码	2004年	2005年	2006年	2007年	2008年	2009年	2010年
总计	--	**5168303**	**5647823**	**6068912**	**6495064**	**7098765**	**8003868**	**8754588**
农、林、牧、渔业	A	1835	68800	78205	98546	2023	184764	242429
采矿业	B	82353	89430	93967	97678	97315	103403	104065
制造业	C	1328964	1451556	1579406	1702455	1818370	1959254	2098370
电力、热力、燃气及水生产和供应业	D	39830	43148	45922	49052	57923	62038	64151
建筑业	E	128193	149471	170180	190517	226768	261694	302232
批发和零售业	F	883653	994953	1122489	1246042	1403141	1670315	1965118
交通运输、仓储和邮政业	G	80375	91565	104635	117228	157589	175914	195829
住宿和餐饮业	H	92869	101853	109892	118173	145297	154895	164762
信息传输、软件和信息技术服务业	I	72913	85499	100614	115101	153290	176326	191182
金融业	J	23793	26828	29201	31815	28668	36907	45512
房地产业	K	129197	148059	165865	187444	214391	244043	284726
租赁和商务服务业	L	249192	291498	331904	368763	427001	511666	590478
科学研究和技术服务业	M	136555	153076	166240	176677	201689	233221	256865
水利、环境和公共设施管理业	N	44352	46847	48811	50953	57553	61740	64794
居民服务、修理和其他服务业	O	83606	93947	102228	110525	120467	141936	158152
教育	P	299418	305446	308760	312339	335065	342003	342408
卫生和社会工作	Q	181877	183760	185014	187376	206480	209016	205778
文化、体育和娱乐业	R	64741	69490	72873	76430	81878	90891	95633
公共管理、社会保障和社会组织	S	1244587	1252597	1252706	1257950	1363857	1383842	1382104
国际组织	T	—	—	—	—	—	—	—

1-1 续表 2 单位：个

行业门类	代码	2011年	2012年	2013年	2014年	2015年	2016年	2017年
总计	--	**9593729**	**10616530**	**10825611**	**13701440**	**15729199**	**18191382**	**22009092**
农、林、牧、渔业	A	321086	440853	161824	951045	1204724	1481473	1926771
采矿业	B	105490	107596	89112	101673	103426	104074	108900
制造业	C	2240315	2380759	2252225	2616671	2801143	3019269	3483617
电力、热力、燃气及水生产和供应业	D	66652	69947	70409	79679	87486	99469	120736
建筑业	E	346026	391392	347519	464975	574128	754512	1045232
批发和零售业	F	2276295	2630690	2810531	3513338	4199026	5041698	6252424
交通运输、仓储和邮政业	G	219630	249832	262048	323044	378705	443325	540994
住宿和餐饮业	H	172070	186837	199592	235337	274283	317619	378974
信息传输、软件和信息技术服务业	I	208867	245669	226107	289162	387842	507674	719150
金融业	J	55513	67554	—	91583	109711	122516	135068
房地产业	K	323985	356717	343924	419618	466100	533557	642893
租赁和商务服务业	L	687575	813851	916953	1161947	1440572	1768005	2242096
科学研究和技术服务业	M	283777	324932	455778	544309	661022	813251	1035170
水利、环境和公共设施管理业	N	69186	75981	84803	97522	108069	122367	146295
居民服务、修理和其他服务业	O	175813	196880	190692	242251	298958	359932	420667
教育	P	346390	355072	413908	444038	461451	486026	517739
卫生和社会工作	Q	205173	206885	249567	265537	271571	275554	286858
文化、体育和娱乐业	R	102775	121126	230544	263384	297274	341182	414973
公共管理、社会保障和社会组织	S	1387111	1393957	1520075	1596327	1603708	1599879	1590535
国际组织	T	—	—	—	—	—	—	—

1-2　按三次产业、地区分组的法人单位数

(2017年)　　单位：个

地　区	法人单位数	第一产业	第二产业	第三产业
全　国	**22009092**	**1670774**	**4731349**	**15606969**
北　京	719624	9008	55793	654823
天　津	444546	12322	84250	347974
河　北	1147414	89801	290623	766990
山　西	600802	99121	77335	424346
内蒙古	328901	53418	45915	229568
辽　宁	655309	30723	144177	480409
吉　林	209045	19420	40508	149117
黑龙江	335310	47322	53021	234967
上　海	484495	6375	101788	376332
江　苏	2356034	49738	702204	1604092
浙　江	1792465	65778	536493	1190194
安　徽	872865	93247	185151	594467
福　建	870050	50706	198812	620532
江　西	573013	60700	123257	389056
山　东	2015001	114194	471201	1429606
河　南	964944	76844	174154	713946
湖　北	943502	85154	170969	687379
湖　南	685025	60149	118652	506224
广　东	1955087	37645	566416	1351026
广　西	539342	77842	64913	396587
海　南	100398	11912	13063	75423
重　庆	598575	105628	87381	405566
四　川	629919	71812	97894	460213
贵　州	447650	97661	79790	270199
云　南	579001	103864	70301	404836
西　藏	26600	589	4023	21988
陕　西	462710	50032	82057	330621
甘　肃	222361	36953	28440	156968
青　海	108773	21704	15415	71654
宁　夏	90563	13909	13422	63232
新　疆	249768	17203	33931	198634

1-3 按地区、开业(成立)

地区	法人单位数	1949年及以前	1950-1977年	1978-1991年	1992-1995年	1996年	1997年
全国	**22009092**	**84135**	**406288**	**756184**	**329496**	**101451**	**103406**
北京	719624	785	4036	16433	16382	4619	5119
天津	444546	824	1945	7242	6051	1761	1818
河北	1147414	18782	23739	36469	8126	3698	3088
山西	600802	5158	20085	26565	5535	1660	1983
内蒙古	328901	1443	11478	11384	2852	1185	1374
辽宁	655309	2526	13915	28845	13515	3812	4031
吉林	209045	1654	10791	14166	4001	1360	1073
黑龙江	335310	1992	11335	16259	5166	1724	1498
上海	484495	565	2428	10299	18830	5230	5748
江苏	2356034	2208	12054	39367	26122	8130	9499
浙江	1792465	4935	11716	40241	25921	8657	9178
安徽	872865	1499	9925	15426	8693	2748	2751
福建	870050	2911	12562	31546	14645	4794	5327
江西	573013	1986	15912	27390	5969	1978	1650
山东	2015001	5430	18747	79651	19617	6057	6454
河南	964944	5509	33412	59208	13965	5525	5004
湖北	943502	2231	15133	32742	10390	4393	3536
湖南	685025	2171	18627	40238	14523	3686	3455
广东	1955087	4508	22172	42935	39520	9959	11130
广西	539342	2429	16002	20447	9872	3757	2777
海南	100398	187	4040	3101	2465	552	456
重庆	598575	1013	4689	7436	6025	1703	2340
四川	629919	2137	38400	39839	16723	3771	3819
贵州	447650	1219	7161	12582	11531	1062	1216
云南	579001	1195	9992	14880	5431	2111	2468
西藏	26600	525	2533	5238	881	542	220
陕西	462710	3187	19830	26727	7292	3503	3293
甘肃	222361	2493	14243	23021	3906	1448	1249
青海	108773	634	4267	6209	903	278	286
宁夏	90563	342	2649	4634	1014	495	365
新疆	249768	1657	12470	15664	3630	1253	1201

时间分组的法人单位数

单位：个

1998年	1999年	2000年	2001年	2002年	2003年	2004年
162119	**165198**	**237857**	**290077**	**331864**	**391842**	**410260**
7951	9498	14116	18073	20619	25165	29337
2540	2513	4327	5328	5412	6624	6865
4692	4660	7361	8859	12029	12379	14440
3666	3056	4127	5256	7313	7383	8151
1926	1875	3016	3573	4177	4345	4883
6518	7375	10321	11659	12877	15494	16813
2129	2078	3515	4291	4196	5098	5022
2758	2670	4341	6079	5359	6118	6240
7653	8172	11330	14432	18564	23063	26113
16853	15761	26906	36725	39555	46109	43891
12902	14374	21276	25673	31438	34885	32650
3352	3495	5767	6462	8339	10052	12314
6892	6938	10409	10418	12728	15922	16214
2774	2536	4798	5729	6473	8125	6704
11213	11196	16770	22315	24043	30023	31359
8802	6917	10586	11502	12030	15005	15289
5809	5282	8228	10989	12468	13708	15041
7991	4254	7562	9490	9540	11839	12378
18096	27702	22093	27269	32560	39855	44426
2347	2368	3012	3826	6850	6562	6160
627	642	880	1216	1419	1647	1696
3438	2431	3908	6999	6550	7804	8648
5906	4946	7500	9915	9653	13765	13247
1901	1793	2476	2926	3415	4633	5014
3087	3250	10430	4906	5387	6753	6959
347	606	388	315	821	396	502
4586	3924	5135	6478	6959	7304	7365
2215	1769	2744	3776	4111	4404	4235
545	490	855	1185	1294	1276	1256
687	612	921	814	1093	1545	1612
1916	2015	2759	3599	4592	4561	5436

1-3 续表

地 区	2005年	2006年	2007年	2008年	2009年	2010年	2011年
全 国	**456515**	**519258**	**534557**	**612808**	**800923**	**1009774**	**1183009**
北 京	32260	33304	37133	43091	52672	60596	67008
天 津	7840	9674	9722	11764	14814	18257	22753
河 北	15560	19347	18493	21437	30380	37011	43951
山 西	9129	10933	14062	16650	20756	22302	26812
内蒙古	6185	8196	7608	8989	12602	16206	17223
辽 宁	18175	20141	21005	22944	29309	39118	41134
吉 林	6846	7510	7419	7592	10901	13451	15201
黑龙江	6632	7053	7684	10400	14754	17289	18284
上 海	27285	24034	20815	22660	29256	34821	35900
江 苏	45685	57030	57589	60051	81519	110054	118884
浙 江	34890	43087	44812	44755	59326	73473	85831
安 徽	13657	18217	18910	22681	26897	37346	43232
福 建	18330	21602	21060	25190	33518	44052	51186
江 西	8535	9688	9268	11314	16412	21521	24894
山 东	34201	39353	38908	47196	64022	79647	87280
河 南	23478	22854	21021	28133	35875	42028	47160
湖 北	16925	17652	17921	23115	31304	38684	45435
湖 南	14877	15751	15251	17242	22701	30297	35048
广 东	48615	56517	58593	65105	87667	108243	135576
广 西	7609	7776	9561	10455	15583	18883	26269
海 南	2000	2297	2525	3210	3821	5907	6769
重 庆	7940	8695	11850	12086	14564	27172	49844
四 川	13971	14583	17109	19020	20620	25459	29458
贵 州	4818	6334	7229	8335	9747	13354	17074
云 南	7514	9488	9081	11830	16606	19624	24843
西 藏	796	653	739	1175	1203	1353	1840
陕 西	8957	10641	11170	14683	19936	23890	27960
甘 肃	4942	5601	5870	7267	8839	11329	12978
青 海	1344	1563	1939	2195	2628	3711	4694
宁 夏	1526	1698	1924	2273	3205	3837	4360
新 疆	5993	7986	8286	9970	9486	10859	14128

单位：个

2012年	2013年	2014年	2015年	2016年	2017年	无开业年份
1307135	**1578399**	**1905900**	**2304349**	**2931489**	**3013479**	**81320**
70407	72847	27111	40053	6917	3307	785
22673	26137	30517	58442	80597	73072	5034
49854	74478	102142	126060	209682	237384	3313
31138	35589	50157	66935	97061	98625	715
19700	25635	32459	30636	46980	42020	951
39001	37105	53587	53225	61277	66650	4937
16349	18428	9875	12646	14273	8811	369
21489	28064	24066	30348	44702	32006	1000
37796	34832	33713	16402	13190	1030	334
121639	130920	198258	255264	350263	438574	7124
86438	144446	170050	167790	243176	310273	10272
49241	58542	85492	106399	116809	180470	4149
52776	51125	71546	91848	104687	120777	11047
28507	27818	47161	62852	91695	120009	1315
92078	121959	188705	251173	354361	331190	2053
50651	70297	87038	110637	126648	92522	3848
50863	78477	87990	110315	135447	147755	1669
38635	49559	59109	59274	90162	88488	2877
154013	197326	204772	194701	197067	96707	7960
37474	40449	51320	66371	77472	83114	597
7266	7815	7943	11011	12498	8168	240
52264	55632	62608	77995	85494	68664	783
33182	34457	37641	50888	76995	85067	1848
38877	38324	40943	56920	82732	65072	962
28071	29525	56507	88710	95626	102980	1747
1918	2057	162	172	139	72	1007
29479	28502	38480	43861	48981	47871	2716
17400	23429	15916	19065	12415	7152	544
5413	6688	10787	12951	18548	16742	92
5643	7384	6437	11219	12684	11484	106
16900	20553	13408	20186	22911	27423	926

1-4 按地区、机构类型分组的法人单位数

(2017年) 单位：个

地区	法人单位数	企业法人	事业法人	机关法人	社会团体	其他
全国	**22009092**	**18097682**	**814716**	**255360**	**299248**	**2542086**
北京	719624	676829	12134	2156	5814	22691
天津	444546	414784	6632	2042	1918	19170
河北	1147414	954073	31652	11797	8286	141606
山西	600802	429757	28266	8956	8106	125717
内蒙古	328901	222801	18633	7697	7192	72578
辽宁	655309	543275	30808	9514	8803	62909
吉林	209045	141199	18783	5889	3534	39640
黑龙江	335310	223467	20749	9595	4082	77417
上海	484495	453393	7735	1676	3268	18423
江苏	2356034	2148335	39479	10474	31021	126725
浙江	1792465	1599310	32297	8262	21289	131307
安徽	872865	727017	22036	9278	9267	105267
福建	870050	748141	28939	9183	18185	65602
江西	573013	439890	32792	9746	9721	80864
山东	2015001	1676178	48352	12306	20929	257236
河南	964944	695953	64467	14337	7390	182797
湖北	943502	751526	40514	9921	14693	126848
湖南	685025	502984	42006	12686	9830	117519
广东	1955087	1752016	46421	12147	24332	120171
广西	539342	409008	41509	8565	12566	67694
海南	100398	77662	4355	1735	1665	14981
重庆	598575	520514	17847	4227	7117	48870
四川	629919	401716	58571	18546	18547	132539
贵州	447650	342972	21416	7346	5809	70107
云南	579001	457374	22241	11415	11123	76848
西藏	26600	9461	2301	5764	617	8457
陕西	462710	333776	29210	9493	7027	83204
甘肃	222361	127899	19901	7249	8468	58844
青海	108773	76169	4270	3005	1790	23539
宁夏	90563	63463	3045	1526	1637	20892
新疆	249768	176740	17355	8827	5222	41624

1-5　按行业(大类)分组的法人单位数

(2017年)　　　　单位：个

行业大类	代码	法　人单位数	从事单一活动或位于一个地点的法人单位	从事多种活动或位于多个地点的法人单位
总计	--	**22009092**	**21389230**	**619862**
农、林、牧、渔业	A	**1926771**	**1920342**	**6429**
农业	01	943551	940943	2608
林业	02	123427	122418	1009
畜牧业	03	494820	493479	1341
渔业	04	108976	108666	310
农、林、牧、渔服务业	05	255997	254836	1161
采矿业	B	**108900**	**106261**	**2639**
煤炭开采和洗选业	06	21092	20087	1005
石油和天然气开采业	07	819	768	51
黑色金属矿采选业	08	16100	15636	464
有色金属矿采选业	09	11721	11407	314
非金属矿采选业	10	51736	51055	681
开采辅助活动	11	4372	4277	95
其他采矿业	12	3060	3031	29
制造业	C	**3483617**	**3429990**	**53627**
农副食品加工业	13	150391	146913	3478
食品制造业	14	81576	79213	2363
酒、饮料和精制茶制造业	15	61138	59398	1740
烟草制品业	16	468	423	45
纺织业	17	165197	163250	1947
纺织服装、服饰业	18	203848	201277	2571
皮革、毛皮、羽毛及其制品和制鞋业	19	89839	88961	878
木材加工和木、竹、藤、棕、草制品业	20	116033	115196	837
家具制造业	21	89527	88306	1221
造纸和纸制品业	22	79225	78593	632
印刷和记录媒介复制业	23	86337	85069	1268
文教、工美、体育和娱乐用品制造业	24	119783	118134	1649
石油加工和炼焦业	25	9515	9169	346
化学原料和化学制品制造业	26	135828	132548	3280
医药制造业	27	28475	27439	1036
化学纤维制造业	28	7606	7501	105
橡胶和塑料制品业	29	202034	199839	2195
非金属矿物制品业	30	292935	288567	4368
黑色金属冶炼和压延加工业	31	43027	42281	746
有色金属冶炼和压延加工业	32	33417	32849	568
金属制品业	33	313507	310069	3438
通用设备制造业	34	339602	334731	4871

1-5 续表 1

单位：个

行业大类	代码	法人单位数	从事单一活动或位于一个地点的法人单位	从事多种活动或位于多个地点的法人单位
专用设备制造业	35	226694	223418	3276
汽车制造业	36	85004	83546	1458
铁路、船舶、航空航天和其他运输设备制造业	37	36960	36203	757
电气机械和器材制造业	38	208802	204561	4241
计算机、通信和其他电子设备制造业	39	122952	120857	2095
仪器仪表制造业	40	45797	44718	1079
其他制造业	41	69320	68872	448
废弃资源综合利用业	42	16016	15785	231
金属制品、机械和设备修理业	43	22764	22304	460
电力、热力、燃气及水生产和供应业	**D**	**120736**	**115411**	**5325**
电力、热力生产和供应业	44	85498	82494	3004
燃气生产和供应业	45	10451	9313	1138
水的生产和供应业	46	24787	23604	1183
建筑业	**E**	**1045232**	**1008724**	**36508**
房屋建筑业	47	189130	174374	14756
土木工程建筑业	48	193619	184856	8763
建筑安装业	49	162695	157356	5339
建筑装饰和其他建筑业	50	499788	492138	7650
批发和零售业	**F**	**6252424**	**6124755**	**127669**
批发业	51	3673236	3612416	60820
零售业	52	2579188	2512339	66849
交通运输、仓储和邮政业	**G**	**540994**	**519241**	**21753**
铁路运输业	53	3638	3454	184
道路运输业	54	316953	307215	9738
水上运输业	55	15277	14470	807
航空运输业	56	2503	2308	195
管道运输业	57	429	397	32
装卸搬运和运输代理业	58	134231	129080	5151
仓储业	59	42495	41246	1249
邮政业	60	25468	21071	4397
住宿和餐饮业	**H**	**378974**	**363110**	**15864**
住宿业	61	112607	108170	4437
餐饮业	62	266367	254940	11427
信息传输、软件和信息技术服务业	**I**	**719150**	**706943**	**12207**
电信、广播电视和卫星传输服务	63	22724	19858	2866
互联网和相关服务	64	91369	90190	1179
软件和信息技术服务业	65	605057	596895	8162
金融业	**J**	**135068**	**117513**	**17555**
货币金融服务	66	44676	36315	8361

1-5 续表 2

单位：个

行业大类	代码	法人单位数	从事单一活动或位于一个地点的法人单位	从事多种活动或位于多个地点的法人单位
资本市场服务	67	47128	46202	926
保险业	68	23054	15275	7779
其他金融业	69	20210	19721	489
房地产业	K	**642893**	**608899**	**33994**
房地产业	70	642893	608899	33994
租赁和商务服务业	L	**2242096**	**2198857**	**43239**
租赁业	71	169529	167395	2134
商务服务业	72	2072567	2031462	41105
科学研究和技术服务业	M	**1035170**	**1013171**	**21999**
研究和试验发展	73	162045	160360	1685
专业技术服务业	74	400194	384876	15318
科技推广和应用服务业	75	472931	467935	4996
水利、环境和公共设施管理业	N	**146295**	**142371**	**3924**
水利管理业	76	28928	27786	1142
生态保护和环境治理业	77	17959	17539	420
公共设施管理业	78	99408	97046	2362
居民服务、修理和其他服务业	O	**420667**	**412047**	**8620**
居民服务业	79	167612	163327	4285
机动车、电子产品和日用产品修理业	80	141990	139141	2849
其他服务业	81	111065	109579	1486
教育	P	**517739**	**486578**	**31161**
教育	82	517739	486578	31161
卫生和社会工作	Q	**286858**	**270755**	**16103**
卫生	83	221258	205686	15572
社会工作	84	65600	65069	531
文化、体育和娱乐业	R	**414973**	**409277**	**5696**
新闻和出版业	85	9311	8926	385
广播、电视、电影和影视录音制作业	86	44262	42990	1272
文化艺术业	87	153769	152479	1290
体育	88	40234	39121	1113
娱乐业	89	167397	165761	1636
公共管理、社会保障和社会组织	S	**1590535**	**1434985**	**155550**
中国共产党机关	90	34723	31038	3685
国家机构	91	460642	389273	71369
人民政协、民主党派	92	6709	6434	275
社会保障	93	17254	16913	341
群众团体、社会团体和其他成员组织	94	376609	372970	3639
基层群众自治组织	95	694598	618357	76241

1-6 按行业(大类)、东中西部以及东北地区分组的法人单位数

(2017年) 单位：个

行业大类	代码	法人单位数	东部地区	中部地区	西部地区	东北地区
总计	--	**22009092**	**11885114**	**4640151**	**4284163**	**1199664**
农、林、牧、渔业	A	**1926771**	**532252**	**555457**	**706207**	**132855**
农业	01	943551	281037	275583	323740	63191
林业	02	123427	39286	42203	37226	4712
畜牧业	03	494820	90060	128586	250544	25630
渔业	04	108976	37096	28843	39105	3932
农、林、牧、渔服务业	05	255997	84773	80242	55592	35390
采矿业	B	**108900**	**20566**	**31499**	**46502**	**10333**
煤炭开采和洗选业	06	21092	1566	7612	9993	1921
石油和天然气开采业	07	819	128	123	431	137
黑色金属矿采选业	08	16100	5401	3785	4847	2067
有色金属矿采选业	09	11721	1588	3463	5567	1103
非金属矿采选业	10	51736	10847	14899	21457	4533
开采辅助活动	11	4372	465	631	2863	413
其他采矿业	12	3060	571	986	1344	159
制造业	C	**3483617**	**2404579**	**541888**	**372168**	**164982**
农副食品加工业	13	150391	59459	38493	34141	18298
食品制造业	14	81576	38829	19440	17708	5599
酒、饮料和精制茶制造业	15	61138	20394	15232	21226	4286
烟草制品业	16	468	129	186	110	43
纺织业	17	165197	135844	18153	8551	2649
纺织服装、服饰业	18	203848	157047	30849	9213	6739
皮革、毛皮、羽毛及其制品和制鞋业	19	89839	73929	9904	4575	1431
木材加工和木、竹、藤、棕、草制品业	20	116033	70113	21327	16810	7783
家具制造业	21	89527	60121	15594	10866	2946
造纸和纸制品业	22	79225	60810	9360	6522	2533
印刷和记录媒介复制业	23	86337	58117	13840	10297	4083
文教、工美、体育和娱乐用品制造业	24	119783	92587	13457	11410	2329
石油加工和炼焦业	25	9515	4630	1596	1821	1468

1-6 续表 1

单位：个

行业大类	代码	法人单位数	东部地区	中部地区	西部地区	东北地区
化学原料和化学制品制造业	26	135828	80377	29031	17645	8775
医药制造业	27	28475	12470	8269	5319	2417
化学纤维制造业	28	7606	6552	597	250	207
橡胶和塑料制品业	29	202034	159076	21149	14032	7777
非金属矿物制品业	30	292935	134412	76772	64054	17697
黑色金属冶炼和压延加工业	31	43027	25351	8490	5761	3425
有色金属冶炼和压延加工业	32	33417	18832	7604	5505	1476
金属制品业	33	313507	245368	31613	25350	11176
通用设备制造业	34	339602	263036	36507	20891	19168
专用设备制造业	35	226694	169228	30167	15891	11408
汽车制造业	36	85004	55146	17080	8786	3992
铁路、船舶、航空航天和其他运输设备制造业	37	36960	25669	4160	5438	1693
电气机械和器材制造业	38	208802	167858	23011	11088	6845
计算机、通信和其他电子设备制造业	39	122952	102163	12511	6463	1815
仪器仪表制造业	40	45797	34781	5771	2901	2344
其他制造业	41	69320	50072	13430	4087	1731
废弃资源综合利用业	42	16016	7963	4718	2470	865
金属制品、机械和设备修理业	43	22764	14216	3577	2987	1984
电力、热力、燃气及水生产和供应业	**D**	**120736**	**47303**	**34785**	**31119**	**7529**
电力、热力生产和供应业	44	85498	33942	24675	21421	5460
燃气生产和供应业	45	10451	3743	2779	3140	789
水的生产和供应业	46	24787	9618	7331	6558	1280
建筑业	**E**	**1045232**	**562876**	**245554**	**179543**	**57259**
房屋建筑业	47	189130	89535	48123	40795	10677
土木工程建筑业	48	193619	103018	46493	33129	10979
建筑安装业	49	162695	96974	33108	21594	11019
建筑装饰和其他建筑业	50	499788	273349	117830	84025	24584
批发和零售业	**F**	**6252424**	**3665829**	**1210609**	**1057002**	**318984**
批发业	51	3673236	2379506	586560	505638	201532
零售业	52	2579188	1286323	624049	551364	117452

1-6 续表 2

单位：个

行业大类	代码	法人单位数	东部地区	中部地区	西部地区	东北地区
交通运输、仓储和邮政业	G	**540994**	**298326**	**114090**	**92814**	**35764**
铁路运输业	53	3638	1406	905	860	467
道路运输业	54	316953	160440	77620	58416	20477
水上运输业	55	15277	9492	3390	1749	646
航空运输业	56	2503	1216	370	705	212
管道运输业	57	429	183	94	121	31
装卸搬运和运输代理业	58	134231	93355	16854	16986	7036
仓储业	59	42495	22099	8238	7089	5069
邮政业	60	25468	10135	6619	6888	1826
住宿和餐饮业	H	**378974**	**178635**	**77010**	**107846**	**15483**
住宿业	61	112607	50765	22964	32918	5960
餐饮业	62	266367	127870	54046	74928	9523
信息传输、软件和信息技术服务业	I	**719150**	**418510**	**155724**	**107681**	**37235**
电信、广播电视和卫星传输服务	63	22724	8748	5762	5887	2327
互联网和相关服务	64	91369	49087	21886	16527	3869
软件和信息技术服务业	65	605057	360675	128076	85267	31039
金融业	J	**135068**	**68319**	**25617**	**32649**	**8483**
货币金融服务	66	44676	17562	9578	13644	3892
资本市场服务	67	47128	27863	7226	10080	1959
保险业	68	23054	10855	5122	5365	1712
其他金融业	69	20210	12039	3691	3560	920
房地产业	K	**642893**	**342276**	**138939**	**122728**	**38950**
房地产业	70	642893	342276	138939	122728	38950
租赁和商务服务业	L	**2242096**	**1327081**	**443309**	**365690**	**106016**
租赁业	71	169529	80905	40978	37148	10498
商务服务业	72	2072567	1246176	402331	328542	95518
科学研究和技术服务业	M	**1035170**	**658542**	**185889**	**138484**	**52255**
研究和试验发展	73	162045	119894	20953	10654	10544
专业技术服务业	74	400194	231068	77701	70937	20488
科技推广和应用服务业	75	472931	307580	87235	56893	21223

1-6 续表 3

单位：个

行业大类	代码	法人单位数	东部地区	中部地区	西部地区	东北地区
水利、环境和公共设施管理业	N	**146295**	**63975**	**38034**	**34971**	**9315**
水利管理业	76	28928	8925	8759	8630	2614
生态保护和环境治理业	77	17959	8000	4496	4449	1014
公共设施管理业	78	99408	47050	24779	21892	5687
居民服务、修理和其他服务业	O	**420667**	**216613**	**91301**	**91140**	**21613**
居民服务业	79	167612	85723	36333	35558	9998
机动车、电子产品和日用产品修理业	80	141990	71829	27567	35314	7280
其他服务业	81	111065	59061	27401	20268	4335
教育	P	**517739**	**204288**	**141844**	**141296**	**30311**
教育	82	517739	204288	141844	141296	30311
卫生和社会工作	Q	**286858**	**96651**	**94322**	**71999**	**23886**
卫生	83	221258	64650	79256	58962	18390
社会工作	84	65600	32001	15066	13037	5496
文化、体育和娱乐业	R	**414973**	**206303**	**93782**	**93856**	**21032**
新闻和出版业	85	9311	4654	2137	1822	698
广播、电视、电影和影视录音制作业	86	44262	25022	8118	9175	1947
文化艺术业	87	153769	84452	33863	29000	6454
体育	88	40234	24156	7215	6720	2143
娱乐业	89	167397	68019	42449	47139	9790
公共管理、社会保障和社会组织	S	**1590535**	**572190**	**420498**	**490468**	**107379**
中国共产党机关	90	34723	9164	8949	13326	3284
国家机构	91	460642	135746	129372	152610	42914
人民政协、民主党派	92	6709	2228	1687	2120	674
社会保障	93	17254	4899	5043	5846	1466
群众团体、社会团体和其他成员组织	94	376609	162557	77188	117342	19522
基层群众自治组织	95	694598	257596	198259	199224	39519

1-7 按行业(大类)、地区

(2017年)

行业大类	代码	法人单位数	北京	天津	河北	山西	内蒙古
总计	--	**22009092**	**719624**	**444546**	**1147414**	**600802**	**328901**
农、林、牧、渔业	A	**1926771**	**9494**	**13200**	**105372**	**106983**	**63495**
农业	01	943551	5448	7524	55744	49018	23491
林业	02	123427	922	1005	6982	13077	2682
畜牧业	03	494820	2318	2583	25682	36260	26703
渔业	04	108976	320	1210	1393	766	542
农、林、牧、渔服务业	05	255997	486	878	15571	7862	10077
采矿业	B	**108900**	**127**	**134**	**6865**	**7499**	**5935**
煤炭开采和洗选业	06	21092	16	10	541	4041	1282
石油和天然气开采业	07	819	8	18	11	55	83
黑色金属矿采选业	08	16100	21	15	3944	1240	1259
有色金属矿采选业	09	11721	2	3	394	297	575
非金属矿采选业	10	51736	65	40	1807	1710	2286
开采辅助活动	11	4372	12	42	97	120	184
其他采矿业	12	3060	3	6	71	36	266
制造业	C	**3483617**	**34406**	**58413**	**211132**	**37197**	**22835**
农副食品加工业	13	150391	952	1576	7156	2928	3293
食品制造业	14	81576	1004	1197	4207	1951	1366
酒、饮料和精制茶制造业	15	61138	391	313	1998	1185	827
烟草制品业	16	468	1	2	17	1	3
纺织业	17	165197	456	1186	13004	441	646
纺织服装、服饰业	18	203848	2664	1896	5284	542	518
皮革、毛皮、羽毛及其制品和制鞋业	19	89839	241	415	9811	171	217
木材加工和木、竹、藤、棕、草制品业	20	116033	846	1099	4378	635	843
家具制造业	21	89527	1421	1274	5139	492	245
造纸和纸制品业	22	79225	927	1730	3704	492	233
印刷和记录媒介复制业	23	86337	1589	1344	4471	1126	593
文教、工美、体育和娱乐用品制造业	24	119783	755	2279	7877	707	285
石油加工和炼焦业	25	9515	199	284	717	393	156
化学原料和化学制品制造业	26	135828	1967	2692	9145	2345	1495
医药制造业	27	28475	601	448	1296	466	288
化学纤维制造业	28	7606	30	48	375	44	15
橡胶和塑料制品业	29	202034	1625	3219	14294	1173	708
非金属矿物制品业	30	292935	2611	2788	18844	7339	4584
黑色金属冶炼和压延加工业	31	43027	323	1819	3675	1291	632
有色金属冶炼和压延加工业	32	33417	236	661	1704	568	522
金属制品业	33	313507	3916	8558	29793	3048	1653
通用设备制造业	34	339602	2920	7532	23605	3821	1049

分组的法人单位数

单位：个

辽宁	吉林	黑龙江	上海	江苏	浙江	安徽	福建	江西	山东	河南	代码
655309	**209045**	**335310**	**484495**	**2356034**	**1792465**	**872865**	**870050**	**573013**	**2015001**	**964944**	--
44088	**27786**	**60981**	**6755**	**69105**	**71386**	**113629**	**55999**	**69269**	**140418**	**90759**	A
16041	11354	35796	4636	28694	42816	58566	29876	36520	76333	50348	01
2253	1253	1206	532	3648	6069	6652	6860	5801	8092	5025	02
9854	6257	9519	495	9566	8808	21122	7541	13581	23930	19922	03
2575	556	801	712	7830	8085	6907	6429	4798	5839	1549	04
13365	8366	13659	380	19367	5608	20382	5293	8569	26224	13915	05
5913	**1594**	**2826**	**2**	**796**	**1308**	**2716**	**3024**	**4354**	**3780**	**4746**	B
556	232	1133		60	9	207	301	610	598	1144	06
24	83	30	2	19		5		11	51	31	07
1770	207	90		81	30	455	322	384	516	519	08
842	170	91		29	86	299	348	647	286	1070	09
2506	763	1264		523	1169	1619	1908	2199	2087	1805	10
151	96	166		62	7	67	31	146	135	107	11
64	43	52		22	7	64	114	357	107	70	12
102403	**28130**	**34449**	**83847**	**553654**	**473283**	**124605**	**152699**	**79759**	**342582**	**124077**	C
7253	4301	6744	609	8565	6249	8137	6717	4167	20223	9433	13
2725	1233	1641	1020	5575	3506	4105	4901	2098	9802	5432	14
1581	1206	1499	200	2269	2979	3711	5295	1419	4136	2838	15
10	19	14	2	10	6	21	15	14	35	24	16
2002	226	421	2306	46825	37483	4412	5855	3377	16423	4146	17
5878	497	364	6166	35421	38362	9646	14634	8256	21433	4304	18
1049	111	271	1054	6310	21938	2228	10512	2379	4518	2538	19
2988	1831	2964	2051	14501	8317	6192	6241	3176	25568	5002	20
1797	455	694	3183	11601	8607	3766	4385	4528	7872	3064	21
1679	397	457	3063	10927	13041	1945	4198	1326	7031	2101	22
2223	914	946	2483	10100	11624	3301	3504	1628	6925	3127	23
1547	329	453	1755	14688	25339	3711	9896	2258	11763	3709	24
1047	131	290	156	751	492	206	197	154	1195	414	25
5446	1490	1839	3407	15751	10093	4878	4403	5039	17011	6250	26
882	1054	481	560	2886	1496	1974	664	1529	2619	1788	27
141	35	31	110	2860	1783	166	269	77	621	161	28
5387	1082	1308	6480	28047	36211	6889	7747	2368	19075	4613	29
10618	3354	3725	3345	25231	15075	13276	16107	10807	28538	19282	30
2844	307	274	577	7206	4479	1479	1261	523	3719	2609	31
1222	148	106	658	5593	3826	900	729	1687	2093	2049	32
7864	1431	1881	11063	54575	39776	7905	10343	3797	24518	6314	33
14789	1781	2598	11491	85707	57719	8109	6779	2475	41398	10778	34

1-7 续表 1

行业大类	代码	法人单位数	北京	天津	河北	山西	内蒙古
专用设备制造业	35	226694	2396	4628	14085	2029	793
汽车制造业	36	85004	757	1493	5806	351	168
铁路、船舶、航空航天和其他运输设备制造业	37	36960	247	2159	2426	134	46
电气机械和器材制造业	38	208802	2042	2805	9448	1061	486
计算机、通信和其他电子设备制造业	39	122952	1271	1786	2138	260	109
仪器仪表制造业	40	45797	1108	950	1857	250	68
其他制造业	41	69320	314	890	2475	931	393
废弃资源综合利用业	42	16016	81	464	1116	400	269
金属制品、机械和设备修理业	43	22764	515	878	1287	622	332
电力、热力、燃气及水生产和供应业	**D**	**120736**	**729**	**919**	**5544**	**4955**	**3320**
电力、热力生产和供应业	44	85498	497	529	3748	3735	2417
燃气生产和供应业	45	10451	58	148	786	580	345
水的生产和供应业	46	24787	174	242	1010	640	558
建筑业	**E**	**1045232**	**21058**	**25704**	**68466**	**28426**	**14341**
房屋建筑业	47	189130	2453	5106	12029	5138	2221
土木工程建筑业	48	193619	2493	5788	14789	4687	3263
建筑安装业	49	162695	3125	4492	10376	4138	2277
建筑装饰和其他建筑业	50	499788	12987	10318	31272	14463	6580
批发和零售业	**F**	**6252424**	**210061**	**128601**	**337751**	**178727**	**82851**
批发业	51	3673236	107528	100070	189499	90833	39039
零售业	52	2579188	102533	28531	148252	87894	43812
交通运输、仓储和邮政业	**G**	**540994**	**14913**	**19379**	**27657**	**14827**	**9938**
铁路运输业	53	3638	86	128	103	214	193
道路运输业	54	316953	8137	6094	20403	11411	6711
水上运输业	55	15277	34	445	345	31	16
航空运输业	56	2503	108	154	72	60	90
管道运输业	57	429	9	23	15	13	7
装卸搬运和运输代理业	58	134231	4083	8615	4295	1687	1430
仓储业	59	42495	1857	3639	1874	942	831
邮政业	60	25468	599	281	550	469	660
住宿和餐饮业	**H**	**378974**	**17215**	**6330**	**12923**	**9121**	**4619**
住宿业	61	112607	4826	1020	3716	2650	1859
餐饮业	62	266367	12389	5310	9207	6471	2760
信息传输、软件和信息技术服务业	**I**	**719150**	**36601**	**17862**	**30159**	**18806**	**7178**
电信、广播电视和卫星传输服务	63	22724	1242	248	680	722	632
互联网和相关服务	64	91369	3414	1476	4357	2663	1795
软件和信息技术服务业	65	605057	31945	16138	25122	15421	4751
金融业	**J**	**135068**	**5138**	**4912**	**5516**	**3221**	**3134**
货币金融服务	66	44676	881	2108	1698	1663	1531

单位：个

辽宁	吉林	黑龙江	上海	江苏	浙江	安徽	福建	江西	山东	河南	代码
7347	1616	2445	7238	53367	26854	6670	6767	3005	23716	8145	35
1774	1877	341	2166	13019	18423	3711	1962	1296	8084	3093	36
1323	189	181	705	8401	5351	942	1175	605	2907	1094	37
5063	829	953	5273	37139	44217	6600	7142	3355	11175	5135	38
1353	254	208	2216	21329	12740	3285	3904	2836	4613	1640	39
1752	273	319	1785	9629	8440	1419	1260	817	2680	1420	40
858	405	468	1587	10749	5904	2928	4279	3683	9369	1950	41
512	194	159	225	1758	1078	1314	715	742	1038	994	42
1449	161	374	913	2864	1875	779	843	338	2484	630	43
3209	**1917**	**2403**	**210**	**5821**	**6483**	**5449**	**7465**	**7228**	**8468**	**3753**	D
2281	1427	1752	66	3205	4668	3306	6219	5931	6159	2356	44
318	210	261	28	582	390	402	232	380	882	489	45
610	280	390	116	2034	1425	1741	1014	917	1427	908	46
34252	**9124**	**13883**	**18642**	**144859**	**57301**	**53227**	**36498**	**32400**	**118990**	**42315**	E
5455	2163	3059	2055	22914	8073	8813	8689	8376	18965	8812	47
6657	1857	2465	2687	26272	12087	10201	6103	6039	23350	8406	48
6682	1811	2526	4007	28507	7536	7385	3528	3805	22841	5276	49
15458	3293	5833	9893	67166	29605	26828	18178	14180	53834	19821	50
191012	**47558**	**80414**	**165868**	**723353**	**536211**	**230282**	**274120**	**134553**	**661406**	**257404**	F
128934	22317	50281	127323	498679	337932	112552	178536	68294	419015	120754	51
62078	25241	30133	38545	224674	198279	117730	95584	66259	242391	136650	52
20100	**5938**	**9726**	**17210**	**63567**	**31988**	**23453**	**19128**	**17798**	**52752**	**18979**	G
211	97	159	15	171	45	91	112	103	484	173	53
11388	3334	5755	4449	44337	18062	16421	9085	14109	29747	12104	54
488	24	134	337	2254	1456	1392	1405	408	1271	195	55
102	32	78	55	141	124	45	91	34	173	73	56
20	3	8	8	35	2	10	2	10	65	15	57
5048	633	1355	9247	12528	9384	2964	6237	1600	14979	2684	58
1886	1404	1779	2115	2913	1400	1586	1107	765	4658	2451	59
957	411	458	984	1188	1515	944	1089	769	1375	1284	60
9528	**2463**	**3492**	**14306**	**25098**	**24856**	**15319**	**13252**	**7560**	**29390**	**15029**	H
3475	1035	1450	3632	5516	8620	3714	4771	2830	6301	4947	61
6053	1428	2042	10674	19582	16236	11605	8481	4730	23089	10082	62
23389	**4316**	**9530**	**18695**	**87155**	**76660**	**30019**	**31233**	**18582**	**53407**	**25564**	I
1324	465	538	260	1431	990	970	797	490	1118	928	63
2135	697	1037	1571	10834	5109	4769	6218	3018	8515	3861	64
19930	3154	7955	16864	74890	70561	24280	24218	15074	43774	20775	65
4439	**1790**	**2254**	**2802**	**8306**	**10786**	**5452**	**5360**	**3509**	**12053**	**4921**	J
1964	956	972	751	2554	1945	1919	1289	1132	3077	1987	66

1-7 续表 2

行业大类	代码	法人单位数	北京	天津	河北	山西	内蒙古
资本市场服务	67	47128	2816	1320	2139	512	553
保险业	68	23054	690	306	1054	612	634
其他金融业	69	20210	751	1178	625	434	416
房地产业	**K**	**642893**	**19622**	**12729**	**40644**	**15980**	**9448**
房地产业	70	642893	19622	12729	40644	15980	9448
租赁和商务服务业	**L**	**2242096**	**152084**	**56982**	**95365**	**49596**	**26513**
租赁业	71	169529	5995	6417	11645	5501	3655
商务服务业	72	2072567	146089	50565	83720	44095	22858
科学研究和技术服务业	**M**	**1035170**	**111740**	**57506**	**44124**	**18000**	**9404**
研究和试验发展	73	162045	4453	1825	6276	1889	745
专业技术服务业	74	400194	25141	10126	14433	8883	5293
科技推广和应用服务业	75	472931	82146	45555	23415	7228	3366
水利、环境和公共设施管理业	**N**	**146295**	**4179**	**2265**	**8254**	**5237**	**3605**
水利管理业	76	28928	321	313	768	1086	812
生态保护和环境治理业	77	17959	415	211	693	718	523
公共设施管理业	78	99408	3443	1741	6793	3433	2270
居民服务、修理和其他服务业	**O**	**420667**	**19464**	**11602**	**20702**	**11101**	**7496**
居民服务业	79	167612	8870	4478	7725	4164	3008
机动车、电子产品和日用产品修理业	80	141990	6059	2802	7148	3643	1892
其他服务业	81	111065	4535	4322	5829	3294	2596
教育	**P**	**517739**	**11418**	**4540**	**22699**	**12875**	**8639**
教育	82	517739	11418	4540	22699	12875	8639
卫生和社会工作	**Q**	**286858**	**4128**	**2161**	**7973**	**7050**	**5404**
卫生	83	221258	3122	1652	6133	5420	4351
社会工作	84	65600	1006	509	1840	1630	1053
文化、体育和娱乐业	**R**	**414973**	**29908**	**10716**	**16678**	**12183**	**5531**
新闻和出版业	85	9311	1751	185	183	370	172
广播、电视、电影和影视录音制作业	86	44262	3259	1226	2434	1226	673
文化艺术业	87	153769	18201	6431	5772	5276	2009
体育	88	40234	2821	943	1531	1117	576
娱乐业	89	167397	3876	1931	6758	4194	2101
公共管理、社会保障和社会组织	**S**	**1590535**	**17339**	**10591**	**79590**	**59018**	**35215**
中国共产党机关	90	34723	278	194	1713	1640	783
国家机构	91	460642	3892	2719	15911	16811	12384
人民政协、民主党派	92	6709	84	68	280	334	154
社会保障	93	17254	298	147	468	920	324
群众团体、社会团体和其他成员组织	94	376609	6150	2079	9136	9187	8105
基层群众自治组织	95	694598	6637	5384	52082	30126	13465

单位：个

辽宁	吉林	黑龙江	上海	江苏	浙江	安徽	福建	江西	山东	河南	代码
1101	241	617	1019	2828	5757	1833	2127	1268	3587	788	67
849	428	435	410	1537	797	925	610	415	3466	1501	68
525	165	230	622	1387	2287	775	1334	694	1923	645	69
21985	**6616**	**10349**	**18050**	**60782**	**41415**	**24983**	**19921**	**14987**	**49233**	**31673**	K
21985	6616	10349	18050	60782	41415	24983	19921	14987	49233	31673	70
63283	**14688**	**28045**	**66973**	**246030**	**206460**	**90744**	**90980**	**59671**	**177737**	**71012**	L
5100	1787	3611	2605	14172	9537	8844	5815	4659	14577	8337	71
58183	12901	24434	64368	231858	196923	81900	85165	55012	163160	62675	72
29623	**7933**	**14699**	**25077**	**142157**	**67948**	**32816**	**34023**	**15488**	**96850**	**47284**	M
6604	956	2984	2517	49459	12282	4747	8981	1607	15105	2226	73
11477	3449	5562	15160	52845	29575	17832	14279	7521	28122	13987	74
11542	3528	6153	7400	39853	26091	10237	10763	6360	53623	31071	75
4889	**1932**	**2494**	**2210**	**11929**	**9869**	**6811**	**5574**	**4145**	**9900**	**7865**	N
1245	732	637	230	2324	1111	1182	918	1013	1145	1573	76
600	150	264	205	1522	1248	686	882	580	1313	721	77
3044	1050	1593	1775	8083	7510	4943	3774	2552	7442	5571	78
12487	**4129**	**4997**	**13114**	**41767**	**23451**	**19115**	**15312**	**10760**	**37021**	**15432**	O
5891	1783	2324	6795	16147	10084	8321	6072	4087	13408	6342	79
4478	1245	1557	4106	13151	8711	6013	5670	2825	11042	5021	80
2118	1101	1116	2213	12469	4656	4781	3570	3848	12571	4069	81
15352	**6464**	**8495**	**6101**	**29119**	**27584**	**18901**	**18066**	**16699**	**35311**	**46326**	P
15352	6464	8495	6101	29119	27584	18901	18066	16699	35311	46326	82
13511	**4095**	**6280**	**3407**	**23266**	**11551**	**10105**	**8546**	**10627**	**21775**	**36494**	Q
10802	2687	4901	1690	10294	6937	7764	6937	8547	17046	33236	83
2709	1408	1379	1717	12972	4614	2341	1609	2080	4729	3258	84
11215	**3516**	**6301**	**8172**	**37550**	**30861**	**18125**	**16348**	**9369**	**27862**	**18163**	R
324	180	194	249	504	340	314	366	249	427	449	85
1035	436	476	777	3766	6581	1358	1508	1069	2414	1389	86
3510	1158	1786	2308	16359	7984	5301	7133	3662	11551	9171	87
1449	251	443	1383	4464	4052	1168	2050	887	3088	1143	88
4897	1491	3402	3455	12457	11904	9984	5291	3502	10382	6011	89
44631	**29056**	**33692**	**13054**	**81720**	**83064**	**47114**	**62502**	**56255**	**136066**	**103148**	S
1575	590	1119	174	1679	1088	1128	1304	1250	1160	1752	90
15963	11961	14990	3120	20160	17912	13574	17149	21273	31260	30351	91
282	156	236	132	299	308	290	294	231	314	286	92
617	266	583	266	1182	394	412	613	621	953	1284	93
10172	4430	4920	3617	35334	30811	13494	25275	12569	21877	12072	94
16022	11653	11844	5745	23066	32551	18216	17867	20311	80502	57403	95

1-7 续表 3

行业大类	代码	湖北	湖南	广东	广西	海南
总计	--	**943502**	**685025**	**1955087**	**539342**	**100398**
农、林、牧、渔业	A	**98049**	**76768**	**47531**	**85439**	**12992**
农业	01	44775	36356	24188	38231	5778
林业	02	6349	5299	4458	7357	718
畜牧业	03	23587	14114	5039	23294	4098
渔业	04	10443	4380	3960	8960	1318
农、林、牧、渔服务业	05	12895	16619	9886	7597	1080
采矿业	B	**4771**	**7413**	**4116**	**3854**	**414**
煤炭开采和洗选业	06	474	1136	28	63	3
石油和天然气开采业	07	15	6	14	6	5
黑色金属矿采选业	08	523	664	432	438	40
有色金属矿采选业	09	237	913	309	588	131
非金属矿采选业	10	3132	4434	3044	2561	204
开采辅助活动	11	86	105	72	20	7
其他采矿业	12	304	155	217	178	24
制造业	C	**100481**	**75769**	**490284**	**38027**	**4279**
农副食品加工业	13	7353	6475	6836	3029	576
食品制造业	14	3189	2665	7366	2625	251
酒、饮料和精制茶制造业	15	3625	2454	2633	1541	180
烟草制品业	16	33	93	40	5	1
纺织业	17	4361	1416	12249	682	57
纺织服装、服饰业	18	6160	1941	31095	1053	92
皮革、毛皮、羽毛及其制品和制鞋业	19	1068	1520	19121	516	9
木材加工和木、竹、藤、棕、草制品业	20	2600	3722	6856	4936	256
家具制造业	21	1995	1749	16488	849	151
造纸和纸制品业	22	1683	1813	16103	909	86
印刷和记录媒介复制业	23	2540	2118	15816	1108	261
文教、工美、体育和娱乐用品制造业	24	1479	1593	18103	1016	132
石油加工和炼焦业	25	252	177	619	122	20
化学原料和化学制品制造业	26	4795	5724	15687	2052	221
医药制造业	27	1560	952	1719	553	181
化学纤维制造业	28	94	55	449	13	7
橡胶和塑料制品业	29	3909	2197	42222	1332	156
非金属矿物制品业	30	13043	13025	21155	5513	718
黑色金属冶炼和压延加工业	31	1012	1576	2263	582	29
有色金属冶炼和压延加工业	32	761	1639	3294	422	38
金属制品业	33	6421	4128	62613	1756	213
通用设备制造业	34	6502	4822	25824	1491	61

单位：个

重庆	四川	贵州	云南	西藏	陕西	甘肃	青海	宁夏	新疆	代码
598575	**629919**	**447650**	**579001**	**26600**	**462710**	**222361**	**108773**	**90563**	**249768**	--
111669	**78902**	**100143**	**109423**	**643**	**55119**	**40473**	**22588**	**15556**	**22757**	A
55201	39557	47829	58925	205	24674	15191	7624	6237	6575	01
3865	4066	3615	5195	35	3549	2735	2227	1069	831	02
30513	23614	41743	37689	340	20522	18674	11710	6259	9483	03
16049	4575	4474	2055	9	1287	353	143	344	314	04
6041	7090	2482	5559	54	5087	3520	884	1647	5554	05
2655	**4893**	**8003**	**7568**	**251**	**5653**	**2329**	**1088**	**855**	**3418**	B
818	1146	2173	1734	2	1341	275	113	516	530	06
43	42	23	7		146	21	8	9	43	07
119	436	454	724	23	361	293	130	10	600	08
45	509	525	1767	82	466	320	172	4	514	09
1532	2544	4634	3060	133	1480	1165	609	281	1172	10
67	107	87	84	4	1741	153	10	32	374	11
31	109	107	192	7	118	102	46	3	185	12
64767	**62199**	**50398**	**32978**	**1305**	**45492**	**17750**	**7018**	**7971**	**21428**	C
4348	5024	4214	3792	258	3528	2427	845	898	2485	13
1952	2931	2166	1840	64	2311	768	299	472	914	14
1528	4118	5654	3958	84	1701	596	247	274	698	15
14	8	16	42		10	7		2	3	16
2242	1093	800	471	81	796	246	104	380	1010	17
2422	1198	1309	422	67	526	151	265	130	1152	18
1312	1074	611	156	21	148	196	73	137	114	19
2256	2000	2994	1814	47	899	280	156	159	426	20
2713	2359	2069	915	91	921	228	94	137	245	21
1078	1227	773	647	13	894	236	36	101	375	22
1472	2243	729	908	24	1486	916	149	245	424	23
1468	926	3435	953	109	735	672	750	81	980	24
113	227	141	132		402	89	17	78	344	25
1893	3151	1720	1596	66	2276	886	459	593	1458	26
510	1101	573	478	41	880	511	103	77	204	27
23	64	9	15		37	12	4	10	48	28
2471	2569	1210	1209	8	1634	714	141	318	1718	29
6987	9727	12079	5860	231	7294	4710	1334	1534	4201	30
720	919	600	681	3	576	362	146	192	348	31
609	643	487	728	4	1401	248	142	110	189	32
6112	3544	3047	2299	37	2674	1120	739	820	1549	33
4907	5022	1143	937		4733	509	228	315	557	34

1-7 续表 4

行业大类	代码	湖北	湖南	广东	广西	海南
专用设备制造业	35	6153	4165	30043	1520	134
汽车制造业	36	7480	1149	3380	1272	56
铁路、船舶、航空航天和其他运输设备制造业	37	743	642	2238	279	60
电气机械和器材制造业	38	4019	2841	48510	1015	107
计算机、通信和其他电子设备制造业	39	2464	2026	52114	777	52
仪器仪表制造业	40	1214	651	7047	214	25
其他制造业	41	2545	1393	14474	238	31
废弃资源综合利用业	42	644	624	1468	293	20
金属制品、机械和设备修理业	43	784	424	2459	314	98
电力、热力、燃气及水生产和供应业	**D**	**5910**	**7490**	**11150**	**3328**	**514**
电力、热力生产和供应业	44	3749	5598	8535	2480	316
燃气生产和供应业	45	569	359	583	191	54
水的生产和供应业	46	1592	1533	2032	657	144
建筑业	**E**	**60677**	**28509**	**63397**	**20038**	**7961**
房屋建筑业	47	11569	5415	8316	3034	935
土木工程建筑业	48	11341	5819	8423	2730	1026
建筑安装业	49	8356	4148	11634	2057	928
建筑装饰和其他建筑业	50	29411	13127	35024	12217	5072
批发和零售业	**F**	**248575**	**161068**	**607193**	**153421**	**21265**
批发业	51	116684	77443	409681	79412	11243
零售业	52	131891	83625	197512	74009	10022
交通运输、仓储和邮政业	**G**	**25551**	**13482**	**49662**	**12514**	**2070**
铁路运输业	53	199	125	249	38	13
道路运输业	54	15080	8495	19186	7550	940
水上运输业	55	884	480	1716	637	229
航空运输业	56	90	68	251	52	47
管道运输业	57	26	20	22	7	2
装卸搬运和运输代理业	58	5504	2415	23490	2759	497
仓储业	59	1725	769	2374	813	162
邮政业	60	2043	1110	2374	658	180
住宿和餐饮业	**H**	**17027**	**12954**	**32729**	**7266**	**2536**
住宿业	61	4448	4375	11059	2847	1304
餐饮业	62	12579	8579	21670	4419	1232
信息传输、软件和信息技术服务业	**I**	**40205**	**22548**	**63781**	**13404**	**2957**
电信、广播电视和卫星传输服务	63	1403	1249	1837	684	145
互联网和相关服务	64	3937	3638	6927	1676	666
软件和信息技术服务业	65	34865	17661	55017	11044	2146
金融业	**J**	**4944**	**3570**	**12751**	**2703**	**695**
货币金融服务	66	1753	1124	2922	865	337

单位：个

重庆	四川	贵州	云南	西藏	陕西	甘肃	青海	宁夏	新疆	代码
3550	3483	890	720	3	3149	596	163	250	774	35
4795	1333	264	217	1	512	55	24	47	98	36
3751	536	130	60		537	34	12	13	40	37
1874	2316	979	688	10	2298	464	200	197	561	38
1711	1593	632	197	1	1245	81	33	21	63	39
837	505	170	195		720	76	14	55	47	40
424	476	1024	503	11	391	259	95	165	108	41
216	400	306	308	6	246	167	54	84	121	42
459	389	224	237	24	532	134	92	76	174	43
2616	**6233**	**2610**	**3521**	**208**	**3600**	**1927**	**919**	**692**	**2145**	D
1595	3862	1732	2431	178	2258	1504	770	536	1658	44
281	861	264	303	5	371	175	53	68	223	45
740	1510	614	787	25	971	248	96	88	264	46
17869	**25065**	**19090**	**26555**	**2287**	**29585**	**6721**	**6492**	**4012**	**7488**	E
4538	7573	3677	5182	1445	7082	1838	1340	983	1882	47
1630	3833	3017	4978	715	6944	1538	1723	1154	1604	48
1990	2729	2294	2990	49	3808	995	695	484	1226	49
9711	10930	10102	13405	78	11751	2350	2734	1391	2776	50
166014	**116118**	**94259**	**166569**	**2373**	**117082**	**43777**	**24311**	**24055**	**66172**	F
65720	60987	37928	77687	766	54700	23251	10997	12050	43101	51
100294	55131	56331	88882	1607	62382	20526	13314	12005	23071	52
11134	**13760**	**7698**	**11046**	**351**	**10723**	**3916**	**1952**	**2320**	**7462**	G
43	139	49	67	5	117	74	24	21	90	53
6811	8932	5147	6616	230	6860	2221	1423	1650	4265	54
470	308	131	118		33	11	12	9	4	55
58	98	39	99	15	105	32	14	12	91	56
8	14	12	6	1	37	4	1	2	22	57
2548	2479	954	2398	26	1354	558	248	292	1940	58
657	841	512	479	29	1357	737	114	96	623	59
539	949	854	1263	45	860	279	116	238	427	60
29331	**13068**	**16341**	**14873**	**579**	**10830**	**4453**	**2770**	**1444**	**2272**	H
4842	4901	4614	4881	431	3895	1901	1068	502	1177	61
24489	8167	11727	9992	148	6935	2552	1702	942	1095	62
19167	**16198**	**8080**	**17568**	**174**	**11613**	**2565**	**2232**	**1796**	**7706**	I
564	874	463	639	100	1011	270	156	94	400	63
2250	2262	1754	2053	18	2327	762	311	378	941	64
16353	13062	5863	14876	56	8275	1533	1765	1324	6365	65
2976	**3550**	**2535**	**4385**	**107**	**3348**	**2322**	**504**	**1874**	**5211**	J
1171	1382	1161	2051	62	1585	1464	302	1042	1028	66

1-7 续表 5

行业大类	代码	湖北	湖南	广东	广西	海南
资本市场服务	67	1572	1253	6100	1124	170
保险业	68	1001	668	1876	410	109
其他金融业	69	618	525	1853	304	79
房地产业	**K**	**31630**	**19686**	**70369**	**18677**	**9511**
房地产业	70	31630	19686	70369	18677	9511
租赁和商务服务业	**L**	**109524**	**62762**	**221659**	**56993**	**12811**
租赁业	71	7373	6264	8781	4183	1361
商务服务业	72	102151	56498	212878	52810	11450
科学研究和技术服务业	**M**	**43452**	**28849**	**75646**	**21935**	**3471**
研究和试验发展	73	5539	4945	18639	1758	357
专业技术服务业	74	18110	11368	39241	8701	2146
科技推广和应用服务业	75	19803	12536	17766	11476	968
水利、环境和公共设施管理业	**N**	**7940**	**6036**	**8941**	**4344**	**854**
水利管理业	76	2104	1801	1655	1526	140
生态保护和环境治理业	77	993	798	1400	392	111
公共设施管理业	78	4843	3437	5886	2426	603
居民服务、修理和其他服务业	**O**	**19963**	**14930**	**32250**	**8590**	**1930**
居民服务业	79	7661	5758	11472	3071	672
机动车、电子产品和日用产品修理业	80	6103	3962	12382	3485	758
其他服务业	81	6199	5210	8396	2034	500
教育	**P**	**23317**	**23726**	**45292**	**23151**	**4158**
教育	82	23317	23726	45292	23151	4158
卫生和社会工作	**Q**	**13545**	**16501**	**12472**	**5059**	**1372**
卫生	83	10550	13739	9725	4037	1114
社会工作	84	2995	2762	2747	1022	258
文化、体育和娱乐业	**R**	**16360**	**19582**	**25782**	**9168**	**2426**
新闻和出版业	85	475	280	566	176	83
广播、电视、电影和影视录音制作业	86	1577	1499	2714	1155	343
文化艺术业	87	5492	4961	8126	2405	587
体育	88	1584	1316	3473	934	351
娱乐业	89	7232	11526	10903	4498	1062
公共管理、社会保障和社会组织	**S**	**71581**	**83382**	**80082**	**51431**	**8182**
中国共产党机关	90	1287	1892	1399	1147	175
国家机构	91	21523	25840	20983	19790	2640
人民政协、民主党派	92	256	290	376	228	73
社会保障	93	1001	805	526	1281	52
群众团体、社会团体和其他成员组织	94	17210	12656	26505	12796	1773
基层群众自治组织	95	30304	41899	30293	16189	3469

单位：个

重庆	四川	贵州	云南	西藏	陕西	甘肃	青海	宁夏	新疆	代码
1026	778	691	1019	18	645	374	68	432	3352	67
532	905	353	885	25	805	333	67	92	324	68
247	485	330	430	2	313	151	67	308	507	69
15666	**17947**	**11711**	**14489**	**251**	**15847**	**5590**	**2798**	**2086**	**8218**	K
15666	17947	11711	14489	251	15847	5590	2798	2086	8218	70
54829	**52470**	**34597**	**54745**	**1154**	**31430**	**12155**	**11170**	**7266**	**22368**	L
6208	4967	4200	4605	84	3584	1610	1463	1045	1544	71
48621	47503	30397	50140	1070	27846	10545	9707	6221	20824	72
15457	**25808**	**9234**	**18964**	**538**	**15126**	**5386**	**3509**	**2104**	**11019**	M
1145	2080	616	1579	58	1282	396	274	186	535	73
9589	11316	6160	8537	383	8198	3433	2204	1262	5861	74
4723	12412	2458	8848	97	5646	1557	1031	656	4623	75
3728	**5200**	**3123**	**4194**	**88**	**5103**	**1731**	**1151**	**708**	**1996**	N
588	1314	608	1189	32	1029	540	234	147	611	76
655	697	301	486	15	519	205	283	76	297	77
2485	3189	2214	2519	41	3555	986	634	485	1088	78
16103	**11354**	**12186**	**14686**	**205**	**9151**	**3413**	**2043**	**1687**	**4226**	O
8411	4512	4561	4648	65	3313	1255	823	585	1306	79
5160	4788	5382	5547	112	4266	1492	742	665	1783	80
2532	2054	2243	4491	28	1572	666	478	437	1137	81
14573	**28633**	**13557**	**12641**	**1012**	**16430**	**10799**	**2106**	**2154**	**7601**	P
14573	28633	13557	12641	1012	16430	10799	2106	2154	7601	82
6915	**17699**	**5522**	**5956**	**463**	**14622**	**4311**	**1309**	**1047**	**3692**	Q
4548	13480	4680	5038	444	13556	3792	1061	851	3124	83
2367	4219	842	918	19	1066	519	248	196	568	84
13588	**17780**	**8782**	**12425**	**513**	**8848**	**5959**	**1992**	**1606**	**7664**	R
190	327	143	163	11	243	134	44	57	162	85
775	1235	570	887	112	1157	517	261	207	1626	86
5553	4916	1897	4072	157	2908	2466	679	410	1528	87
1162	1191	554	848	3	611	228	172	140	301	88
5908	10111	5618	6455	230	3929	2614	836	792	4047	89
29518	**113042**	**39781**	**46415**	**14098**	**53108**	**46784**	**12821**	**11330**	**36925**	S
566	3216	870	1635	873	1341	1204	375	210	1106	90
8995	33049	12337	15152	5035	16595	11463	3556	1934	12320	91
163	409	161	236	104	188	222	65	58	132	92
890	1357	203	753	8	499	161	83	49	238	93
7693	20646	6532	14251	1667	7979	15637	4141	6406	11489	94
11211	54365	19678	14388	6411	26506	18097	4601	2673	11640	95

1-8 按行业(大类)、机构类型分组的法人单位数

(2017年) 单位：个

行业大类	代码	法人单位数	企业法人	事业法人	机关法人	社会团体	其他
总计	--	**22009092**	**18097682**	**814716**	**255360**	**299248**	**2542086**
农、林、牧、渔业	A	**1926771**	**818192**	**13882**			**1094697**
农业	01	943551	379577	896			563078
林业	02	123427	71954	3053			48420
畜牧业	03	494820	230723	493			263604
渔业	04	108976	67147	238			41591
农、林、牧、渔服务业	05	255997	68791	9202			178004
采矿业	B	**108900**	**108770**	**3**			**127**
煤炭开采和洗选业	06	21092	21088	1			3
石油和天然气开采业	07	819	817	1			1
黑色金属矿采选业	08	16100	16096				4
有色金属矿采选业	09	11721	11720				1
非金属矿采选业	10	51736	51690	1			45
开采辅助活动	11	4372	4307				65
其他采矿业	12	3060	3052				8
制造业	C	**3483617**	**3471728**	**9**			**11880**
农副食品加工业	13	150391	145885				4506
食品制造业	14	81576	80766				810
酒、饮料和精制茶制造业	15	61138	58702				2436
烟草制品业	16	468	360				108
纺织业	17	165197	164902				295
纺织服装、服饰业	18	203848	203549				299
皮革、毛皮、羽毛及其制品和制鞋业	19	89839	89775				64
木材加工和木、竹、藤、棕、草制品业	20	116033	115292				741
家具制造业	21	89527	89394				133
造纸和纸制品业	22	79225	79185				40
印刷和记录媒介复制业	23	86337	86325	5			7
文教、工美、体育和娱乐用品制造业	24	119783	118648				1135
石油加工和炼焦业	25	9515	9507				8

1-8　续表 1

单位：个

行业大类	代码	法人单位数	企业法人	事业法人	机关法人	社会团体	其他
化学原料和化学制品制造业	26	135828	135711				117
医药制造业	27	28475	28246	1			228
化学纤维制造业	28	7606	7603				3
橡胶和塑料制品业	29	202034	201994				40
非金属矿物制品业	30	292935	292793	1			141
黑色金属冶炼和压延加工业	31	43027	42979				48
有色金属冶炼和压延加工业	32	33417	33398				19
金属制品业	33	313507	313438	2			67
通用设备制造业	34	339602	339566				36
专用设备制造业	35	226694	226534				160
汽车制造业	36	85004	85000				4
铁路、船舶、航空航天和其他运输设备制造业	37	36960	36958				2
电气机械和器材制造业	38	208802	208762				40
计算机、通信和其他电子设备制造业	39	122952	122942				10
仪器仪表制造业	40	45797	45795				2
其他制造业	41	69320	69187				133
废弃资源综合利用业	42	16016	15904				112
金属制品、机械和设备修理业	43	22764	22628				136
电力、热力、燃气及水生产和供应业	**D**	**120736**	**117003**	**790**			**2943**
电力、热力生产和供应业	44	85498	82648	341			2509
燃气生产和供应业	45	10451	10329	18			104
水的生产和供应业	46	24787	24026	431			330
建筑业	**E**	**1045232**	**1045185**	**30**			**17**
房屋建筑业	47	189130	189109	5			16
土木工程建筑业	48	193619	193598	20			1
建筑安装业	49	162695	162694	1			
建筑装饰和其他建筑业	50	499788	499784	4			
批发和零售业	**F**	**6252424**	**6173230**	**29**			**79165**
批发业	51	3673236	3606355	12			66869
零售业	52	2579188	2566875	17			12296

1-8 续表 2

单位：个

行业大类	代码	法人单位数	企业法人	事业法人	机关法人	社会团体	其他
交通运输、仓储和邮政业	G	**540994**	**530856**	**7793**			**2345**
铁路运输业	53	3638	3493	98			47
道路运输业	54	316953	309998	6291			664
水上运输业	55	15277	14756	464			57
航空运输业	56	2503	2397	90			16
管道运输业	57	429	421	6			2
装卸搬运和运输代理业	58	134231	133971	60			200
仓储业	59	42495	40662	615			1218
邮政业	60	25468	25158	169			141
住宿和餐饮业	H	**378974**	**374997**	**743**			**3234**
住宿业	61	112607	110895	588			1124
餐饮业	62	266367	264102	155			2110
信息传输、软件和信息技术服务业	I	**719150**	**711173**	**5601**			**2376**
电信、广播电视和卫星传输服务	63	22724	18679	3569			476
互联网和相关服务	64	91369	90375	552			442
软件和信息技术服务业	65	605057	602119	1480			1458
金融业	J	**135068**	**129762**	**1458**	**170**		**3678**
货币金融服务	66	44676	40802	828	170		2876
资本市场服务	67	47128	46710	240			178
保险业	68	23054	22729	220			105
其他金融业	69	20210	19521	170			519
房地产业	K	**642893**	**636729**	**3498**			**2666**
房地产业	70	642893	636729	3498			2666
租赁和商务服务业	L	**2242096**	**2114420**	**29571**			**98105**
租赁业	71	169529	165756	131			3642
商务服务业	72	2072567	1948664	29440			94463
科学研究和技术服务业	M	**1035170**	**869307**	**70178**			**95685**
研究和试验发展	73	162045	151507	5901			4637
专业技术服务业	74	400194	357878	37757			4559
科技推广和应用服务业	75	472931	359922	26520			86489

1-8 续表 3

单位：个

行业大类	代码	法人单位数	企业法人	事业法人	机关法人	社会团体	其他
水利、环境和公共设施管理业	N	**146295**	**103659**	**37380**		**6**	**5250**
水利管理业	76	28928	7160	19323			2445
生态保护和环境治理业	77	17959	14371	3108		6	474
公共设施管理业	78	99408	82128	14949			2331
居民服务、修理和其他服务业	O	**420667**	**397368**	**6119**			**17180**
居民服务业	79	167612	149741	4862			13009
机动车、电子产品和日用产品修理业	80	141990	140934	228			828
其他服务业	81	111065	106693	1029			3343
教育	P	**517739**	**99025**	**235870**			**182844**
教育	82	517739	99025	235870			182844
卫生和社会工作	Q	**286858**	**49665**	**100473**		**1658**	**135062**
卫生	83	221258	39868	82999			98391
社会工作	84	65600	9797	17474		1658	36671
文化、体育和娱乐业	R	**414973**	**346299**	**38938**		**823**	**28913**
新闻和出版业	85	9311	5379	3562			370
广播、电视、电影和影视录音制作业	86	44262	38456	5480			326
文化艺术业	87	153769	110450	26762			16557
体育	88	40234	30372	2254		823	6785
娱乐业	89	167397	161642	880			4875
公共管理、社会保障和社会组织	S	**1590535**	**314**	**262351**	**255190**	**296761**	**775919**
中国共产党机关	90	34723		2585	32138		
国家机构	91	460642		244266	216371		5
人民政协、民主党派	92	6709		483	6226		
社会保障	93	17254	314	14946	455		1539
群众团体、社会团体和其他成员组织	94	376609		67		296761	79781
基层群众自治组织	95	694598		4			694594

1-9 按行业(大类)、开业(成立)

行业大类	代码	法人单位数	1949年及以前	1950-1977年	1978-1991年
总计	--	**22009092**	**84135**	**406288**	**756184**
农、林、牧、渔业	A	**1926771**	**175**	**6040**	**7155**
农业	01	943551	39	1141	1180
林业	02	123427	47	2107	1680
畜牧业	03	494820	21	385	589
渔业	04	108976	6	207	445
农、林、牧、渔服务业	05	255997	62	2200	3261
采矿业	B	**108900**	**41**	**688**	**2476**
煤炭开采和洗选业	06	21092	17	373	991
石油和天然气开采业	07	819	1	3	12
黑色金属矿采选业	08	16100	9	33	211
有色金属矿采选业	09	11721	4	68	337
非金属矿采选业	10	51736	9	201	885
开采辅助活动	11	4372	1	9	25
其他采矿业	12	3060		1	15
制造业	C	**3483617**	**529**	**8883**	**54445**
农副食品加工业	13	150391	25	623	2308
食品制造业	14	81576	14	252	1218
酒、饮料和精制茶制造业	15	61138	33	323	1237
烟草制品业	16	468	12	15	37
纺织业	17	165197	25	325	2167
纺织服装、服饰业	18	203848	10	225	1879
皮革、毛皮、羽毛及其制品和制鞋业	19	89839	9	115	1016
木材加工和木、竹、藤、棕、草制品业	20	116033	2	165	975
家具制造业	21	89527	2	70	562
造纸和纸制品业	22	79225	14	164	1438
印刷和记录媒介复制业	23	86337	62	494	4105
文教、工美、体育和娱乐用品制造业	24	119783	4	192	1607
石油加工和炼焦业	25	9515	11	45	206
化学原料和化学制品制造业	26	135828	31	575	3308
医药制造业	27	28475	20	215	697
化学纤维制造业	28	7606	1	10	124
橡胶和塑料制品业	29	202034	7	270	3189
非金属矿物制品业	30	292935	40	1110	6835
黑色金属冶炼和压延加工业	31	43027	5	211	1314
有色金属冶炼和压延加工业	32	33417	11	90	623
金属制品业	33	313507	23	533	3957
通用设备制造业	34	339602	56	939	5215
专用设备制造业	35	226694	36	576	2844

时间分组的法人单位数

1992-1995年	1996年	1997年	1998年	1999年	2000年	2001年	2002年	2003年	2004年	代码
329496	**101451**	**103406**	**162119**	**165198**	**237857**	**290077**	**331864**	**391842**	**410260**	--
3653	**1147**	**1261**	**2985**	**2295**	**4638**	**4795**	**4883**	**6605**	**6335**	A
960	309	348	881	741	1511	1600	1647	2186	2081	01
532	161	181	346	278	657	541	594	821	695	02
548	211	292	779	582	1099	1244	1188	1791	1802	03
397	120	133	275	226	406	391	398	512	503	04
1216	346	307	704	468	965	1019	1056	1295	1254	05
1954	**773**	**766**	**1314**	**1109**	**1829**	**2341**	**2526**	**4079**	**5383**	B
659	262	278	398	318	466	592	646	1189	1407	06
19	5	12	13	22	18	16	23	16	19	07
230	96	71	163	140	267	375	383	783	1419	08
274	116	125	158	177	260	305	361	478	594	09
706	273	264	541	418	758	956	1036	1510	1816	10
45	14	12	31	21	45	66	49	73	99	11
21	7	4	10	13	15	31	28	30	29	12
74364	**23970**	**27001**	**41083**	**42882**	**62389**	**78041**	**91256**	**110049**	**111395**	C
2844	1083	1219	2190	2160	3127	3650	3987	4976	5011	13
1828	651	700	1147	1050	1536	1774	1758	2112	2131	14
1337	507	655	1030	1042	1405	1437	1581	1809	1738	15
20	3	4	8	11	9	10	7	16	13	16
2952	995	1288	1972	2131	3862	4196	6037	6864	5968	17
3436	1060	1122	1624	1929	3307	3879	4516	5432	5397	18
2002	650	589	824	903	1229	1567	1881	2060	2174	19
1194	437	439	793	854	1402	1674	1973	2464	2696	20
1024	420	497	683	700	960	1179	1317	1675	1854	21
1934	694	744	1079	1134	1571	2005	2404	2852	2775	22
4092	1151	1432	1872	1730	2545	3204	3697	4590	4219	23
2505	722	765	1235	1347	1939	2373	2847	3492	3442	24
300	92	99	161	168	227	273	330	450	447	25
4648	1530	1692	2731	2740	3898	4774	5311	6172	6127	26
1091	336	351	562	519	693	902	1009	1176	1132	27
187	66	72	89	120	224	256	329	401	372	28
4752	1584	1758	2680	2975	4183	5551	6507	7204	7240	29
7031	2222	2136	3804	3458	4878	6018	7040	8980	8708	30
1596	450	557	812	887	1208	1490	1769	2791	2677	31
927	287	365	517	538	753	1056	1138	1279	1408	32
5569	1794	2106	3055	3430	4827	6317	7501	8852	9268	33
6945	2263	2606	3949	4014	5673	7451	8875	10646	11654	34
3931	1259	1517	2262	2330	3510	4605	5365	6643	7157	35

1-9 续表 1

行业大类	代码	法人单位数	1949年及以前	1950-1977年	1978-1991年
汽车制造业	36	85004	13	260	1199
铁路、船舶、航空航天和其他运输设备制造业	37	36960	22	181	734
电气机械和器材制造业	38	208802	27	453	2864
计算机、通信和其他电子设备制造业	39	122952	2	125	907
仪器仪表制造业	40	45797	6	168	883
其他制造业	41	69320	3	48	420
废弃资源综合利用业	42	16016	1	14	121
金属制品、机械和设备修理业	43	22764	2	97	456
电力、热力、燃气及水生产和供应业	**D**	**120736**	**104**	**2171**	**5877**
电力、热力生产和供应业	44	85498	56	1554	3649
燃气生产和供应业	45	10451	5	11	140
水的生产和供应业	46	24787	43	606	2088
建筑业	**E**	**1045232**	**86**	**3960**	**10721**
房屋建筑业	47	189130	54	2875	5697
土木工程建筑业	48	193619	16	793	2285
建筑安装业	49	162695	7	189	1460
建筑装饰和其他建筑业	50	499788	9	103	1279
批发和零售业	**F**	**6252424**	**832**	**11480**	**35733**
批发业	51	3673236	286	5196	19084
零售业	52	2579188	546	6284	16649
交通运输、仓储和邮政业	**G**	**540994**	**222**	**3572**	**7991**
铁路运输业	53	3638	21	64	167
道路运输业	54	316953	88	2056	4070
水上运输业	55	15277	14	233	815
航空运输业	56	2503	1	7	40
管道运输业	57	429		1	4
装卸搬运和运输代理业	58	134231	21	244	1130
仓储业	59	42495	50	911	1651
邮政业	60	25468	27	56	114
住宿和餐饮业	**H**	**378974**	**62**	**1006**	**4911**
住宿业	61	112607	36	656	3490
餐饮业	62	266367	26	350	1421
信息传输、软件和信息技术服务业	**I**	**719150**	**43**	**599**	**1698**
电信、广播电视和卫星传输服务	63	22724	30	545	1104
互联网和相关服务	64	91369	8	10	67
软件和信息技术服务业	65	605057	5	44	527
金融业	**J**	**135068**	**134**	**416**	**2317**
货币金融服务	66	44676	112	400	1992
资本市场服务	67	47128	2	1	71
保险业	68	23054	18	10	176
其他金融业	69	20210	2	5	78

1992-1995年	1996年	1997年	1998年	1999年	2000年	2001年	2002年	2003年	2004年	代码
1813	548	647	906	1007	1362	1858	2294	2969	2991	36
1013	330	359	489	585	730	891	985	1168	1216	37
4553	1468	1666	2332	2710	3657	4775	5409	6373	6381	38
2099	587	739	991	1047	1739	2393	2740	3238	3667	39
1399	422	491	689	709	993	1273	1277	1591	1562	40
685	190	209	307	354	531	671	784	951	998	41
134	36	55	85	94	151	203	236	366	444	42
523	133	122	205	206	260	336	352	457	528	43
3180	**1006**	**1090**	**1576**	**1487**	**1943**	**2361**	**3090**	**4501**	**4508**	D
2005	681	747	1118	1035	1270	1665	2210	3421	3451	44
181	63	70	83	108	154	188	226	303	276	45
994	262	273	375	344	519	508	654	777	781	46
13755	**3905**	**4362**	**6381**	**6159**	**7575**	**10595**	**11989**	**13638**	**15577**	E
4621	1108	1177	1798	1499	1789	3150	3084	2463	2822	47
2771	632	747	1202	1127	1408	1880	2178	2772	2972	48
2456	772	954	1326	1377	1603	2197	2334	2798	3212	49
3907	1393	1484	2055	2156	2775	3368	4393	5605	6571	50
42600	**15997**	**19497**	**31727**	**34151**	**47929**	**60317**	**72990**	**92457**	**97292**	F
25829	9727	11990	19703	21566	30059	38686	46536	60365	63539	51
16771	6270	7507	12024	12585	17870	21631	26454	32092	33753	52
6775	**2072**	**2396**	**3967**	**3736**	**4710**	**6288**	**7387**	**9095**	**11949**	G
112	25	26	39	42	51	60	62	57	81	53
3445	1102	1344	1924	1936	2491	3631	4261	4957	6292	54
491	133	149	216	202	243	341	406	492	679	55
65	23	21	35	25	35	45	63	62	84	56
10		5	3	3	11	5	7	11	10	57
1428	517	488	732	722	1077	1373	1670	2267	3466	58
1134	244	293	609	470	529	645	741	1002	969	59
90	28	70	409	336	273	188	177	247	368	60
4514	**1582**	**1796**	**2623**	**2643**	**3618**	**3972**	**4524**	**5744**	**6444**	H
2611	870	936	1310	1204	1552	1630	1847	2410	2704	61
1903	712	860	1313	1439	2066	2342	2677	3334	3740	62
2229	**820**	**1049**	**1701**	**2285**	**3961**	**4973**	**5527**	**7651**	**9168**	I
658	165	178	348	489	672	926	738	852	996	63
117	73	67	128	203	440	519	639	1098	1274	64
1454	582	804	1225	1593	2849	3528	4150	5701	6898	65
1486	**929**	**872**	**712**	**587**	**628**	**848**	**1567**	**2113**	**1874**	J
975	484	450	422	348	258	273	426	534	449	66
300	104	89	102	126	186	269	247	363	366	67
140	316	314	155	66	111	226	798	1093	921	68
71	25	19	33	47	73	80	96	123	138	69

1-9 续表 2

行业大类	代码	法 人 单位数	1949年及以前	1950-1977年	1978-1991年
房地产业	K	**642893**	**53**	**1829**	**7410**
房地产业	70	642893	53	1829	7410
租赁和商务服务业	L	**2242096**	**606**	**4377**	**22896**
租赁业	71	169529	3	69	351
商务服务业	72	2072567	603	4308	22545
科学研究和技术服务业	M	**1035170**	**325**	**11469**	**21160**
研究和试验发展	73	162045	69	1419	2163
专业技术服务业	74	400194	161	6718	10749
科技推广和应用服务业	75	472931	95	3332	8248
水利、环境和公共设施管理业	N	**146295**	**235**	**6086**	**10184**
水利管理业	76	28928	126	4545	5563
生态保护和环境治理业	77	17959	14	380	788
公共设施管理业	78	99408	95	1161	3833
居民服务、修理和其他服务业	O	**420667**	**49**	**1143**	**3838**
居民服务业	79	167612	31	860	1592
机动车、电子产品和日用产品修理业	80	141990	5	177	1761
其他服务业	81	111065	13	106	485
教育	P	**517739**	**23493**	**80917**	**55532**
教育	82	517739	23493	80917	55532
卫生和社会工作	Q	**286858**	**2274**	**47660**	**35534**
卫生	83	221258	2138	45574	28752
社会工作	84	65600	136	2086	6782
文化、体育和娱乐业	R	**414973**	**900**	**7393**	**14117**
新闻和出版业	85	9311	114	387	1562
广播、电视、电影和影视录音制作业	86	44262	71	1401	2475
文化艺术业	87	153769	691	5292	8974
体育	88	40234	18	249	635
娱乐业	89	167397	6	64	471
公共管理、社会保障和社会组织	S	**1590535**	**53972**	**206599**	**452189**
中国共产党机关	90	34723	2489	7671	10903
国家机构	91	460642	8767	49616	104939
人民政协、民主党派	92	6709	249	1335	2730
社会保障	93	17254	42	259	2005
群众团体、社会团体和其他成员组织	94	376609	7794	14707	50930
基层群众自治组织	95	694598	34631	133011	280682

1992-1995年	1996年	1997年	1998年	1999年	2000年	2001年	2002年	2003年	2004年	代码
15560	**3651**	**4219**	**6471**	**6771**	**9362**	**11762**	**13337**	**16543**	**16467**	K
15560	3651	4219	6471	6771	9362	11762	13337	16543	16467	70
19618	**5295**	**6330**	**8678**	**11862**	**16115**	**17959**	**19946**	**25734**	**31427**	L
620	257	260	380	380	571	804	861	1124	1383	71
18998	5038	6070	8298	11482	15544	17155	19085	24610	30044	72
11853	**3445**	**3245**	**4962**	**5115**	**7606**	**9872**	**11483**	**13848**	**15125**	M
902	259	264	390	413	720	813	940	1146	1265	73
7075	2169	2020	3041	3261	4515	5766	6917	8305	9135	74
3876	1017	961	1531	1441	2371	3293	3626	4397	4725	75
3782	**1102**	**1172**	**1593**	**1375**	**2108**	**2377**	**2806**	**3177**	**3003**	N
1468	428	412	572	395	588	606	687	622	579	76
286	82	95	129	147	218	235	325	366	377	77
2028	592	665	892	833	1302	1536	1794	2189	2047	78
4203	**1410**	**1665**	**2504**	**2703**	**3832**	**4426**	**5208**	**6838**	**7518**	O
1370	460	625	1003	1053	1588	1782	2119	2662	2997	79
2284	799	824	1170	1268	1653	1920	2180	2976	3141	80
549	151	216	331	382	591	724	909	1200	1380	81
17857	**5778**	**5412**	**7726**	**6466**	**10403**	**10291**	**10783**	**12312**	**12143**	P
17857	5778	5412	7726	6466	10403	10291	10783	12312	12143	82
11475	**3490**	**2556**	**4450**	**3409**	**5822**	**6228**	**5793**	**6763**	**6536**	Q
9546	2926	2085	3632	2734	4790	5165	4693	5323	5211	83
1929	564	471	818	675	1032	1063	1100	1440	1325	84
4737	**1296**	**1316**	**1913**	**1764**	**3678**	**4793**	**6728**	**10672**	**10147**	R
762	150	112	161	175	249	239	218	290	349	85
875	203	187	260	203	312	367	491	464	577	86
2057	581	577	759	582	1041	1289	1268	1572	1545	87
445	131	160	184	184	338	378	454	657	606	88
598	231	280	549	620	1738	2520	4297	7689	7070	89
85901	**23783**	**17401**	**29753**	**28399**	**39711**	**47838**	**50041**	**40023**	**37969**	S
1934	651	506	530	330	613	976	1397	575	403	90
32296	9067	7981	10228	6884	11197	16319	20243	14028	12517	91
318	135	102	119	72	154	132	157	103	77	92
1072	310	223	259	249	628	737	871	1347	730	93
18261	5743	4288	7510	5932	9081	8299	9032	9751	9707	94
32020	7877	4301	11107	14932	18038	21375	18341	14219	14535	95

1-9 续表 3

行业大类	代码	2005年	2006年	2007年	2008年	2009年
总计	--	**456515**	**519258**	**534557**	**612808**	**800923**
农、林、牧、渔业	A	**9724**	**11933**	**22968**	**46389**	**79220**
农业	01	3147	4327	8454	16567	29240
林业	02	899	1171	1627	2520	4923
畜牧业	03	2864	3395	7575	15747	24191
渔业	04	796	890	1337	2486	4117
农、林、牧、渔服务业	05	2018	2150	3975	9069	16749
采矿业	B	**6070**	**6518**	**6032**	**6557**	**6807**
煤炭开采和洗选业	06	1429	1126	990	1212	1206
石油和天然气开采业	07	33	34	27	31	46
黑色金属矿采选业	08	1461	1213	1228	1401	1012
有色金属矿采选业	09	799	1084	1032	773	669
非金属矿采选业	10	2175	2797	2484	2806	3501
开采辅助活动	11	117	183	177	234	240
其他采矿业	12	56	81	94	100	133
制造业	C	**115343**	**136626**	**129650**	**126822**	**154940**
农副食品加工业	13	5620	6068	5913	6463	7011
食品制造业	14	2261	2604	2569	2771	2836
酒、饮料和精制茶制造业	15	1890	2153	2121	2205	2364
烟草制品业	16	11	25	9	11	17
纺织业	17	5906	6995	5880	4988	6443
纺织服装、服饰业	18	5770	6785	6434	5802	7778
皮革、毛皮、羽毛及其制品和制鞋业	19	2434	2833	2642	2510	3490
木材加工和木、竹、藤、棕、草制品业	20	3123	4098	3995	3864	4860
家具制造业	21	1989	2541	2442	2428	3216
造纸和纸制品业	22	2822	3343	3253	2923	4053
印刷和记录媒介复制业	23	3736	4169	3509	3155	3892
文教、工美、体育和娱乐用品制造业	24	3575	4303	4023	3756	4782
石油加工和炼焦业	25	372	432	444	420	523
化学原料和化学制品制造业	26	6397	7186	6063	5765	6635
医药制造业	27	1106	1090	889	914	1164
化学纤维制造业	28	316	489	375	266	323
橡胶和塑料制品业	29	7626	9337	8844	8052	9727
非金属矿物制品业	30	9261	12055	11032	12482	14896
黑色金属冶炼和压延加工业	31	2554	2473	2301	2276	2205
有色金属冶炼和压延加工业	32	1521	1816	1844	1639	1636
金属制品业	33	9578	11473	11108	10978	13541
通用设备制造业	34	11693	13621	13683	13211	15035
专用设备制造业	35	7528	8861	8414	8515	10949

2010年	2011年	2012年	2013年	2014年	2015年	2016年	2017年	无开业年份	代码
1009774	**1183009**	**1307135**	**1578399**	**1905900**	**2304349**	**2931489**	**3013479**	**81320**	--
88097	**108801**	**156609**	**217627**	**234469**	**270823**	**331937**	**290592**	**5615**	A
36560	47370	66310	101487	128511	152088	174568	157145	3153	01
5404	7558	11178	13760	15547	15729	17526	16515	430	02
24195	28596	43883	54363	53215	63470	92398	69343	1054	03
4702	7973	10601	13023	11700	14447	17008	15544	333	04
17236	17304	24637	34994	25496	25089	30437	32045	645	05
7131	**7311**	**7388**	**6603**	**5807**	**5626**	**5962**	**5403**	**406**	B
1233	1178	1108	897	720	689	874	753	81	06
39	43	46	52	82	71	77	56	3	07
1109	1130	835	769	569	365	364	410	54	08
606	731	673	496	397	377	390	364	73	09
3696	3758	4223	3824	3234	3234	3356	3114	161	10
263	271	293	340	485	474	423	360	22	11
185	200	210	225	320	416	478	346	12	12
193926	**210657**	**208639**	**241414**	**256858**	**274280**	**334707**	**360523**	**12945**	C
7248	8529	10291	11008	9715	12854	14056	11990	422	13
3074	4576	5590	5887	5917	8815	9773	8394	338	14
2531	2987	4035	4402	3950	6063	6281	5489	533	15
25	51	26	24	27	22	41	14		16
8740	8981	7831	10231	10855	12487	17835	18736	507	17
11473	12711	12260	16635	16222	17877	23150	26283	852	18
5139	5694	5507	8485	9962	7712	9232	8659	521	19
5992	6281	7236	8570	8105	10693	15454	18430	264	20
4541	4745	5669	6703	8163	8087	11344	16307	409	21
4653	4490	4598	5506	5590	5586	6324	7061	215	22
4500	4364	4046	4053	3710	4219	4643	5006	142	23
6232	6976	7715	9391	9440	10219	13191	13306	404	24
488	489	542	497	497	561	710	660	71	25
6854	7029	6865	6836	7160	7944	8734	8201	622	26
1304	1432	1522	1588	1594	2076	2507	2358	228	27
554	549	354	409	390	418	412	480	20	28
11694	12007	11791	13339	13631	13674	16556	17297	559	29
17622	20352	20476	21218	20241	19646	22802	27575	1017	30
2383	2240	1915	1844	1530	1743	1869	1811	116	31
1850	2071	1948	2042	1780	1771	2121	2283	103	32
17492	19283	18802	22877	25892	26870	32653	34672	1056	33
19886	21406	18505	20991	24410	25135	30900	39986	854	34
14041	14865	14107	15769	18038	17859	20670	24164	879	35

1-9 续表 4

行业大类	代码	2005年	2006年	2007年	2008年	2009年
汽车制造业	36	2878	3385	3320	2933	3703
铁路、船舶、航空航天和其他运输设备制造业	37	1348	1632	1591	1606	1955
电气机械和器材制造业	38	6583	8093	8063	8006	10466
计算机、通信和其他电子设备制造业	39	3697	4459	4557	4525	5912
仪器仪表制造业	40	1533	1756	1701	1580	2027
其他制造业	41	1113	1319	1273	1239	1736
废弃资源综合利用业	42	529	562	638	689	750
金属制品、机械和设备修理业	43	573	670	720	850	1015
电力、热力、燃气及水生产和供应业	D	**4290**	**4321**	**3701**	**3814**	**4211**
电力、热力生产和供应业	44	3206	3136	2473	2336	2482
燃气生产和供应业	45	290	301	300	397	481
水的生产和供应业	46	794	884	928	1081	1248
建筑业	E	**17006**	**18906**	**18795**	**21099**	**29636**
房屋建筑业	47	3235	3640	3398	3594	5386
土木工程建筑业	48	3143	3291	3285	3796	5536
建筑安装业	49	3408	3784	3650	4174	5414
建筑装饰和其他建筑业	50	7220	8191	8462	9535	13300
批发和零售业	F	**108293**	**131493**	**138317**	**163443**	**232976**
批发业	51	70747	85170	90537	105904	151073
零售业	52	37546	46323	47780	57539	81903
交通运输、仓储和邮政业	G	**14036**	**14919**	**15097**	**17193**	**22303**
铁路运输业	53	110	108	98	134	146
道路运输业	54	6675	7672	7850	9303	12253
水上运输业	55	640	607	649	613	772
航空运输业	56	63	84	70	62	84
管道运输业	57	9	16	17	16	22
装卸搬运和运输代理业	58	4900	4695	4520	4903	5786
仓储业	59	1250	1323	1366	1406	1884
邮政业	60	389	414	527	756	1356
住宿和餐饮业	H	**7977**	**9321**	**10073**	**11460**	**12851**
住宿业	61	3266	3976	4283	4714	4628
餐饮业	62	4711	5345	5790	6746	8223
信息传输、软件和信息技术服务业	I	**9856**	**11519**	**11811**	**13375**	**17751**
电信、广播电视和卫星传输服务	63	804	821	623	990	931
互联网和相关服务	64	1296	1616	1700	1628	2062
软件和信息技术服务业	65	7756	9082	9488	10757	14758
金融业	J	**2653**	**2865**	**4052**	**5065**	**5687**
货币金融服务	66	972	963	1640	1901	2692
资本市场服务	67	410	553	766	919	1333
保险业	68	1129	1137	1386	1886	981
其他金融业	69	142	212	260	359	681

2010年	2011年	2012年	2013年	2014年	2015年	2016年	2017年	无开业年份	代码
5231	5246	4689	5607	6285	6225	7937	9392	306	36
2277	2230	1998	2341	2713	2615	3088	2699	164	37
13197	14400	13333	14844	15991	15206	18079	18808	1065	38
8194	8844	8834	10632	10168	10227	12036	9959	634	39
2376	2866	2781	3226	3158	3226	3632	4336	136	40
2227	2446	2896	3818	8389	10738	14404	11193	378	41
902	1062	967	1010	1225	1447	1808	2402	85	42
1206	1455	1510	1631	2110	2265	2465	2572	45	43
4385	**4260**	**4539**	**4740**	**6061**	**9234**	**15739**	**17996**	**551**	D
2624	2498	2569	2635	3724	6401	12773	15354	425	44
557	566	688	771	915	1042	1225	1053	57	45
1204	1196	1282	1334	1422	1791	1741	1589	69	46
38265	**45618**	**48232**	**58062**	**103899**	**113025**	**183467**	**237141**	**3378**	E
6658	7481	8418	9997	16223	15248	28486	44631	598	47
6923	8153	8806	10376	17642	18988	34238	47966	693	48
6746	7852	7991	8962	16025	17247	26844	29460	453	49
17938	22132	23017	28727	54009	61542	93899	115084	1634	50
303380	**373251**	**401115**	**486018**	**638882**	**773707**	**986327**	**934272**	**17948**	F
196887	236588	248941	288833	389792	429714	523916	492087	10481	51
106493	136663	152174	197185	249090	343993	462411	442185	7467	52
28192	**29280**	**29788**	**38385**	**50769**	**60313**	**72773**	**76194**	**1592**	G
230	215	211	296	396	283	324	267	13	53
14670	15917	16276	20926	29163	35725	47537	54527	862	54
794	761	625	702	1198	1054	1177	1208	63	55
121	126	150	234	238	253	270	225	17	56
30	27	28	33	41	42	41	35	2	57
7183	8084	8738	11144	13974	15655	15225	13948	341	58
2478	2524	2390	3064	3727	4015	4026	3545	249	59
2686	1626	1370	1986	2032	3286	4173	2439	45	60
16845	**20157**	**25517**	**32361**	**33017**	**47099**	**55396**	**52505**	**956**	H
5994	6738	7946	9076	8218	10679	11329	10166	338	61
10851	13419	17571	23285	24799	36420	44067	42339	618	62
21714	**27703**	**31395**	**42126**	**69367**	**107176**	**144425**	**166461**	**2767**	I
920	938	1122	1081	1374	1821	1876	1696	26	63
2525	3089	3585	4483	8047	16127	20786	19214	568	64
18269	23676	26688	36562	59946	89228	121763	145551	2173	65
7240	**9275**	**10011**	**12149**	**14951**	**17502**	**15076**	**13614**	**445**	J
3435	4040	4226	4306	3806	3810	3032	2682	48	66
2045	3059	3541	5061	6776	8007	5881	6300	251	67
854	1094	1135	1079	1065	1743	3233	1951	37	68
906	1082	1109	1703	3304	3942	2930	2681	109	69

1-9 续表 5

行业大类	代码					
		2005年	2006年	2007年	2008年	2009年
房地产业	K	**18044**	**21260**	**24699**	**21048**	**29432**
房地产业	70	18044	21260	24699	21048	29432
租赁和商务服务业	L	**37109**	**40842**	**44265**	**56947**	**72406**
租赁业	71	1703	2056	2235	2934	4660
商务服务业	72	35406	38786	42030	54013	67746
科学研究和技术服务业	M	**17664**	**19882**	**20999**	**26764**	**36869**
研究和试验发展	73	1384	1768	1783	2152	3316
专业技术服务业	74	10196	11327	11098	11974	14918
科技推广和应用服务业	75	6084	6787	8118	12638	18635
水利、环境和公共设施管理业	N	**3433**	**3514**	**3519**	**4428**	**5310**
水利管理业	76	702	707	605	906	799
生态保护和环境治理业	77	431	449	468	573	648
公共设施管理业	78	2300	2358	2446	2949	3863
居民服务、修理和其他服务业	O	**8329**	**9349**	**9314**	**11039**	**14025**
居民服务业	79	3226	3455	3457	4183	5047
机动车、电子产品和日用产品修理业	80	3393	3963	3645	4153	5239
其他服务业	81	1710	1931	2212	2703	3739
教育	P	**14126**	**14036**	**11994**	**14718**	**16034**
教育	82	14126	14036	11994	14718	16034
卫生和社会工作	Q	**8353**	**8580**	**7902**	**10161**	**10197**
卫生	83	6734	6855	5906	7760	7761
社会工作	84	1619	1725	1996	2401	2436
文化、体育和娱乐业	R	**11572**	**14168**	**14175**	**13646**	**16876**
新闻和出版业	85	333	293	240	344	363
广播、电视、电影和影视录音制作业	86	695	732	636	846	1039
文化艺术业	87	2466	2470	2429	3079	4120
体育	88	841	883	956	1099	1370
娱乐业	89	7237	9790	9914	8278	9984
公共管理、社会保障和社会组织	S	**42637**	**39206**	**37194**	**38840**	**33392**
中国共产党机关	90	392	314	318	315	298
国家机构	91	16399	12705	11877	12040	10936
人民政协、民主党派	92	70	70	52	58	55
社会保障	93	878	919	879	784	513
群众团体、社会团体和其他成员组织	94	12409	14677	14102	15188	15263
基层群众自治组织	95	12489	10521	9966	10455	6327

2010年	2011年	2012年	2013年	2014年	2015年	2016年	2017年	无开业年份	代码
41259	**41455**	**36231**	**46709**	**50211**	**46136**	**67686**	**83504**	**1784**	K
41259	41455	36231	46709	50211	46136	67686	83504	1784	70
94566	**119144**	**137413**	**163502**	**233865**	**292533**	**357629**	**393225**	**7807**	L
6428	8341	9489	11706	18367	24179	32823	36987	558	71
88138	110803	127924	151796	215498	268354	324806	356238	7249	72
45005	**54198**	**63281**	**79414**	**90717**	**121755**	**156280**	**178852**	**3982**	M
4438	5806	6659	8533	15570	22286	35477	41485	625	73
18685	22207	24400	28856	35426	39842	48255	52281	897	74
21882	26185	32222	42025	39721	59627	72548	85086	2460	75
5859	**6972**	**8209**	**8867**	**10266**	**11685**	**16104**	**18304**	**825**	N
834	1019	1402	1168	924	908	1226	1104	33	76
690	782	965	1008	1295	1708	2490	2935	75	77
4335	5171	5842	6691	8047	9069	12388	14265	717	78
17213	**21262**	**24498**	**31128**	**40309**	**53386**	**68677**	**65728**	**1073**	O
6360	8265	10052	12598	14865	20121	28106	29306	429	79
6494	7825	8638	10761	11444	15902	20557	19519	299	80
4359	5172	5808	7769	14000	17363	20014	16903	345	81
20685	**21616**	**24654**	**25510**	**16932**	**21800**	**28069**	**27698**	**754**	P
20685	21616	24654	25510	16932	21800	28069	27698	754	82
13122	**12489**	**14165**	**14209**	**8070**	**10428**	**13052**	**13724**	**416**	Q
10126	9140	9915	8910	4342	5810	7621	7606	203	83
2996	3349	4250	5299	3728	4618	5431	6118	213	84
18576	**19424**	**23361**	**23406**	**25297**	**45895**	**58821**	**59184**	**1118**	R
425	420	510	427	296	361	288	236	7	85
1487	1812	1987	2129	2620	4940	8198	9138	117	86
5453	6693	8858	9554	11071	17294	24585	28936	533	87
1480	1707	2076	2427	2799	4604	7150	8264	139	88
9731	8792	9930	8869	8511	18696	18600	12610	322	89
44314	**50136**	**52090**	**46169**	**16153**	**21946**	**19362**	**18559**	**16958**	S
609	471	454	320	38	62	54	57	2043	90
17441	16182	17510	12906	3225	4437	4996	3676	12230	91
86	89	138	88	14	19	11	9	267	92
769	892	1066	649	256	300	342	264	11	93
18379	21730	25489	25127	11693	15105	13601	12289	522	94
7030	10772	7433	7079	927	2023	358	2264	1885	95

1-10 按地区分组的法人单位数

单位：个

地区	法人单位数(2016年)	#多产业法人单位	法人单位数(2017年)	#多产业法人单位
全国	**18191382**	**553535**	**22009092**	**619862**
北京	711166	23669	719624	24902
天津	391323	7201	444546	8284
河北	785259	21997	1147414	27238
山西	498902	26920	600802	28819
内蒙古	272236	8938	328901	10151
辽宁	596474	13368	655309	14471
吉林	193453	4561	209045	4674
黑龙江	251727	8889	335310	10939
上海	463990	26940	484495	27866
江苏	1907732	33062	2356034	43337
浙江	1497165	36191	1792465	39924
安徽	651253	21271	872865	25720
福建	751748	28229	870050	30022
江西	464652	11572	573013	13970
山东	1652065	33999	2015001	39462
河南	816779	14504	964944	17269
湖北	783356	28229	943502	31512
湖南	552659	20017	685025	23175
广东	1521420	52419	1955087	55262
广西	474480	15824	539342	15439
海南	84923	3641	100398	3878
重庆	533104	15327	598575	16576
四川	542897	21797	629919	22435
贵州	339564	11724	447650	13357
云南	451891	18024	579001	23954
西藏	26660	1752	26600	1748
陕西	395374	16041	462710	16873
甘肃	210747	10917	222361	11117
青海	65364	3809	108773	4524
宁夏	80937	2447	90563	2547
新疆	222082	10256	249768	10417

1-11 农、林、牧、渔业按地区分组的法人单位数

单位：个

地 区	法人单位数（2016年）	#多产业法人单位	法人单位数（2017年）	#多产业法人单位
全 国	**1481473**	**5195**	**1926771**	**6429**
北 京	9537	117	9494	112
天 津	10591	21	13200	29
河 北	73763	200	105372	291
山 西	94596	192	106983	238
内蒙古	46071	181	63495	288
辽 宁	36796	110	44088	121
吉 林	22638	74	27786	72
黑龙江	37930	237	60981	286
上 海	6791	71	6755	72
江 苏	56236	145	69105	198
浙 江	67211	323	71386	359
安 徽	74581	229	113629	303
福 建	47858	226	55999	237
江 西	55064	170	69269	206
山 东	106857	138	140418	210
河 南	58830	62	90759	102
湖 北	75829	253	98049	327
湖 南	45660	127	76768	198
广 东	41000	315	47531	342
广 西	76497	415	85439	416
海 南	11876	144	12992	158
重 庆	99522	306	111669	350
四 川	53836	171	78902	217
贵 州	71134	89	100143	141
云 南	78056	305	109423	500
西 藏	627	3	643	5
陕 西	38039	60	55119	94
甘 肃	36639	108	40473	112
青 海	13096	43	22588	77
宁 夏	13506	48	15556	53
新 疆	20806	312	22757	315

1-12 采矿业按地区分组的法人单位数

单位：个

地区	法人单位数(2016年)	#多产业法人单位	法人单位数(2017年)	#多产业法人单位
全国	**104074**	**2355**	**108900**	**2639**
北京	128	8	127	8
天津	144	15	134	15
河北	6332	232	6865	264
山西	6965	206	7499	234
内蒙古	5422	111	5935	129
辽宁	6177	88	5913	92
吉林	1487	22	1594	26
黑龙江	2207	50	2826	78
上海	1	1	2	1
江苏	756	19	796	19
浙江	1260	28	1308	29
安徽	2663	73	2716	76
福建	2981	47	3024	48
江西	4166	48	4354	61
山东	3776	87	3780	92
河南	4761	60	4746	74
湖北	4614	140	4771	152
湖南	7077	58	7413	74
广东	4003	101	4116	108
广西	3686	105	3854	89
海南	360	16	414	15
重庆	2734	155	2655	146
四川	4921	203	4893	194
贵州	7636	58	8003	113
云南	7080	208	7568	255
西藏	237	8	251	8
陕西	5073	45	5653	65
甘肃	2310	27	2329	28
青海	1035	31	1088	38
宁夏	841	15	855	17
新疆	3241	90	3418	91

1-13 制造业按地区分组的法人单位数

单位：个

地 区	法人单位数（2016年）	#多产业法人单位	法人单位数（2017年）	#多产业法人单位
全 国	**3019269**	**46399**	**3483617**	**53627**
北 京	34454	1780	34406	1889
天 津	57722	1097	58413	1177
河 北	151619	1755	211132	2439
山 西	32151	891	37197	1053
内蒙古	20204	480	22835	560
辽 宁	98922	1226	102403	1398
吉 林	26979	239	28130	265
黑龙江	29398	366	34449	608
上 海	83350	3175	83847	3328
江 苏	481869	5039	553654	6633
浙 江	434321	7117	473283	7101
安 徽	101640	1240	124605	1647
福 建	138926	1821	152699	2019
江 西	67565	526	79759	729
山 东	284344	3296	342582	4098
河 南	110992	602	124077	885
湖 北	88664	1589	100481	1894
湖 南	68334	713	75769	1047
广 东	389552	7066	490284	7496
广 西	34750	1119	38027	1143
海 南	3833	126	4279	141
重 庆	60358	1218	64767	1292
四 川	60213	1163	62199	1278
贵 州	40573	357	50398	518
云 南	26905	873	32978	1258
西 藏	1221	49	1305	55
陕 西	41267	469	45492	557
甘 肃	17228	322	17750	342
青 海	5032	132	7018	214
宁 夏	7392	146	7971	154
新 疆	19491	407	21428	409

1-14 电力、热力、燃气及水生产和供应业按地区分组的法人单位数

单位：个

地 区	法人单位数（2016年）	#多产业法人单位	法人单位数（2017年）	#多产业法人单位
全 国	**99469**	**4878**	**120736**	**5325**
北 京	699	37	729	41
天 津	772	35	919	41
河 北	3601	158	5544	189
山 西	3662	165	4955	197
内蒙古	2832	165	3320	181
辽 宁	2691	115	3209	120
吉 林	1732	89	1917	87
黑龙江	1804	145	2403	173
上 海	199	18	210	18
江 苏	4287	144	5821	186
浙 江	5208	248	6483	273
安 徽	3696	207	5449	255
福 建	6888	218	7465	229
江 西	5248	180	7228	189
山 东	6094	203	8468	240
河 南	2778	149	3753	171
湖 北	4822	283	5910	302
湖 南	5901	185	7490	234
广 东	10423	372	11150	385
广 西	3055	261	3328	213
海 南	438	48	514	50
重 庆	2424	182	2616	185
四 川	6181	403	6233	436
贵 州	2386	168	2610	173
云 南	3206	256	3521	290
西 藏	170	22	208	22
陕 西	3046	102	3600	112
甘 肃	1870	128	1927	131
青 海	694	33	919	43
宁 夏	637	36	692	34
新 疆	2025	123	2145	125

1-15 建筑业按地区分组的法人单位数

单位：个

地区	法人单位数(2016年)	#多产业法人单位	法人单位数(2017年)	#多产业法人单位
全国	**754512**	**25393**	**1045232**	**36508**
北京	20507	1117	21058	1317
天津	19760	373	25704	479
河北	37803	956	68466	1387
山西	20372	748	28426	914
内蒙古	9834	260	14341	333
辽宁	30258	872	34252	1072
吉林	7854	155	9124	191
黑龙江	8944	266	13883	514
上海	17532	1165	18642	1295
江苏	104443	2766	144859	4107
浙江	44305	2574	57301	3092
安徽	34345	1222	53227	2001
福建	28007	1552	36498	2093
江西	21165	593	32400	1668
山东	84503	1402	118990	2103
河南	32006	566	42315	1197
湖北	44807	1198	60677	1828
湖南	18051	565	28509	1372
广东	43877	2102	63397	2360
广西	15299	863	20038	967
海南	5995	140	7961	154
重庆	15054	655	17869	764
四川	17023	1045	25065	1468
贵州	12268	310	19090	620
云南	18936	591	26555	1415
西藏	2214	15	2287	22
陕西	22139	406	29585	636
甘肃	5559	210	6721	261
青海	2618	122	6492	197
宁夏	3050	127	4012	152
新疆	5984	457	7488	529

1-16 批发和零售业按地区分组的法人单位数

单位：个

地 区	法人单位数(2016年)	#多产业法人单位	法人单位数(2017年)	#多产业法人单位
全 国	**5041698**	**109682**	**6252424**	**127669**
北 京	208813	7430	210061	7358
天 津	119826	1654	128601	1909
河 北	219536	4556	337751	6173
山 西	139240	3788	178727	4523
内蒙古	68237	1475	82851	1858
辽 宁	169643	2677	191012	2947
吉 林	43730	651	47558	671
黑龙江	57116	1253	80414	1945
上 海	159464	10808	165868	10988
江 苏	587718	8523	723353	11044
浙 江	430888	8653	536211	9208
安 徽	166351	3453	230282	4626
福 建	230843	4883	274120	5185
江 西	104265	1518	134553	1840
山 东	543508	5780	661406	7442
河 南	206121	2367	257404	3309
湖 北	207587	3377	248575	4254
湖 南	126236	1477	161068	2407
广 东	434221	11741	607193	12350
广 西	131838	4958	153421	5206
海 南	18000	767	21265	793
重 庆	148631	3512	166014	3806
四 川	93544	3639	116118	4070
贵 州	65613	1530	94259	2000
云 南	127986	3250	166569	5182
西 藏	2488	111	2373	102
陕 西	98536	1665	117082	2011
甘 肃	40691	1151	43777	1177
青 海	11215	473	24311	681
宁 夏	20956	520	24055	546
新 疆	58857	2042	66172	2058

1-17 交通运输、仓储和邮政业按地区分组的法人单位数

单位：个

地区	法人单位数(2016年)	#多产业法人单位	法人单位数(2017年)	#多产业法人单位
全国	**443325**	**18374**	**540994**	**21753**
北京	14864	729	14913	756
天津	17852	366	19379	411
河北	18661	516	27657	676
山西	11375	515	14827	583
内蒙古	7968	358	9938	430
辽宁	17900	513	20100	594
吉林	5225	161	5938	181
黑龙江	6718	271	9726	418
上海	16475	1513	17210	1571
江苏	50401	1061	63567	1420
浙江	25963	1555	31988	1751
安徽	18049	722	23453	910
福建	16912	758	19128	926
江西	14501	439	17798	553
山东	42742	838	52752	1065
河南	16364	308	18979	502
湖北	21776	939	25551	1176
湖南	10394	314	13482	458
广东	38161	2393	49662	2560
广西	10650	754	12514	770
海南	1777	138	2070	158
重庆	9316	615	11134	667
四川	12020	627	13760	729
贵州	5619	301	7698	383
云南	8685	484	11046	813
西藏	341	43	351	45
陕西	9044	266	10723	305
甘肃	3652	231	3916	246
青海	1177	102	1952	139
宁夏	1907	97	2320	103
新疆	6836	447	7462	454

1-18 住宿和餐饮业按地区分组的法人单位数

单位：个

地区	法人单位数(2016年)	#多产业法人单位	法人单位数(2017年)	#多产业法人单位
全国	**317619**	**13317**	**378974**	**15864**
北京	17134	1320	17215	1250
天津	5652	325	6330	421
河北	8229	541	12923	752
山西	7109	345	9121	396
内蒙古	3999	180	4619	203
辽宁	8935	292	9528	316
吉林	2326	44	2463	45
黑龙江	2930	84	3492	131
上海	13787	1355	14306	1391
江苏	20393	862	25098	1231
浙江	20961	1413	24856	1602
安徽	11076	500	15319	719
福建	11574	434	13252	479
江西	5988	125	7560	179
山东	23469	617	29390	836
河南	12911	215	15029	290
湖北	14747	437	17027	555
湖南	11439	192	12954	325
广东	27458	1543	32729	1660
广西	6264	368	7266	448
海南	2139	133	2536	160
重庆	26385	527	29331	598
四川	11368	435	13068	519
贵州	11495	79	16341	116
云南	11186	320	14873	548
西藏	609	18	579	16
陕西	9337	250	10830	275
甘肃	4040	148	4453	159
青海	1381	55	2770	79
宁夏	1288	46	1444	52
新疆	2010	114	2272	113

1-19　信息传输、软件和信息技术服务业按地区分组的法人单位数

单位：个

地　区	法人单位数(2016年)	#多产业法人单位	法人单位数(2017年)	#多产业法人单位
全　国	**507674**	**9575**	**719150**	**12207**
北　京	36026	1152	36601	1372
天　津	15818	169	17862	181
河　北	13944	233	30159	389
山　西	11529	228	18806	336
内蒙古	5057	111	7178	154
辽　宁	18826	237	23389	278
吉　林	3808	91	4316	93
黑龙江	5446	112	9530	133
上　海	16460	1026	18695	1104
江　苏	61674	746	87155	1127
浙　江	51124	778	76660	1098
安　徽	19282	265	30019	364
福　建	22801	295	31233	356
江　西	11354	143	18582	174
山　东	39025	353	53407	512
河　南	18203	145	25564	203
湖　北	25832	282	40205	414
湖　南	14495	193	22548	295
广　东	44114	1400	63781	1603
广　西	9612	219	13404	268
海　南	1985	46	2957	58
重　庆	15673	280	19167	318
四　川	11309	267	16198	326
贵　州	4851	92	8080	119
云　南	11683	235	17568	412
西　藏	181	36	174	34
陕　西	8662	132	11613	139
甘　肃	2329	87	2565	94
青　海	982	47	2232	64
宁　夏	1465	42	1796	49
新　疆	4124	133	7706	140

1-20 金融业按地区分组的法人单位数

单位：个

地区	法人单位数（2016年）	#多产业法人单位	法人单位数（2017年）	#多产业法人单位
全国	**122516**	**16660**	**135068**	**17555**
北京	4972	450	5138	492
天津	4897	324	4912	331
河北	4847	837	5516	927
山西	2883	567	3221	602
内蒙古	2885	519	3134	552
辽宁	4440	668	4439	674
吉林	1669	353	1790	363
黑龙江	2406	458	2254	499
上海	2482	397	2802	417
江苏	7550	919	8306	988
浙江	8853	989	10786	1023
安徽	5099	654	5452	679
福建	4938	487	5360	493
江西	3238	463	3509	479
山东	10033	1202	12053	1295
河南	4891	724	4921	756
湖北	4750	633	4944	657
湖南	3431	542	3570	619
广东	10272	1207	12751	1264
广西	2509	483	2703	495
海南	651	105	695	106
重庆	3565	479	2976	486
四川	3600	759	3550	798
贵州	2417	340	2535	369
云南	4080	593	4385	657
西藏	109	38	107	34
陕西	3119	448	3348	460
甘肃	2211	380	2322	378
青海	439	103	504	118
宁夏	1983	124	1874	127
新疆	3297	415	5211	417

1-21 房地产业按地区分组的法人单位数

单位：个

地区	法人单位数(2016年)	#多产业法人单位	法人单位数(2017年)	#多产业法人单位
全国	**533557**	**27449**	**642893**	**33994**
北京	19040	1646	19622	1681
天津	10443	391	12729	509
河北	25580	1367	40644	2108
山西	12856	766	15980	891
内蒙古	7946	385	9448	550
辽宁	20642	614	21985	689
吉林	6047	105	6616	114
黑龙江	7804	204	10349	359
上海	17282	1458	18050	1504
江苏	48989	2160	60782	3049
浙江	32749	1818	41415	2205
安徽	19504	1292	24983	1743
福建	17417	1023	19921	1139
江西	12404	606	14987	828
山东	40442	1348	49233	1818
河南	27501	343	31673	522
湖北	26387	1202	31630	1572
湖南	15675	354	19686	647
广东	58807	3964	70369	4240
广西	16006	1281	18677	1344
海南	7578	316	9511	339
重庆	13609	1245	15666	1480
四川	15896	934	17947	1186
贵州	9930	362	11711	529
云南	12215	811	14489	1251
西藏	234	12	251	13
陕西	13811	329	15847	455
甘肃	5313	209	5590	230
青海	1781	122	2798	190
宁夏	1984	161	2086	181
新疆	7685	621	8218	628

1-22 租赁和商务服务业按地区分组的法人单位数

单位：个

地区	法人单位数（2016年）	#多产业法人单位	法人单位数（2017年）	#多产业法人单位
全国	**1768005**	**34403**	**2242096**	**43239**
北京	151316	2875	152084	3214
天津	47918	714	56982	905
河北	56208	1191	95365	1784
山西	36562	861	49596	1079
内蒙古	20979	389	26513	525
辽宁	55359	984	63283	1138
吉林	13262	219	14688	236
黑龙江	18268	235	28045	447
上海	62017	3123	66973	3245
江苏	190016	3255	246030	4600
浙江	152078	3426	206460	4269
安徽	64747	1160	90744	1711
福建	76540	1208	90980	1393
江西	44630	634	59671	810
山东	141897	1694	177737	2383
河南	57916	390	71012	575
湖北	85194	1095	109524	1485
湖南	44047	595	62762	1019
广东	180052	4611	221659	4967
广西	46247	1375	56993	1587
海南	9831	252	12811	311
重庆	44328	756	54829	916
四川	40743	810	52470	970
贵州	23830	368	34597	489
云南	39115	901	54745	1627
西藏	1161	13	1154	11
陕西	24939	334	31430	428
甘肃	11004	221	12155	241
青海	4514	125	11170	237
宁夏	6022	109	7266	121
新疆	17265	480	22368	516

1-23 科学研究和技术服务业按地区分组的法人单位数

单位：个

地区	法人单位数(2016年)	#多产业法人单位	法人单位数(2017年)	#多产业法人单位
全国	**813251**	**17321**	**1035170**	**21999**
北京	107916	1830	111740	2336
天津	42071	368	57506	492
河北	26097	560	44124	857
山西	13141	429	18000	556
内蒙古	8029	167	9404	226
辽宁	26317	398	29623	458
吉林	7149	103	7933	114
黑龙江	10991	156	14699	262
上海	23051	985	25077	1040
江苏	98989	1468	142157	2134
浙江	53401	1525	67948	1853
安徽	23937	611	32816	797
福建	27025	745	34023	852
江西	11727	299	15488	407
山东	78175	737	96850	1085
河南	39894	259	47284	386
湖北	34873	758	43452	970
湖南	21059	420	28849	668
广东	51475	1906	75646	2074
广西	18547	809	21935	866
海南	2771	104	3471	113
重庆	12658	356	15457	444
四川	22179	515	25808	633
贵州	6650	220	9234	312
云南	14057	592	18964	918
西藏	540	24	538	28
陕西	13169	248	15126	301
甘肃	5268	192	5386	216
青海	1940	103	3509	137
宁夏	1880	58	2104	59
新疆	8275	376	11019	405

1-24 水利、环境和公共设施管理业按地区分组的法人单位数

单位：个

地 区	法人单位数(2016年)	#多产业法人单位	法人单位数(2017年)	#多产业法人单位
全 国	**122367**	**3569**	**146295**	**3924**
北 京	4119	117	4179	137
天 津	2124	43	2265	43
河 北	5535	136	8254	189
山 西	3848	104	5237	125
内蒙古	2928	88	3605	103
辽 宁	4681	87	4889	93
吉 林	1771	24	1932	29
黑龙江	1978	69	2494	67
上 海	2102	68	2210	79
江 苏	10268	206	11929	256
浙 江	8191	279	9869	298
安 徽	5013	198	6811	228
福 建	4834	170	5574	169
江 西	3416	79	4145	87
山 东	8272	153	9900	181
河 南	7072	98	7865	108
湖 北	6823	259	7940	268
湖 南	4901	129	6036	167
广 东	7746	292	8941	298
广 西	3887	112	4344	80
海 南	662	28	854	28
重 庆	3058	107	3728	127
四 川	4605	148	5200	123
贵 州	2311	45	3123	58
云 南	3220	147	4194	183
西 藏	84	4	88	6
陕 西	4202	81	5103	90
甘 肃	1629	114	1731	113
青 海	665	18	1151	23
宁 夏	628	33	708	35
新 疆	1794	133	1996	133

1-25　居民服务、修理和其他服务业按地区分组的法人单位数

单位：个

地　区	法人单位数(2016年)	#多产业法人单位	法人单位数(2017年)	#多产业法人单位
全　国	**359932**	**7214**	**420667**	**8620**
北　京	19510	769	19464	768
天　津	10889	174	11602	205
河　北	14019	271	20702	407
山　西	15397	200	11101	191
内蒙古	6425	83	7496	112
辽　宁	11760	165	12487	178
吉　林	3935	28	4129	29
黑龙江	3709	48	4997	78
上　海	12855	820	13114	853
江　苏	33190	560	41767	805
浙　江	18739	530	23451	647
安　徽	12809	237	19115	313
福　建	13098	312	15312	334
江　西	8882	113	10760	132
山　东	30633	263	37021	392
河　南	13368	78	15432	121
湖　北	18537	247	19963	314
湖　南	12840	99	14930	157
广　东	25957	915	32250	972
广　西	7572	238	8590	261
海　南	1609	39	1930	47
重　庆	15427	224	16103	240
四　川	9165	185	11354	251
贵　州	9197	90	12186	117
云　南	12280	210	14686	356
西　藏	214	7	205	8
陕　西	8169	96	9151	106
甘　肃	3136	57	3413	59
青　海	1221	24	2043	42
宁　夏	1603	33	1687	32
新　疆	3787	99	4226	93

1-26 教育按地区分组的法人单位数

单位：个

地 区	法人单位数（2016年）	#多产业法人单位	法人单位数（2017年）	#多产业法人单位
全 国	**486026**	**31373**	**517739**	**31161**
北 京	11398	313	11418	342
天 津	4499	289	4540	286
河 北	21537	981	22699	972
山 西	11769	1149	12875	1164
内蒙古	7802	291	8639	288
辽 宁	15061	925	15352	930
吉 林	6455	596	6464	585
黑龙江	8287	496	8495	525
上 海	5988	165	6101	167
江 苏	24846	1180	29119	1318
浙 江	24772	1011	27584	1066
安 徽	16972	1772	18901	1850
福 建	17130	1122	18066	1138
江 西	15676	1309	16699	1301
山 东	31676	2099	35311	2067
河 南	45623	1594	46326	1598
湖 北	21728	2385	23317	2365
湖 南	22782	2053	23726	2078
广 东	42108	1448	45292	1498
广 西	22010	374	23151	245
海 南	3819	256	4158	253
重 庆	13339	1430	14573	1469
四 川	27020	2384	28633	1917
贵 州	12807	1415	13557	1373
云 南	11604	1530	12641	1578
西 藏	1041	236	1012	236
陕 西	16191	695	16430	692
甘 肃	10694	985	10799	985
青 海	1963	215	2106	203
宁 夏	2088	142	2154	141
新 疆	7341	533	7601	531

1-27 卫生和社会工作按地区分组的法人单位数

单位：个

地区	法人单位数（2016年）	#多产业法人单位	法人单位数（2017年）	#多产业法人单位
全国	**275554**	**16098**	**286858**	**16103**
北京	4061	236	4128	229
天津	1969	176	2161	171
河北	7042	413	7973	418
山西	6400	743	7050	758
内蒙古	5178	228	5404	211
辽宁	13225	315	13511	336
吉林	4013	112	4095	107
黑龙江	6015	558	6280	558
上海	3338	112	3407	111
江苏	20120	1163	23266	1202
浙江	9787	1003	11551	1055
安徽	9484	1228	10105	1247
福建	8162	354	8546	355
江西	10410	357	10627	359
山东	21068	1361	21775	1355
河南	36862	309	36494	305
湖北	12794	1162	13545	1171
湖南	16435	783	16501	810
广东	11746	924	12472	930
广西	5021	148	5059	84
海南	1255	95	1372	102
重庆	6395	569	6915	582
四川	18697	896	17699	777
贵州	5225	688	5522	688
云南	5713	1017	5956	1028
西藏	468	31	463	31
陕西	14649	289	14622	292
甘肃	4232	451	4311	450
青海	1179	118	1309	118
宁夏	1014	50	1047	50
新疆	3597	209	3692	213

1-28 文化、体育和娱乐业按地区分组的法人单位数

单位：个

地 区	法人单位数(2016年)	#多产业法人单位	法人单位数(2017年)	#多产业法人单位
全 国	**341182**	**4673**	**414973**	**5696**
北 京	29447	434	29908	460
天 津	7533	88	10716	126
河 北	10845	149	16678	206
山 西	10128	139	12183	158
内蒙古	4575	64	5531	82
辽 宁	10218	100	11215	113
吉 林	3378	43	3516	39
黑龙江	4920	67	6301	80
上 海	7621	283	8172	289
江 苏	28933	311	37550	489
浙 江	25203	418	30861	507
安 徽	14519	125	18125	181
福 建	12883	184	16348	206
江 西	7479	82	9369	100
山 东	21732	188	27862	246
河 南	15552	118	18163	152
湖 北	13358	213	16360	263
湖 南	16344	139	19582	208
广 东	20781	530	25782	565
广 西	8818	112	9168	129
海 南	2027	42	2426	52
重 庆	11155	134	13588	165
四 川	17190	162	17780	188
贵 州	5829	73	8782	97
云 南	9216	157	12425	243
西 藏	515	18	513	16
陕 西	7690	84	8848	101
甘 肃	5495	91	5959	96
青 海	1301	39	1992	50
宁 夏	1520	14	1606	14
新 疆	4977	72	7664	75

1-29　公共管理、社会保障和社会组织按地区分组的法人单位数

单位：个

地区	法人单位数(2016年)	#多产业法人单位	法人单位数(2017年)	#多产业法人单位
全　国	**1599879**	**159607**	**1590535**	**155550**
北　京	17225	1309	17339	1140
天　津	10843	579	10591	553
河　北	80061	6945	79590	6810
山　西	58919	14884	59018	14821
内蒙古	35865	3403	35215	3366
辽　宁	44623	2982	44631	2924
吉　林	29995	1452	29056	1427
黑龙江	34856	3814	33692	3778
上　海	13195	397	13054	393
江　苏	77054	2535	81720	2531
浙　江	82151	2503	83064	2488
安　徽	47486	6083	47114	6070
福　建	62931	12390	62502	12371
江　西	57474	3888	56255	3868
山　东	133819	12240	136066	12042
河　南	105134	6117	103148	6013
湖　北	70234	11777	71581	11545
湖　南	87558	11079	83382	10392
广　东	79667	9589	80082	9590
广　西	52212	1830	51431	828
海　南	8317	846	8182	840
重　庆	29473	2577	29518	2541
四　川	113387	7051	113042	6355
贵　州	39793	5139	39781	5142
云　南	46668	5544	46415	5440
西　藏	14206	1064	14098	1056
陕　西	54292	10042	53108	9754
甘　肃	47447	5805	46784	5799
青　海	13131	1904	12821	1874
宁　夏	11173	646	11330	627
新　疆	40690	3193	36925	3172

第二部分

企业法人单位综合资料

2-1 按行业(中类)、地区

(2017年)

行业中类	代码	企业单位数					
			北京	天津	河北	山西	内蒙古
总计	--	**18097682**	**676829**	**414784**	**954073**	**429757**	**222801**
农、林、牧、渔业	A	**818192**	**5672**	**3135**	**37232**	**23080**	**14805**
农业	01	379577	3143	1077	16145	9309	5121
谷物种植	011	67071	238	275	5013	2574	2021
豆类、油料和薯类种植	012	8870	21	17	638	213	505
棉、麻、糖、烟草种植	013	4447	5	1	131	11	19
蔬菜、食用菌及园艺作物种植	014	134608	1770	599	6400	3616	1093
水果种植	015	76680	829	113	1803	964	186
坚果、含油果、香料和饮料作物种植	016	25905	76	2	404	296	8
中药材种植	017	35648	59	21	845	1210	319
其他农业	019	26348	145	49	911	425	970
林业	02	71954	818	360	4617	3949	1734
林木育种和育苗	021	56570	741	333	3960	3069	1130
造林和更新	022	8468	43	18	451	757	511
森林经营和管护	023	4369	34	5	181	104	65
木材和竹材采运	024	1205		4	16	9	23
林产品采集	025	1342			9	10	5
畜牧业	03	230723	1289	948	11598	7815	5899
牲畜饲养	031	155860	654	622	8526	5969	5218
家禽饲养	032	56534	457	251	2527	1610	422
狩猎和捕捉动物	033	524	1	4	7	5	8
其他畜牧业	039	17805	177	71	538	231	251
渔业	04	67147	224	501	834	272	186
水产养殖	041	65270	219	482	806	272	182
水产捕捞	042	1877	5	19	28		4
农、林、牧、渔服务业	05	68791	198	249	4038	1735	1865
农业服务业	051	55849	145	211	3619	1556	1445
林业服务业	052	5313	26	8	200	108	159
畜牧服务业	053	4671	10	18	184	51	235
渔业服务业	054	2958	17	12	35	20	26
采矿业	B	**108770**	**127**	**134**	**6862**	**7496**	**5928**
煤炭开采和洗选业	06	21088	16	10	541	4041	1281
烟煤和无烟煤开采洗选	061	18985	16	3	497	3788	903
褐煤开采洗选	062	615			12	43	255
其他煤炭采选	069	1488		7	32	210	123
石油和天然气开采业	07	817	8	18	11	55	83
石油开采	071	518	6	14	9	4	53
天然气开采	072	299	2	4	2	51	30
黑色金属矿采选业	08	16096	21	15	3943	1240	1259
铁矿采选	081	14274	21	10	3911	1202	1225
锰矿、铬矿采选	082	1036		1	7	28	9
其他黑色金属矿采选	089	786		4	25	10	25
有色金属矿采选业	09	11720	2	3	394	297	575

分组的企业法人单位数

单位：个

辽宁	吉林	黑龙江	上海	江苏	浙江	安徽	福建	江西	山东	河南	代码
543275	**141199**	**223467**	**453393**	**2148335**	**1599310**	**727017**	**748141**	**439890**	**1676178**	**695953**	--
18367	**6907**	**8020**	**1753**	**29523**	**26444**	**52165**	**33098**	**29862**	**50562**	**37035**	A
6530	2630	3263	940	14248	14719	26943	17127	14564	23772	18604	01
2255	886	1498	71	4281	1303	11922	1147	3116	6135	5961	011
129	39	392	7	101	172	322	380	538	386	476	012
32	7	12	1	43	15	116	53	103	348	216	013
2154	714	783	721	7039	6784	7132	7486	4040	9921	6671	014
1200	144	116	101	1021	3479	2074	2699	3098	3669	1978	015
84	16	18	2	281	1404	1607	2543	1132	629	540	016
335	575	273	8	508	1345	2550	713	696	824	1197	017
341	249	171	29	974	217	1220	2106	1841	1860	1565	019
1785	769	677	333	1935	3246	4572	3633	3605	4428	2942	02
1553	517	382	300	1768	2864	4016	2241	2368	4261	2626	021
123	47	62	13	58	120	271	688	563	74	187	022
82	149	169	18	50	113	166	418	458	62	81	023
20	49	56	1	39	30	70	214	109	16	27	024
7	7	8	1	20	119	49	72	107	15	21	025
5855	2449	2425	227	4615	2837	12439	5230	6007	13125	10954	03
3631	1592	1870	139	2794	1481	7271	3692	3713	8008	7948	031
1625	610	353	64	1512	956	4387	1109	1735	4176	2496	032
13	6	8		14	2	37	5	31	8	31	033
586	241	194	24	295	398	744	424	528	933	479	039
2143	312	272	131	4847	3526	3891	4499	2266	3966	724	04
2034	302	263	123	4763	3327	3797	4307	2230	3582	709	041
109	10	9	8	84	199	94	192	36	384	15	042
2054	747	1383	122	3878	2116	4320	2609	3420	5271	3811	05
1417	620	1124	86	3007	1779	3578	1760	2856	4027	3127	051
109	32	73	19	324	183	256	329	354	319	249	052
369	70	155	5	273	60	351	104	135	478	388	053
159	25	31	12	274	94	135	416	75	447	47	054
5912	**1593**	**2823**	**2**	**787**	**1298**	**2711**	**3023**	**4352**	**3762**	**4743**	B
556	232	1133		60	9	207	301	610	597	1144	06
506	176	1057		36	3	158	266	529	548	1096	061
12	36	27		2		8	1	13	20	11	062
38	20	49		22	6	41	34	68	29	37	069
24	83	29	2	19		5		11	50	31	07
16	74	25	1	13		2		2	41	23	071
8	9	4	1	6		3		9	9	8	072
1770	207	89		81	30	454	322	384	515	519	08
1676	200	86		68	30	424	295	355	489	498	081
73				1		12	19	5	6	3	082
21	7	3		12		18	8	24	20	18	089
842	170	91		29	86	299	348	647	286	1070	09

2-1 续表 1

行业中类	代码	企业单位数	北京	天津	河北	山西	内蒙古
常用有色金属矿采选	091	8093	1	1	144	244	412
贵金属矿采选	092	2310	1	2	224	38	131
稀有稀土金属矿采选	093	1317			26	15	32
非金属矿采选业	10	51690	65	40	1807	1710	2286
土砂石开采	101	44259	61	31	1523	1589	1937
化学矿开采	102	1674			10	14	39
采盐	103	442		5	46		13
石棉及其他非金属矿采选	109	5315	4	4	228	107	297
开采辅助活动	11	4307	12	42	95	117	183
煤炭开采和洗选辅助活动	111	660		4	17	78	55
石油和天然气开采辅助活动	112	2845	12	32	61	15	72
其他开采辅助活动	119	802		6	17	24	56
其他采矿业	12	3052	3	6	71	36	261
其他采矿业	120	3052	3	6	71	36	261
制造业	**C**	**3471728**	**34370**	**58385**	**210900**	**36708**	**22587**
农副食品加工业	13	145885	945	1568	7041	2660	3164
谷物磨制	131	28121	74	98	946	618	467
饲料加工	132	16696	342	269	1340	306	433
植物油加工	133	12842	46	98	628	173	219
制糖业	134	1120	2	8	33	4	28
屠宰及肉类加工	135	24873	224	177	1570	400	1213
水产品加工	136	13110	16	73	271	11	6
蔬菜、水果和坚果加工	137	20885	126	588	863	422	342
其他农副食品加工	139	28238	115	257	1390	726	456
食品制造业	14	80766	1001	1195	4186	1872	1325
焙烤食品制造	141	20769	323	215	1057	492	339
糖果、巧克力及蜜饯制造	142	6453	74	146	758	193	35
方便食品制造	143	13994	130	136	606	217	180
乳制品制造	144	2100	37	37	99	55	221
罐头食品制造	145	3945	24	76	245	84	37
调味品、发酵制品制造	146	9831	138	156	445	413	168
其他食品制造	149	23674	275	429	976	418	345
酒、饮料和精制茶制造业	15	58702	391	313	1996	1182	825
酒的制造	151	20702	120	107	874	409	473
饮料制造	152	20965	257	200	1090	747	347
精制茶加工	153	17035	14	6	32	26	5
烟草制品业	16	360	1	2	6	1	3
烟叶复烤	161	138			3		1
卷烟制造	162	105	1	2	3	1	2
其他烟草制品制造	169	117					
纺织业	17	164902	452	1185	12990	429	643
棉纺织及印染精加工	171	59466	79	358	4612	187	29
毛纺织及染整精加工	172	10736	48	84	3615	24	417
麻纺织及染整精加工	173	1675	1	12	28	5	5

单位：个

辽宁	吉林	黑龙江	上海	江苏	浙江	安徽	福建	江西	山东	河南	代码
594	75	47		22	47	232	251	262	63	511	091
180	82	34		5	10	46	42	77	212	378	092
68	13	10		2	29	21	55	308	11	181	093
2506	763	1264		523	1159	1618	1908	2199	2086	1804	10
1909	675	1178		436	1073	1349	1649	1844	1611	1562	101
109	4	4		13	5	22	25	25	8	29	102
24				25	2	1	25	3	172	8	103
464	84	82		49	79	246	209	327	295	205	109
150	95	165		53	7	65	30	145	121	105	11
12	18	16		21	2	32	3	33	20	26	111
102	60	129		20	1	11	3	8	53	60	112
36	17	20		12	4	22	24	104	48	19	119
64	43	52		22	7	63	114	356	107	70	12
64	43	52		22	7	63	114	356	107	70	120
102331	**27791**	**33915**	**83831**	**553172**	**471951**	**123813**	**152413**	**79488**	**342039**	**123788**	**C**
7208	4087	6335	604	8411	5574	7957	6579	4012	20058	9328	13
1445	1530	3085	29	1925	279	2688	522	1348	1801	2711	131
1185	622	602	138	1062	478	564	572	405	2238	1204	132
282	178	448	42	517	198	1064	288	423	1422	1156	133
22	5	27	4	27	42	18	31	17	106	20	134
1150	407	678	160	1360	850	1231	751	485	3769	1273	135
1449	98	39	41	1258	1791	179	2271	93	3199	82	136
904	507	636	58	1005	1191	784	1272	326	4365	639	137
771	740	820	132	1257	745	1429	872	915	3158	2243	139
2723	1224	1603	1016	5534	3422	4087	4886	2079	9739	5407	14
886	333	256	288	1187	1098	1269	1450	393	2048	1581	141
90	10	31	79	222	215	196	712	102	732	265	142
376	226	328	149	797	544	850	630	410	1423	1317	143
72	29	140	13	116	54	45	43	42	221	114	144
201	27	60	33	286	252	165	537	92	531	186	145
382	148	210	132	634	251	384	414	107	1151	701	146
716	451	578	322	2292	1008	1178	1100	933	3633	1243	149
1581	1199	1498	199	2249	2544	3319	5179	1370	4052	2777	15
883	695	843	42	936	658	779	593	419	1790	918	151
687	496	640	147	935	738	1080	791	580	1871	1551	152
11	8	15	10	378	1148	1460	3795	371	391	308	153
10	18	12	2	10	6	21	15	13	28	23	16
3	9	9				4	8	3	7	11	161
3	6	2	2	4	4	4	5	6	9	6	162
4	3	1		6	2	13	2	4	12	6	169
2002	221	416	2306	46819	37476	4397	5855	3376	16415	4144	17
523	49	59	512	17303	10917	1934	1496	1738	7775	2647	171
107	24	25	148	2058	1225	191	114	84	760	125	172
16	10	172	10	330	104	92	15	158	99	140	173

2-1 续表 2

行业中类	代码	企业单位数	北京	天津	河北	山西	内蒙古
丝绸纺织及印染精加工	174	3771	8	24	13	9	4
化纤织造及印染精加工	175	13790	3	29	189	14	7
针织或钩针编织物及其制品制造	176	26029	72	177	330	29	87
家用纺织制成品制造	177	28789	143	262	2810	113	54
非家用纺织制成品制造	178	20646	98	239	1393	48	40
纺织服装、服饰业	18	203549	2662	1896	5284	537	509
机织服装制造	181	118387	2235	1454	3010	302	226
针织或钩针编织服装制造	182	26480	236	104	483	24	109
服饰制造	183	58682	191	338	1791	211	174
皮革、毛皮、羽毛及其制品和制鞋业	19	89775	240	415	9808	171	212
皮革鞣制加工	191	4083	5	20	429	19	19
皮革制品制造	192	30135	100	173	4470	50	71
毛皮鞣制及制品加工	193	8280	35	37	3947	38	70
羽毛(绒)加工及制品制造	194	2811	9	5	212	18	29
制鞋业	195	44466	91	180	750	46	23
木材加工和木、竹、藤、棕、草制品业	20	115292	844	1098	4367	630	833
木材加工	201	45265	97	240	1185	300	484
人造板制造	202	21801	76	68	722	69	114
木制品制造	203	35917	660	755	2329	232	195
竹、藤、棕、草等制品制造	204	12309	11	35	131	29	40
家具制造业	21	89394	1421	1274	5137	492	241
木质家具制造	211	63217	1139	883	3782	388	185
竹、藤家具制造	212	1265	4	2	25	6	2
金属家具制造	213	8475	135	154	863	49	18
塑料家具制造	214	1119	3	14	23	10	10
其他家具制造	219	15318	140	221	444	39	26
造纸和纸制品业	22	79185	923	1730	3704	491	232
纸浆制造	221	778	1	14	12	2	6
造纸	222	17079	153	474	705	118	61
纸制品制造	223	61328	769	1242	2987	371	165
印刷和记录媒介复制业	23	86325	1589	1342	4470	1125	593
印刷	231	78738	1292	1192	4019	956	486
装订及印刷相关服务	232	7226	278	144	436	166	104
记录媒介复制	233	361	19	6	15	3	3
文教、工美、体育和娱乐用品制造业	24	118648	743	2277	7872	627	271
文教办公用品制造	241	11576	83	124	522	39	17
乐器制造	242	2964	88	256	287	11	11
工艺美术品制造	243	73614	447	1598	4133	516	229
体育用品制造	244	12189	63	234	1368	47	5
玩具制造	245	15264	37	35	1306	7	5
游艺器材及娱乐用品制造	246	3041	25	30	256	7	4
石油加工和炼焦业	25	9507	199	284	717	393	156
精炼石油产品制造	251	7869	198	277	610	80	73
炼焦	252	1638	1	7	107	313	83

单位：个

辽宁	吉林	黑龙江	上海	江苏	浙江	安徽	福建	江西	山东	河南	代码
225	1	5	45	595	1452	151	57	62	182	48	174
67	8	12	97	6872	4478	190	255	84	568	95	175
345	41	34	446	5302	9876	402	2355	556	1579	295	176
318	46	74	480	9127	5132	694	642	486	3016	479	177
401	42	35	568	5232	4292	743	921	208	2436	315	178
5878	497	364	6166	35417	38360	9643	14634	8255	21431	4301	18
4752	324	224	3927	18940	21345	6379	9909	3901	9141	2343	181
302	33	37	1328	4085	7551	588	1271	1209	2314	547	182
824	140	103	911	12392	9464	2676	3454	3145	9976	1411	183
1048	111	270	1054	6308	21937	2227	10512	2379	4516	2536	19
52	7	76	9	225	603	153	346	102	273	398	191
293	31	47	591	2039	5538	677	1986	863	1645	684	192
230	24	100	32	366	1296	149	55	80	655	310	193
48	22	8	40	382	361	521	64	182	180	174	194
425	27	39	382	3296	14139	727	8061	1152	1763	970	195
2985	1818	2927	2049	14421	8234	6136	6235	3168	25483	4991	20
1108	938	1806	413	5255	1460	2861	1671	1179	10409	2764	201
373	272	296	123	3858	719	1125	982	347	7172	1122	202
1382	532	740	1477	4750	4077	1447	1397	666	6338	887	203
122	76	85	36	558	1978	703	2185	976	1564	218	204
1797	455	694	3183	11592	8607	3758	4384	4526	7843	3053	21
1467	360	554	2359	9177	5659	2887	2232	3652	6293	2279	211
5	5	1	11	73	215	86	232	76	98	42	212
102	19	43	239	559	1567	276	632	123	342	462	213
27	12	23	16	94	206	62	82	34	93	22	214
196	59	73	558	1689	960	447	1206	641	1017	248	219
1679	397	457	3062	10927	13041	1944	4198	1324	7029	2101	22
13	7	8		45	19	8	43	26	55	28	221
327	121	150	365	2543	1856	614	929	364	1628	753	222
1339	269	299	2697	8339	11166	1322	3226	934	5346	1320	223
2223	914	946	2483	10100	11623	3301	3504	1628	6924	3126	23
2031	770	789	2219	9457	10997	3025	3299	1472	6392	2878	231
185	137	153	255	608	616	253	194	144	503	238	232
7	7	4	9	35	10	23	11	12	29	10	233
1546	315	448	1754	14667	25336	3686	9892	2253	11742	3698	24
146	53	114	414	1485	4088	294	355	654	584	192	241
67	13	22	112	541	263	28	84	17	347	166	242
1163	219	274	733	7164	14477	2090	8072	1119	8047	2857	243
113	15	30	208	1865	2625	348	953	205	1761	90	244
30	10	3	231	3209	2953	830	382	214	853	192	245
27	5	5	56	403	930	96	46	44	150	201	246
1047	131	290	156	750	492	206	197	154	1195	414	25
993	115	258	156	702	489	179	191	129	1082	341	251
54	16	32		48	3	27	6	25	113	73	252

2-1 续表 3

行业中类	代码	企业单位数	北京	天津	河北	山西	内蒙古
化学原料和化学制品制造业	26	135711	1967	2690	9139	2341	1490
基础化学原料制造	261	20631	162	408	1662	495	546
肥料制造	262	17647	159	152	1364	639	389
农药制造	263	2924	28	47	230	63	22
涂料、油墨、颜料及类似产品制造	264	24054	675	745	1441	229	105
合成材料制造	265	14021	147	289	655	126	80
专用化学产品制造	266	34082	523	694	2404	605	234
炸药、火工及焰火产品制造	267	5914	1	6	50	36	45
日用化学产品制造	268	16438	272	349	1333	148	69
医药制造业	27	28246	601	447	1296	465	288
化学药品原料药制造	271	3505	30	70	200	45	41
化学药品制剂制造	272	2888	132	59	126	71	33
中药饮片加工	273	5112	62	18	232	62	62
中成药生产	274	4352	81	57	135	78	60
兽用药品制造	275	1893	49	37	148	93	22
生物药品制造	276	5355	157	104	235	52	46
卫生材料及医药用品制造	277	5141	90	102	220	64	24
化学纤维制造业	28	7603	30	48	375	44	15
纤维素纤维原料及纤维制造	281	1448	5	11	187	7	6
合成纤维制造	282	6155	25	37	188	37	9
橡胶和塑料制品业	29	201994	1625	3218	14292	1173	707
橡胶制品业	291	35706	202	705	5242	263	83
塑料制品业	292	166288	1423	2513	9050	910	624
非金属矿物制品业	30	292793	2611	2788	18844	7330	4583
水泥、石灰和石膏制造	301	17602	114	135	1324	833	544
石膏、水泥制品及类似制品制造	302	65831	849	743	3939	1216	1291
砖瓦、石材等建筑材料制造	303	121879	878	1203	7074	3005	2140
玻璃制造	304	5719	126	88	390	55	38
玻璃制品制造	305	19277	219	232	1737	322	66
玻璃纤维和玻璃纤维增强塑料制品制造	306	7445	120	65	1154	50	40
陶瓷制品制造	307	20154	50	46	599	250	35
耐火材料制品制造	308	14303	122	98	1071	1026	93
石墨及其他非金属矿物制品制造	309	20583	133	178	1556	573	336
黑色金属冶炼和压延加工业	31	42979	323	1819	3672	1289	627
炼铁	311	1681	5	23	135	186	75
炼钢	312	1039	1	32	83	40	30
黑色金属铸造	313	17434	140	188	1787	700	71
钢压延加工	314	19391	170	1562	1577	261	160
铁合金冶炼	315	3434	7	14	90	102	291
有色金属冶炼和压延加工业	32	33398	236	661	1704	567	522
常用有色金属冶炼	321	5767	15	75	372	216	152
贵金属冶炼	322	845	2	6	28	20	32
稀有稀土金属冶炼	323	1238	4	6	17	27	94
有色金属合金制造	324	4825	55	70	342	83	73

单位：个

辽宁	吉林	黑龙江	上海	江苏	浙江	安徽	福建	江西	山东	河南	代码
5443	1487	1837	3407	15742	10085	4875	4403	5037	17007	6247	26
945	252	242	303	2803	1263	657	465	676	2862	1223	261
840	420	731	71	940	317	707	437	299	3202	1078	262
105	43	50	30	424	118	165	70	105	376	234	263
989	212	206	1065	2910	2530	973	928	495	2142	850	264
438	113	92	400	2572	1361	683	619	267	1869	407	265
1583	335	369	890	4750	3037	1109	984	1003	5265	1882	266
39	14	22	3	29	19	96	24	1744	70	90	267
504	98	125	645	1314	1440	485	876	448	1221	483	268
880	996	481	560	2883	1486	1961	664	1521	2619	1774	27
110	39	49	78	521	304	154	76	190	415	217	271
127	82	71	84	322	162	142	65	117	253	137	272
173	408	76	25	234	126	810	70	254	272	245	273
129	262	120	36	147	110	248	84	225	254	351	274
63	28	37	23	122	61	50	33	77	301	210	275
169	111	89	152	699	298	266	203	138	572	245	276
109	66	39	162	838	425	291	133	520	552	369	277
141	34	31	110	2860	1783	165	269	77	620	161	28
35	7	8	9	481	104	36	58	30	165	52	281
106	27	23	101	2379	1679	129	211	47	455	109	282
5387	1082	1306	6480	28043	36210	6888	7747	2367	19074	4612	29
1150	163	160	1103	4857	4203	967	1259	388	4260	818	291
4237	919	1146	5377	23186	32007	5921	6488	1979	14814	3794	292
10618	3353	3725	3345	25222	15074	13265	16106	10805	28538	19276	30
643	295	312	79	957	696	747	542	588	1434	1018	301
1943	827	1012	732	5619	3237	3774	1541	1585	5369	4330	302
4013	1692	1815	1217	6710	4744	5689	9226	3946	13354	6153	303
161	43	36	126	830	402	294	164	200	434	204	304
421	118	101	681	3536	2501	900	430	369	1708	548	305
229	43	69	118	1415	594	248	117	177	1472	421	306
198	31	46	101	1651	1094	363	3427	2999	1156	958	307
2142	84	78	112	1654	765	255	117	141	1332	3431	308
868	220	256	179	2850	1041	995	542	800	2279	2213	309
2844	307	273	577	7204	4479	1476	1261	523	3717	2607	31
128	22	21	1	102	16	42	41	39	91	117	311
81	10	9	1	118	29	31	46	39	71	80	312
1665	127	99	161	3158	1624	910	639	132	1609	1508	313
788	122	129	414	3667	2777	459	471	285	1764	622	314
182	26	15		159	33	34	64	28	182	280	315
1222	148	106	658	5593	3826	899	729	1687	2091	2049	32
304	39	21	28	526	223	122	104	358	259	411	321
52	9	4	1	52	19	15	19	26	57	74	322
72	7	5	4	118	16	23	27	251	36	124	323
176	19	12	74	814	558	120	149	113	292	344	324

2-1 续表 4

行业中类	代码	企业单位数	北京	天津	河北	山西	内蒙古
有色金属铸造	325	2406	13	34	99	33	16
有色金属压延加工	326	18317	147	470	846	188	155
金属制品业	33	313438	3916	8558	29779	3046	1647
结构性金属制品制造	331	105540	2409	3414	7387	1222	1059
金属工具制造	332	30501	175	541	1033	262	91
集装箱及金属包装容器制造	333	7845	141	326	447	51	26
金属丝绳及其制品制造	334	18281	47	720	10505	98	122
建筑、安全用金属制品制造	335	44145	299	1000	3683	327	126
金属表面处理及热处理加工	336	14483	204	536	596	86	34
搪瓷制品制造	337	2603	5	40	64	8	5
金属制日用品制造	338	25817	243	393	563	65	30
其他金属制品制造	339	64223	393	1588	5501	927	154
通用设备制造业	34	339566	2920	7532	23605	3821	1049
锅炉及原动设备制造	341	13937	175	284	942	336	189
金属加工机械制造	342	55054	577	1470	3726	605	212
物料搬运设备制造	343	14199	135	347	1228	156	30
泵、阀门、压缩机及类似机械制造	344	42297	452	1785	2248	506	60
轴承、齿轮和传动部件制造	345	22633	113	233	1498	77	12
烘炉、风机、衡器、包装等设备制造	346	32039	468	595	1522	184	91
文化、办公用机械制造	347	3322	58	163	60	10	6
通用零部件制造	348	119950	831	2032	10619	1597	385
其他通用设备制造业	349	36135	111	623	1762	350	64
专用设备制造业	35	226534	2396	4626	14079	2024	791
采矿、冶金、建筑专用设备制造	351	34207	282	708	3188	930	241
化工、木材、非金属加工专用设备制造	352	66112	338	1453	1885	160	63
食品、饮料、烟草及饲料生产专用设备制造	353	6723	78	77	291	24	21
印刷、制药、日化及日用品生产专用设备制造	354	11181	165	239	548	53	43
纺织、服装和皮革加工专用设备制造	355	12847	50	104	384	124	5
电子和电工机械专用设备制造	356	16883	166	391	555	118	39
农、林、牧、渔专用机械制造	357	14503	96	176	1300	115	198
医疗仪器设备及器械制造	358	14368	559	362	1332	111	41
环保、社会公共服务及其他专用设备制造	359	49710	662	1116	4596	389	140
汽车制造业	36	85000	757	1493	5806	351	168
汽车整车制造	361	1504	20	31	78	40	20
改装汽车制造	362	1407	41	16	70	18	22
低速载货汽车制造	363	121			1	2	2
电车制造	364	1130	4	16	42	19	4
汽车车身、挂车制造	365	1514	11	29	167	41	21
汽车零部件及配件制造	366	79324	681	1401	5448	231	99
铁路、船舶、航空航天和其他运输设备制造业	37	36958	247	2159	2426	134	45
铁路运输设备制造	371	4019	128	89	519	98	26
城市轨道交通设备制造	372	401	1	8	28		1
船舶及相关装置制造	373	10629	8	128	106	2	1
航空、航天器及设备制造	374	1686	76	61	56	13	10

单位：个

辽宁	吉林	黑龙江	上海	江苏	浙江	安徽	福建	江西	山东	河南	代码
89	16	16	91	534	399	90	62	54	196	89	325
529	58	48	460	3549	2611	529	368	885	1251	1007	326
7864	1431	1881	11063	54563	39772	7904	10343	3797	24516	6313	33
3723	838	1085	3941	18412	6712	4117	2719	1445	9800	3162	331
551	122	135	1341	8045	5301	770	866	329	2880	434	332
358	31	68	352	1622	758	253	221	80	862	265	333
209	17	36	241	2284	1104	224	125	49	665	277	334
743	188	226	924	4104	13879	775	1964	636	1875	747	335
706	24	56	834	2871	2890	326	427	94	838	158	336
40	7	9	51	196	580	55	723	36	154	68	337
308	47	77	805	2560	4179	369	1427	302	2187	305	338
1226	157	189	2574	14469	4369	1015	1871	826	5255	897	339
14789	1779	2598	11491	85703	57719	8109	6779	2474	41393	10776	34
810	195	520	231	2485	777	413	206	148	1963	432	341
2170	386	422	1975	12548	5468	1717	1553	545	8411	1575	342
579	79	83	585	2979	2031	402	249	134	1601	1435	343
2260	123	125	1756	8978	13449	930	1149	240	3276	1125	344
1185	48	128	512	3974	6344	439	333	165	5085	746	345
1044	181	201	1509	7044	6898	647	563	253	3435	964	346
69	17	24	147	489	498	69	154	60	166	76	347
5820	559	906	3790	32496	20979	2430	1784	645	12760	3733	348
852	191	189	986	14710	1275	1062	788	284	4696	690	349
7344	1609	2440	7237	53353	26848	6662	6764	3000	23687	8135	35
2219	317	851	391	6262	1543	1199	899	503	5301	3029	351
1563	271	229	3269	15233	11398	1611	2281	431	4146	884	352
199	66	122	230	1060	880	268	235	56	1135	473	353
337	89	67	498	2283	1333	297	358	211	969	383	354
131	8	23	475	4072	4290	149	491	102	1169	197	355
496	73	139	547	3915	1070	639	671	398	1359	379	356
455	319	556	108	1638	1251	521	364	223	2869	994	357
452	141	136	600	3031	1335	523	300	457	980	501	358
1492	325	317	1119	15859	3748	1455	1165	619	5759	1295	359
1774	1877	341	2166	13018	18423	3711	1962	1296	8084	3091	36
73	14	19	17	171	124	89	42	55	192	43	361
68	43	30	26	109	32	78	36	26	223	79	362
4	3	7	1	6	4	8	3	3	18	20	363
12	6	8		315	13	50	12	20	321	128	364
58	36	15	10	161	51	75	50	26	418	72	365
1559	1775	262	2112	12256	18199	3411	1819	1166	6912	2749	366
1323	189	181	705	8401	5351	942	1175	605	2907	1094	37
364	132	103	38	695	172	148	14	28	321	220	371
12	9	2	4	96	25	21	5	10	33	13	372
769	10	24	370	3715	1216	322	639	372	1163	52	373
101	9	31	35	258	74	70	11	69	59	66	374

2-1 续表 5

行业中类	代码	企业单位数	北京	天津	河北	山西	内蒙古
摩托车制造	375	8347	3	37	323	7	
自行车制造	376	9446	20	1751	1294	9	5
非公路休闲车及零配件制造	377	1060	4	55	63	2	
潜水救捞及其他未列明运输设备制造	379	1370	7	30	37	3	2
电气机械和器材制造业	38	208762	2042	2804	9448	1058	486
电机制造	381	19348	119	323	483	84	68
输配电及控制设备制造	382	70247	989	1022	3255	393	183
电线、电缆、光缆及电工器材制造	383	28811	234	573	3283	151	79
电池制造	384	7041	51	118	211	44	29
家用电力器具制造	385	26523	176	152	558	48	23
非电力家用器具制造	386	7111	145	101	490	60	41
照明器具制造	387	36545	190	160	418	83	24
其他电气机械及器材制造	389	13136	138	355	750	195	39
计算机、通信和其他电子设备制造业	39	122942	1271	1786	2138	259	109
计算机制造	391	12460	206	141	215	25	12
通信设备制造	392	10191	196	156	392	38	13
广播电视设备制造	393	3473	63	32	134	7	3
雷达及配套设备制造	394	269	8	3	13		1
视听设备制造	395	6027	34	45	29	3	4
电子器件制造	396	18566	266	178	245	40	20
电子元件制造	397	49073	274	867	703	97	36
其他电子设备制造	399	22883	224	364	407	49	20
仪器仪表制造业	40	45795	1108	949	1857	250	68
通用仪器仪表制造	401	24770	622	574	1330	164	37
专用仪器仪表制造	402	7089	283	174	298	43	16
钟表与计时仪器制造	403	2861	8	23	29	2	2
光学仪器及眼镜制造	404	7390	75	41	46	16	3
其他仪器仪表制造业	409	3685	120	137	154	25	10
其他制造业	41	69187	314	887	2471	929	390
日用杂品制造	411	17534	72	111	507	38	21
煤制品制造	412	3383	148	27	278	470	72
其他未列明制造业	419	48270	94	749	1686	421	297
废弃资源综合利用业	42	15904	81	463	1113	399	269
金属废料和碎屑加工处理	421	7558	38	414	645	125	134
非金属废料和碎屑加工处理	422	8346	43	49	468	274	135
金属制品、机械和设备修理业	43	22628	514	878	1278	618	326
金属制品修理	431	1286	10	47	35	17	25
通用设备修理	432	3264	128	122	244	98	43
专用设备修理	433	2946	122	83	258	158	67
铁路、船舶、航空航天等运输设备修理	434	6068	44	301	193	16	16
电气设备修理	435	1970	52	65	134	106	47
仪器仪表修理	436	439	35	16	21	9	2
其他机械和设备修理业	439	6655	123	244	393	214	126

单位：个

辽宁	吉林	黑龙江	上海	江苏	浙江	安徽	福建	江西	山东	河南	代码
15	12	3	63	879	1603	67	391	39	173	429	375
28	7	12	155	2158	1828	266	86	58	559	264	376
6	2		8	319	343	12	5	7	95	34	377
28	8	6	32	281	90	36	24	22	504	16	379
5063	829	953	5273	37136	44216	6591	7142	3353	11172	5134	38
505	79	131	495	3850	4159	400	2844	217	1359	586	381
2351	364	402	1998	13959	18918	2241	1461	1141	3828	1703	382
917	136	148	979	5157	3555	1459	487	519	1557	1131	383
116	23	34	94	963	581	362	258	308	443	347	384
267	54	67	406	2072	7999	689	633	188	1237	303	385
149	47	48	107	995	1170	312	132	128	779	207	386
420	65	47	686	6460	6942	742	924	627	760	495	387
338	61	76	508	3680	892	386	403	225	1209	362	389
1353	254	208	2216	21329	12739	3285	3904	2836	4607	1640	39
138	24	33	205	1328	479	256	269	280	361	159	391
184	42	37	245	1440	1097	250	388	239	321	210	392
43	3	8	48	551	513	53	103	74	120	62	393
9		4	3	40	12	26	6	2	13	4	394
36	7	3	56	443	663	136	131	111	118	51	395
273	67	32	459	3189	1472	774	841	469	540	279	396
376	47	38	731	9656	7815	1315	1274	1116	1991	583	397
294	64	53	469	4682	688	475	892	545	1143	292	399
1752	273	319	1785	9628	8440	1419	1260	817	2680	1420	40
1217	140	202	1014	5637	4749	1014	412	223	1627	836	401
280	53	64	355	1557	771	235	157	113	529	250	402
41	2		63	65	205	11	271	29	88	17	403
63	40	16	163	1304	2573	60	334	369	103	226	404
151	38	37	190	1065	142	99	86	83	333	91	409
855	405	464	1586	10723	5901	2924	4277	3681	9361	1949	41
134	20	24	182	1856	5332	1585	1366	389	825	430	411
174	91	160	3	144	57	82	63	104	244	187	412
547	294	280	1401	8723	512	1257	2848	3188	8292	1332	419
506	193	158	225	1725	1075	1291	715	737	1035	992	42
247	57	63	130	801	416	444	232	369	493	559	421
259	136	95	95	924	659	847	483	368	542	433	422
1446	158	353	913	2841	1872	764	843	338	2476	619	43
64	14	19	46	131	63	34	60	31	112	38	431
203	29	70	142	362	230	117	74	54	247	113	432
193	19	90	99	260	162	107	76	43	210	138	433
597	9	37	308	1084	1049	138	295	71	690	38	434
93	19	45	69	208	125	88	41	18	176	76	435
30	5	5	31	37	21	14	17	4	35	11	436
266	63	87	218	759	222	266	280	117	1006	205	439

2-1 续表 6

行业中类	代码	企业单位数	北京	天津	河北	山西	内蒙古
电力、热力、燃气及水生产和供应业	D	**117003**	**695**	**906**	**5378**	**4560**	**3281**
电力、热力生产和供应业	44	82648	472	519	3610	3409	2413
电力生产	441	66808	78	162	2449	2646	1503
电力供应	442	7614	14	116	451	338	263
热力生产和供应	443	8226	380	241	710	425	647
燃气生产和供应业	45	10329	55	147	784	565	343
燃气生产和供应业	450	10329	55	147	784	565	343
水的生产和供应业	46	24026	168	240	984	586	525
自来水生产和供应	461	16482	68	77	484	371	337
污水处理及其再生利用	462	6324	90	138	450	167	142
其他水的处理、利用与分配	469	1220	10	25	50	48	46
建筑业	E	**1045185**	**21053**	**25704**	**68466**	**28425**	**14341**
房屋建筑业	47	189109	2453	5106	12029	5137	2221
房屋建筑业	470	189109	2453	5106	12029	5137	2221
土木工程建筑业	48	193598	2488	5788	14789	4687	3263
铁路、道路、隧道和桥梁工程建筑	481	78085	713	1559	5594	1815	1159
水利和内河港口工程建筑	482	13086	113	215	1039	332	260
海洋工程建筑	483	534	3	97	11		
工矿工程建筑	484	5995	124	108	354	435	117
架线和管道工程建筑	485	17607	389	760	1653	585	321
其他土木工程建筑	489	78291	1146	3049	6138	1520	1406
建筑安装业	49	162694	3125	4492	10376	4138	2277
电气安装	491	37267	1171	864	1952	1047	472
管道和设备安装	492	34688	789	999	2805	1280	495
其他建筑安装业	499	90739	1165	2629	5619	1811	1310
建筑装饰和其他建筑业	50	499784	12987	10318	31272	14463	6580
建筑装饰业	501	377481	11189	8907	24938	12013	4976
工程准备活动	502	33538	954	319	3071	1145	419
提供施工设备服务	503	9005	182	140	403	406	244
其他未列明建筑业	509	79760	662	952	2860	899	941
批发和零售业	F	**6173230**	**209693**	**128205**	**332943**	**177839**	**80615**
批发业	51	3606355	107246	99745	185087	90157	37099
农、林、牧产品批发	511	143958	1525	1501	7248	2436	4275
食品、饮料及烟草制品批发	512	332248	9446	6415	15613	6438	2862
纺织、服装及家庭用品批发	513	507772	13155	7206	18326	5472	1286
文化、体育用品及器材批发	514	122676	6938	3014	5946	1896	530
医药及医疗器材批发	515	102727	5586	1587	6132	2170	769
矿产品、建材及化工产品批发	516	1024392	25642	32491	65351	36221	14632
机械设备、五金产品及电子产品批发	517	870954	37265	22247	44959	27860	7685
贸易经纪与代理	518	155811	2139	4354	7695	2487	1350
其他批发业	519	345817	5550	20930	13817	5177	3710
零售业	52	2566875	102447	28460	147856	87682	43516
综合零售	521	410225	7208	3616	29914	27255	8830
食品、饮料及烟草制品专门零售	522	232702	8506	2299	10410	6343	3886
纺织、服装及日用品专门零售	523	267707	15523	2625	16551	5422	2432

单位：个

辽宁	吉林	黑龙江	上海	江苏	浙江	安徽	福建	江西	山东	河南	代码
3151	**1889**	**2372**	**206**	**5794**	**6441**	**5319**	**7447**	**5718**	**8236**	**3664**	D
2258	1415	1734	66	3199	4645	3206	6204	4479	5977	2322	44
995	676	666	41	2461	4272	2807	5833	4085	4274	1702	441
172	111	244	9	452	214	293	306	328	792	396	442
1091	628	824	16	286	159	106	65	66	911	224	443
313	207	259	28	581	386	399	232	378	874	481	45
313	207	259	28	581	386	399	232	378	874	481	450
580	267	379	112	2014	1410	1714	1011	861	1385	861	46
345	175	244	63	1158	608	1413	746	702	722	534	461
202	77	124	43	753	566	257	226	120	551	289	462
33	15	11	6	103	236	44	39	39	112	38	469
34251	**9123**	**13883**	**18642**	**144856**	**57300**	**53227**	**36498**	**32399**	**118988**	**42315**	E
5455	2162	3059	2055	22914	8073	8813	8689	8376	18965	8812	47
5455	2162	3059	2055	22914	8073	8813	8689	8376	18965	8812	470
6656	1857	2465	2687	26270	12087	10201	6103	6038	23349	8406	48
2350	871	1029	866	9298	5948	4619	2887	3246	9194	3353	481
561	227	342	153	1628	949	687	500	433	1203	602	482
11	1		7	72	74	1	44	2	161	2	483
293	50	52	50	713	341	216	183	152	514	450	484
883	224	384	354	1878	1046	713	416	294	2057	882	485
2558	484	658	1257	12681	3729	3965	2073	1911	10220	3117	489
6682	1811	2526	4007	28507	7535	7385	3528	3805	22841	5276	49
2264	468	851	1127	5059	2733	2000	1064	654	2898	1396	491
1506	500	614	889	6748	1873	1049	560	499	4845	975	492
2912	843	1061	1991	16700	2929	4336	1904	2652	15098	2905	499
15458	3293	5833	9893	67165	29605	26828	18178	14180	53833	19821	50
12177	2402	4591	8317	49751	22565	20690	12861	9805	34078	13947	501
1291	234	411	233	3475	5623	1900	883	811	2252	792	502
309	95	113	161	1122	212	736	446	229	905	418	503
1681	562	718	1182	12817	1205	3502	3988	3335	16598	4664	509
190110	**46411**	**76629**	**165714**	**714983**	**528605**	**226519**	**272906**	**133414**	**644457**	**254455**	F
128124	21324	46646	127253	491919	331549	109312	177474	67505	404013	118289	51
7628	3070	6756	954	12495	5286	7667	4640	2565	15833	9770	511
13095	2034	5068	8000	32212	22543	13721	25894	6027	49108	11735	512
12409	1231	3458	19841	81162	110448	10340	42313	6199	48933	9952	513
3311	539	971	5939	12722	17478	3151	7575	1303	14137	3479	514
3839	1362	2404	3981	9615	5896	5602	2811	3545	11961	4302	515
39267	6097	12455	33760	135940	77840	34492	40548	18980	114845	38183	516
30373	4788	9306	42028	132815	62936	22139	31198	8136	92239	26525	517
6350	463	2970	3318	15917	20665	2775	7530	9219	10081	3124	518
11852	1740	3258	9432	59041	8457	9425	14965	11531	46876	11219	519
61986	25087	29983	38461	223064	197056	117207	95432	65909	240444	136166	52
7120	2698	3277	4378	33595	9122	22774	7141	11234	48037	31239	521
5642	2511	2889	3851	18781	17377	12145	13296	4510	20360	11205	522
6343	1702	2141	5801	28193	31022	10193	15006	5325	22294	10771	523

2-1 续表 7

行业中类	代码	企业单位数	北京	天津	河北	山西	内蒙古
文化、体育用品及器材专门零售	524	135933	12405	2119	7586	3846	1759
医药及医疗器材专门零售	525	207463	5676	2678	13289	6193	3212
汽车、摩托车、燃料及零配件专门零售	526	310528	4958	3756	23582	10772	7594
家用电器及电子产品专门零售	527	301363	20333	2301	14869	9559	4597
五金、家具及室内装饰材料专门零售	528	343424	15868	4543	19369	13170	6553
货摊、无店铺及其他零售业	529	357530	11970	4523	12286	5122	4653
交通运输、仓储和邮政业	G	**530856**	**14870**	**19294**	**27086**	**14511**	**9457**
铁路运输业	53	3493	86	128	96	214	178
铁路旅客运输	531	402	9	15	4	14	11
铁路货物运输	532	1577	32	52	50	116	78
铁路运输辅助活动	533	1514	45	61	42	84	89
道路运输业	54	309998	8108	6048	19948	11179	6341
城市公共交通运输	541	13384	325	141	615	438	339
公路旅客运输	542	11859	25	149	428	298	209
道路货物运输	543	265788	6873	5431	17696	9830	5391
道路运输辅助活动	544	18967	885	327	1209	613	402
水上运输业	55	14756	34	439	343	30	11
水上旅客运输	551	1603	1	12	60	20	4
水上货物运输	552	8738	20	190	93	7	4
水上运输辅助活动	553	4415	13	237	190	3	3
航空运输业	56	2397	106	150	67	59	83
航空客货运输	561	887	36	37	14	12	25
通用航空服务	562	732	33	32	29	29	20
航空运输辅助活动	563	778	37	81	24	18	38
管道运输业	57	421	9	23	15	13	7
管道运输业	570	421	9	23	15	13	7
装卸搬运和运输代理业	58	133971	4082	8603	4293	1682	1427
装卸搬运	581	28295	194	485	1653	1058	644
运输代理业	582	105676	3888	8118	2640	624	783
仓储业	59	40662	1847	3630	1774	872	765
谷物、棉花等农产品仓储	591	12277	151	91	586	427	389
其他仓储业	599	28385	1696	3539	1188	445	376
邮政业	60	25158	598	273	550	462	645
邮政基本服务	601	2053	14	40	20	55	131
快递服务	602	23105	584	233	530	407	514
住宿和餐饮业	H	**374997**	**17139**	**6183**	**12813**	**9007**	**4543**
住宿业	61	110895	4757	978	3618	2575	1817
旅游饭店	611	35021	1160	282	1139	574	735
一般旅馆	612	65090	3032	520	2285	1860	918
其他住宿业	619	10784	565	176	194	141	164
餐饮业	62	264102	12382	5205	9195	6432	2726
正餐服务	621	207084	9312	3527	7841	5758	2293
快餐服务	622	16710	968	445	621	314	160
饮料及冷饮服务	623	9544	930	123	129	92	35
其他餐饮业	629	30764	1172	1110	604	268	238

单位：个

辽宁	吉林	黑龙江	上海	江苏	浙江	安徽	福建	江西	山东	河南	代码
3278	975	1068	3057	13108	9529	5822	5165	2068	10409	8547	524
9290	2795	5648	2159	18995	13641	8366	5508	5799	21086	9020	525
9068	4627	5183	3578	22904	17454	16522	10225	9325	27537	18622	526
6591	3175	3248	4369	24871	14441	13211	8012	5427	20195	18821	527
8302	3384	3103	7111	28062	22806	15235	10526	9506	28866	15170	528
6352	3220	3426	4157	34555	61664	12939	20553	12715	41660	12771	529
19696	**5724**	**9337**	**17198**	**63137**	**31619**	**23266**	**18810**	**17372**	**52166**	**18329**	**G**
193	91	152	15	168	41	87	110	94	477	152	53
19	13	13	3	12	6	13	15	14	59	17	531
87	35	75	5	99	21	41	45	33	206	64	532
87	43	64	7	57	14	33	50	47	212	71	533
11075	3204	5452	4445	44083	17789	16308	8845	13817	29459	11779	54
734	304	628	199	836	505	514	388	342	716	697	541
498	189	323	91	693	563	569	481	477	509	535	542
9239	2450	4101	3997	41312	15657	14360	7230	11653	26808	9538	543
604	261	400	158	1242	1064	865	746	1345	1426	1009	544
470	21	120	335	2187	1417	1386	1387	371	1255	184	55
68	10	41	15	72	108	86	86	43	129	33	551
232	6	49	194	1372	899	1089	928	263	607	120	552
170	5	30	126	743	410	211	373	65	519	31	553
97	30	74	54	134	115	44	87	31	168	70	56
28	11	29	27	57	45	14	35	6	51	25	561
28	12	21	6	35	41	12	20	11	58	21	562
41	7	24	21	42	29	18	32	14	59	24	563
20	3	7	7	35	2	10	2	10	63	15	57
20	3	7	7	35	2	10	2	10	63	15	570
5043	625	1349	9247	12510	9379	2960	6218	1591	14964	2648	58
669	183	548	330	3551	1380	1336	789	680	3265	1139	581
4374	442	801	8917	8959	7999	1624	5429	911	11699	1509	582
1854	1347	1734	2111	2847	1374	1532	1084	708	4421	2240	59
594	1113	1241	36	572	146	672	159	332	1373	1269	591
1260	234	493	2075	2275	1228	860	925	376	3048	971	599
944	403	449	984	1173	1502	939	1077	750	1359	1241	60
52	32	38	9	71	41	64	53	51	146	80	601
892	371	411	975	1102	1461	875	1024	699	1213	1161	602
9428	**2412**	**3410**	**14210**	**25010**	**24739**	**15282**	**13049**	**7360**	**29197**	**14674**	**H**
3421	1008	1392	3605	5479	8586	3701	4690	2753	6210	4863	61
926	366	589	579	1458	2134	1211	1646	942	1882	1589	611
2211	507	663	2756	3429	5988	2104	2553	1349	3483	2888	612
284	135	140	270	592	464	386	491	462	845	386	619
6007	1404	2018	10605	19531	16153	11581	8359	4607	22987	9811	62
4424	1131	1536	7059	14221	12877	8888	5868	3529	16813	8040	621
595	89	155	969	1328	1066	1021	538	177	2652	683	622
213	41	47	1025	598	903	306	447	113	333	118	623
775	143	280	1552	3384	1307	1366	1506	788	3189	970	629

2-1 续表 8

行业中类	代码	企业单位数	北京	天津	河北	山西	内蒙古
信息传输、软件和信息技术服务业	**I**	**711173**	**36448**	**17758**	**29995**	**18575**	**6987**
电信、广播电视和卫星传输服务	63	18679	1215	237	622	648	529
电信	631	14927	989	198	493	475	438
广播电视传输服务	632	3302	160	30	116	119	82
卫星传输服务	633	450	66	9	13	54	9
互联网和相关服务	64	90375	3390	1453	4341	2625	1778
互联网接入及相关服务	641	8910	387	117	358	324	334
互联网信息服务	642	63265	2552	1044	3427	2018	1004
其他互联网服务	649	18200	451	292	556	283	440
软件和信息技术服务业	65	602119	31843	16068	25032	15302	4680
软件开发	651	388569	18181	11804	17168	9696	2000
信息系统集成服务	652	43686	2525	642	2249	1784	441
信息技术咨询服务	653	103203	7071	1965	4271	3181	1416
数据处理和存储服务	654	8921	626	127	208	146	139
集成电路设计	655	3903	123	93	61	44	23
其他信息技术服务业	659	53837	3317	1437	1075	451	661
金融业	**J**	**129762**	**5104**	**4867**	**5370**	**3147**	**3003**
货币金融服务	66	40802	873	2078	1599	1612	1418
中央银行服务	661	221	2	9	3	4	13
货币银行服务	662	15269	133	398	524	529	536
非货币银行服务	663	25240	738	1670	1072	1075	864
银行监管服务	664	72		1		4	5
资本市场服务	67	46710	2796	1314	2123	502	548
证券市场服务	671	5429	681	208	159	59	38
期货市场服务	672	505	29	15	7	7	9
证券期货监管服务	673	38	1		1		
资本投资服务	674	34570	1973	895	1641	385	394
其他资本市场服务	679	6168	112	196	315	51	107
保险业	68	22729	687	302	1044	604	629
人身保险	681	6675	81	44	262	159	190
财产保险	682	7218	67	34	250	254	299
再保险	683	49	8	1	2	1	2
养老金	684	157	7	3	14		3
保险经纪与代理服务	685	6566	435	141	359	162	98
保险监管服务	686	42	1		2	2	2
其他保险活动	689	2022	88	79	155	26	35
其他金融业	69	19521	748	1173	604	429	408
金融信托与管理服务	691	4888	162	135	156	150	70
控股公司服务	692	1421	127	194	32	5	18
非金融机构支付服务	693	683	62	9	33	10	20
金融信息服务	694	5021	122	49	145	162	126
其他未列明金融业	699	7508	275	786	238	102	174

单位：个

辽宁	吉林	黑龙江	上海	江苏	浙江	安徽	福建	江西	山东	河南	代码
22937	**4147**	**9376**	**18616**	**86539**	**76234**	**29824**	**30865**	**18289**	**52926**	**25053**	I
1194	356	449	247	1087	780	861	542	336	1037	707	63
981	225	360	186	884	625	636	450	253	879	469	631
193	121	83	52	175	147	202	81	79	141	225	632
20	10	6	9	28	8	23	11	4	17	13	633
2094	678	1023	1559	10796	5058	4752	6176	2986	8452	3732	64
297	86	136	236	720	255	400	602	311	576	405	641
1386	425	659	866	8036	4538	3335	4029	1806	5619	2452	642
411	167	228	457	2040	265	1017	1545	869	2257	875	649
19649	3113	7904	16810	74656	70396	24211	24147	14967	43437	20614	65
14010	1891	5668	8545	46132	55423	14567	12681	8807	23818	14097	651
1023	225	392	1517	5397	2946	1673	2355	1081	3088	1095	652
2980	636	1243	4213	11813	10078	5129	3672	2881	8224	3458	653
257	53	127	406	902	538	316	620	159	990	238	654
61	20	12	298	886	225	187	159	56	241	52	655
1318	288	462	1831	9526	1186	2339	4660	1983	7076	1674	659
4350	**1732**	**2189**	**2785**	**7880**	**10570**	**5272**	**5270**	**3346**	**11809**	**4557**	J
1906	918	919	746	2260	1784	1777	1235	1031	2974	1702	66
7	2	2		8	1	5	1	22	20	26	661
506	344	296	188	726	450	536	437	524	1910	955	662
1391	570	620	558	1521	1333	1230	796	484	1038	720	663
2	2	1		5		6	1	1	6	1	664
1084	237	614	1014	2801	5740	1821	2108	1253	3516	777	67
115	32	44	297	239	724	125	159	127	353	157	671
20	8	10	49	27	28	8	58	19	27	18	672
6			2	2		3	1		2	5	673
737	150	421	584	2071	4903	1201	1632	942	2610	511	674
206	47	139	82	462	85	484	258	165	524	86	679
843	419	428	408	1519	793	907	602	399	3437	1459	68
265	135	156	68	486	223	297	190	170	703	475	681
270	129	134	67	385	273	314	194	139	860	542	682
5			5	4			5	1	1	2	683
9	2	4	8	12	5	9	6	2	9	12	684
228	116	83	187	480	237	170	150	53	1512	321	685
1	1	2	1	1		3	2	1	4	4	686
65	36	49	72	151	55	114	55	33	348	103	689
517	158	228	617	1300	2253	767	1325	663	1882	619	69
153	41	63	56	315	967	146	159	185	227	218	691
38	5	12	7	85	86	50	43	20	64	19	692
30	6	9	54	34	39	26	42	15	32	12	693
121	24	56	377	456	739	278	460	127	350	185	694
175	82	88	123	410	422	267	621	316	1209	185	699

2-1 续表 9

行业中类	代码	企业单位数	北京	天津	河北	山西	内蒙古
房地产业	K	**636729**	**19478**	**12631**	**40521**	**15836**	**9314**
房地产业	70	636729	19478	12631	40521	15836	9314
房地产开发经营	701	241542	4162	2724	15737	6451	4255
物业管理	702	200477	6622	4714	12072	6849	3174
房地产中介服务	703	149507	5471	4428	11792	1869	1568
自有房地产经营活动	704	27299	2159	258	505	583	144
其他房地产业	709	17904	1064	507	415	84	173
租赁和商务服务业	L	**2114420**	**143712**	**56042**	**93143**	**47407**	**25116**
租赁业	71	165756	5980	6387	11545	5423	3503
机械设备租赁	711	161213	5558	6317	11385	5343	3454
文化及日用品出租	712	4543	422	70	160	80	49
商务服务业	72	1948664	137732	49655	81598	41984	21613
企业管理服务	721	431094	28405	11347	10812	4938	2778
法律服务	722	15922	647	492	374	524	265
咨询与调查	723	577804	50212	19523	26863	11558	5722
广告业	724	359466	18636	6504	19704	9956	4532
知识产权服务	725	14209	2041	279	444	116	80
人力资源服务	726	119842	3202	3454	7228	2968	1980
旅行社及相关服务	727	73400	2571	1153	3354	2043	2141
安全保护服务	728	16392	413	301	998	427	339
其他商务服务业	729	340535	31605	6602	11821	9454	3776
科学研究和技术服务业	M	**869307**	**110002**	**56272**	**36973**	**14725**	**6710**
研究和试验发展	73	151507	3849	1735	6010	1432	564
自然科学研究和试验发展	731	14700	205	272	502	121	54
工程和技术研究和试验发展	732	102794	1638	747	3999	864	258
农业科学研究和试验发展	733	14119	181	150	698	294	178
医学研究和试验发展	734	17715	1735	521	798	135	64
社会人文科学研究	735	2179	90	45	13	18	10
专业技术服务业	74	357878	24510	9618	13160	7229	4222
气象服务	741	2147	20	11	57	74	30
地震服务	742	515	20	34	13	4	35
海洋服务	743	661	7	84	12	57	5
测绘服务	744	11183	213	138	849	420	410
质检技术服务	745	25067	755	530	1662	848	451
环境与生态监测	746	7994	150	140	552	302	175
地质勘查	747	7023	258	157	419	273	380
工程技术	748	138118	10221	2705	5475	2622	1483
其他专业技术服务业	749	165170	12866	5819	4121	2629	1253
科技推广和应用服务业	75	359922	81643	44919	17803	6064	1924
技术推广服务	751	279921	60608	40188	15002	4313	1390
科技中介服务	752	14075	1574	958	725	461	142
其他科技推广和应用服务业	759	65926	19461	3773	2076	1290	392
水利、环境和公共设施管理业	N	**103659**	**3446**	**1691**	**7229**	**3688**	**2451**
水利管理业	76	7160	90	97	327	296	222
防洪除涝设施管理	761	838	4	3	28	27	15

单位：个

辽宁	吉林	黑龙江	上海	江苏	浙江	安徽	福建	江西	山东	河南	代码
21410	**6534**	**10243**	**17959**	**60056**	**40957**	**24874**	**19652**	**14804**	**48982**	**31553**	K
21410	6534	10243	17959	60056	40957	24874	19652	14804	48982	31553	70
8462	2901	3987	5151	17712	11907	9089	8058	7567	20207	15870	701
7524	2304	4045	4364	19216	9248	8746	5629	4078	16799	9507	702
4422	1100	1758	5329	18708	15173	5794	4108	2306	9549	5202	703
592	90	239	2792	1971	3960	626	992	245	923	601	704
410	139	214	323	2449	669	619	865	608	1504	373	709
59651	**13624**	**26062**	**65075**	**234417**	**192967**	**88869**	**87810**	**57598**	**168080**	**67682**	L
5011	1597	3251	2603	13800	9468	8699	5788	4626	14168	7541	71
4767	1557	3196	2506	13446	9143	8548	5429	4524	13833	7418	711
244	40	55	97	354	325	151	359	102	335	123	712
54640	12027	22811	62472	220617	183499	80170	82022	52972	153912	60141	72
9554	1345	3307	15520	55460	69500	12946	25498	13742	21080	6193	721
427	247	243	446	1702	576	607	594	305	1675	703	722
18245	3076	6060	22238	60655	57679	22298	18837	12444	54227	19015	723
9911	2877	3978	9791	39943	22041	20251	15852	9506	28243	14200	724
312	55	109	464	1899	1664	607	616	160	885	334	725
3669	918	2235	2600	13512	4979	8273	2894	3247	8519	4244	726
2632	996	1448	1350	4980	5101	2905	3431	2061	5930	2267	727
513	148	295	246	1233	999	1034	607	461	1053	686	728
9377	2365	5136	9817	41233	20960	11249	13693	11046	32300	12499	729
23031	**4857**	**12081**	**24351**	**129849**	**62768**	**28602**	**30031**	**12294**	**68258**	**28177**	M
6186	796	2720	2284	48813	11475	4439	8469	1308	13800	1776	73
714	124	184	99	4592	304	401	1382	212	1642	120	731
3945	309	1926	1489	36975	9220	2728	5358	596	8920	862	732
767	221	448	41	2323	568	555	1088	179	1723	418	733
677	130	143	647	3850	1337	694	561	301	1382	328	734
83	12	19	8	1073	46	61	80	20	133	48	735
9662	2546	4629	14867	50125	27808	16881	12542	6356	26091	12281	74
38	18	30	11	152	52	70	37	43	116	59	741
10	9	13	5	68	2	39	20	16	20	40	742
50	1	1	17	33	68	11	41		141	4	743
415	151	398	69	733	579	471	412	470	862	564	744
1045	309	594	576	2341	2039	1085	775	554	2221	909	745
270	76	141	144	1017	645	390	269	185	718	280	746
236	103	170	28	247	116	241	157	233	667	311	747
3413	906	1676	4575	17647	14730	8338	5003	2072	6265	4074	748
4185	973	1606	9442	27887	9577	6236	5828	2783	15081	6040	749
7183	1515	4732	7200	30911	23485	7282	9020	4630	28367	14120	75
5269	1119	3736	5322	22673	20510	5890	5866	2846	20560	12773	751
829	100	216	235	1660	979	417	368	442	624	306	752
1085	296	780	1643	6578	1996	975	2786	1342	7183	1041	759
2761	**928**	**1414**	**1637**	**8623**	**8223**	**5625**	**4158**	**2662**	**8176**	**5640**	N
268	115	126	87	605	414	527	277	206	451	372	76
14	9	18	24	101	69	140	50	21	42	40	761

2-1 续表 10

行业中类	代码	企业单位数	北京	天津	河北	山西	内蒙古
水资源管理	762	1681	28	19	74	70	59
天然水收集与分配	763	730	12	11	23	24	20
水文服务	764	376	4	5	19	18	12
其他水利管理业	769	3535	42	59	183	157	116
生态保护和环境治理业	77	14371	365	171	649	625	386
生态保护	771	1573	21	12	71	62	109
环境治理业	772	12798	344	159	578	563	277
公共设施管理业	78	82128	2991	1423	6253	2767	1843
市政设施管理	781	9223	156	201	551	201	235
环境卫生管理	782	9663	158	90	603	309	133
城乡市容管理	783	1939	20	31	85	30	40
绿化管理	784	39703	2280	914	3243	1321	1172
公园和游览景区管理	785	21600	377	187	1771	906	263
居民服务、修理和其他服务业	**O**	**397368**	**19040**	**11236**	**20026**	**10709**	**7033**
居民服务业	79	149741	8530	4257	7462	3901	2658
家庭服务	791	38466	1363	1447	3337	1837	901
托儿所服务	792	858	7	10	9	7	52
洗染服务	793	6164	511	194	312	130	58
理发及美容服务	794	28321	4496	639	1063	539	163
洗浴服务	795	9772	425	103	214	237	144
保健服务	796	14574	485	209	640	310	105
婚姻服务	797	12219	593	218	603	307	236
殡葬服务	798	5099	92	45	166	112	112
其他居民服务业	799	34268	558	1392	1118	422	887
机动车、电子产品和日用产品修理业	80	140934	6047	2776	7135	3612	1875
汽车、摩托车修理与维护	801	107501	3197	1974	5744	3037	1473
计算机和办公设备维修	802	13337	1234	381	514	246	193
家用电器修理	803	14263	1213	287	671	217	93
其他日用产品修理业	809	5833	403	134	206	112	116
其他服务业	81	106693	4463	4203	5429	3196	2500
清洁服务	811	56124	3222	1273	3770	1901	730
其他未列明服务业	819	50569	1241	2930	1659	1295	1770
教育	**P**	**99025**	**5648**	**1215**	**2565**	**1928**	**2007**
教育	82	99025	5648	1215	2565	1928	2007
学前教育	821	9482	112	92	148	97	151
初等教育	822	1112	14	12	29	12	17
中等教育	823	1246	20	18	33	27	36
高等教育	824	315	18	9	5	5	7
特殊教育	825	413	6	11	6	10	13
技能培训、教育辅助及其他教育	829	86457	5478	1073	2344	1777	1783
卫生和社会工作	**Q**	**49665**	**2005**	**994**	**1530**	**1982**	**703**
卫生	83	39868	1871	833	962	1560	556
医院	831	16857	533	247	477	745	274
社区医疗与卫生院	832	2423	26	21	41	98	77

单位：个

辽宁	吉林	黑龙江	上海	江苏	浙江	安徽	福建	江西	山东	河南	代码
61	24	25	19	132	94	73	59	52	110	90	762
33	20	12	9	38	56	19	54	21	41	35	763
17	7	6	5	31	6	21	5	8	34	28	764
143	55	65	30	303	189	274	109	104	224	179	769
370	99	171	176	1359	1099	603	739	488	1164	554	77
41	7	28	5	98	55	76	63	42	219	107	771
329	92	143	171	1261	1044	527	676	446	945	447	772
2123	714	1117	1374	6659	6710	4495	3142	1968	6561	4714	78
233	118	162	218	788	804	531	379	340	712	431	781
233	102	151	204	773	1304	723	360	249	604	372	782
60	18	20	50	140	144	141	94	47	117	95	783
1094	332	535	844	3162	2413	2069	979	723	3514	2431	784
503	144	249	58	1796	2045	1031	1330	609	1614	1385	785
11334	**3791**	**4572**	**12424**	**37317**	**22186**	**18656**	**14739**	**9954**	**34790**	**14579**	**O**
4835	1503	1972	6212	12439	8961	7950	5663	3707	11870	5702	79
917	344	539	468	3260	2420	1707	1530	777	3019	1586	791
14	2	20	7	134	107	20	28	19	40	31	792
168	41	67	220	455	468	247	199	105	337	178	793
711	113	165	2512	1826	1698	751	826	362	1537	551	794
857	138	200	739	1202	573	622	446	122	501	594	795
309	51	90	1273	882	1334	594	707	232	1021	466	796
441	95	188	366	861	958	669	371	166	898	636	797
308	60	149	141	392	372	400	202	96	284	228	798
1110	659	554	486	3427	1031	2940	1354	1828	4233	1432	799
4443	1230	1524	4094	13079	8686	5983	5597	2767	10962	4911	80
3526	987	1140	2534	10036	6916	4435	4322	2227	8391	3677	801
407	113	170	592	1134	660	519	523	242	840	522	802
308	81	111	723	1256	880	803	543	198	1100	500	803
202	49	103	245	653	230	226	209	100	631	212	809
2056	1058	1076	2118	11799	4539	4723	3479	3480	11958	3966	81
1006	416	694	1144	5975	4174	2901	2138	1390	4050	2458	811
1050	642	382	974	5824	365	1822	1341	2090	7908	1508	819
2775	**796**	**1197**	**847**	**11019**	**6520**	**5445**	**3516**	**2332**	**7210**	**5814**	**P**
2775	796	1197	847	11019	6520	5445	3516	2332	7210	5814	82
632	78	124	57	404	307	436	395	353	747	1335	821
16	6	11	3	71	37	57	13	23	60	306	822
47	12	38	8	88	22	81	23	59	85	188	823
17	4	5	3	23	22	9	14	9	29	15	824
14	8	18	3	36	6	44	6	10	32	38	825
2049	688	1001	773	10397	6126	4818	3065	1878	6257	3932	829
2901	**621**	**955**	**1050**	**3932**	**3504**	**1494**	**1376**	**1046**	**3644**	**2627**	**Q**
2521	464	741	992	2899	2866	976	1080	831	2727	1934	83
685	257	402	267	1016	874	452	352	365	1129	745	831
183	27	60	2	110	74	86	41	56	189	348	832

2-1 续表 11

行业中类	代码	企业单位数	北京	天津	河北	山西	内蒙古
门诊部(所)	833	16240	1094	467	347	533	113
计划生育技术服务活动	834	127	1	3		9	
妇幼保健院(所、站)	835	209	4	2	4	12	2
专科疾病防治院(所、站)	836	617	31	7	3	19	10
疾病预防控制中心	837	218	2	4	4	11	5
其他卫生活动	839	3177	180	82	86	133	75
社会工作	84	9797	134	161	568	422	147
提供住宿社会工作	841	8891	89	149	535	387	135
不提供住宿社会工作	842	906	45	12	33	35	12
文化、体育和娱乐业	**R**	**346299**	**28327**	**10118**	**15028**	**10114**	**3913**
新闻和出版业	85	5379	1332	101	116	155	66
新闻业	851	375	29	5	6	7	5
出版业	852	5004	1303	96	110	148	61
广播、电视、电影和影视录音制作业	86	38456	3182	1176	2246	1065	492
广播	861	2027	48	18	256	90	25
电视	862	1877	223	32	89	50	13
电影和影视节目制作	863	22099	2300	907	1392	558	243
电影和影视节目发行	864	1851	313	118	47	25	17
电影放映	865	9290	154	73	412	322	150
录音制作	866	1312	144	28	50	20	44
文化艺术业	87	110450	17532	6185	4706	3970	1035
文艺创作与表演	871	27945	1662	270	1410	1557	334
艺术表演场馆	872	1094	48	15	33	35	23
图书馆与档案馆	873	954	17	8	23	13	4
文物及非物质文化遗产保护	874	1632	36	15	45	94	23
博物馆	875	549	68	19	18	15	10
烈士陵园、纪念馆	876	103	1	1	3	8	1
群众文化活动	877	13636	2377	845	837	770	116
其他文化艺术业	879	64537	13323	5012	2337	1478	524
体育	88	30372	2438	799	1299	837	339
体育组织	881	6282	537	182	235	177	99
体育场馆	882	2010	56	30	73	58	23
休闲健身活动	883	18028	1505	498	896	510	145
其他体育	889	4052	340	89	95	92	72
娱乐业	89	161642	3843	1857	6661	4087	1981
室内娱乐活动	891	141950	2169	1433	6005	3727	1735
游乐园	892	3655	44	28	204	141	39
彩票活动	893	230	13	4	6	3	1
文化、娱乐、体育经纪代理	894	7877	1461	318	238	141	50
其他娱乐业	899	7930	156	74	208	75	156
公共管理、社会保障和社会组织	**S**	**314**		**14**	**13**	**20**	**7**
社会保障	93	314		14	13	20	7
社会保障	930	314		14	13	20	7

单位：个

辽宁	吉林	黑龙江	上海	江苏	浙江	安徽	福建	江西	山东	河南	代码
1393	120	195	591	1428	1804	272	564	279	1062	658	833
2	1	1		3	1	3	1	2	3	35	834
9	6	2	14	21	7	10	9	1	8	10	835
48	15	16	62	41	16	16	19	18	51	25	836
19	6	4	7	20	12	7	6	6	14	23	837
182	32	61	49	260	78	130	88	104	271	90	839
380	157	214	58	1033	638	518	296	215	917	693	84
353	147	202	42	899	578	479	257	182	832	650	841
27	10	12	16	134	60	39	39	33	85	43	842
8854	**2319**	**4969**	**7091**	**31415**	**26982**	**16047**	**13468**	**7597**	**22875**	**11240**	**R**
187	108	89	172	298	150	182	143	118	262	266	85
5	7	4	4	46	7	10	18	11	26	42	851
182	101	85	168	252	143	172	125	107	236	224	852
780	269	347	727	3349	6451	1176	1335	832	2189	1132	86
48	11	16	17	130	463	54	33	55	85	96	861
34	8	23	37	130	577	73	42	27	49	67	862
361	93	136	441	2032	4505	530	839	326	1313	424	863
50	22	15	53	116	148	50	69	29	106	38	864
240	114	138	150	838	717	420	301	375	581	453	865
47	21	19	29	103	41	49	51	20	55	54	866
2268	390	1001	1744	12565	5482	4065	5421	2602	8392	3637	87
625	137	330	286	3253	1984	1912	1195	1026	1301	1212	871
35	18	14	30	100	60	69	34	43	60	82	872
29	8	4	5	76	164	56	50	26	26	23	873
39	8	17	1	170	57	107	59	34	59	207	874
28	3	13	11	40	29	21	29	8	52	28	875
2		1		5	6	4	7		11	18	876
217	43	134	161	975	885	430	196	159	738	415	877
1293	173	488	1250	7946	2297	1466	3851	1306	6145	1652	879
850	141	306	1049	3177	3122	939	1580	661	2064	763	88
194	25	50	57	726	550	192	357	117	499	134	881
49	16	28	50	169	233	56	128	48	96	42	882
467	89	179	874	1766	2125	553	869	377	979	486	883
140	11	49	68	516	214	138	226	119	490	101	889
4769	1411	3226	3399	12026	11777	9685	4989	3384	9968	5442	89
4271	1271	2936	2848	10418	10551	8878	4139	2799	8468	4795	891
111	31	78	18	245	257	160	200	119	264	209	892
12	4	2	2	7	11	14	4	13	21	4	893
228	38	145	441	608	749	211	240	177	495	229	894
147	67	65	90	748	209	422	406	276	720	205	899
25		**20**	**2**	**26**	**2**	**7**	**12**	**3**	**21**	**28**	**S**
25		20	2	26	2	7	12	3	21	28	93
25		20	2	26	2	7	12	3	21	28	930

2-1 续表 12

行业中类	代码	湖北	湖南	广东	广西	海南
总计	--	**751526**	**502984**	**1752016**	**409008**	**77662**
农、林、牧、渔业	A	**39183**	**32398**	**23753**	**47251**	**4750**
农业	01	17526	15352	12512	18808	2298
谷物种植	011	4394	4462	905	836	375
豆类、油料和薯类种植	012	367	845	358	220	63
棉、麻、糖、烟草种植	013	251	165	108	971	25
蔬菜、食用菌及园艺作物种植	014	6259	5048	4676	3894	748
水果种植	015	1674	1794	2586	9238	537
坚果、含油果、香料和饮料作物种植	016	1167	677	987	1280	122
中药材种植	017	1228	829	539	1441	72
其他农业	019	2186	1532	2353	928	356
林业	02	3167	2934	2616	6463	441
林木育种和育苗	021	2722	2135	1814	3270	211
造林和更新	022	192	318	460	2215	75
森林经营和管护	023	166	310	234	769	37
木材和竹材采运	024	35	70	60	129	13
林产品采集	025	52	101	48	80	105
畜牧业	03	9849	6295	3327	12766	724
牲畜饲养	031	6390	4000	2118	7859	425
家禽饲养	032	2809	1775	902	3817	226
狩猎和捕捉动物	033	58	39	16	5	10
其他畜牧业	039	592	481	291	1085	63
渔业	04	4394	2149	2760	6646	607
水产养殖	041	4268	2080	2631	6604	559
水产捕捞	042	126	69	129	42	48
农、林、牧、渔服务业	05	4247	5668	2538	2568	680
农业服务业	051	3524	4599	1861	1956	536
林业服务业	052	264	461	314	327	81
畜牧服务业	053	233	404	118	199	19
渔业服务业	054	226	204	245	86	44
采矿业	B	**4768**	**7391**	**4116**	**3854**	**414**
煤炭开采和洗选业	06	474	1136	28	63	3
烟煤和无烟煤开采洗选	061	387	1002	3	35	1
褐煤开采洗选	062	2	10		15	
其他煤炭采选	069	85	124	25	13	2
石油和天然气开采业	07	15	6	14	6	5
石油开采	071	8	6	11	6	3
天然气开采	072	7		3		2
黑色金属矿采选业	08	523	664	432	438	40
铁矿采选	081	484	282	393	193	33
锰矿、铬矿采选	082	10	292	7	184	1
其他黑色金属矿采选	089	29	90	32	61	6
有色金属矿采选业	09	237	913	309	588	131

单位：个

重庆	四川	贵州	云南	西藏	陕西	甘肃	青海	宁夏	新疆	代码
520514	**401716**	**342972**	**457374**	**9461**	**333776**	**127899**	**76169**	**63463**	**176740**	--
86771	**31598**	**57155**	**61762**	**156**	**22326**	**14215**	**8230**	**5361**	**5623**	A
41156	15617	24580	33083	63	8391	5477	2299	2270	2010	01
1115	1395	347	492		1288	1372	384	661	349	011
378	420	224	337	3	272	496	428	84	39	012
558	312	335	248		52	26		6	277	013
17693	6204	7438	9611	28	3081	1389	677	550	389	014
13061	4539	7949	8799	10	1709	425	45	319	521	015
2904	706	3209	4982	5	589	79	59	6	91	016
4563	1208	3959	7282	10	1009	968	545	397	120	017
884	833	1119	1332	7	391	722	161	247	224	019
3087	2356	2641	4053	27	2034	1044	828	472	388	02
2562	1918	2369	3197	20	1845	911	727	431	309	021
187	196	130	340	4	95	106	90	34	40	022
133	147	71	214	2	65	23	8	5	30	023
35	62	35	57	1	17	2		1	5	024
170	33	36	245		12	2	3	1	4	025
24476	9283	25627	21034	40	8993	6515	4700	1920	1462	03
13477	6293	17983	15020	27	6727	5548	4250	1474	1141	031
6045	2448	5737	5063	11	1805	760	361	276	209	032
33	108	27	13		20	5	3	4	3	033
4921	434	1880	938	2	441	202	86	166	109	039
14468	1967	3091	1293	4	676	160	62	165	111	04
14404	1837	3064	1281	4	663	156	62	156	103	041
64	130	27	12		13	4		9	8	042
3584	2375	1216	2299	22	2232	1019	341	534	1652	05
3173	1862	1048	1963	21	1964	833	229	469	1454	051
181	249	74	226		144	75	61	34	74	052
131	176	52	75	1	92	97	51	24	113	053
99	88	42	35		32	14		7	11	054
2654	**4891**	**8000**	**7565**	**236**	**5645**	**2328**	**1088**	**852**	**3415**	B
818	1146	2172	1734	2	1340	275	113	516	530	06
770	1080	2096	1587	1	1107	233	103	500	498	061
11	11	8	72	1	28	13		3	1	062
37	55	68	75		205	29	10	13	31	069
43	42	23	7		146	21	8	9	43	07
7	13	1	5		118	19	7	7	24	071
36	29	22	2		28	2	1	2	19	072
119	436	454	724	23	361	293	130	10	600	08
26	397	189	582	15	273	256	115	9	537	081
90	17	122	74	3	30	10	5		27	082
3	22	143	68	5	58	27	10	1	36	089
45	509	525	1767	81	466	320	172	4	514	09

2-1 续表 13

行业中类	代码	湖北	湖南	广东	广西	海南
常用有色金属矿采选	091	173	712	217	450	119
贵金属矿采选	092	45	80	24	78	4
稀有稀土金属矿采选	093	19	121	68	60	8
非金属矿采选业	10	3132	4433	3044	2561	204
土砂石开采	101	2271	4109	2679	2140	174
化学矿开采	102	438	54	18	84	
采盐	103	5	3	29	4	4
石棉及其他非金属矿采选	109	418	267	318	333	26
开采辅助活动	11	83	85	72	20	7
煤炭开采和洗选辅助活动	111	13	29	7	4	3
石油和天然气开采辅助活动	112	25	12	24	4	1
其他开采辅助活动	119	45	44	41	12	3
其他采矿业	12	304	154	217	178	24
其他采矿业	120	304	154	217	178	24
制造业	**C**	**99754**	**75297**	**490230**	**37894**	**4237**
农副食品加工业	13	7190	6294	6813	2972	554
谷物磨制	131	2094	1683	776	440	16
饲料加工	132	631	586	884	354	43
植物油加工	133	857	597	610	332	25
制糖业	134	20	20	165	155	18
屠宰及肉类加工	135	880	1077	1369	474	112
水产品加工	136	345	203	1068	203	149
蔬菜、水果和坚果加工	137	678	643	714	314	66
其他农副食品加工	139	1685	1485	1227	700	125
食品制造业	14	3154	2633	7360	2619	250
焙烤食品制造	141	798	621	2178	1016	49
糖果、巧克力及蜜饯制造	142	95	149	1380	87	35
方便食品制造	143	632	608	799	539	14
乳制品制造	144	49	50	69	35	5
罐头食品制造	145	149	174	223	89	15
调味品、发酵制品制造	146	318	169	711	171	21
其他食品制造	149	1113	862	2000	682	111
酒、饮料和精制茶制造业	15	3286	2371	2627	1501	177
酒的制造	151	833	484	777	406	42
饮料制造	152	1120	974	1333	670	122
精制茶加工	153	1333	913	517	425	13
烟草制品业	16	19	50	40	5	1
烟叶复烤	161	5	35	5	2	
卷烟制造	162	5	7	11	2	1
其他烟草制品制造	169	9	8	24	1	
纺织业	17	4356	1412	12248	678	50
棉纺织及印染精加工	171	2407	609	3516	146	2
毛纺织及染整精加工	172	62	29	922	46	
麻纺织及染整精加工	173	75	99	92	23	1

单位：个

重庆	四川	贵州	云南	西藏	陕西	甘肃	青海	宁夏	新疆	代码
39	399	396	1623	76	325	185	147	2	324	091
2	71	96	87	3	97	117	21	2	121	092
4	39	33	57	2	44	18	4		69	093
1531	2542	4632	3057	120	1473	1164	609	280	1170	10
1450	2203	4117	2692	104	1202	1018	521	264	888	101
27	148	288	159	9	111	9	5	3	14	102
3	20		7		8	5	15	1	14	103
51	171	227	199	7	152	132	68	12	254	109
67	107	87	84	3	1741	153	10	30	373	11
17	25	47	50	1	66	18	5	8	30	111
37	57	5	4		1600	120	3	17	297	112
13	25	35	30	2	75	15	2	5	46	119
31	109	107	192	7	118	102	46	3	185	12
31	109	107	192	7	118	102	46	3	185	120
64574	**61922**	**49608**	**32356**	**1105**	**44694**	**17534**	**6865**	**7899**	**20277**	C
4234	4929	4091	3604	197	3234	2367	768	878	2229	13
578	556	678	186	68	572	346	60	200	302	131
307	552	188	382	7	364	260	101	99	178	132
461	449	766	259	48	337	199	152	117	451	133
41	25	38	179		17	16	1	6	25	134
804	1640	614	631	44	503	320	273	143	291	135
45	45	57	49		27	8	7	3	24	136
702	699	365	832	2	565	579	22	76	600	137
1296	963	1385	1086	28	849	639	152	234	358	139
1942	2915	2151	1819	54	2187	758	288	469	868	14
399	658	290	524	8	538	154	38	125	158	141
82	154	64	85		358	61	3	7	33	142
486	600	967	389	11	341	92	22	83	92	143
23	56	25	47	16	136	71	54	34	92	144
44	111	27	39	1	42	23	3	11	158	145
531	742	338	230	3	368	218	40	77	60	146
377	594	440	505	15	404	139	128	132	275	149
1514	4060	5311	3750	84	1546	589	245	274	693	15
896	2240	2434	757	35	343	264	101	167	384	151
447	806	1002	823	46	682	277	131	89	286	152
171	1014	1875	2170	3	521	48	13	18	23	153
14	8	6	28		8	7		2	1	16
10	2	5	13		2	1				161
2	3	1	5		5	1		1	1	162
2	3		10		1	5		1		169
2240	1086	787	454	62	777	237	103	377	909	17
885	412	138	69	1	412	86	18	25	522	171
78	28	15	9	35	37	46	25	290	65	172
78	32	16	31	1	7	8		3	12	173

2-1 续表 14

行业中类	代码	湖北	湖南	广东	广西	海南
丝绢纺织及印染精加工	174	49	15	215	185	
化纤织造及印染精加工	175	135	49	503	7	
针织或钩针编织物及其制品制造	176	220	194	3065	93	16
家用纺织制成品制造	177	551	295	1809	133	16
非家用纺织制成品制造	178	857	122	2126	45	15
纺织服装、服饰业	18	6144	1940	31095	1053	92
机织服装制造	181	4170	1025	19435	784	64
针织或钩针编织服装制造	182	261	115	5301	58	6
服饰制造	183	1713	800	6359	211	22
皮革、毛皮、羽毛及其制品和制鞋业	19	1066	1519	19121	515	9
皮革鞣制加工	191	80	90	885	38	
皮革制品制造	192	310	608	8979	228	6
毛皮鞣制及制品加工	193	202	107	232	10	
羽毛(绒)加工及制品制造	194	28	43	168	135	3
制鞋业	195	446	671	8857	104	
木材加工和木、竹、藤、棕、草制品业	20	2586	3693	6849	4926	255
木材加工	201	1148	1342	2385	2761	181
人造板制造	202	360	652	976	1374	25
木制品制造	203	875	650	2819	459	41
竹、藤、棕、草等制品制造	204	203	1049	669	332	8
家具制造业	21	1984	1730	16488	849	150
木质家具制造	211	1435	1296	8932	695	107
竹、藤家具制造	212	28	74	160	14	1
金属家具制造	213	139	92	1983	45	10
塑料家具制造	214	33	20	234	6	1
其他家具制造	219	349	248	5179	89	31
造纸和纸制品业	22	1683	1809	16103	909	86
纸浆制造	221	46	21	332	25	
造纸	222	369	629	3055	299	28
纸制品制造	223	1268	1159	12716	585	58
印刷和记录媒介复制业	23	2540	2117	15815	1106	261
印刷	231	2201	1876	14928	974	224
装订及印刷相关服务	232	326	237	804	128	36
记录媒介复制	233	13	4	83	4	1
文教、工美、体育和娱乐用品制造业	24	1466	1585	18103	1011	130
文教办公用品制造	241	184	169	1489	49	5
乐器制造	242	39	26	436	10	3
工艺美术品制造	243	994	1000	9549	794	115
体育用品制造	244	101	165	1742	29	5
玩具制造	245	99	174	4340	124	2
游艺器材及娱乐用品制造	246	49	51	547	5	
石油加工和炼焦业	25	247	175	619	122	20
精炼石油产品制造	251	232	146	605	116	19
炼焦	252	15	29	14	6	1

单位：个

重庆	四川	贵州	云南	西藏	陕西	甘肃	青海	宁夏	新疆	代码
106	163	23	67		28	3	3	1	32	174
18	49	15	7		11	6	2	2	18	175
159	70	73	36	10	58	15	11	8	75	176
817	250	462	201	11	156	47	22	30	113	177
99	82	45	34	4	68	26	22	18	72	178
2422	1196	1291	402	53	522	150	256	129	970	18
1809	832	568	164	24	341	83	118	64	494	181
105	60	115	44	13	28	13	13	7	120	182
508	304	608	194	16	153	54	125	58	356	183
1311	1071	611	146	17	142	195	65	131	112	19
45	54	17	19		14	48	13	23	21	191
234	163	136	51	4	41	47	23	19	28	192
50	20	11	18	11	25	55	21	62	32	193
44	71	7	6		11	6	2	22	10	194
938	763	440	52	2	51	39	6	5	21	195
2238	1951	2933	1780	32	862	274	153	140	401	20
819	831	1699	1078	20	399	103	109	47	173	201
108	267	168	177	2	85	45	7	12	105	202
890	589	731	345	9	338	101	34	60	112	203
421	264	335	180	1	40	25	3	21	11	204
2712	2355	2066	912	72	920	228	94	133	244	21
2159	1750	1609	709	68	662	156	80	96	167	211
23	26	28	16		9	2		1		212
151	130	90	44		119	32	3	12	42	213
23	19	15	7	1	18	2		1	8	214
356	430	324	136	3	112	36	11	23	27	219
1078	1225	767	641	10	889	236	35	101	374	22
9	18	8	6		10	7		1	8	221
239	408	234	184	4	249	69	10	37	104	222
830	799	525	451	6	630	160	25	63	262	223
1472	2243	729	908	24	1486	915	149	245	424	23
1259	1992	610	731	24	1219	730	112	217	367	231
204	245	116	166		252	180	36	27	55	232
9	6	3	11		15	5	1	1	2	233
1458	901	3294	898	92	653	636	726	72	496	24
116	122	66	60	1	87	28	9	6	21	241
20	17	58	20		9	4		1	8	242
1156	637	3065	790	91	467	597	711	59	451	243
61	43	25	16		48	7	5	3	9	244
85	46	66	7		16		1	3	4	245
20	36	14	5		26				3	246
113	227	141	132		402	89	17	78	344	25
99	187	56	36		171	73	11	49	196	251
14	40	85	96		231	16	6	29	148	252

2-1 续表 15

行业中类	代码	湖北	湖南	广东	广西	海南
化学原料和化学制品制造业	26	4789	5722	15686	2051	221
基础化学原料制造	261	847	702	1062	276	19
肥料制造	262	1106	426	527	514	65
农药制造	263	156	115	118	85	8
涂料、油墨、颜料及类似产品制造	264	710	476	4159	233	13
合成材料制造	265	382	277	2250	71	15
专用化学产品制造	266	1090	805	3331	416	37
炸药、火工及焰火产品制造	267	110	2615	49	186	22
日用化学产品制造	268	388	306	4190	270	42
医药制造业	27	1552	946	1716	552	181
化学药品原料药制造	271	223	116	137	35	19
化学药品制剂制造	272	143	62	194	47	74
中药饮片加工	273	241	167	293	101	13
中成药生产	274	348	165	249	183	20
兽用药品制造	275	47	63	147	55	5
生物药品制造	276	300	244	372	87	34
卫生材料及医药用品制造	277	250	129	324	44	16
化学纤维制造业	28	94	55	449	13	7
纤维素纤维原料及纤维制造	281	35	17	106	7	1
合成纤维制造	282	59	38	343	6	6
橡胶和塑料制品业	29	3909	2195	42221	1331	156
橡胶制品业	291	577	364	6939	186	40
塑料制品业	292	3332	1831	35282	1145	116
非金属矿物制品业	30	13042	13017	21154	5513	715
水泥、石灰和石膏制造	301	1022	989	903	598	62
石膏、水泥制品及类似制品制造	302	3980	3328	2430	1389	186
砖瓦、石材等建筑材料制造	303	5820	6222	7628	2627	384
玻璃制造	304	265	164	820	70	17
玻璃制品制造	305	540	288	2700	98	28
玻璃纤维和玻璃纤维增强塑料制品制造	306	141	91	388	34	8
陶瓷制品制造	307	228	963	4596	275	11
耐火材料制品制造	308	298	274	283	55	2
石墨及其他非金属矿物制品制造	309	748	698	1406	367	17
黑色金属冶炼和压延加工业	31	1003	1567	2263	582	29
炼铁	311	59	139	88	25	1
炼钢	312	63	24	101	9	3
黑色金属铸造	313	439	665	442	197	6
钢压延加工	314	367	264	1580	143	19
铁合金冶炼	315	75	475	52	208	
有色金属冶炼和压延加工业	32	760	1629	3293	422	38
常用有色金属冶炼	321	167	606	333	163	7
贵金属冶炼	322	16	153	39	10	2
稀有稀土金属冶炼	323	25	117	45	28	
有色金属合金制造	324	142	287	435	47	8

单位：个

重庆	四川	贵州	云南	西藏	陕西	甘肃	青海	宁夏	新疆	代码
1885	3147	1715	1591	60	2271	878	454	592	1452	26
247	770	284	269	7	387	217	126	217	237	261
230	563	415	558	3	436	240	170	88	561	262
37	72	12	40		106	20	7	16	22	263
537	460	280	123	5	260	98	18	45	142	264
149	224	68	115		186	47	19	23	77	265
356	626	296	286	1	514	141	48	161	307	266
71	151	151	41	2	185	18	3	3	19	267
258	281	209	159	42	197	97	63	39	87	268
506	1100	552	475	41	869	450	103	77	204	27
71	137	12	27		131	19	6	17	16	271
55	136	29	35	2	105	10	2	4	7	272
99	273	153	153	6	133	261	20	18	52	273
72	187	221	141	28	164	76	54	11	56	274
38	117	7	7	1	35	8	1	2	6	275
110	174	82	69	2	205	69	11	21	39	276
61	76	48	43	2	96	7	9	4	28	277
23	64	9	15		37	12	4	10	48	28
8	18	1	2		12	2	1	4	33	281
15	46	8	13		25	10	3	6	15	282
2471	2569	1210	1208	8	1628	713	141	318	1705	29
411	346	180	218		434	63	9	30	86	291
2060	2223	1030	990	8	1194	650	132	288	1619	292
6983	9726	12068	5836	206	7279	4708	1329	1534	4200	30
378	549	667	549	25	625	353	134	145	342	301
1983	2241	5430	1507	102	2293	970	416	430	1139	302
3507	5034	4731	3101	69	3542	2801	651	609	2294	303
150	204	153	61	3	86	44	13	24	54	304
446	553	307	100	1	164	60	11	16	76	305
84	153	43	28	1	42	7	13	10	70	306
217	286	113	214	1	150	52	9	5	30	307
84	277	121	69	1	123	89	20	24	62	308
134	429	503	207	3	254	332	62	271	133	309
720	919	600	681	3	575	362	146	190	341	31
14	28	39	97		27	36	4	13	67	311
16	21	15	24	1	20	17	1	10	13	312
186	361	79	132		209	84	16	27	73	313
427	335	185	265	2	243	107	29	43	154	314
77	174	282	163		76	118	96	97	34	315
609	643	487	727	3	1401	248	141	110	189	32
101	159	195	432	2	147	71	51	46	62	321
8	13	34	41		43	37	6	2	25	322
11	47	17	34		51	13	2	5	12	323
180	141	70	25		120	28	25	12	11	324

2-1 续表 16

行业中类	代码	湖北	湖南	广东	广西	海南
有色金属铸造	325	63	41	196	11	1
有色金属压延加工	326	347	425	2245	163	20
金属制品业	33	6420	4127	62612	1755	213
结构性金属制品制造	331	3519	2017	14947	906	132
金属工具制造	332	442	480	4558	169	10
集装箱及金属包装容器制造	333	219	109	1022	53	10
金属丝绳及其制品制造	334	129	80	728	31	5
建筑、安全用金属制品制造	335	611	351	9242	176	23
金属表面处理及热处理加工	336	204	163	2578	59	4
搪瓷制品制造	337	35	38	346	19	2
金属制日用品制造	338	336	228	10220	170	8
其他金属制品制造	339	925	661	18971	172	19
通用设备制造业	34	6483	4821	25824	1490	61
锅炉及原动设备制造	341	415	219	2031	93	4
金属加工机械制造	342	1483	1258	4915	253	9
物料搬运设备制造	343	317	209	897	70	7
泵、阀门、压缩机及类似机械制造	344	510	470	1543	96	14
轴承、齿轮和传动部件制造	345	224	228	567	60	2
烘炉、风机、衡器、包装等设备制造	346	607	377	3759	174	8
文化、办公用机械制造	347	72	48	954	14	3
通用零部件制造	348	1858	1412	6441	597	10
其他通用设备制造业	349	997	600	4717	133	4
专用设备制造业	35	6152	4153	30043	1520	134
采矿、冶金、建筑专用设备制造	351	1003	859	1071	281	24
化工、木材、非金属加工专用设备制造	352	1420	551	15926	315	17
食品、饮料、烟草及饲料生产专用设备制造	353	250	184	516	70	5
印刷、制药、日化及日用品生产专用设备制造	354	277	242	2155	66	9
纺织、服装和皮革加工专用设备制造	355	128	73	663	7	
电子和电工机械专用设备制造	356	671	394	3667	83	13
农、林、牧、渔专用机械制造	357	411	453	410	271	12
医疗仪器设备及器械制造	358	458	352	1580	122	19
环保、社会公共服务及其他专用设备制造	359	1534	1045	4055	305	35
汽车制造业	36	7479	1149	3380	1272	56
汽车整车制造	361	109	46	88	26	7
改装汽车制造	362	220	29	33	13	1
低速载货汽车制造	363	9	6	3	3	
电车制造	364	27	11	35	22	
汽车车身、挂车制造	365	43	49	50	25	2
汽车零部件及配件制造	366	7071	1008	3171	1183	46
铁路、船舶、航空航天和其他运输设备制造业	37	743	642	2238	279	59
铁路运输设备制造	371	146	282	65	15	
城市轨道交通设备制造	372	22	28	25	5	1
船舶及相关装置制造	373	368	196	682	147	48
航空、航天器及设备制造	374	69	35	75	5	6

单位：个

重庆	四川	贵州	云南	西藏	陕西	甘肃	青海	宁夏	新疆	代码
36	41	15	30		97	20	5	8	11	325
273	242	156	165	1	943	79	52	37	68	326
6112	3543	3041	2297	36	2672	1118	738	820	1541	33
3288	1682	1975	1463	19	1329	743	392	636	1047	331
812	296	256	156	5	246	70	22	32	71	332
89	172	42	67	1	86	40	2	9	63	333
67	90	53	52	5	30	22	218	8	40	334
652	445	206	158		462	107	39	52	125	335
333	166	41	66		116	25	8	9	31	336
26	37	18	8		22	4	3	1	3	337
340	212	127	105	4	114	29	11	19	34	338
505	443	323	222	2	267	78	43	54	127	339
4907	5022	1143	937		4732	509	228	315	557	34
191	310	45	38		199	83	50	39	114	341
744	1052	254	306		1065	127	51	86	91	342
158	195	61	43		103	24	4	13	45	343
226	563	57	34		244	37	5	12	24	344
227	161	116	22		74	17	5	28	10	345
438	333	120	76		381	52	25	35	55	346
39	46	15	6		37	7	2	5	8	347
2617	2075	397	322		2394	127	73	78	183	348
267	287	78	90		235	35	13	19	27	349
3546	3482	882	720	3	3135	592	162	248	767	35
357	889	229	182		970	173	30	76	200	351
1213	658	131	87	2	417	67	19	20	54	352
65	170	36	57		90	19	12	7	27	353
115	169	46	28		141	29	5	6	20	354
41	25	8	2		99	9	1	2	15	355
245	312	77	29		335	43	13	11	35	356
655	236	107	88		210	132	33	44	258	357
253	339	52	53	1	198	27	10	14	29	358
602	684	196	194		675	93	39	68	129	359
4795	1333	264	217	1	512	55	24	47	98	36
52	54	21	18		35	5	2	3	10	361
34	31	17	7		37	8	1	14	45	362
	1	6			2	8	1			363
12	14	12	6		2	9	2	5	3	364
30	29	5	2		24	3	1	1	9	365
4667	1204	203	184	1	412	22	17	24	31	366
3751	536	130	60		537	34	12	13	40	37
37	156	11	10		174	17	2	2	7	371
17	25	1	2		4	1		1	1	372
204	54	17	9		5	2				373
21	114	46	9		292	3	3	2	7	374

2-1 续表 17

行业中类	代码	湖北	湖南	广东	广西	海南
摩托车制造	375	31	41	635	12	3
自行车制造	376	54	23	615	82	
非公路休闲车及零配件制造	377	14	4	64		
潜水救捞及其他未列明运输设备制造	379	39	33	77	13	1
电气机械和器材制造业	38	4009	2841	48510	1015	107
电机制造	381	347	304	2083	101	6
输配电及控制设备制造	382	1439	960	9655	353	39
电线、电缆、光缆及电工器材制造	383	603	410	5571	178	31
电池制造	384	245	206	2085	50	1
家用电力器具制造	385	246	231	10407	81	8
非电力家用器具制造	386	252	135	1050	71	8
照明器具制造	387	408	270	15732	117	10
其他电气机械及器材制造	389	469	325	1927	64	4
计算机、通信和其他电子设备制造业	39	2463	2026	52113	777	52
计算机制造	391	323	197	6876	80	15
通信设备制造	392	332	222	3311	77	7
广播电视设备制造	393	41	62	1399	17	1
雷达及配套设备制造	394	10	7	68	2	1
视听设备制造	395	48	41	3904	41	2
电子器件制造	396	563	271	7718	66	9
电子元件制造	397	650	764	18716	351	9
其他电子设备制造	399	496	462	10121	143	8
仪器仪表制造业	40	1214	651	7047	214	25
通用仪器仪表制造	401	655	350	2513	109	10
专用仪器仪表制造	402	277	170	930	40	12
钟表与计时仪器制造	403	21	8	1916	17	
光学仪器及眼镜制造	404	125	50	1313	31	3
其他仪器仪表制造业	409	136	73	375	17	
其他制造业	41	2514	1383	14473	238	31
日用杂品制造	411	277	242	3546	77	8
煤制品制造	412	87	236	52	24	1
其他未列明制造业	419	2150	905	10875	137	22
废弃资源综合利用业	42	627	621	1468	293	20
金属废料和碎屑加工处理	421	280	349	773	171	3
非金属废料和碎屑加工处理	422	347	272	695	122	17
金属制品、机械和设备修理业	43	780	424	2459	311	97
金属制品修理	431	58	26	318	7	2
通用设备修理	432	122	76	349	36	10
专用设备修理	433	110	62	219	52	6
铁路、船舶、航空航天等运输设备修理	434	143	49	607	85	51
电气设备修理	435	81	33	175	30	7
仪器仪表修理	436	24	5	51	7	1
其他机械和设备修理业	439	242	173	740	94	20

单位：个

重庆	四川	贵州	云南	西藏	陕西	甘肃	青海	宁夏	新疆	代码
3424	101	22	11		7	3		1	12	375
24	65	20	13		26	5	3	4	12	376
6	9	3	1		4					377
18	12	10	5		25	3	4	3	1	379
1873	2315	977	687	10	2297	463	200	197	561	38
253	195	54	34		173	36	8	14	38	381
548	916	250	180	5	1058	230	65	77	264	382
309	441	118	171	3	370	65	36	31	109	383
89	138	77	28		76	15	25	15	9	384
184	152	115	35		129	16	12	5	30	385
69	126	102	138	1	122	45	31	20	30	386
285	188	202	42	1	126	29	19	11	62	387
136	159	59	59		243	27	4	24	19	389
1711	1593	632	197	1	1245	81	33	21	63	39
376	197	58	39		143	11	9	2	3	391
303	259	151	39		210	16	3	3	10	392
21	51	12	8		30	5	3	1	5	393
2	18	2			13	1			1	394
31	34	23	12		12	5		1	3	395
160	275	77	21	1	222	16	8	4	11	396
596	534	172	27		303	13	3	3	13	397
222	225	137	51		312	14	7	7	17	399
837	505	170	195		720	76	14	55	47	40
497	247	46	63		375	41	10	32	24	401
80	110	45	17		180	20	2	10	18	402
18	5	9	2		7	2				403
148	79	51	98		51	5		3	1	404
94	64	19	15		107	8	2	10	4	409
423	474	1022	495	9	389	257	93	165	104	41
161	90	92	59	2	45	19	8	4	12	411
94	119	112	77	1	116	78	29	35	18	412
168	265	818	359	6	228	160	56	126	74	419
216	398	305	308	6	244	164	53	83	121	42
104	172	121	143	1	123	54	24	30	43	421
112	226	184	165	5	121	110	29	53	78	422
458	386	223	236	21	523	133	91	75	174	43
18	33	8	10	1	23	18	5	11	2	431
80	88	27	28	2	94	17	11	9	39	432
57	39	55	30	17	103	32	16	17	46	433
90	45	21	22		45	8	3	6	7	434
42	44	31	27		76	10	19	8	25	435
11	7	1	5		21	2	2	3	6	436
160	130	80	114	1	161	46	35	21	49	439

2-1 续表 18

行业中类	代码	湖北	湖南	广东	广西	海南
电力、热力、燃气及水生产和供应业	D	**5750**	**7368**	**10887**	**3276**	**490**
电力、热力生产和供应业	44	3665	5524	8339	2451	309
电力生产	441	3039	5035	7842	2209	262
电力供应	442	516	424	365	199	45
热力生产和供应	443	110	65	132	43	2
燃气生产和供应业	45	537	356	580	189	54
燃气生产和供应业	450	537	356	580	189	54
水的生产和供应业	46	1548	1488	1968	636	127
自来水生产和供应	461	1239	1248	1288	497	84
污水处理及其再生利用	462	254	193	595	129	38
其他水的处理、利用与分配	469	55	47	85	10	5
建筑业	E	**60675**	**28506**	**63396**	**20035**	**7961**
房屋建筑业	47	11569	5414	8316	3033	935
房屋建筑业	470	11569	5414	8316	3033	935
土木工程建筑业	48	11339	5817	8422	2729	1026
铁路、道路、隧道和桥梁工程建筑	481	4646	2663	2653	1047	257
水利和内河港口工程建筑	482	651	473	550	255	86
海洋工程建筑	483	2	1	36	3	6
工矿工程建筑	484	350	127	201	63	19
架线和管道工程建筑	485	823	448	698	287	115
其他土木工程建筑	489	4867	2105	4284	1074	543
建筑安装业	49	8356	4148	11634	2057	928
电气安装	491	1911	845	3293	523	350
管道和设备安装	492	1391	736	2162	330	149
其他建筑安装业	499	5054	2567	6179	1204	429
建筑装饰和其他建筑业	50	29411	13127	35024	12216	5072
建筑装饰业	501	20793	9075	29064	10811	4364
工程准备活动	502	2073	737	1849	579	422
提供施工设备服务	503	601	333	379	179	35
其他未列明建筑业	509	5944	2982	3732	647	251
批发和零售业	F	**244431**	**158197**	**606194**	**152188**	**21155**
批发业	51	113303	74875	408862	78309	11154
农、林、牧产品批发	511	7051	4748	9839	6079	564
食品、饮料及烟草制品批发	512	10558	8614	27488	9114	1721
纺织、服装及家庭用品批发	513	12752	7057	61713	6360	1490
文化、体育用品及器材批发	514	3432	2073	16372	2044	613
医药及医疗器材批发	515	4030	2679	8500	2514	634
矿产品、建材及化工产品批发	516	34835	23996	75594	27789	3066
机械设备、五金产品及电子产品批发	517	27502	16527	123536	16415	2377
贸易经纪与代理	518	3085	2191	30041	4919	263
其他批发业	519	10058	6990	55779	3075	426
零售业	52	131128	83322	197332	73879	10001
综合零售	521	27960	14127	15634	12309	1002
食品、饮料及烟草制品专门零售	522	10410	8418	13917	7609	1051
纺织、服装及日用品专门零售	523	13180	9256	21659	5358	1122

单位：个

重庆	四川	贵州	云南	西藏	陕西	甘肃	青海	宁夏	新疆	代码
2591	**6172**	**2585**	**3491**	**203**	**3542**	**1878**	**912**	**687**	**2114**	D
1587	3850	1723	2427	174	2234	1484	769	534	1650	44
1440	3520	1487	2121	134	1790	1043	657	398	1181	441
132	287	212	281	37	258	164	51	39	105	442
15	43	24	25	3	186	277	61	97	364	443
280	857	260	301	5	367	170	51	67	223	45
280	857	260	301	5	367	170	51	67	223	450
724	1465	602	763	24	941	224	92	86	241	46
580	1196	488	609	22	731	172	65	52	164	461
129	235	95	125	1	178	39	24	31	63	462
15	34	19	29	1	32	13	3	3	14	469
17868	**25063**	**19088**	**26553**	**2272**	**29585**	**6721**	**6492**	**4012**	**7487**	E
4538	7573	3675	5182	1430	7082	1838	1340	983	1882	47
4538	7573	3675	5182	1430	7082	1838	1340	983	1882	470
1630	3831	3017	4976	715	6944	1538	1723	1154	1603	48
609	1897	1699	2599	74	2982	668	674	408	708	481
90	263	157	276	17	377	173	161	113	200	482
										483
75	143	52	177	6	366	65	59	36	104	484
143	403	146	420	21	551	159	163	168	223	485
713	1125	963	1504	597	2668	473	666	429	368	489
1990	2729	2294	2990	49	3808	995	695	484	1226	49
579	826	399	614	9	1030	181	184	177	326	491
470	603	277	365	10	963	276	169	87	274	492
941	1300	1618	2011	30	1815	538	342	220	626	499
9710	10930	10102	13405	78	11751	2350	2734	1391	2776	50
7904	8026	7862	10430	54	9028	1618	2010	1204	2031	501
229	491	655	621	4	1148	196	405	60	256	502
259	300	129	155	2	333	66	21	11	81	503
1318	2113	1456	2199	18	1242	470	298	116	408	509
165126	**113998**	**93545**	**165220**	**2292**	**112921**	**42421**	**23784**	**23405**	**64855**	F
64977	59228	37513	76892	760	51429	22053	10686	11530	42042	51
4054	3198	1382	3713	50	3308	2077	584	801	2861	511
7824	9048	5060	8017	126	6189	2469	1079	1110	3620	512
5850	3869	3277	4795	37	2955	1487	564	651	3184	513
1564	1176	925	1776	23	1332	754	419	233	1011	514
2183	2929	1015	1824	66	1889	1063	392	330	1117	515
24494	22022	14312	23633	219	17031	7537	4622	4913	13585	516
14126	11625	6908	12016	165	15124	4636	2288	2598	12612	517
1668	1544	1088	6425	24	1305	297	180	286	2058	518
3214	3817	3546	14693	50	2296	1733	558	608	1994	519
100149	54770	56032	88328	1532	61492	20368	13098	11875	22813	52
12267	6870	9753	28270	193	9921	4159	2904	2578	4840	521
11647	6420	6681	9037	223	6691	1816	1849	1176	1746	522
13840	3994	3628	5504	102	4405	1215	819	720	1561	523

2-1 续表 19

行业中类	代码	湖北	湖南	广东	广西	海南
文化、体育用品及器材专门零售	524	5316	3536	11194	3452	758
医药及医疗器材专门零售	525	10305	7783	16739	9163	457
汽车、摩托车、燃料及零配件专门零售	526	15183	11726	20405	9929	1087
家用电器及电子产品专门零售	527	14772	9539	38160	9945	1803
五金、家具及室内装饰材料专门零售	528	14761	9741	32530	10389	2112
货摊、无店铺及其他零售业	529	19241	9196	27094	5725	609
交通运输、仓储和邮政业	**G**	**24932**	**13121**	**48957**	**12094**	**1999**
铁路运输业	53	189	120	245	37	13
铁路旅客运输	531	41	14	34	7	2
铁路货物运输	532	71	44	87	18	5
铁路运输辅助活动	533	77	62	124	12	6
道路运输业	54	14665	8232	18746	7232	889
城市公共交通运输	541	764	643	1095	312	103
公路旅客运输	542	1068	746	867	361	68
道路货物运输	543	11875	6179	15598	6150	681
道路运输辅助活动	544	958	664	1186	409	37
水上运输业	55	835	449	1654	592	220
水上旅客运输	551	134	117	163	67	29
水上货物运输	552	456	222	896	420	156
水上运输辅助活动	553	245	110	595	105	35
航空运输业	56	85	67	244	46	44
航空客货运输	561	33	25	144	18	15
通用航空服务	562	20	21	62	16	15
航空运输辅助活动	563	32	21	38	12	14
管道运输业	57	24	20	22	7	2
管道运输业	570	24	20	22	7	2
装卸搬运和运输代理业	58	5487	2406	23448	2752	495
装卸搬运	581	2282	845	3038	794	60
运输代理业	582	3205	1561	20410	1958	435
仓储业	59	1626	740	2242	771	159
谷物、棉花等农产品仓储	591	472	233	359	273	40
其他仓储业	599	1154	507	1883	498	119
邮政业	60	2021	1087	2356	657	177
邮政基本服务	601	168	145	117	34	15
快递服务	602	1853	942	2239	623	162
住宿和餐饮业	**H**	**16825**	**12758**	**32275**	**7228**	**2491**
住宿业	61	4376	4294	10855	2823	1277
旅游饭店	611	1442	1396	3541	1160	802
一般旅馆	612	2399	2336	6470	1473	399
其他住宿业	619	535	562	844	190	76
餐饮业	62	12449	8464	21420	4405	1214
正餐服务	621	10380	6577	15536	3168	942
快餐服务	622	557	427	1565	410	48
饮料及冷饮服务	623	292	411	1122	174	97
其他餐饮业	629	1220	1049	3197	653	127

单位：个

重庆	四川	贵州	云南	西藏	陕西	甘肃	青海	宁夏	新疆	代码
4793	2147	2067	4059	128	3231	1607	1259	568	1077	524
4083	7439	3843	4864	184	5489	1239	681	683	1156	525
10059	9926	9269	10544	193	6784	2852	1370	1887	3607	526
12979	7330	6568	7528	213	9356	2873	1470	1451	3356	527
18418	6282	8544	9488	119	10228	2596	1787	1767	3088	528
12063	4362	5679	9034	177	5387	2011	959	1045	2382	529
11012	**13290**	**7508**	**10654**	**277**	**10202**	**3647**	**1806**	**2287**	**7198**	**G**
39	137	47	65	4	114	70	23	19	89	53
5	24	1	5		10	12	2	3	5	531
20	62	21	39	3	58	33	12	7	58	532
14	51	25	21	1	46	25	9	9	26	533
6734	8561	4990	6260	163	6577	2058	1296	1631	4084	54
180	628	419	291	39	468	303	85	97	236	541
257	609	485	346	31	365	231	71	55	262	542
5874	6625	3693	5140	78	5232	1320	1022	1423	3332	543
423	699	393	483	15	512	204	118	56	254	544
449	267	123	112		31	10	11	9	4	55
52	99	64	58		17	4	8	3		551
323	102	35	41		8	2		3	1	552
74	66	24	13		6	4	3	3	3	553
57	91	37	95	15	103	32	12	11	89	56
20	39	11	45	12	25	13	3	4	28	561
19	26	14	25	1	50	3	5	4	43	562
18	26	12	25	2	28	16	4	3	18	563
8	14	12	6	1	35	4	1	2	22	57
8	14	12	6	1	35	4	1	2	22	570
2544	2474	948	2396	24	1351	556	248	290	1931	58
645	714	384	614	1	320	196	84	141	273	581
1899	1760	564	1782	23	1031	360	164	149	1658	582
645	809	499	465	25	1141	647	101	88	564	59
51	245	106	102	20	566	412	34	35	178	591
594	564	393	363	5	575	235	67	53	386	599
536	937	852	1255	45	850	270	114	237	415	60
74	59	82	240	11	92	27	20	6	66	601
462	878	770	1015	34	758	243	94	231	349	602
29118	**12865**	**16197**	**14767**	**550**	**10756**	**4390**	**2727**	**1433**	**2161**	**H**
4773	4805	4573	4839	412	3879	1866	1042	498	1130	61
1902	1724	1328	1270	215	1364	639	343	189	494	611
2492	2535	2622	3055	156	2217	943	648	273	526	612
379	546	623	514	41	298	284	51	36	110	619
24345	8060	11624	9928	138	6877	2524	1685	935	1031	62
21468	6237	10363	8454	97	5721	2024	1507	803	690	621
723	283	179	188	4	265	112	20	35	113	622
531	537	215	328	24	217	79	32	16	16	623
1623	1003	867	958	13	674	309	126	81	212	629

2-1 续表 20

行业中类	代码	湖北	湖南	广东	广西	海南
信息传输、软件和信息技术服务业	I	**39595**	**22108**	**63307**	**12980**	**2929**
电信、广播电视和卫星传输服务	63	1003	997	1632	356	139
电信	631	807	703	1394	330	117
广播电视传输服务	632	164	276	208	24	18
卫星传输服务	633	32	18	30	2	4
互联网和相关服务	64	3861	3571	6854	1642	658
互联网接入及相关服务	641	392	331	1006	144	65
互联网信息服务	642	2521	2566	4483	1277	494
其他互联网服务	649	948	674	1365	221	99
软件和信息技术服务业	65	34731	17540	54821	10982	2132
软件开发	651	24989	9672	37065	6932	1315
信息系统集成服务	652	2610	1914	4086	971	338
信息技术咨询服务	653	4448	3901	7846	2528	271
数据处理和存储服务	654	318	293	1105	87	46
集成电路设计	655	143	60	823	14	10
其他信息技术服务业	659	2223	1700	3896	450	152
金融业	J	**4821**	**3478**	**12605**	**2652**	**652**
货币金融服务	66	1679	1076	2858	834	302
中央银行服务	661	18	14	7	2	
货币银行服务	662	731	493	967	319	104
非货币银行服务	663	922	565	1878	511	198
银行监管服务	664	8	4	6	2	
资本市场服务	67	1558	1231	6063	1118	167
证券市场服务	671	135	174	869	53	24
期货市场服务	672	19	12	69	2	3
证券期货监管服务	673	1	2	5		
资本投资服务	674	1015	833	4009	915	113
其他资本市场服务	679	388	210	1111	148	27
保险业	68	984	653	1858	401	108
人身保险	681	374	260	560	128	25
财产保险	682	332	243	516	182	34
再保险	683	2	1	3		
养老金	684	7	3	11	2	2
保险经纪与代理服务	685	172	110	619	73	37
保险监管服务	686		3	1		
其他保险活动	689	97	33	148	16	10
其他金融业	69	600	518	1826	299	75
金融信托与管理服务	691	186	192	560	108	18
控股公司服务	692	43	49	257	13	6
非金融机构支付服务	693	22	29	73	7	4
金融信息服务	694	128	78	383	94	21
其他未列明金融业	699	221	170	553	77	26

单位：个

重庆	四川	贵州	云南	西藏	陕西	甘肃	青海	宁夏	新疆	代码
19049	**15755**	**7941**	**17357**	**127**	**11473**	**2468**	**2198**	**1775**	**7542**	I
516	591	370	501	54	934	223	140	88	288	63
454	431	308	409	52	783	171	127	75	225	631
56	147	60	83	2	135	46	12	10	55	632
6	13	2	9		16	6	1	3	8	633
2231	2211	1744	2033	18	2310	742	304	372	931	64
178	221	175	234	1	331	60	63	47	118	641
1562	1554	1139	1274	14	1562	536	192	264	631	642
491	436	430	525	3	417	146	49	61	182	649
16302	12953	5827	14823	55	8229	1503	1754	1315	6323	65
12781	9047	3313	9796	14	4676	609	1057	677	2138	651
564	1046	317	1530	8	808	177	234	114	536	652
1989	1795	1336	2068	21	1799	356	358	335	1921	653
178	213	282	111	3	194	57	20	41	121	654
38	120	14	32	1	70	10	8	4	15	655
752	732	565	1286	8	682	294	77	144	1592	659
2844	**3347**	**2472**	**4267**	**91**	**2881**	**1680**	**442**	**1132**	**5147**	J
1066	1241	1113	1968	49	1159	873	265	501	986	66
3	14	3	5	1	13	4	3	4	5	661
516	567	426	677	45	528	338	110	115	341	662
546	658	684	1283	3	611	528	152	382	639	663
1	2		3		7	3			1	664
1019	765	685	1013	16	637	356	64	427	3343	67
125	94	68	185	3	64	36	11	28	43	671
11	11	3	17		8	5			6	672
	3	1			1			1	1	673
723	493	534	664	13	443	171	48	339	3207	674
160	164	79	147		121	144	5	59	86	679
527	885	350	877	24	794	319	62	91	316	68
213	347	102	229	5	261	109	15	36	107	681
183	302	157	366	17	280	162	34	33	166	682
	2		1		2	1				683
4	8	1	3		4	3	1	1	2	684
110	178	54	231	2	175	23	10	14	26	685
	1	1	3		4	2				686
17	47	35	44		68	19	2	7	15	689
232	456	324	409	2	291	132	51	113	502	69
63	146	91	73	1	101	39	8	28	71	691
31	49	9	16		23	3	6	2	109	692
19	19	23	22		12	4	2	7	7	693
57	125	59	100	1	71	28	17	27	55	694
62	117	142	198		84	58	18	49	260	699

2-1 续表 21

行业中类	代码	湖北	湖南	广东	广西	海南
房地产业	K	**31387**	**19540**	**68990**	**18567**	**9495**
房地产业	70	31387	19540	68990	18567	9495
房地产开发经营	701	11810	9860	21813	8594	4158
物业管理	702	10834	6002	23489	4144	1549
房地产中介服务	703	6755	2902	14957	4740	3193
自有房地产经营活动	704	969	338	5545	685	229
其他房地产业	709	1019	438	3186	404	366
租赁和商务服务业	L	**105525**	**60186**	**185650**	**55054**	**12286**
租赁业	71	7079	6116	8753	4158	1356
机械设备租赁	711	6879	5851	8385	4037	1310
文化及日用品出租	712	200	265	368	121	46
商务服务业	72	98446	54070	176897	50896	10930
企业管理服务	721	14155	10689	53864	15972	2361
法律服务	722	720	692	1762	209	101
咨询与调查	723	31446	15022	50649	11716	2205
广告业	724	17817	9740	27055	10884	2342
知识产权服务	725	326	283	1971	282	40
人力资源服务	726	8088	4308	6286	2576	479
旅行社及相关服务	727	3385	2643	4410	2474	1167
安全保护服务	728	851	601	1419	526	139
其他商务服务业	729	21658	10092	29481	6257	2096
科学研究和技术服务业	M	**30991**	**21754**	**70924**	**15240**	**3053**
研究和试验发展	73	5101	4559	17927	1406	258
自然科学研究和试验发展	731	587	482	2048	101	24
工程和技术研究和试验发展	732	2942	2860	13434	763	89
农业科学研究和试验发展	733	568	748	751	281	70
医学研究和试验发展	734	927	411	1540	245	67
社会人文科学研究	735	77	58	154	16	8
专业技术服务业	74	15547	9706	37007	6359	1957
气象服务	741	89	66	743	39	18
地震服务	742	21	6	24	2	4
海洋服务	743	24	9	66	10	10
测绘服务	744	478	329	477	397	88
质检技术服务	745	806	667	2088	670	158
环境与生态监测	746	351	286	483	162	46
地质勘查	747	268	193	279	123	43
工程技术	748	7049	3582	13886	2912	953
其他专业技术服务业	749	6461	4568	18961	2044	637
科技推广和应用服务业	75	10343	7489	15990	7475	838
技术推广服务	751	8233	6220	10107	6470	712
科技中介服务	752	568	466	773	366	43
其他科技推广和应用服务业	759	1542	803	5110	639	83
水利、环境和公共设施管理业	N	**4752**	**3573**	**6281**	**2252**	**631**
水利管理业	76	455	318	376	144	36
防洪除涝设施管理	761	53	24	51	18	2

单位：个

重庆	四川	贵州	云南	西藏	陕西	甘肃	青海	宁夏	新疆	代码
15592	**17718**	**11662**	**14396**	**246**	**15771**	**5542**	**2786**	**2073**	**8160**	K
15592	17718	11662	14396	246	15771	5542	2786	2073	8160	70
4750	8140	6207	6582	124	6993	2658	992	855	3766	701
4100	5453	3301	4283	66	5873	1864	1196	891	2541	702
6182	3370	1419	2769	22	1885	801	417	264	1254	703
377	358	333	476	28	599	143	146	49	344	704
183	397	402	286	6	421	76	35	14	255	709
53457	**46846**	**33562**	**52872**	**1086**	**30219**	**11467**	**10879**	**7009**	**21067**	L
6137	4908	4141	4566	76	3512	1570	1448	1033	1513	71
5996	4823	4073	4469	74	3456	1532	1419	1019	1466	711
141	85	68	97	2	56	38	29	14	47	712
47320	41938	29421	48306	1010	26707	9897	9431	5976	19554	72
5577	9209	5371	10737	288	3381	873	944	767	4481	721
475	520	360	372	11	366	152	48	61	246	722
14322	8888	5034	13783	383	5846	1510	1838	1318	5192	723
13561	9200	7080	7431	135	8242	3462	1620	1302	3670	724
339	255	94	186	1	210	28	27	17	85	725
5178	4409	3310	2977	14	2659	924	2152	1234	1326	726
1704	2301	2307	3235	106	1761	906	1209	319	1110	727
284	585	431	571	8	483	187	146	92	316	728
5880	6571	5434	9014	64	3759	1855	1447	866	3128	729
12991	**14593**	**7463**	**15037**	**270**	**11212**	**3467**	**2891**	**1645**	**8795**	M
1004	1721	453	1395	40	1038	216	228	135	370	73
37	102	37	182		65	22	22	17	46	731
511	856	165	407	14	511	85	129	46	148	732
195	369	140	638	7	276	54	43	50	97	733
248	388	94	150	19	167	40	26	17	73	734
13	6	17	18		19	15	8	5	6	735
8386	6886	5371	6888	194	6864	2698	1797	1022	4669	74
10	42	76	68	3	85	19	17	15	39	741
12	31	2	13		19	24	2	3	4	742
1		1	2		2			2	2	743
173	504	310	446	2	349	116	111	52	197	744
360	679	479	702	28	567	219	166	126	658	745
170	221	138	165	3	198	61	85	40	131	746
113	223	156	321	25	454	98	132	38	561	747
3604	3164	2224	2443	114	2838	1205	895	418	1626	748
3943	2022	1985	2728	19	2352	956	389	328	1451	749
3601	5986	1639	6754	36	3310	553	866	488	3756	75
2640	4745	1214	5392	31	2726	395	748	389	1834	751
377	347	166	435	2	221	52	52	35	136	752
584	894	259	927	3	363	106	66	64	1786	759
2893	**2943**	**2376**	**2633**	**37**	**3651**	**834**	**831**	**510**	**1110**	N
164	214	176	217	6	238	100	41	33	162	76
11	12	10	14	1	20	3	2	1	11	761

2-1 续表 22

行业中类	代码	湖北	湖南	广东	广西	海南
水资源管理	762	89	65	81	39	13
天然水收集与分配	763	40	44	43	18	3
水文服务	764	28	12	19	12	4
其他水利管理业	769	245	173	182	57	14
生态保护和环境治理业	77	721	634	1177	291	81
生态保护	771	106	67	81	26	8
环境治理业	772	615	567	1096	265	73
公共设施管理业	78	3576	2621	4728	1817	514
市政设施管理	781	364	406	692	164	75
环境卫生管理	782	410	280	562	204	60
城乡市容管理	783	86	92	292	21	10
绿化管理	784	1515	1178	2347	699	234
公园和游览景区管理	785	1201	665	835	729	135
居民服务、修理和其他服务业	**O**	**18389**	**14314**	**30219**	**8332**	**1877**
居民服务业	79	6584	5300	9722	2876	635
家庭服务	791	1816	1139	1545	969	148
托儿所服务	792	22	34	113	17	1
洗染服务	793	244	229	363	138	30
理发及美容服务	794	943	1068	2574	572	153
洗浴服务	795	168	288	880	50	7
保健服务	796	519	567	1983	476	90
婚姻服务	797	571	325	470	212	56
殡葬服务	798	243	180	191	97	29
其他居民服务业	799	2058	1470	1603	345	121
机动车、电子产品和日用产品修理业	80	6022	3928	12288	3473	752
汽车、摩托车修理与维护	801	4567	2686	8636	2716	518
计算机和办公设备维修	802	535	335	1460	302	131
家用电器修理	803	648	643	1614	377	70
其他日用产品修理业	809	272	264	578	78	33
其他服务业	81	5783	5086	8209	1983	490
清洁服务	811	2604	1852	4715	1299	415
其他未列明服务业	819	3179	3234	3494	684	75
教育	**P**	**4238**	**4331**	**9038**	**2254**	**836**
教育	82	4238	4331	9038	2254	836
学前教育	821	398	871	946	250	99
初等教育	822	61	49	141	16	10
中等教育	823	36	99	77	18	7
高等教育	824	14	21	37	5	7
特殊教育	825	15	16	26	7	4
技能培训、教育辅助及其他教育	829	3714	3275	7811	1958	709
卫生和社会工作	**Q**	**2718**	**2063**	**3041**	**818**	**342**
卫生	83	2221	1638	2770	657	259
医院	831	855	822	686	283	140
社区医疗与卫生院	832	143	197	203	16	27

单位：个

重庆	四川	贵州	云南	西藏	陕西	甘肃	青海	宁夏	新疆	代码
56	53	60	67	1	72	32	6	12	46	762
24	29	20	28		20	5	6	2	20	763
10	17	4	3	1	16	8	3	4	9	764
63	103	82	105	3	110	52	24	14	76	769
611	414	244	301	7	359	76	239	56	142	77
21	41	24	33	3	45	17	60	9	16	771
590	373	220	268	4	314	59	179	47	126	772
2118	2315	1956	2115	24	3054	658	551	421	806	78
169	258	222	210	3	278	89	59	30	144	781
335	422	214	314	3	270	45	74	30	72	782
31	38	54	40		69	15	17	8	34	783
937	938	668	1173	9	1703	254	308	301	413	784
646	659	798	378	9	734	255	93	52	143	785
15714	**10233**	**11923**	**14311**	**165**	**8839**	**3202**	**1996**	**1616**	**3852**	O
8086	3551	4384	4440	45	3096	1080	789	527	1004	79
1892	1032	1386	1153	7	857	274	355	162	279	791
89	19	15	10		13	4		3	11	792
637	168	227	201	1	131	38	27	12	28	793
2198	596	809	758	10	369	115	62	50	92	794
181	123	280	253	10	232	89	32	16	46	795
664	357	424	362	1	244	49	34	37	59	796
1331	380	225	307	1	339	105	102	83	106	797
251	174	222	223		141	66	35	36	52	798
843	702	796	1173	15	770	340	142	128	331	799
5143	4748	5352	5527	105	4237	1475	738	658	1767	80
3791	3928	4850	5002	95	3362	1222	615	529	1368	801
541	409	219	231	5	419	110	72	55	223	802
636	320	209	153	2	341	82	32	40	112	803
175	91	74	141	3	115	61	19	34	64	809
2485	1934	2187	4344	15	1506	647	469	431	1081	81
2012	1406	1043	1538	10	940	312	260	211	265	811
473	528	1144	2806	5	566	335	209	220	816	819
4260	**3643**	**2634**	**2334**	**44**	**1813**	**1094**	**368**	**290**	**1014**	P
4260	3643	2634	2334	44	1813	1094	368	290	1014	82
245	166	442	174	10	186	124	24	20	59	821
18	32	48	10		23	5	1	4	7	822
24	39	51	24		45	23	4	3	11	823
1	7	5	6		12	1	1		4	824
15	15	6	8		24	6	1		9	825
3957	3384	2082	2112	34	1523	935	337	263	924	829
1987	**2876**	**1596**	**1336**	**34**	**1068**	**387**	**258**	**224**	**553**	Q
1397	2346	1426	1172	33	886	349	211	192	498	83
712	1325	1062	814	22	468	205	127	154	362	831
53	54	93	30	2	75	32	25	4	30	832

2-1 续表 23

行业中类	代码	湖北	湖南	广东	广西	海南
门诊部(所)	833	932	395	1574	264	40
计划生育技术服务活动	834	36	3	3	5	
妇幼保健院(所、站)	835	11	15	18	5	4
专科疾病防治院(所、站)	836	35	15	38	18	6
疾病预防控制中心	837	12	12	15	3	5
其他卫生活动	839	197	179	233	63	37
社会工作	84	497	425	271	161	83
提供住宿社会工作	841	451	397	227	146	78
不提供住宿社会工作	842	46	28	44	15	5
文化、体育和娱乐业	**R**	**12767**	**16585**	**22138**	**7034**	**2063**
新闻和出版业	85	277	143	375	61	55
新闻业	851	21	16	47	4	1
出版业	852	256	127	328	57	54
广播、电视、电影和影视录音制作业	86	1274	1100	2483	634	309
广播	861	62	71	225	24	9
电视	862	54	68	85	16	14
电影和影视节目制作	863	661	371	1078	298	198
电影和影视节目发行	864	47	62	122	25	12
电影放映	865	397	495	853	249	66
录音制作	866	53	33	120	22	10
文化艺术业	87	3234	3216	6011	1248	398
文艺创作与表演	871	714	986	1988	338	111
艺术表演场馆	872	43	51	77	17	4
图书馆与档案馆	873	116	33	55	34	5
文物及非物质文化遗产保护	874	60	74	44	26	5
博物馆	875	16	14	24	5	4
烈士陵园、纪念馆	876	10	6	2	4	2
群众文化活动	877	353	823	857	148	35
其他文化艺术业	879	1922	1229	2964	676	232
体育	88	1202	1122	2841	642	305
体育组织	881	256	317	541	172	83
体育场馆	882	111	85	311	62	37
休闲健身活动	883	658	539	1669	342	159
其他体育	889	177	181	320	66	26
娱乐业	89	6780	11004	10428	4449	996
室内娱乐活动	891	5957	10220	9263	4196	815
游乐园	892	184	202	288	77	25
彩票活动	893	21	13	25		22
文化、娱乐、体育经纪代理	894	252	301	503	91	79
其他娱乐业	899	366	268	349	85	55
公共管理、社会保障和社会组织	**S**	**25**	**16**	**15**	**5**	**1**
社会保障	93	25	16	15	5	1
社会保障	930	25	16	15	5	1

单位：个

重庆	四川	贵州	云南	西藏	陕西	甘肃	青海	宁夏	新疆	代码
524	757	180	213	7	249	72	43	18	52	833
2	2	5	1	1			3	1		834
5	7	7	7		3	1	1	2	2	835
11	44	9	13		18	4	1	2	6	836
	4	2	2		9	1	2		1	837
90	153	68	92	1	64	34	9	11	45	839
590	530	170	164	1	182	38	47	32	55	84
558	495	155	154	1	161	34	39	31	48	841
32	35	15	10		21	4	8	1	7	842
12009	**13957**	**7647**	**10452**	**270**	**7169**	**4622**	**1614**	**1250**	**6365**	**R**
107	136	69	64	4	164	76	20	37	46	85
4	14	9	12		7	4		2	2	851
103	122	60	52	4	157	72	20	35	44	852
709	860	484	714	17	1004	390	218	187	1325	86
23	37	10	17	2	41	11	13	5	32	861
19	21	18	17		32	19	8	8	24	862
412	316	205	363	7	464	151	125	69	981	863
22	18	20	22	1	83	22	7	6	166	864
186	436	214	248	7	348	165	42	41	105	865
47	32	17	47		36	22	23	58	17	866
4435	2274	1086	2704	33	1690	1498	446	224	958	87
1901	783	380	641	23	606	594	152	71	163	871
38	23	19	21		46	30	4	5	17	872
44	56	29	13	1	19	8	6	1	2	873
30	66	42	66		123	55	49	10	11	874
8	16	8	12	1	21	14	7	2	5	875
	1	3	1		4	2				876
604	405	197	479	2	213	83	51	15	73	877
1810	924	408	1471	6	658	712	177	120	687	879
940	917	439	655	1	445	125	127	66	181	88
172	181	71	153		86	17	48	12	42	881
69	60	29	36		30	6	5	2	12	882
590	561	256	351	1	295	81	66	45	97	883
109	115	83	115		34	21	8	7	30	889
5818	9770	5569	6315	215	3866	2533	803	736	3855	89
5257	9267	5203	5861	199	3516	2288	757	658	2050	891
144	152	116	94	2	99	53	10	25	36	892
6	4	4	6	1	2		2		3	893
211	154	46	169	4	91	38	10	16	143	894
200	193	200	185	9	158	154	24	37	1623	899
4	**6**	**10**	**11**		**9**	**2**	**2**	**3**	**5**	**S**
4	6	10	11		9	2	2	3	5	93
4	6	10	11		9	2	2	3	5	930

2-2 按行业(中类)、东中西部以及东北地区分组的企业法人单位数

(2017年) 单位：个

行业中类	代码	企业单位数	东部地区	中部地区	西部地区	东北地区
总计	--	**18097682**	**10500721**	**3547127**	**3141893**	**907941**
农、林、牧、渔业	A	**818192**	**215922**	**213723**	**355253**	**33294**
农业	01	379577	105981	102298	158875	12423
谷物种植	011	67071	19743	32429	10260	4639
豆类、油料和薯类种植	012	8870	2143	2761	3406	560
棉、麻、糖、烟草种植	013	4447	730	862	2804	51
蔬菜、食用菌及园艺作物种植	014	134608	46144	32766	52047	3651
水果种植	015	76680	16837	11582	46801	1460
坚果、含油果、香料和饮料作物种植	016	25905	6450	5419	13918	118
中药材种植	017	35648	4934	7710	21821	1183
其他农业	019	26348	9000	8769	7818	761
林业	02	71954	22427	21169	25127	3231
林木育种和育苗	021	56570	18493	16936	18689	2452
造林和更新	022	8468	2000	2288	3948	232
森林经营和管护	023	4369	1152	1285	1532	400
木材和竹材采运	024	1205	393	320	367	125
林产品采集	025	1342	389	340	591	22
畜牧业	03	230723	43920	53359	122715	10729
牲畜饲养	031	155860	28459	35291	85017	7093
家禽饲养	032	56534	12180	14812	26954	2588
狩猎和捕捉动物	033	524	67	201	229	27
其他畜牧业	039	17805	3214	3055	10515	1021
渔业	04	67147	21895	13696	28829	2727
水产养殖	041	65270	20799	13356	28516	2599
水产捕捞	042	1877	1096	340	313	128
农、林、牧、渔服务业	05	68791	21699	23201	19707	4184
农业服务业	051	55849	17031	19240	16417	3161
林业服务业	052	5313	1803	1692	1604	214
畜牧服务业	053	4671	1269	1562	1246	594
渔业服务业	054	2958	1596	707	440	215
采矿业	B	**108770**	**20525**	**31461**	**46456**	**10328**
煤炭开采和洗选业	06	21088	1565	7612	9990	1921
烟煤和无烟煤开采洗选	061	18985	1373	6960	8913	1739
褐煤开采洗选	062	615	35	87	418	75
其他煤炭采选	069	1488	157	565	659	107
石油和天然气开采业	07	817	127	123	431	136
石油开采	071	518	98	45	260	115
天然气开采	072	299	29	78	171	21
黑色金属矿采选业	08	16096	5399	3784	4847	2066
铁矿采选	081	14274	5250	3245	3817	1962
锰矿、铬矿采选	082	1036	42	350	571	73
其他黑色金属矿采选	089	786	107	189	459	31
有色金属矿采选业	09	11720	1588	3463	5566	1103

2-2 续表 1

单位：个

行业中类	代码	企业单位数	东部地区	中部地区	西部地区	东北地区
常用有色金属矿采选	091	8093	865	2134	4378	716
贵金属矿采选	092	2310	524	664	826	296
稀有稀土金属矿采选	093	1317	199	665	362	91
非金属矿采选业	10	51690	10836	14896	21425	4533
土砂石开采	101	44259	9237	12724	18536	3762
化学矿开采	102	1674	79	582	896	117
采盐	103	442	308	20	90	24
石棉及其他非金属矿采选	109	5315	1212	1570	1903	630
开采辅助活动	11	4307	439	600	2858	410
煤炭开采和洗选辅助活动	111	660	77	211	326	46
石油和天然气开采辅助活动	112	2845	207	131	2216	291
其他开采辅助活动	119	802	155	258	316	73
其他采矿业	12	3052	571	983	1339	159
其他采矿业	120	3052	571	983	1339	159
制造业	**C**	**3471728**	**2401528**	**538848**	**367315**	**164037**
农副食品加工业	13	145885	58147	37441	32667	17630
谷物磨制	131	28121	6466	11142	4453	6060
饲料加工	132	16696	7366	3696	3225	2409
植物油加工	133	12842	3874	4270	3790	908
制糖业	134	1120	436	99	531	54
屠宰及肉类加工	135	24873	10342	5346	6950	2235
水产品加工	136	13110	10137	913	474	1586
蔬菜、水果和坚果加工	137	20885	10248	3492	5098	2047
其他农副食品加工	139	28238	9278	8483	8146	2331
食品制造业	14	80766	38589	19232	17395	5550
焙烤食品制造	141	20769	9893	5154	4247	1475
糖果、巧克力及蜜饯制造	142	6453	4353	1000	969	131
方便食品制造	143	13994	5228	4034	3802	930
乳制品制造	144	2100	694	355	810	241
罐头食品制造	145	3945	2222	850	585	288
调味品、发酵制品制造	146	9831	4053	2092	2946	740
其他食品制造	149	23674	12146	5747	4036	1745
酒、饮料和精制茶制造业	15	58702	19727	14305	20392	4278
酒的制造	151	20702	5939	3842	8500	2421
饮料制造	152	20965	7484	6052	5606	1823
精制茶加工	153	17035	6304	4411	6286	34
烟草制品业	16	360	111	127	82	40
烟叶复烤	161	138	23	58	36	21
卷烟制造	162	105	42	29	23	11
其他烟草制品制造	169	117	46	40	23	8
纺织业	17	164902	135796	18114	8353	2639
棉纺织及印染精加工	171	59466	46570	9522	2743	631
毛纺织及染整精加工	172	10736	8974	515	1091	156
麻纺织及染整精加工	173	1675	692	569	216	198

2-2 续表 2

单位：个

行业中类	代码	企业单位数	东部地区	中部地区	西部地区	东北地区
丝绢纺织及印染精加工	174	3771	2591	334	615	231
化纤织造及印染精加工	175	13790	12994	567	142	87
针织或钩针编织物及其制品制造	176	26029	23218	1696	695	420
家用纺织制成品制造	177	28789	23437	2618	2296	438
非家用纺织制成品制造	178	20646	17320	2293	555	478
纺织服装、服饰业	18	203549	157037	30820	8953	6739
机织服装制造	181	118387	89460	18120	5507	5300
针织或钩针编织服装制造	182	26480	22679	2744	685	372
服饰制造	183	58682	44898	9956	2761	1067
皮革、毛皮、羽毛及其制品和制鞋业	19	89775	73920	9898	4528	1429
皮革鞣制加工	191	4083	2795	842	311	135
皮革制品制造	192	30135	25527	3192	1045	371
毛皮鞣制及制品加工	193	8280	6655	886	385	354
羽毛(绒)加工及制品制造	194	2811	1424	966	343	78
制鞋业	195	44466	37519	4012	2444	491
木材加工和木、竹、藤、棕、草制品业	20	115292	69835	21204	16523	7730
木材加工	201	45265	23296	9594	8523	3852
人造板制造	202	21801	14721	3675	2464	941
木制品制造	203	35917	24643	4757	3863	2654
竹、藤、棕、草等制品制造	204	12309	7175	3178	1673	283
家具制造业	21	89394	60079	15543	10826	2946
木质家具制造	211	63217	40563	11937	8336	2381
竹、藤家具制造	212	1265	821	312	121	11
金属家具制造	213	8475	6484	1141	686	164
塑料家具制造	214	1119	766	181	110	62
其他家具制造	219	15318	11445	1972	1573	328
造纸和纸制品业	22	79185	60803	9352	6497	2533
纸浆制造	221	778	521	131	98	28
造纸	222	17079	11736	2847	1898	598
纸制品制造	223	61328	48546	6374	4501	1907
印刷和记录媒介复制业	23	86325	58111	13837	10294	4083
印刷	231	78738	54019	12408	8721	3590
装订及印刷相关服务	232	7226	3874	1364	1513	475
记录媒介复制	233	361	218	65	60	18
文教、工美、体育和娱乐用品制造业	24	118648	92516	13315	10508	2309
文教办公用品制造	241	11576	9149	1532	582	313
乐器制造	242	2964	2417	287	158	102
工艺美术品制造	243	73614	54335	8576	9047	1656
体育用品制造	244	12189	10824	956	251	158
玩具制造	245	15264	13348	1516	357	43
游艺器材及娱乐用品制造	246	3041	2443	448	113	37
石油加工和炼焦业	25	9507	4629	1589	1821	1468
精炼石油产品制造	251	7869	4329	1107	1067	1366
炼焦	252	1638	300	482	754	102

2-2　续表 3

单位：个

行业中类	代码	企业单位数	东部地区	中部地区	西部地区	东北地区
化学原料和化学制品制造业	26	135711	80347	29011	17586	8767
基础化学原料制造	261	20631	11009	4600	3583	1439
肥料制造	262	17647	7234	4255	4167	1991
农药制造	263	2924	1449	838	439	198
涂料、油墨、颜料及类似产品制造	264	24054	16608	3733	2306	1407
合成材料制造	265	14021	10177	2142	1059	643
专用化学产品制造	266	34082	21915	6494	3386	2287
炸药、火工及焰火产品制造	267	5914	273	4691	875	75
日用化学产品制造	268	16438	11682	2258	1771	727
医药制造业	27	28246	12453	8219	5217	2357
化学药品原料药制造	271	3505	1850	945	512	198
化学药品制剂制造	272	2888	1471	672	465	280
中药饮片加工	273	5112	1345	1779	1331	657
中成药生产	274	4352	1173	1415	1253	511
兽用药品制造	275	1893	926	540	299	128
生物药品制造	276	5355	2826	1245	915	369
卫生材料及医药用品制造	277	5141	2862	1623	442	214
化学纤维制造业	28	7603	6551	596	250	206
纤维素纤维原料及纤维制造	281	1448	1127	177	94	50
合成纤维制造	282	6155	5424	419	156	156
橡胶和塑料制品业	29	201994	159066	21144	14009	7775
橡胶制品业	291	35706	28810	3377	2046	1473
塑料制品业	292	166288	130256	17767	11963	6302
非金属矿物制品业	30	292793	134397	76735	63965	17696
水泥、石灰和石膏制造	301	17602	6246	5197	4909	1250
石膏、水泥制品及类似制品制造	302	65831	24645	18213	19191	3782
砖瓦、石材等建筑材料制造	303	121879	52418	30835	31106	7520
玻璃制造	304	5719	3397	1182	900	240
玻璃制品制造	305	19277	13772	2967	1898	640
玻璃纤维和玻璃纤维增强塑料制品制造	306	7445	5451	1128	525	341
陶瓷制品制造	307	20154	12731	5761	1387	275
耐火材料制品制造	308	14303	5556	5425	1018	2304
石墨及其他非金属矿物制品制造	309	20583	10181	6027	3031	1344
黑色金属冶炼和压延加工业	31	42979	25344	8465	5746	3424
炼铁	311	1681	503	582	425	171
炼钢	312	1039	485	277	177	100
黑色金属铸造	313	17434	9754	4354	1435	1891
钢压延加工	314	19391	14001	2258	2093	1039
铁合金冶炼	315	3434	601	994	1616	223
有色金属冶炼和压延加工业	32	33398	18829	7591	5502	1476
常用有色金属冶炼	321	5767	1942	1880	1581	364
贵金属冶炼	322	845	225	304	251	65
稀有稀土金属冶炼	323	1238	273	567	314	84
有色金属合金制造	324	4825	2797	1089	732	207

2-2 续表 4 单位：个

行业中类	代码	企业单位数	东部地区	中部地区	西部地区	东北地区
有色金属铸造	325	2406	1625	370	290	121
有色金属压延加工	326	18317	11967	3381	2334	635
金属制品业	33	313438	245335	31607	25320	11176
结构性金属制品制造	331	105540	69873	15482	14539	5646
金属工具制造	332	30501	24750	2717	2226	808
集装箱及金属包装容器制造	333	7845	5761	977	650	457
金属丝绳及其制品制造	334	18281	16424	857	738	262
建筑、安全用金属制品制造	335	44145	36993	3447	2548	1157
金属表面处理及热处理加工	336	14483	11778	1031	888	786
搪瓷制品制造	337	2603	2161	240	146	56
金属制日用品制造	338	25817	22585	1605	1195	432
其他金属制品制造	339	64223	55010	5251	2390	1572
通用设备制造业	34	339566	263027	36484	20889	19166
锅炉及原动设备制造	341	13937	9098	1963	1351	1525
金属加工机械制造	342	55054	40652	7183	4241	2978
物料搬运设备制造	343	14199	10059	2653	746	741
泵、阀门、压缩机及类似机械制造	344	42297	34650	3781	1358	2508
轴承、齿轮和传动部件制造	345	22633	18661	1879	732	1361
烘炉、风机、衡器、包装等设备制造	346	32039	25801	3032	1780	1426
文化、办公用机械制造	347	3322	2692	335	185	110
通用零部件制造	348	119950	91742	11675	9248	7285
其他通用设备制造业	349	36135	29672	3983	1248	1232
专用设备制造业	35	226534	169167	30126	15848	11393
采矿、冶金、建筑专用设备制造	351	34207	19669	7523	3628	3387
化工、木材、非金属加工专用设备制造	352	66112	55946	5057	3046	2063
食品、饮料、烟草及饲料生产专用设备制造	353	6723	4507	1255	574	387
印刷、制药、日化及日用品生产专用设备制造	354	11181	8557	1463	668	493
纺织、服装和皮革加工专用设备制造	355	12847	11698	773	214	162
电子和电工机械专用设备制造	356	16883	12354	2599	1222	708
农、林、牧、渔专用机械制造	357	14503	8224	2717	2232	1330
医疗仪器设备及器械制造	358	14368	10098	2402	1139	729
环保、社会公共服务及其他专用设备制造	359	49710	38114	6337	3125	2134
汽车制造业	36	85000	55145	17077	8786	3992
汽车整车制造	361	1504	770	382	246	106
改装汽车制造	362	1407	587	450	229	141
低速载货汽车制造	363	121	36	48	23	14
电车制造	364	1130	758	255	91	26
汽车车身、挂车制造	365	1514	949	306	150	109
汽车零部件及配件制造	366	79324	52045	15636	8047	3596
铁路、船舶、航空航天和其他运输设备制造业	37	36958	25668	4160	5437	1693
铁路运输设备制造	371	4019	2041	922	457	599
城市轨道交通设备制造	372	401	226	94	58	23
船舶及相关装置制造	373	10629	8075	1312	439	803
航空、航天器及设备制造	374	1686	711	322	512	141

2-2　续表 5　　单位：个

行业中类	代码	企业单位数	东部地区	中部地区	西部地区	东北地区
摩托车制造	375	8347	4110	614	3593	30
自行车制造	376	9446	8466	674	259	47
非公路休闲车及零配件制造	377	1060	956	73	23	8
潜水救捞及其他未列明运输设备制造	379	1370	1083	149	96	42
电气机械和器材制造业	38	208762	167850	22986	11081	6845
电机制造	381	19348	15721	1938	974	715
输配电及控制设备制造	382	70247	55124	7877	4129	3117
电线、电缆、光缆及电工器材制造	383	28811	21427	4273	1910	1201
电池制造	384	7041	4805	1512	551	173
家用电力器具制造	385	26523	23648	1705	782	388
非电力家用器具制造	386	7111	4977	1094	796	244
照明器具制造	387	36545	32282	2625	1106	532
其他电气机械及器材制造	389	13136	9866	1962	833	475
计算机、通信和其他电子设备制造业	39	122942	102155	12509	6463	1815
计算机制造	391	12460	10095	1240	930	195
通信设备制造	392	10191	7553	1291	1084	263
广播电视设备制造	393	3473	2964	299	156	54
雷达及配套设备制造	394	269	167	49	40	13
视听设备制造	395	6027	5425	390	166	46
电子器件制造	396	18566	14917	2396	881	372
电子元件制造	397	49073	42036	4525	2051	461
其他电子设备制造	399	22883	18998	2319	1155	411
仪器仪表制造业	40	45795	34779	5771	2901	2344
通用仪器仪表制造	401	24770	18488	3242	1481	1559
专用仪器仪表制造	402	7089	5066	1088	538	397
钟表与计时仪器制造	403	2861	2668	88	62	43
光学仪器及眼镜制造	404	7390	5955	846	470	119
其他仪器仪表制造业	409	3685	2602	507	350	226
其他制造业	41	69187	50024	13380	4059	1724
日用杂品制造	411	17534	13805	2961	590	178
煤制品制造	412	3383	1017	1166	775	425
其他未列明制造业	419	48270	35202	9253	2694	1121
废弃资源综合利用业	42	15904	7920	4667	2460	857
金属废料和碎屑加工处理	421	7558	3945	2126	1120	367
非金属废料和碎屑加工处理	422	8346	3975	2541	1340	490
金属制品、机械和设备修理业	43	22628	14171	3543	2957	1957
金属制品修理	431	1286	824	204	161	97
通用设备修理	432	3264	1908	580	474	302
专用设备修理	433	2946	1495	618	531	302
铁路、船舶、航空航天等运输设备修理	434	6068	4622	455	348	643
电气设备修理	435	1970	1052	402	359	157
仪器仪表修理	436	439	265	67	67	40
其他机械和设备修理业	439	6655	4005	1217	1017	416

2-2 续表 6 单位：个

行业中类	代码	企业单位数	东部地区	中部地区	西部地区	东北地区
电力、热力、燃气及水生产和供应业	D	**117003**	**46480**	**32379**	**30732**	**7412**
电力、热力生产和供应业	44	82648	33340	22605	21296	5407
电力生产	441	66808	27674	19314	17483	2337
电力供应	442	7614	2764	2295	2028	527
热力生产和供应	443	8226	2902	996	1785	2543
燃气生产和供应业	45	10329	3721	2716	3113	779
燃气生产和供应业	450	10329	3721	2716	3113	779
水的生产和供应业	46	24026	9419	7058	6323	1226
自来水生产和供应	461	16482	5298	5507	4913	764
污水处理及其再生利用	462	6324	3450	1280	1191	403
其他水的处理、利用与分配	469	1220	671	271	219	59
建筑业	E	**1045185**	**562864**	**245547**	**179517**	**57257**
房屋建筑业	47	189109	89535	48121	40777	10676
房屋建筑业	470	189109	89535	48121	40777	10676
土木工程建筑业	48	193598	103009	46488	33123	10978
铁路、道路、隧道和桥梁工程建筑	481	78085	38969	20342	14524	4250
水利和内河港口工程建筑	482	13086	6436	3178	2342	1130
海洋工程建筑	483	534	511	8	3	12
工矿工程建筑	484	5995	2607	1730	1263	395
架线和管道工程建筑	485	17607	9366	3745	3005	1491
其他土木工程建筑	489	78291	45120	17485	11986	3700
建筑安装业	49	162694	96973	33108	21594	11019
电气安装	491	37267	20511	7853	5320	3583
管道和设备安装	492	34688	21819	5930	4319	2620
其他建筑安装业	499	90739	54643	19325	11955	4816
建筑装饰和其他建筑业	50	499784	273347	117830	84023	24584
建筑装饰业	501	377481	206034	86323	65954	19170
工程准备活动	502	33538	19081	7458	5063	1936
提供施工设备服务	503	9005	3985	2723	1780	517
其他未列明建筑业	509	79760	44247	21326	11226	2961
批发和零售业	F	**6173230**	**3624855**	**1194855**	**1040370**	**313150**
批发业	51	3606355	2344302	573441	492518	196094
农、林、牧产品批发	511	143958	59885	34237	32382	17454
食品、饮料及烟草制品批发	512	332248	198440	57093	56518	20197
纺织、服装及家庭用品批发	513	507772	404587	51772	34315	17098
文化、体育用品及器材批发	514	122676	90734	15334	11787	4821
医药及医疗器材批发	515	102727	56703	22328	16091	7605
矿产品、建材及化工产品批发	516	1024392	605077	186707	174789	57819
机械设备、五金产品及电子产品批发	517	870954	591600	128689	106198	44467
贸易经纪与代理	518	155811	102003	22881	21144	9783
其他批发业	519	345817	235273	54400	39294	16850
零售业	52	2566875	1280553	621414	547852	117056
综合零售	521	410225	159647	134589	102894	13095
食品、饮料及烟草制品专门零售	522	232702	109848	53031	58781	11042
纺织、服装及日用品专门零售	523	267707	159796	54147	43578	10186

2-2　续表 7　　单位：个

行业中类	代码	企业单位数	东部地区	中部地区	西部地区	东北地区
文化、体育用品及器材专门零售	524	135933	75330	29135	26147	5321
医药及医疗器材专门零售	525	207463	100228	47466	42036	17733
汽车、摩托车、燃料及零配件专门零售	526	310528	135486	82150	74014	18878
家用电器及电子产品专门零售	527	301363	149354	71329	67666	13014
五金、家具及室内装饰材料专门零售	528	343424	171793	77583	79259	14789
货摊、无店铺及其他零售业	529	357530	219071	71984	53477	12998
交通运输、仓储和邮政业	**G**	**530856**	**295136**	**111531**	**89432**	**34757**
铁路运输业	53	3493	1379	856	822	436
铁路旅客运输	531	402	159	113	85	45
铁路货物运输	532	1577	602	369	409	197
铁路运输辅助活动	533	1514	618	374	328	194
道路运输业	54	309998	158360	75980	55927	19731
城市公共交通运输	541	13384	4923	3398	3397	1666
公路旅客运输	542	11859	3874	3693	3282	1010
道路货物运输	543	265788	141283	63435	45280	15790
道路运输辅助活动	544	18967	8280	5454	3968	1265
水上运输业	55	14756	9271	3255	1619	611
水上旅客运输	551	1603	675	433	376	119
水上货物运输	552	8738	5355	2157	939	287
水上运输辅助活动	553	4415	3241	665	304	205
航空运输业	56	2397	1169	356	671	201
航空客货运输	561	887	461	115	243	68
通用航空服务	562	732	331	114	226	61
航空运输辅助活动	563	778	377	127	202	72
管道运输业	57	421	180	92	119	30
管道运输业	570	421	180	92	119	30
装卸搬运和运输代理业	58	133971	93239	16774	16941	7017
装卸搬运	581	28295	14745	7340	4810	1400
运输代理业	582	105676	78494	9434	12131	5617
仓储业	59	40662	21489	7718	6520	4935
谷物、棉花等农产品仓储	591	12277	3513	3405	2411	2948
其他仓储业	599	28385	17976	4313	4109	1987
邮政业	60	25158	10049	6500	6813	1796
邮政基本服务	601	2053	526	563	842	122
快递服务	602	23105	9523	5937	5971	1674
住宿和餐饮业	**H**	**374997**	**177106**	**75906**	**106735**	**15250**
住宿业	61	110895	50055	22562	32457	5821
旅游饭店	611	35021	14623	7154	11363	1881
一般旅馆	612	65090	30915	12936	17858	3381
其他住宿业	619	10784	4517	2472	3236	559
餐饮业	62	264102	127051	53344	74278	9429
正餐服务	621	207084	93996	43172	62825	7091
快餐服务	622	16710	10200	3179	2492	839
饮料及冷饮服务	623	9544	5707	1332	2204	301
其他餐饮业	629	30764	17148	5661	6757	1198

2-2 续表 8 单位：个

行业中类	代码	企业单位数	东部地区	中部地区	西部地区	东北地区
信息传输、软件和信息技术服务业	I	**711173**	**415617**	**153444**	**105652**	**36460**
电信、广播电视和卫星传输服务	63	18679	7538	4552	4590	1999
电信	631	14927	6215	3343	3803	1566
广播电视传输服务	632	3302	1128	1065	712	397
卫星传输服务	633	450	195	144	75	36
互联网和相关服务	64	90375	48737	21527	16316	3795
互联网接入及相关服务	641	8910	4322	2163	1906	519
互联网信息服务	642	63265	35088	14698	11009	2470
其他互联网服务	649	18200	9327	4666	3401	806
软件和信息技术服务业	65	602119	359342	127365	84746	30666
软件开发	651	388569	232132	81828	53040	21569
信息系统集成服务	652	43686	25143	10157	6746	1640
信息技术咨询服务	653	103203	59424	22998	15922	4859
数据处理和存储服务	654	8921	5568	1470	1446	437
集成电路设计	655	3903	2919	542	349	93
其他信息技术服务业	659	53837	34156	10370	7243	2068
金融业	J	**129762**	**66912**	**24621**	**29958**	**8271**
货币金融服务	66	40802	16709	8877	11473	3743
中央银行服务	661	221	51	89	70	11
货币银行服务	662	15269	5837	3768	4518	1146
非货币银行服务	663	25240	10802	4996	6861	2581
银行监管服务	664	72	19	24	24	5
资本市场服务	67	46710	27642	7142	9991	1935
证券市场服务	671	5429	3713	777	748	191
期货市场服务	672	505	312	83	72	38
证券期货监管服务	673	38	14	11	7	6
资本投资服务	674	34570	20431	4887	7944	1308
其他资本市场服务	679	6168	3172	1384	1220	392
保险业	68	22729	10758	5006	5275	1690
人身保险	681	6675	2642	1735	1742	556
财产保险	682	7218	2680	1824	2181	533
再保险	683	49	29	7	8	5
养老金	684	157	77	33	32	15
保险经纪与代理服务	685	6566	4157	988	994	427
保险监管服务	686	42	12	13	13	4
其他保险活动	689	2022	1161	406	305	150
其他金融业	69	19521	11803	3596	3219	903
金融信托与管理服务	691	4888	2755	1077	799	257
控股公司服务	692	1421	901	186	279	55
非金融机构支付服务	693	683	382	114	142	45
金融信息服务	694	5021	3102	958	760	201
其他未列明金融业	699	7508	4663	1261	1239	345

2-2 续表 9

单位：个

行业中类	代码	企业单位数	东部地区	中部地区	西部地区	东北地区
房地产业	K	**636729**	**338721**	**137994**	**121827**	**38187**
房地产业	70	636729	338721	137994	121827	38187
房地产开发经营	701	241542	111629	60647	53916	15350
物业管理	702	200477	103702	46016	36886	13873
房地产中介服务	703	149507	92708	24828	24691	7280
自有房地产经营活动	704	27299	19334	3362	3682	921
其他房地产业	709	17904	11348	3141	2652	763
租赁和商务服务业	L	**2114420**	**1239182**	**427267**	**348634**	**99337**
租赁业	71	165756	79848	39484	36565	9859
机械设备租赁	711	161213	77312	38563	35818	9520
文化及日用品出租	712	4543	2536	921	747	339
商务服务业	72	1948664	1159334	387783	312069	89478
企业管理服务	721	431094	293847	62663	60378	14206
法律服务	722	15922	8369	3551	3085	917
咨询与调查	723	577804	363088	111783	75552	27381
广告业	724	359466	190111	81470	71119	16766
知识产权服务	725	14209	10303	1826	1604	476
人力资源服务	726	119842	53153	31128	28739	6822
旅行社及相关服务	727	73400	33447	15304	19573	5076
安全保护服务	728	16392	7408	4060	3968	956
其他商务服务业	729	340535	199608	75998	48051	16878
科学研究和技术服务业	M	**869307**	**592481**	**136543**	**100314**	**39969**
研究和试验发展	73	151507	114620	18615	8570	9702
自然科学研究和试验发展	731	14700	11070	1923	685	1022
工程和技术研究和试验发展	732	102794	81869	10852	3893	6180
农业科学研究和试验发展	733	14119	7593	2762	2328	1436
医学研究和试验发展	734	17715	12438	2796	1531	950
社会人文科学研究	735	2179	1650	282	133	114
专业技术服务业	74	357878	217685	68000	55356	16837
气象服务	741	2147	1217	401	443	86
地震服务	742	515	210	126	147	32
海洋服务	743	661	479	105	25	52
测绘服务	744	11183	4420	2732	3067	964
质检技术服务	745	25067	13145	4869	5105	1948
环境与生态监测	746	7994	4164	1794	1549	487
地质勘查	747	7023	2371	1519	2624	509
工程技术	748	138118	81460	27737	22926	5995
其他专业技术服务业	749	165170	110219	28717	19470	6764
科技推广和应用服务业	75	359922	260176	49928	36388	13430
技术推广服务	751	279921	201548	40275	27974	10124
科技中介服务	752	14075	7939	2660	2331	1145
其他科技推广和应用服务业	759	65926	50689	6993	6083	2161
水利、环境和公共设施管理业	N	**103659**	**50095**	**25940**	**22521**	**5103**
水利管理业	76	7160	2760	2174	1717	509
防洪除涝设施管理	761	838	374	305	118	41

2-2 续表 10 单位：个

行业中类	代码	企业单位数	东部地区	中部地区	西部地区	东北地区
水资源管理	762	1681	629	439	503	110
天然水收集与分配	763	730	290	183	192	65
水文服务	764	376	132	115	99	30
其他水利管理业	769	3535	1335	1132	805	263
生态保护和环境治理业	77	14371	6980	3625	3126	640
生态保护	771	1573	633	460	404	76
环境治理业	772	12798	6347	3165	2722	564
公共设施管理业	78	82128	40355	20141	17678	3954
市政设施管理	781	9223	4576	2273	1861	513
环境卫生管理	782	9663	4718	2343	2116	486
城乡市容管理	783	1939	983	491	367	98
绿化管理	784	39703	19930	9237	8575	1961
公园和游览景区管理	785	21600	10148	5797	4759	896
居民服务、修理和其他服务业	O	**397368**	**203854**	**86601**	**87216**	**19697**
居民服务业	79	149741	75751	33144	32536	8310
家庭服务	791	38466	18537	8862	9267	1800
托儿所服务	792	858	456	133	233	36
洗染服务	793	6164	3089	1133	1666	276
理发及美容服务	794	28321	17324	4214	5794	989
洗浴服务	795	9772	5090	2031	1456	1195
保健服务	796	14574	8624	2688	2812	450
婚姻服务	797	12219	5394	2674	3427	724
殡葬服务	798	5099	1914	1259	1409	517
其他居民服务业	799	34268	15323	10150	6472	2323
机动车、电子产品和日用产品修理业	80	140934	71416	27223	35098	7197
汽车、摩托车修理与维护	801	107501	52268	20629	28951	5653
计算机和办公设备维修	802	13337	7469	2399	2779	690
家用电器修理	803	14263	8357	3009	2397	500
其他日用产品修理业	809	5833	3322	1186	971	354
其他服务业	81	106693	56687	26234	19582	4190
清洁服务	811	56124	30876	13106	10026	2116
其他未列明服务业	819	50569	25811	13128	9556	2074
教育	P	**99025**	**48414**	**24088**	**21755**	**4768**
教育	82	99025	48414	24088	21755	4768
学前教育	821	9482	3307	3490	1851	834
初等教育	822	1112	390	508	181	33
中等教育	823	1246	381	490	278	97
高等教育	824	315	167	73	49	26
特殊教育	825	413	136	133	104	40
技能培训、教育辅助及其他教育	829	86457	44033	19394	19292	3738
卫生和社会工作	Q	**49665**	**21418**	**11930**	**11840**	**4477**
卫生	83	39868	17259	9160	9723	3726
医院	831	16857	5721	3984	5808	1344
社区医疗与卫生院	832	2423	734	928	491	270

2-2 续表 11

单位：个

行业中类	代码	企业单位数	东部地区	中部地区	西部地区	东北地区
门诊部(所)	833	16240	8971	3069	2492	1708
计划生育技术服务活动	834	127	15	88	20	4
妇幼保健院(所、站)	835	209	91	59	42	17
专科疾病防治院(所、站)	836	617	274	128	136	79
疾病预防控制中心	837	218	89	71	29	29
其他卫生活动	839	3177	1364	833	705	275
社会工作	84	9797	4159	2770	2117	751
提供住宿社会工作	841	8891	3686	2546	1957	702
不提供住宿社会工作	842	906	473	224	160	49
文化、体育和娱乐业	**R**	**346299**	**179505**	**74350**	**76302**	**16142**
新闻和出版业	85	5379	3004	1141	850	384
新闻业	851	375	189	107	63	16
出版业	852	5004	2815	1034	787	368
广播、电视、电影和影视录音制作业	86	38456	23447	6579	7034	1396
广播	861	2027	1284	428	240	75
电视	862	1877	1278	339	195	65
电影和影视节目制作	863	22099	15005	2870	3634	590
电影和影视节目发行	864	1851	1104	251	409	87
电影放映	865	9290	4145	2462	2191	492
录音制作	866	1312	631	229	365	87
文化艺术业	87	110450	68436	20724	17631	3659
文艺创作与表演	871	27945	13460	7407	5986	1092
艺术表演场馆	872	1094	461	323	243	67
图书馆与档案馆	873	954	429	267	217	41
文物及非物质文化遗产保护	874	1632	491	576	501	64
博物馆	875	549	294	102	109	44
烈士陵园、纪念馆	876	103	38	46	16	3
群众文化活动	877	13636	7906	2950	2386	394
其他文化艺术业	879	64537	45357	9053	8173	1954
体育	88	30372	18674	5524	4877	1297
体育组织	881	6282	3767	1193	1053	269
体育场馆	882	2010	1183	400	334	93
休闲健身活动	883	18028	11340	3123	2830	735
其他体育	889	4052	2384	808	660	200
娱乐业	89	161642	65944	40382	45910	9406
室内娱乐活动	891	141950	56109	36376	40987	8478
游乐园	892	3655	1573	1015	847	220
彩票活动	893	230	115	68	29	18
文化、娱乐、体育经纪代理	894	7877	5132	1311	1023	411
其他娱乐业	899	7930	3015	1612	3024	279
公共管理、社会保障和社会组织	**S**	**314**	**106**	**99**	**64**	**45**
社会保障	93	314	106	99	64	45
社会保障	930	314	106	99	64	45

2-3 按行业(大类)、直辖市和省会城市

(2017年)

行业大类	代码	企业单位数	北京	天津	石家庄	太原	呼和浩特
总计	--	**7144991**	**676829**	**414784**	**218726**	**147935**	**26272**
农、林、牧、渔业	A	**195579**	**5672**	**3135**	**5098**	**2209**	**1325**
农业	01	94421	3143	1077	2411	950	635
林业	02	15929	818	360	757	440	141
畜牧业	03	47258	1289	948	1225	640	451
渔业	04	24619	224	501	47	23	13
农、林、牧、渔服务业	05	13352	198	249	658	156	85
采矿业	B	**9907**	**127**	**134**	**528**	**551**	**158**
煤炭开采和洗选业	06	1950	16	10	102	363	22
石油和天然气开采业	07	165	8	18	4	10	
黑色金属矿采选业	08	839	21	15	173	80	25
有色金属矿采选业	09	605	2	3	5	7	15
非金属矿采选业	10	5561	65	40	219	70	89
开采辅助活动	11	466	12	42	10	19	4
其他采矿业	12	321	3	6	15	2	3
制造业	C	**934605**	**34370**	**58385**	**29253**	**5905**	**1615**
农副食品加工业	13	29725	945	1568	1347	187	180
食品制造业	14	21099	1001	1195	677	259	159
酒、饮料和精制茶制造业	15	9478	391	313	271	82	56
烟草制品业	16	126	1	2	4	1	1
纺织业	17	26931	452	1185	2505	42	56
纺织服装、服饰业	18	53229	2662	1896	1133	61	74
皮革、毛皮、羽毛及其制品和制鞋业	19	19244	240	415	2693	14	17
木材加工和木、竹、藤、棕、草制品业	20	19227	844	1098	1642	83	14
家具制造业	21	25000	1421	1274	929	127	18
造纸和纸制品业	22	26190	923	1730	549	66	35
印刷和记录媒介复制业	23	28776	1589	1342	650	309	83
文教、工美、体育和娱乐用品制造业	24	30265	743	2277	822	76	17
石油加工和炼焦业	25	2294	199	284	127	40	4
化学原料和化学制品制造业	26	38205	1967	2690	2935	266	90
医药制造业	27	8567	601	447	442	67	50
化学纤维制造业	28	1348	30	48	103	10	1
橡胶和塑料制品业	29	60354	1625	3218	1286	183	46
非金属矿物制品业	30	57080	2611	2788	2207	568	262
黑色金属冶炼和压延加工业	31	9807	323	1819	276	134	10
有色金属冶炼和压延加工业	32	7770	236	661	193	100	40
金属制品业	33	91808	3916	8558	1882	578	135

以及计划单列市分组的企业法人单位数

单位：个

沈阳	长春	哈尔滨	上海	南京	杭州	合肥	福州	南昌	济南	郑州	武汉	长沙	代码
171349	**58733**	**90210**	**453393**	**275107**	**426508**	**221431**	**153076**	**73237**	**144191**	**180442**	**277514**	**156343**	--
2979	**1844**	**1800**	**1753**	**1544**	**5517**	**7368**	**5253**	**2937**	**1070**	**2364**	**3290**	**6156**	A
1459	540	596	940	741	2902	3384	2725	1244	539	1294	1456	3597	01
240	156	164	333	283	896	1501	435	257	118	283	526	425	02
829	730	653	227	135	468	1071	557	697	198	453	245	732	03
169	149	73	131	132	827	917	1058	409	29	46	567	438	04
282	269	314	122	253	424	495	478	330	186	288	496	964	05
122	**301**	**287**	**2**	**83**	**265**	**120**	**234**	**55**	**108**	**439**	**65**	**347**	B
15	41	10		2	3			2	10	235		31	06
3	6	1	2	2		2		1	4	1			07
5	2	14		5	8	26	3		11	10	5	19	08
3	3	7		8	16	26	5	3	4	37	3	17	09
81	221	229		62	230	51	215	41	65	135	49	245	10
8	19	8		3	4	4	1	5	8	10	5	17	11
7	9	18		1	4	11	10	3	6	11	3	18	12
24441	**11052**	**12098**	**83831**	**25332**	**57941**	**19150**	**17622**	**10362**	**14754**	**16106**	**21415**	**15982**	C
1434	1185	1800	604	353	936	891	1009	683	448	573	663	762	13
710	403	629	1016	470	800	714	701	427	439	706	556	634	14
342	356	386	199	119	480	192	354	120	146	190	147	255	15
3	10	2	2	2	4	1	2	1	5	2	5	25	16
263	50	159	2306	291	4849	474	1878	371	277	158	421	163	17
504	187	165	6166	1384	5481	965	726	1415	324	265	1220	153	18
229	36	77	1054	231	1254	302	790	81	66	36	94	99	19
624	428	722	2049	375	1136	329	534	185	238	182	362	343	20
936	227	270	3183	531	1135	737	582	233	302	283	424	362	21
496	147	152	3062	376	2594	367	537	168	258	340	466	381	22
723	443	486	2483	863	1471	788	581	369	432	674	811	773	23
477	106	189	1754	738	2540	367	1243	423	351	313	330	330	24
132	48	61	156	36	100	27	26	18	54	40	66	33	25
1015	459	532	3407	1015	2198	657	574	390	602	1129	840	1893	26
234	208	222	560	321	327	243	115	289	226	270	341	323	27
23	11	11	110	25	258	45	54	1	23	25	8	7	28
1362	503	457	6480	986	3802	1072	993	370	492	528	950	548	29
1796	1321	1063	3345	1426	2912	1775	1478	863	894	3723	1715	1597	30
333	126	95	577	257	559	168	139	64	186	130	180	155	31
271	53	60	658	236	402	85	76	207	112	392	141	199	32
2149	727	892	11063	2758	6101	1619	849	721	1248	899	2135	1100	33

2-3 续表 1

行业大类	代码	企业单位数	北京	天津	石家庄	太原	呼和浩特
通用设备制造业	34	99347	2920	7532	2225	1092	76
专用设备制造业	35	69915	2396	4626	1462	647	61
汽车制造业	36	27132	757	1493	391	57	8
铁路、船舶、航空航天和其他运输设备制造业	37	13903	247	2159	68	48	4
电气机械和器材制造业	38	61439	2042	2804	1280	300	57
计算机、通信和其他电子设备制造业	39	49797	1271	1786	326	112	14
仪器仪表制造业	40	18069	1108	949	160	125	6
其他制造业	41	16354	314	887	364	124	25
废弃资源综合利用业	42	3107	81	463	153	32	5
金属制品、机械和设备修理业	43	9019	514	878	151	115	11
电力、热力、燃气及水生产和供应业	**D**	**16394**	**695**	**906**	**746**	**432**	**221**
电力、热力生产和供应业	44	10286	472	519	524	313	170
燃气生产和供应业	45	1922	55	147	91	70	17
水的生产和供应业	46	4186	168	240	131	49	34
建筑业	**E**	**392378**	**21053**	**25704**	**16231**	**11606**	**1369**
房屋建筑业	47	62100	2453	5106	2745	1972	225
土木工程建筑业	48	69019	2488	5788	3416	1495	194
建筑安装业	49	63522	3125	4492	3036	1720	268
建筑装饰和其他建筑业	50	197737	12987	10318	7034	6419	682
批发和零售业	**F**	**2531360**	**209693**	**128205**	**85456**	**66364**	**10376**
批发业	51	1626839	107246	99745	56868	35154	3363
零售业	52	904521	102447	28460	28588	31210	7013
交通运输、仓储和邮政业	**G**	**199831**	**14870**	**19294**	**5524**	**2553**	**876**
铁路运输业	53	1640	86	128	21	53	26
道路运输业	54	94140	8108	6048	4099	1849	605
水上运输业	55	4538	34	439	4	2	
航空运输业	56	1427	106	150	18	35	13
管道运输业	57	148	9	23		3	2
装卸搬运和运输代理业	58	72540	4082	8603	871	323	98
仓储业	59	17603	1847	3630	407	173	72
邮政业	60	7795	598	273	104	115	60
住宿和餐饮业	**H**	**164773**	**17139**	**6183**	**2238**	**3702**	**571**
住宿业	61	42582	4757	978	528	694	209
餐饮业	62	122191	12382	5205	1710	3008	362
信息传输、软件和信息技术服务业	**I**	**415133**	**36448**	**17758**	**10589**	**10010**	**1115**
电信、广播电视和卫星传输服务	63	7806	1215	237	170	117	61
互联网和相关服务	64	35999	3390	1453	764	810	163
软件和信息技术服务业	65	371328	31843	16068	9655	9083	891

单位：个

沈阳	长春	哈尔滨	上海	南京	杭州	合肥	福州	南昌	济南	郑州	武汉	长沙	代码
4049	860	1295	11491	3332	6108	1541	835	482	3461	1308	1921	1544	34
2094	689	821	7237	2316	2872	1493	707	718	1637	1780	2115	1531	35
611	1251	216	2166	675	1742	857	334	387	520	312	1234	544	36
246	135	91	705	460	561	79	172	71	123	95	269	99	37
1947	442	532	5273	1783	3714	1702	742	491	585	838	1404	777	38
447	177	147	2216	1507	1894	758	516	298	252	291	1050	568	39
425	148	215	1785	912	964	376	202	94	358	252	691	336	40
213	190	165	1586	1162	343	208	602	325	498	207	463	223	41
78	66	48	225	111	206	105	81	35	31	52	100	89	42
275	60	138	913	281	198	213	190	62	166	113	293	136	43
581	**341**	**448**	**206**	**349**	**703**	**622**	**725**	**213**	**335**	**271**	**331**	**424**	D
451	222	288	66	170	457	389	530	117	210	124	174	251	44
58	59	62	28	55	67	53	32	30	53	44	40	45	45
72	60	98	112	124	179	180	163	66	72	103	117	128	46
10872	**3570**	**5537**	**18642**	**21784**	**18517**	**18669**	**9087**	**6690**	**10014**	**12739**	**25852**	**8662**	E
1236	685	901	2055	2870	2240	2060	2395	1465	1243	1717	4109	1359	47
2268	732	993	2687	4692	3741	3621	1406	1096	1925	2034	5057	1529	48
2465	915	1034	4007	3863	2276	2757	713	1065	1692	1578	3778	1395	49
4903	1238	2609	9893	10359	10260	10231	4573	3064	5154	7410	12908	4379	50
65749	**21148**	**30417**	**165714**	**85500**	**143196**	**75246**	**56116**	**23078**	**60831**	**73493**	**89579**	**48717**	F
47173	9409	18897	127253	49916	89992	34883	43662	16045	44267	42454	48877	28355	51
18576	11739	11520	38461	35584	53204	40363	12454	7033	16564	31039	40702	20362	52
5331	**2131**	**2986**	**17198**	**7200**	**7036**	**4689**	**3864**	**1793**	**2695**	**3297**	**8009**	**3399**	G
37	47	62	15	27	10	30	30	19	19	45	71	24	53
3837	1160	1893	4445	4557	4881	3279	1673	1135	1909	1881	3949	2050	54
7	4	30	335	285	96	79	736	40	23	14	192	53	55
47	21	48	54	30	42	24	27	13	24	45	40	38	56
3	2	3	7	3	1			2	11	2	11	5	57
600	267	421	9247	1742	1252	807	956	324	453	676	2814	801	58
523	546	395	2111	438	348	310	251	164	169	413	610	219	59
277	84	134	984	118	406	160	191	96	87	221	322	209	60
2073	**1015**	**1448**	**14210**	**5378**	**8315**	**5319**	**2994**	**1267**	**2563**	**2867**	**5250**	**2978**	H
650	414	579	3605	1059	2464	880	1035	417	469	982	1233	783	61
1423	601	869	10605	4319	5851	4439	1959	850	2094	1885	4017	2195	62
10855	**2179**	**5622**	**18616**	**25639**	**45913**	**17345**	**8528**	**5327**	**9037**	**11550**	**25371**	**12584**	I
655	141	168	247	281	344	228	134	76	113	152	230	258	63
745	238	403	1559	2931	2159	1721	995	509	675	780	1172	1239	64
9455	1800	5051	16810	22427	43410	15396	7399	4742	8249	10618	23969	11087	65

2-3 续表 2

行业大类	代码	企业单位数	北京	天津	石家庄	太原	呼和浩特
金融业	J	**53675**	**5104**	**4867**	**1566**	**972**	**385**
货币金融服务	66	14369	873	2078	260	364	165
资本市场服务	67	22203	2796	1314	744	163	65
保险业	68	6841	687	302	276	168	110
其他金融业	69	10262	748	1173	286	277	45
房地产业	K	**249244**	**19478**	**12631**	**9982**	**5506**	**1218**
房地产业	70	249244	19478	12631	9982	5506	1218
租赁和商务服务业	L	**1087501**	**143712**	**56042**	**29648**	**22636**	**4054**
租赁业	71	69188	5980	6387	2124	1672	404
商务服务业	72	1018313	137732	49655	27524	20964	3650
科学研究和技术服务业	M	**495722**	**110002**	**56272**	**12612**	**7153**	**1316**
研究和试验发展	73	73757	3849	1735	3515	774	96
专业技术服务业	74	193578	24510	9618	3850	3244	875
科技推广和应用服务业	75	228387	81643	44919	5247	3135	345
水利、环境和公共设施管理业	N	**32466**	**3446**	**1691**	**1061**	**885**	**182**
水利管理业	76	2092	90	97	59	98	29
生态保护和环境治理业	77	5145	365	171	146	301	25
公共设施管理业	78	25229	2991	1423	856	486	128
居民服务、修理和其他服务业	O	**164350**	**19040**	**11236**	**4062**	**3782**	**821**
居民服务业	79	66811	8530	4257	1802	1371	245
机动车、电子产品和日用产品修理业	80	55979	6047	2776	1289	1035	214
其他服务业	81	41560	4463	4203	971	1376	362
教育	P	**39702**	**5648**	**1215**	**430**	**537**	**211**
教育	82	39702	5648	1215	430	537	211
卫生和社会工作	Q	**20403**	**2005**	**994**	**442**	**597**	**75**
卫生	83	17318	1871	833	287	507	63
社会工作	84	3085	134	161	155	90	12
文化、体育和娱乐业	R	**141878**	**28327**	**10118**	**3258**	**2526**	**384**
新闻和出版业	85	4090	1332	101	57	121	24
广播、电视、电影和影视录音制作业	86	17016	3182	1176	1093	423	55
文化艺术业	87	59638	17532	6185	786	1032	164
体育	88	14910	2438	799	308	260	46
娱乐业	89	46224	3843	1857	1014	690	95
公共管理、社会保障和社会组织	S	**90**		**14**	**2**	**9**	
社会保障	93	90		14	2	9	

单位：个

沈阳	长春	哈尔滨	上海	南京	杭州	合肥	福州	南昌	济南	郑州	武汉	长沙	代码
1044	**444**	**937**	**2785**	**1102**	**3357**	**1624**	**979**	**644**	**1054**	**1009**	**1682**	**1043**	J
312	259	300	746	252	365	426	185	166	261	285	485	229	66
388	42	384	1014	372	1671	637	331	253	300	220	747	473	67
167	102	105	408	253	215	232	133	89	314	234	222	152	68
177	41	148	617	225	1106	329	330	136	179	270	228	189	69
6140	**2351**	**3651**	**17959**	**8273**	**13047**	**6936**	**4175**	**2985**	**4708**	**8987**	**12754**	**5288**	K
6140	2351	3651	17959	8273	13047	6936	4175	2985	4708	8987	12754	5288	70
22776	**6192**	**14125**	**65075**	**45550**	**75765**	**38060**	**26288**	**11770**	**20423**	**29864**	**54848**	**28312**	L
1782	652	1376	2603	2955	3040	2977	1346	885	1385	1956	2551	2184	71
20994	5540	12749	62472	42595	72725	35083	24942	10885	19038	27908	52297	26128	72
10141	**2491**	**6010**	**24351**	**28350**	**28813**	**12776**	**9247**	**2638**	**10796**	**9742**	**17081**	**12514**	M
3957	397	687	2284	8630	3241	2103	3602	231	2581	778	3534	3472	73
3417	1348	2459	14867	12895	13367	7296	3337	1549	4018	5316	8634	5021	74
2767	746	2864	7200	6825	12205	3377	2308	858	4197	3648	4913	4021	75
545	**307**	**508**	**1637**	**1061**	**1639**	**1518**	**638**	**353**	**466**	**869**	**1124**	**1053**	N
61	43	48	87	71	59	115	45	29	39	73	102	87	76
97	40	53	176	156	214	186	180	69	73	100	199	200	77
387	224	407	1374	834	1366	1217	413	255	354	696	823	766	78
3028	**2008**	**1969**	**12424**	**6664**	**6935**	**5900**	**3568**	**1535**	**2389**	**3246**	**5043**	**3573**	O
1143	767	816	6212	2176	3210	2166	1451	405	929	1313	2021	1410	79
1238	620	616	4094	2240	2578	2030	1239	486	841	1046	1691	880	80
647	621	537	2118	2248	1147	1704	878	644	619	887	1331	1283	81
727	**328**	**485**	**847**	**2659**	**1900**	**1982**	**578**	**414**	**613**	**780**	**1521**	**1109**	P
727	328	485	847	2659	1900	1982	578	414	613	780	1521	1109	82
710	**221**	**362**	**1050**	**746**	**1120**	**447**	**497**	**190**	**268**	**304**	**937**	**525**	Q
609	181	306	992	575	967	329	401	170	211	237	864	424	83
101	40	56	58	171	153	118	96	20	57	67	73	101	84
3234	**810**	**1506**	**7091**	**7890**	**6528**	**3657**	**2682**	**986**	**2066**	**2510**	**3359**	**3674**	R
126	91	73	172	145	95	110	68	58	70	133	170	88	85
338	102	167	727	607	1435	392	283	141	210	331	393	361	86
1435	127	512	1744	4772	1595	943	1070	336	1089	853	1017	1394	87
345	39	181	1049	648	925	368	360	122	208	185	529	481	88
990	451	573	3399	1718	2478	1844	901	329	489	1008	1250	1350	89
1		**14**	**2**	**3**	**1**	**3**	**1**		**1**	**5**	**3**	**3**	S
1		14	2	3	1	3	1		1	5	3	3	93

2-3 续表 3

行业大类	代码	广州	南宁	海口	重庆	成都	贵阳
总计	--	**313798**	**85745**	**45147**	**520514**	**120385**	**74699**
农、林、牧、渔业	A	**1445**	**3932**	**1332**	**86771**	**5638**	**4153**
农业	01	934	1423	697	41156	3686	2388
林业	02	151	215	91	3087	517	433
畜牧业	03	101	1345	196	24476	859	1026
渔业	04	132	632	139	14468	225	154
农、林、牧、渔服务业	05	127	317	209	3584	351	152
采矿业	B	**39**	**197**	**63**	**2654**	**80**	**366**
煤炭开采和洗选业	06		3	2	818	4	55
石油和天然气开采业	07	1		2	43	11	2
黑色金属矿采选业	08		19	9	119	3	13
有色金属矿采选业	09	8	13	4	45	5	58
非金属矿采选业	10	22	151	38	1531	44	212
开采辅助活动	11	3		3	67	10	14
其他采矿业	12	5	11	5	31	3	12
制造业	C	**51113**	**5802**	**1936**	**64574**	**18708**	**5602**
农副食品加工业	13	643	528	126	4234	859	282
食品制造业	14	862	501	123	1942	958	265
酒、饮料和精制茶制造业	15	209	270	62	1514	680	267
烟草制品业	16	2	4	1	14	2	2
纺织业	17	1212	76	15	2240	271	62
纺织服装、服饰业	18	6426	94	78	2422	496	70
皮革、毛皮、羽毛及其制品和制鞋业	19	5039	49	3	1311	529	20
木材加工和木、竹、藤、棕、草制品业	20	570	485	45	2238	368	143
家具制造业	21	1351	174	97	2712	1261	154
造纸和纸制品业	22	1951	240	47	1078	460	117
印刷和记录媒介复制业	23	1522	330	212	1472	654	249
文教、工美、体育和娱乐用品制造业	24	2339	114	67	1458	209	160
石油加工和炼焦业	25	85	22	5	113	48	6
化学原料和化学制品制造业	26	3006	389	82	1885	787	305
医药制造业	27	328	139	133	506	417	141
化学纤维制造业	28	45	2	6	23	23	1
橡胶和塑料制品业	29	3444	291	72	2471	992	305
非金属矿物制品业	30	1228	609	202	6983	1517	1089
黑色金属冶炼和压延加工业	31	210	38	11	720	201	83
有色金属冶炼和压延加工业	32	215	29	17	609	161	70
金属制品业	33	3800	386	145	6112	1518	416

单位：个

昆明	拉萨	西安	兰州	西宁	银川	乌鲁木齐	大连	宁波	厦门	青岛	深圳	代码
180540	**4508**	**128309**	**40405**	**44277**	**29695**	**66236**	**157297**	**255174**	**160593**	**318561**	**433028**	——
8030	**58**	**2557**	**2829**	**1649**	**1294**	**363**	**4695**	**2983**	**1769**	**4517**	**250**	A
4415	27	1082	723	668	533	129	1752	1789	967	2295	124	01
1014	14	457	165	240	99	47	506	252	113	379	16	02
2099	10	746	1814	655	466	93	682	318	306	505	13	03
155	1	50	35	6	64	9	1057	487	254	957	41	04
347	6	222	92	80	132	85	698	137	129	381	56	05
967	**90**	**255**	**187**	**232**	**96**	**187**	**228**	**112**	**22**	**172**	**34**	B
56	1	8	28	15	17	76	4			1		06
3		21		1	5	4	5			1	4	07
159	12	13	3	16		3	11	2	1	34		08
186	37	21	2	27	1	14	11		1	6	2	09
502	38	76	148	143	59	53	180	109	19	113	16	10
20		96	1	5	13	22	9	1	1	11	11	11
41	2	20	5	25	1	15	8			6	1	12
9677	**475**	**15651**	**4326**	**2783**	**2688**	**3556**	**25027**	**88713**	**23582**	**59964**	**90814**	C
686	59	490	461	237	244	115	1669	782	377	2148	217	13
587	36	526	167	146	177	116	665	440	533	1226	333	14
328	36	165	59	69	98	70	249	273	131	491	108	15
8		2	5			1	1	1	1	6	3	16
113	16	167	41	38	98	65	442	2943	587	1825	820	17
137	14	151	45	45	41	73	1972	5574	2116	5318	3376	18
51	3	34	20	21	43	11	169	736	561	1458	1458	19
272	4	245	61	34	62	45	784	699	415	1181	388	20
423	28	479	115	39	96	94	360	1050	663	1443	1487	21
274	9	361	55	21	38	78	437	2187	960	1759	3471	22
458	18	602	329	86	115	179	450	2087	769	1652	2722	23
213	49	261	75	156	28	39	256	3698	1126	3490	3431	24
30		57	50	6	21	50	102	100	28	65	55	25
592	34	786	276	120	160	276	1067	1482	780	2011	1508	26
185	23	345	56	76	36	58	130	144	127	221	216	27
6		19	4	3	7	8	28	209	33	92	46	28
615	4	516	265	84	130	355	1220	9684	2448	4235	8322	29
1316	98	1449	831	457	332	475	1360	1791	908	2722	1369	30
145	2	234	119	64	43	91	683	985	112	369	166	31
182	1	208	52	93	32	19	121	948	130	251	510	32
912	20	1128	376	403	315	480	2038	8633	2429	6777	8590	33

2-3 续表 4

行业大类	代码	广州	南宁	海口	重庆	成都	贵阳
通用设备制造业	34	2959	197	34	4907	1751	432
专用设备制造业	35	2628	266	77	3546	1400	260
汽车制造业	36	1047	59	51	4795	636	95
铁路、船舶、航空航天和其他运输设备制造业	37	468	46	27	3751	230	30
电气机械和器材制造业	38	2979	203	78	1873	1004	240
计算机、通信和其他电子设备制造业	39	3820	108	32	1711	667	83
仪器仪表制造业	40	670	42	18	837	292	61
其他制造业	41	1393	44	18	423	155	98
废弃资源综合利用业	42	80	17	6	216	69	27
金属制品、机械和设备修理业	43	582	50	46	458	93	69
电力、热力、燃气及水生产和供应业	**D**	**367**	**206**	**106**	**2591**	**625**	**149**
电力、热力生产和供应业	44	167	118	63	1587	365	69
燃气生产和供应业	45	45	28	11	280	95	25
水的生产和供应业	46	155	60	32	724	165	55
建筑业	**E**	**11869**	**4462**	**4931**	**17868**	**7512**	**4507**
房屋建筑业	47	1491	707	611	4538	1918	619
土木工程建筑业	48	1504	703	638	1630	1322	733
建筑安装业	49	2909	635	658	1990	1030	639
建筑装饰和其他建筑业	50	5965	2417	3024	9710	3242	2516
批发和零售业	**F**	**113062**	**35170**	**14798**	**165126**	**32761**	**30459**
批发业	51	90350	20620	8243	64977	17787	15546
零售业	52	22712	14550	6555	100149	14974	14913
交通运输、仓储和邮政业	**G**	**10807**	**2303**	**938**	**11012**	**3737**	**1652**
铁路运输业	53	36	10	8	39	64	21
道路运输业	54	4463	1562	379	6734	2156	1014
水上运输业	55	292	57	63	449	13	11
航空运输业	56	47	15	25	57	58	11
管道运输业	57	2		1	8	5	7
装卸搬运和运输代理业	58	5186	395	305	2544	966	276
仓储业	59	508	151	74	645	294	172
邮政业	60	273	113	83	536	181	140
住宿和餐饮业	**H**	**7421**	**1573**	**1115**	**29118**	**5043**	**2641**
住宿业	61	2355	537	341	4773	1759	802
餐饮业	62	5066	1036	774	24345	3284	1839
信息传输、软件和信息技术服务业	**I**	**18032**	**4108**	**2145**	**19049**	**7280**	**3469**
电信、广播电视和卫星传输服务	63	431	90	95	516	116	86
互联网和相关服务	64	1418	355	462	2231	533	372
软件和信息技术服务业	65	16183	3663	1588	16302	6631	3011

单位：个

昆明	拉萨	西安	兰州	西宁	银川	乌鲁木齐	大连	宁波	厦门	青岛	深圳	代码
559		2034	245	161	156	199	5329	14140	1638	7927	4607	34
411	2	1543	232	103	122	242	1681	6808	2221	5106	8065	35
131		201	24	19	20	32	338	4564	283	897	385	36
30		364	16	6	9	16	738	1006	105	1068	361	37
464	10	1458	148	153	123	239	960	11039	1458	2055	10242	38
91	1	861	43	25	7	23	318	3915	1309	1134	22019	39
174		585	45	14	27	27	413	1624	489	488	3157	40
134	2	118	38	31	38	19	208	633	608	1677	2818	41
53	4	55	28	18	34	19	112	231	24	121	32	42
97	2	207	45	55	36	42	727	307	213	751	532	43
435	**49**	**418**	**161**	**214**	**234**	**198**	**423**	**730**	**145**	**573**	**221**	**D**
246	39	271	120	180	172	165	277	471	88	356	85	44
76	2	47	18	16	31	12	59	60	9	65	37	45
113	8	100	23	18	31	21	87	199	48	152	99	46
13044	**296**	**12409**	**2061**	**4626**	**2164**	**2724**	**10697**	**9441**	**7241**	**21948**	**7980**	**E**
2072	169	2508	400	908	629	394	1377	1331	905	3909	778	47
2400	58	2500	396	1249	626	563	1424	1613	1024	4582	892	48
1745	31	2052	427	520	204	599	1993	1487	1156	3965	1303	49
6827	38	5349	838	1949	705	1168	5903	5010	4156	9492	5007	50
72540	**1426**	**47383**	**16064**	**17044**	**12237**	**32645**	**54443**	**74628**	**64720**	**121220**	**186756**	**F**
46984	552	26070	10230	8114	6665	23908	42830	58998	49908	95238	136260	51
25556	874	21313	5834	8930	5572	8737	11613	15630	14812	25982	50496	52
3980	**156**	**2691**	**939**	**852**	**865**	**2063**	**5931**	**6647**	**4750**	**12271**	**15492**	**G**
43	4	27	42	16	9	58	70	9	25	295	114	53
2168	100	1628	440	588	575	805	1963	2743	1428	4083	3953	54
12		3	4		3	2	280	275	203	248	250	55
65	5	71	18	10	7	37	34	10	26	44	112	56
2		2	1	1		8	9	1	1	6	7	57
1237	19	562	197	155	127	914	2936	3108	2649	6751	9876	58
189	8	282	178	48	37	150	431	343	227	713	527	59
264	20	116	59	34	107	89	208	158	191	131	653	60
4300	**276**	**3882**	**1442**	**992**	**743**	**757**	**2923**	**3327**	**3308**	**4770**	**5632**	**H**
1261	177	1432	437	403	252	320	978	1167	1078	1181	1593	61
3039	99	2450	1005	589	491	437	1945	2160	2230	3589	4039	62
12095	**76**	**7162**	**1172**	**1791**	**1043**	**2933**	**8000**	**8056**	**9935**	**10868**	**23433**	**I**
171	24	290	51	56	51	92	185	93	105	161	366	63
746	6	876	274	181	209	358	533	382	2020	1453	1884	64
11178	46	5996	847	1554	783	2483	7282	7581	7810	9254	21183	65

2-3 续表 5

行业大类	代码	广州	南宁	海口	重庆	成都	贵阳
金融业	J	**1987**	**335**	**346**	**2844**	**963**	**644**
货币金融服务	66	443	174	130	1066	301	208
资本市场服务	67	989	46	100	1019	266	229
保险业	68	294	71	73	527	215	77
其他金融业	69	261	44	43	232	181	130
房地产业	K	**15139**	**3670**	**4326**	**15592**	**6226**	**3043**
房地产业	70	15139	3670	4326	15592	6226	3043
租赁和商务服务业	L	**44841**	**15433**	**7701**	**53457**	**15994**	**9949**
租赁业	71	2034	856	708	6137	1220	839
商务服务业	72	42807	14577	6993	47320	14774	9110
科学研究和技术服务业	M	**23015**	**4715**	**2118**	**12991**	**5261**	**2671**
研究和试验发展	73	8549	473	172	1004	891	215
专业技术服务业	74	9004	1752	1344	8386	2755	1779
科技推广和应用服务业	75	5462	2490	602	3601	1615	677
水利、环境和公共设施管理业	N	**934**	**284**	**336**	**2893**	**807**	**399**
水利管理业	76	47	23	19	164	45	41
生态保护和环境治理业	77	267	63	49	611	98	60
公共设施管理业	78	620	198	268	2118	664	298
居民服务、修理和其他服务业	O	**6067**	**2017**	**1097**	**15714**	**3271**	**2956**
居民服务业	79	2027	520	360	8086	1121	1236
机动车、电子产品和日用产品修理业	80	2448	844	480	5143	1638	1158
其他服务业	81	1592	653	257	2485	512	562
教育	P	**1501**	**353**	**557**	**4260**	**1391**	**537**
教育	82	1501	353	557	4260	1391	537
卫生和社会工作	Q	**657**	**130**	**173**	**1987**	**1247**	**239**
卫生	83	551	103	132	1397	1132	215
社会工作	84	106	27	41	590	115	24
文化、体育和娱乐业	R	**5501**	**1055**	**1129**	**12009**	**3839**	**1262**
新闻和出版业	85	202	28	49	107	93	42
广播、电视、电影和影视录音制作业	86	784	179	215	709	248	113
文化艺术业	87	2038	269	262	4435	688	307
体育	88	960	112	186	940	391	135
娱乐业	89	1517	467	417	5818	2419	665
公共管理、社会保障和社会组织	S	**1**			**4**	**2**	**1**
社会保障	93	1			4	2	1

单位：个

昆明	拉萨	西安	兰州	西宁	银川	乌鲁木齐	大连	宁波	厦门	青岛	深圳	代码
1805	**26**	**764**	**441**	**234**	**477**	**1065**	**1060**	**1118**	**1521**	**2338**	**5109**	J
801	12	214	201	131	170	297	360	329	240	359	922	66
573	4	297	115	41	204	538	412	471	716	1308	2961	67
209	8	160	66	27	43	77	122	109	84	253	257	68
222	2	93	59	35	60	153	166	209	481	418	969	69
5358	**174**	**7777**	**2012**	**1962**	**1057**	**2668**	**6586**	**4994**	**4396**	**7891**	**10304**	K
5358	174	7777	2012	1962	1057	2668	6586	4994	4396	7891	10304	70
28038	**888**	**14511**	**4216**	**7214**	**3748**	**9727**	**22255**	**36358**	**23099**	**41827**	**53105**	L
1885	54	1150	331	1013	442	592	1590	1638	1489	2582	2369	71
26153	834	13361	3885	6201	3306	9135	20665	34720	21610	39245	50736	72
9158	**181**	**5542**	**1582**	**2238**	**960**	**3889**	**6911**	**8785**	**7413**	**16839**	**19148**	M
1023	33	608	139	185	73	204	1487	2745	1457	5986	3047	73
3546	126	3586	1222	1418	627	2157	3166	3847	3755	6185	13302	74
4589	22	1348	221	635	260	1528	2258	2193	2201	4668	2799	75
865	**13**	**1043**	**197**	**466**	**276**	**324**	**835**	**974**	**642**	**1444**	**751**	N
59	2	78	27	21	17	41	94	31	25	66	60	76
131	4	115	23	98	27	43	94	164	196	169	182	77
675	7	850	147	347	232	240	647	779	421	1209	509	78
5165	**103**	**2905**	**1123**	**938**	**805**	**1607**	**3423**	**3139**	**3620**	**6134**	**7043**	O
1709	29	1023	427	407	270	437	1610	1263	1497	2251	2314	79
1759	65	1327	538	354	355	712	1088	1189	1619	1598	2704	80
1697	9	555	158	177	180	458	725	687	504	2285	2025	81
793	**26**	**572**	**380**	**153**	**179**	**339**	**782**	**582**	**1335**	**1256**	**2722**	P
793	26	572	380	153	179	339	782	582	1335	1256	2722	82
439	**29**	**365**	**163**	**113**	**111**	**154**	**1075**	**450**	**249**	**600**	**732**	Q
388	28	325	147	91	87	130	978	378	219	492	698	83
51	1	40	16	22	24	24	97	72	30	108	34	84
3848	**166**	**2419**	**1110**	**776**	**718**	**1035**	**1999**	**4136**	**2846**	**3924**	**3500**	R
55	3	119	48	13	34	31	33	18	36	69	76	85
303	10	494	130	141	140	103	176	482	362	445	566	86
1569	25	618	381	178	118	260	430	1468	1337	1517	1152	87
303	1	206	43	93	41	78	280	474	449	452	475	88
1618	127	982	508	351	385	563	1080	1694	662	1441	1231	89
3		**3**				**2**	**4**	**1**		**5**	**2**	S
3		3				2	4	1		5	2	93

2-4 按行业(中类)、登记注册类型

(2017年)

行业中类	代码	企业单位数	内资企业	国有企业	集体企业	股份合作企业
总计	--	**18097682**	**17830471**	**133223**	**155641**	**62350**
农、林、牧、渔业	A	**818192**	**815606**	**5974**	**6358**	**1650**
农业	01	379577	378204	1724	2612	725
谷物种植	011	67071	66965	638	685	80
豆类、油料和薯类种植	012	8870	8853	65	41	28
棉、麻、糖、烟草种植	013	4447	4437	190	46	6
蔬菜、食用菌及园艺作物种植	014	134608	133895	266	658	300
水果种植	015	76680	76382	249	573	151
坚果、含油果、香料和饮料作物种植	016	25905	25825	125	205	41
中药材种植	017	35648	35595	24	132	61
其他农业	019	26348	26252	167	272	58
林业	02	71954	71666	2131	942	201
林木育种和育苗	021	56570	56380	645	378	147
造林和更新	022	8468	8400	303	187	26
森林经营和管护	023	4369	4349	870	289	19
木材和竹材采运	024	1205	1202	207	53	4
林产品采集	025	1342	1335	106	35	5
畜牧业	03	230723	230285	542	977	382
牲畜饲养	031	155860	155565	382	598	250
家禽饲养	032	56534	56432	74	294	103
狩猎和捕捉动物	033	524	524	4		2
其他畜牧业	039	17805	17764	82	85	27
渔业	04	67147	66884	433	518	121
水产养殖	041	65270	65016	398	477	116
水产捕捞	042	1877	1868	35	41	5
农、林、牧、渔服务业	05	68791	68567	1144	1309	221
农业服务业	051	55849	55676	684	1143	171
林业服务业	052	5313	5295	283	77	20
畜牧服务业	053	4671	4656	98	33	13
渔业服务业	054	2958	2940	79	56	17
采矿业	B	**108770**	**108170**	**1184**	**2788**	**630**
煤炭开采和洗选业	06	21088	20998	512	771	191
烟煤和无烟煤开采洗选	061	18985	18909	481	733	176
褐煤开采洗选	062	615	608	15	25	5
其他煤炭采选	069	1488	1481	16	13	10
石油和天然气开采业	07	817	788	45	3	5
石油开采	071	518	501	25	1	2
天然气开采	072	299	287	20	2	3
黑色金属矿采选业	08	16096	16008	99	429	80
铁矿采选	081	14274	14205	75	384	64
锰矿、铬矿采选	082	1036	1025	12	37	7
其他黑色金属矿采选	089	786	778	12	8	9
有色金属矿采选业	09	11720	11589	153	372	66
常用有色金属矿采选	091	8093	7999	83	175	44

分组的企业法人单位数

单位：个

国有联营企业	集体联营企业	国有与集体联营	其他联营	国有独资公司	其他有限责任公司	股份有限公司	私营独资	私营合伙	代码
1754	5267	1248	8281	46995	2321955	151259	2453626	299496	--
91	313	29	266	725	50849	3683	318712	12920	A
49	118	6	102	282	24585	1581	139433	5197	01
33	25	1	14	55	3190	180	29455	713	011
	3		3	14	629	42	2619	154	012
1	2		1	9	190	23	2385	64	013
8	32	1	38	89	10096	659	41508	1857	014
5	26	1	23	31	3589	241	36690	1137	015
	10		9	16	1782	102	10454	469	016
	8	1	5	13	2241	146	11458	421	017
2	12	2	9	55	2868	188	4864	382	019
20	47	13	35	112	5684	433	18798	1345	02
5	13	4	22	58	4512	317	14753	954	021
4	11	2	6	27	682	59	2504	214	022
8	14	3	4	22	328	29	925	130	023
2	8	1	1	1	85	18	217	25	024
1	1	3	2	4	77	10	399	22	025
8	73	5	72	77	10673	828	116143	3706	03
6	42	4	58	57	7380	603	77551	2563	031
	20	1	12	17	2401	176	29091	858	032
			1		30	1	216	17	033
2	11		1	3	862	48	9285	268	039
5	19	1	22	32	3534	308	32255	1498	04
4	18	1	21	27	3351	285	31900	1448	041
1	1		1	5	183	23	355	50	042
9	56	4	35	222	6373	533	12083	1174	05
6	44	4	27	188	5240	426	9175	909	051
1	7		4	19	563	50	779	91	052
1	4		4	9	332	30	1252	96	053
1	1			6	238	27	877	78	054
27	118	10	92	563	14736	1485	29019	7054	B
8	27	3	19	251	4469	358	3524	1446	06
8	26	2	17	222	4067	329	3162	1350	061
		1	2	20	173	16	89	15	062
	1			9	229	13	273	81	069
	11			16	244	50	59	6	07
				9	161	34	29	2	071
	11			7	83	16	30	4	072
1	10	3	10	66	1940	208	3836	864	08
1	9	2	9	56	1730	177	3456	772	081
	1	1	1	7	104	16	224	55	082
				3	106	15	156	37	089
6	13	2	13	58	2135	265	1919	536	09
3	10	2	8	29	1323	161	1457	368	091

2-4 续表 1

行业中类	代码	企业单位数	内资企业	国有企业	集体企业	股份合作企业
贵金属矿采选	092	2310	2284	51	176	16
稀有稀土金属矿采选	093	1317	1306	19	21	6
非金属矿采选业	10	51690	51467	263	1171	265
土砂石开采	101	44259	44098	173	897	237
化学矿开采	102	1674	1668	16	71	6
采盐	103	442	440	46	81	3
石棉及其他非金属矿采选	109	5315	5261	28	122	19
开采辅助活动	11	4307	4275	96	28	16
煤炭开采和洗选辅助活动	111	660	657	32	10	4
石油和天然气开采辅助活动	112	2845	2820	56	13	8
其他开采辅助活动	119	802	798	8	5	4
其他采矿业	12	3052	3045	16	14	7
其他采矿业	120	3052	3045	16	14	7
制造业	**C**	**3471728**	**3344789**	**11607**	**34643**	**18637**
农副食品加工业	13	145885	142258	1674	1202	512
谷物磨制	131	28121	27937	288	150	60
饲料加工	132	16696	16152	92	80	70
植物油加工	133	12842	12622	96	128	27
制糖业	134	1120	1082	31	2	1
屠宰及肉类加工	135	24873	24449	924	439	128
水产品加工	136	13110	12248	82	167	120
蔬菜、水果和坚果加工	137	20885	20006	54	68	36
其他农副食品加工	139	28238	27762	107	168	70
食品制造业	14	80766	77984	417	504	293
焙烤食品制造	141	20769	20142	82	110	73
糖果、巧克力及蜜饯制造	142	6453	6206	18	50	35
方便食品制造	143	13994	13590	78	67	31
乳制品制造	144	2100	1960	26	13	18
罐头食品制造	145	3945	3724	27	30	14
调味品、发酵制品制造	146	9831	9515	64	112	49
其他食品制造	149	23674	22847	122	122	73
酒、饮料和精制茶制造业	15	58702	57223	428	854	275
酒的制造	151	20702	20239	162	268	121
饮料制造	152	20965	20090	132	203	88
精制茶加工	153	17035	16894	134	383	66
烟草制品业	16	360	355	49	20	3
烟叶复烤	161	138	135	19	4	1
卷烟制造	162	105	105	23	5	
其他烟草制品制造	169	117	115	7	11	2
纺织业	17	164902	158893	393	1072	533
棉纺织及印染精加工	171	59466	57404	167	422	187
毛纺织及染整精加工	172	10736	10356	37	92	41
麻纺织及染整精加工	173	1675	1604	21	20	14
丝绢纺织及印染精加工	174	3771	3635	33	49	19
化纤织造及印染精加工	175	13790	13305	12	31	13

单位：个

国有联营企业	集体联营企业	国有与集体联营	其他联营	国有独资公司	其他有限责任公司	股份有限公司	私营独资	私营合伙	代码
2	2		2	20	489	64	307	90	092
1	1		3	9	323	40	155	78	093
8	54	2	46	141	4585	474	18726	4003	10
5	46	2	39	97	3504	357	17088	3657	101
1	2		3	8	307	27	317	76	102
1	1			18	94	16	25	14	103
1	5		4	18	680	74	1296	256	109
3	2		3	23	841	66	433	91	11
3	1			5	108	17	83	25	111
	1		1	17	592	39	191	31	112
			2	1	141	10	159	35	119
1	1		1	8	522	64	522	108	12
1	1		1	8	522	64	522	108	120
198	**1127**	**243**	**1692**	**3388**	**395802**	**29866**	**664504**	**65235**	C
17	74	14	65	224	17582	1764	34812	2716	13
4	18	3	16	68	3107	316	9147	645	131
	6		6	23	2988	296	2405	194	132
3	4		5	26	1570	167	3519	244	133
	1	1		12	198	33	255	21	134
9	24	5	18	50	2955	313	5094	560	135
	6	2	5	8	1414	147	2482	276	136
	7	2	8	11	2246	212	4706	320	137
1	8	1	7	26	3104	280	7204	456	139
3	19	9	28	84	9848	907	17737	1259	14
	4	1	9	6	2178	136	5561	303	141
	1	1	1	1	738	49	1758	105	142
	5		3	17	1514	139	4064	249	143
		3		14	517	76	191	15	144
1	1	1	2	9	527	66	648	107	145
1	2	1	5	12	1181	112	2371	139	146
1	6	2	8	25	3193	329	3144	341	149
8	30	5	29	96	7239	769	15823	1281	15
3	9	2	11	42	2546	339	5824	341	151
5	7	2	13	35	2759	266	4650	508	152
	14	1	5	19	1934	164	5349	432	153
1		1	2	41	91	7	26	2	16
		1	1	6	41	1	6	1	161
1				29	28	2	3	1	162
			1	6	22	4	17		169
8	54	10	41	92	12247	918	32652	2184	17
3	22	5	14	50	4935	400	11740	868	171
1	5	1	3	12	828	81	1822	134	172
	3			4	189	25	361	31	173
1	2		1	7	365	53	802	60	174
	2		1	2	463	36	3052	128	175

2-4 续表 2

行业中类	代码	企业单位数	内资企业	国有企业	集体企业	股份合作企业
针织或钩针编织物及其制品制造	176	26029	25025	40	142	68
家用纺织制成品制造	177	28789	27820	48	142	58
非家用纺织制成品制造	178	20646	19744	35	174	133
纺织服装、服饰业	18	203549	192768	226	1188	574
机织服装制造	181	118387	110836	161	890	347
针织或钩针编织服装制造	182	26480	24604	19	131	121
服饰制造	183	58682	57328	46	167	106
皮革、毛皮、羽毛及其制品和制鞋业	19	89775	84988	95	526	450
皮革鞣制加工	191	4083	3802	12	36	50
皮革制品制造	192	30135	28133	21	145	74
毛皮鞣制及制品加工	193	8280	8119	10	47	10
羽毛(绒)加工及制品制造	194	2811	2697	10	24	10
制鞋业	195	44466	42237	42	274	306
木材加工和木、竹、藤、棕、草制品业	20	115292	113881	393	775	245
木材加工	201	45265	45042	267	339	68
人造板制造	202	21801	21500	46	81	39
木制品制造	203	35917	35260	59	261	107
竹、藤、棕、草等制品制造	204	12309	12079	21	94	31
家具制造业	21	89394	86994	66	392	203
木质家具制造	211	63217	61793	42	269	131
竹、藤家具制造	212	1265	1233	4	6	2
金属家具制造	213	8475	8040	11	67	37
塑料家具制造	214	1119	1070	1	11	1
其他家具制造	219	15318	14858	8	39	32
造纸和纸制品业	22	79185	76859	175	1026	541
纸浆制造	221	778	745	6	14	
造纸	222	17079	16461	78	290	118
纸制品制造	223	61328	59653	91	722	423
印刷和记录媒介复制业	23	86325	84795	1153	2781	1145
印刷	231	78738	77294	1019	2442	1026
装订及印刷相关服务	232	7226	7170	124	333	116
记录媒介复制	233	361	331	10	6	3
文教、工美、体育和娱乐用品制造业	24	118648	111607	194	882	568
文教办公用品制造	241	11576	10965	38	139	66
乐器制造	242	2964	2741	8	25	12
工艺美术品制造	243	73614	70063	117	560	393
体育用品制造	244	12189	11205	15	48	33
玩具制造	245	15264	13725	12	103	51
游艺器材及娱乐用品制造	246	3041	2908	4	7	13
石油加工和炼焦业	25	9507	9179	73	150	77
精炼石油产品制造	251	7869	7598	56	136	63
炼焦	252	1638	1581	17	14	14
化学原料和化学制品制造业	26	135711	128715	618	2232	981
基础化学原料制造	261	20631	19537	153	497	175

单位：个

国有联营企业	集体联营企业	国有与集体联营	其他联营	国有独资公司	其他有限责任公司	股份有限公司	私营独资	私营合伙	代码
2	6		7	5	1854	97	5012	313	176
1	5	2	11	9	1876	108	5487	315	177
	9	2	4	3	1737	118	4376	335	178
5	42	5	62	143	17777	993	44930	2685	18
3	34	3	41	109	10926	680	27395	1836	181
	4	1	9	10	2210	104	5150	297	182
2	4	1	12	24	4641	209	12385	552	183
4	12	2	38	21	8576	458	18647	1661	19
	1		4		644	33	725	79	191
	2	1	15	4	2656	125	5295	338	192
	1		1	1	412	22	1251	74	193
2			2	2	267	25	542	63	194
2	8	1	16	14	4597	253	10834	1107	195
8	39	3	34	48	8565	598	39673	2594	20
5	11	1	15	27	2877	182	18842	995	201
	6	1	4	12	1842	196	7429	542	202
3	14	1	8	8	2810	154	9035	582	203
	8		7	1	1036	66	4367	475	204
	20	3	48	15	10327	527	18402	1159	21
	14	2	30	10	6382	409	13800	769	211
			2	1	249	5	253	29	212
	4	1	7	1	1106	40	1400	122	213
				1	149	9	203	26	214
	2		9	2	2441	64	2746	213	219
4	20	5	45	36	8634	536	16925	1949	22
	1			4	254	8	96	16	221
1	10	2	18	19	2030	214	3368	421	222
3	9	3	27	13	6350	314	13461	1512	223
16	86	11	55	100	9731	787	19908	2097	23
15	75	10	50	89	8913	714	17881	1925	231
1	11	1	5	10	751	67	1985	165	232
				1	67	6	42	7	233
4	39	6	60	37	12323	694	27386	1962	24
	8	2	11	2	924	57	2221	214	241
			1	3	269	23	663	38	242
4	21	2	31	25	8507	429	18240	1353	243
	3	1	5	4	1060	72	1500	133	244
	7	1	12	1	1276	92	4434	196	245
				2	287	21	328	28	246
2	3	1	6	52	1785	243	936	100	25
1	2	1	6	32	1300	189	797	85	251
1	1			20	485	54	139	15	252
12	72	23	72	300	19288	2296	19835	2894	26
1	14	3	12	106	3575	506	2335	364	261

2-4 续表 3

行业中类	代码	企业单位数	内资企业	国有企业	集体企业	股份合作企业
肥料制造	262	17647	17244	130	157	81
农药制造	263	2924	2794	30	43	28
涂料、油墨、颜料及类似产品制造	264	24054	22669	61	373	204
合成材料制造	265	14021	12934	31	149	71
专用化学产品制造	266	34082	32297	133	638	267
炸药、火工及焰火产品制造	267	5914	5870	23	183	23
日用化学产品制造	268	16438	15370	57	192	132
医药制造业	27	28246	26545	206	169	120
化学药品原料药制造	271	3505	3260	27	35	17
化学药品制剂制造	272	2888	2548	34	13	12
中药饮片加工	273	5112	5023	13	17	20
中成药生产	274	4352	4121	59	32	14
兽用药品制造	275	1893	1824	26	27	20
生物药品制造	276	5355	4941	23	12	11
卫生材料及医药用品制造	277	5141	4828	24	33	26
化学纤维制造业	28	7603	7087	19	57	20
纤维素纤维原料及纤维制造	281	1448	1328	4	14	3
合成纤维制造	282	6155	5759	15	43	17
橡胶和塑料制品业	29	201994	193483	266	1994	1444
橡胶制品业	291	35706	34224	77	511	288
塑料制品业	292	166288	159259	189	1483	1156
非金属矿物制品业	30	292793	287966	967	4865	1548
水泥、石灰和石膏制造	301	17602	17325	224	435	108
石膏、水泥制品及类似制品制造	302	65831	65150	227	705	271
砖瓦、石材等建筑材料制造	303	121879	120618	286	2618	754
玻璃制造	304	5719	5520	18	37	17
玻璃制品制造	305	19277	18620	35	143	84
玻璃纤维和玻璃纤维增强塑料制品制造	306	7445	7208	15	98	52
陶瓷制品制造	307	20154	19399	54	150	90
耐火材料制品制造	308	14303	14035	40	400	79
石墨及其他非金属矿物制品制造	309	20583	20091	68	279	93
黑色金属冶炼和压延加工业	31	42979	41814	159	883	427
炼铁	311	1681	1647	15	48	9
炼钢	312	1039	1009	9	19	7
黑色金属铸造	313	17434	17099	48	536	237
钢压延加工	314	19391	18699	61	242	160
铁合金冶炼	315	3434	3360	26	38	14
有色金属冶炼和压延加工业	32	33398	32116	161	451	207
常用有色金属冶炼	321	5767	5603	52	90	34
贵金属冶炼	322	845	817	28	24	1
稀有稀土金属冶炼	323	1238	1190	6	18	5
有色金属合金制造	324	4825	4573	13	65	33
有色金属铸造	325	2406	2340	8	53	23
有色金属压延加工	326	18317	17593	54	201	111

单位：个

国有联营企业	集体联营企业	国有与集体联营	其他联营	国有独资公司	其他有限责任公司	股份有限公司	私营独资	私营合伙	代码
2	7		8	42	2720	314	2103	228	262
1	1	1	2	10	526	109	269	25	263
3	11	3	14	24	3166	260	3999	425	264
	6	1	8	40	2105	253	1661	186	265
4	19	12	17	47	4739	573	4577	594	266
	6			19	412	98	2499	789	267
1	8	3	11	12	2045	183	2392	283	268
5	6	11	8	72	6131	1128	1905	243	27
	1	3	1	10	778	162	189	21	271
1	1	2	1	13	821	192	115	19	272
1	1	1	2	11	1199	113	414	48	273
		4	1	15	1159	320	241	42	274
		1	2	4	368	54	116	13	275
3	2			15	1051	189	319	44	276
	1		1	4	755	98	511	56	277
		1		15	638	112	884	114	28
				2	168	38	178	18	281
		1		13	470	74	706	96	282
9	49	13	116	84	22621	1336	40329	4608	29
1	11	2	32	18	4014	267	6073	751	291
8	38	11	84	66	18607	1069	34256	3857	292
26	196	19	163	393	34935	2577	78395	10035	30
6	16	7	14	110	2938	339	3761	477	301
6	29	3	30	143	8696	540	18324	1581	302
7	115	6	68	56	12197	797	37613	6346	303
1	1		5	8	845	65	749	72	304
2	6		11	12	2115	171	3207	286	305
	1		4	4	684	62	1244	123	306
1	7	1	8	29	2805	203	6220	488	307
	8	1	5	8	1877	163	3147	263	308
3	13	1	18	23	2778	237	4130	399	309
1	16	5	16	98	4729	422	9040	1095	31
	1		2	4	227	32	361	79	311
	2			7	196	20	158	22	312
	6	2	7	12	1329	109	5191	524	313
	4	3	5	61	2269	202	2872	386	314
1	3		2	14	708	59	458	84	315
3	13	4	22	104	5419	545	5114	609	32
	3		5	32	1079	149	831	150	321
1	1		2	9	177	32	97	10	322
	2		2	6	267	48	103	19	323
1	2	1	2	13	725	80	672	68	324
	1			2	249	19	641	59	325
1	4	3	11	42	2922	217	2770	303	326

2-4 续表 4

行业中类	代码	企业单位数	内资企业	国有企业	集体企业	股份合作企业
金属制品业	33	313438	305634	467	3064	1611
结构性金属制品制造	331	105540	103962	163	974	459
金属工具制造	332	30501	29530	74	383	154
集装箱及金属包装容器制造	333	7845	7397	31	143	67
金属丝绳及其制品制造	334	18281	17960	25	158	81
建筑、安全用金属制品制造	335	44145	42920	39	292	289
金属表面处理及热处理加工	336	14483	13877	25	386	208
搪瓷制品制造	337	2603	2548	6	20	9
金属制日用品制造	338	25817	24838	21	158	112
其他金属制品制造	339	64223	62602	83	550	232
通用设备制造业	34	339566	330656	903	3343	2344
锅炉及原动设备制造	341	13937	13561	79	222	112
金属加工机械制造	342	55054	53778	183	534	298
物料搬运设备制造	343	14199	13577	62	124	83
泵、阀门、压缩机及类似机械制造	344	42297	40738	106	444	598
轴承、齿轮和传动部件制造	345	22633	21827	60	152	157
烘炉、风机、衡器、包装等设备制造	346	32039	30600	87	278	242
文化、办公用机械制造	347	3322	2908	19	20	15
通用零部件制造	348	119950	118049	241	1433	756
其他通用设备制造业	349	36135	35618	66	136	83
专用设备制造业	35	226534	218427	730	1687	1254
采矿、冶金、建筑专用设备制造	351	34207	33392	197	420	174
化工、木材、非金属加工专用设备制造	352	66112	63362	98	328	346
食品、饮料、烟草及饲料生产专用设备制造	353	6723	6520	31	78	84
印刷、制药、日化及日用品生产专用设备制造	354	11181	10674	31	110	85
纺织、服装和皮革加工专用设备制造	355	12847	12284	34	108	165
电子和电工机械专用设备制造	356	16883	16168	61	82	62
农、林、牧、渔专用机械制造	357	14503	14213	111	188	79
医疗仪器设备及器械制造	358	14368	13434	42	99	72
环保、社会公共服务及其他专用设备制造	359	49710	48380	125	274	187
汽车制造业	36	85000	79758	222	532	567
汽车整车制造	361	1504	1330	25	6	6
改装汽车制造	362	1407	1354	33	15	6
低速载货汽车制造	363	121	120	6	2	
电车制造	364	1130	1118	1	1	1
汽车车身、挂车制造	365	1514	1478	5	12	2
汽车零部件及配件制造	366	79324	74358	152	496	552
铁路、船舶、航空航天和其他运输设备制造业	37	36958	35491	263	520	253
铁路运输设备制造	371	4019	3891	80	231	27
城市轨道交通设备制造	372	401	387	3	3	2
船舶及相关装置制造	373	10629	10182	100	143	53
航空、航天器及设备制造	374	1686	1550	38	8	9
摩托车制造	375	8347	8137	14	77	120
自行车制造	376	9446	9053	14	44	36

单位：个

国有联营企业	集体联营企业	国有与集体联营	其他联营	国有独资公司	其他有限责任公司	股份有限公司	私营独资	私营合伙	代码
11	87	12	151	154	35692	1778	59100	5306	33
5	33	1	46	67	14262	656	18927	1371	331
2	6	1	16	12	2406	133	6808	567	332
1	2	1	4	10	1067	95	1051	98	333
1	4	2	4	8	1074	56	1947	207	334
	12		27	7	4500	218	9243	1096	335
1	7	3	7	6	1309	101	3236	458	336
				1	329	20	471	44	337
1	7	1	16	9	3032	169	6230	362	338
	16	3	31	34	7713	330	11187	1103	339
15	64	24	130	226	30538	2226	59702	5867	34
3	5	1	5	35	2986	173	1799	137	341
1	8	6	24	42	5538	432	8885	867	342
1	5		6	25	1899	168	1429	143	343
1	7	2	14	35	3471	351	6152	729	344
	3	3	5	12	1476	163	4360	564	345
3	5	2	17	20	3332	295	4162	418	346
1	2		4	3	462	49	336	28	347
2	25	9	45	39	7619	440	29027	2610	348
3	4	1	10	15	3755	155	3552	371	349
12	47	12	107	223	26362	2144	29256	3279	35
3	13	2	12	96	4611	394	4239	390	351
1	5	1	44	36	7471	374	10533	1264	352
1		1	2	6	687	71	979	90	353
1	2		7	9	1463	109	1391	181	354
	3		3	7	773	78	2699	356	355
2	6	1	17	17	2470	209	1468	210	356
1	9	2	3	16	1558	151	2617	202	357
1	3	3	4	4	1902	224	1261	174	358
2	6	2	15	32	5427	534	4069	412	359
3	14	6	25	196	9699	819	10507	1304	36
	1			34	401	75	47	17	361
			1	15	381	55	83	10	362
				1	22	6	16	4	363
					142	10	182	12	364
			1	4	205	15	122	11	365
3	13	6	23	142	8548	658	10057	1250	366
2	16	12	11	110	4536	386	5870	557	37
	4	2	2	40	692	84	385	33	371
1				3	100	7	17	5	372
1	6	8	3	24	1248	108	1542	159	373
			1	33	447	50	76	7	374
	2		2	6	838	59	2048	185	375
	4	1	3	1	951	61	1411	128	376

2-4 续表 5

行业中类	代码	企业单位数	内资企业	国有企业	集体企业	股份合作企业
非公路休闲车及零配件制造	377	1060	989	3	5	2
潜水救捞及其他未列明运输设备制造	379	1370	1302	11	9	4
电气机械和器材制造业	38	208762	199255	470	1595	1217
电机制造	381	19348	18443	75	130	143
输配电及控制设备制造	382	70247	67335	191	650	541
电线、电缆、光缆及电工器材制造	383	28811	27324	67	352	202
电池制造	384	7041	6465	25	40	27
家用电力器具制造	385	26523	25175	32	145	99
非电力家用器具制造	386	7111	6903	10	35	19
照明器具制造	387	36545	34854	22	147	134
其他电气机械及器材制造	389	13136	12756	48	96	52
计算机、通信和其他电子设备制造业	39	122942	111483	254	352	357
计算机制造	391	12460	11154	12	28	29
通信设备制造	392	10191	9273	48	40	39
广播电视设备制造	393	3473	3105	14	16	11
雷达及配套设备制造	394	269	260	5		2
视听设备制造	395	6027	5222	10	12	17
电子器件制造	396	18566	16386	54	39	55
电子元件制造	397	49073	44428	90	168	150
其他电子设备制造	399	22883	21655	21	49	54
仪器仪表制造业	40	45795	43072	201	493	462
通用仪器仪表制造	401	24770	23704	109	261	253
专用仪器仪表制造	402	7089	6687	54	91	61
钟表与计时仪器制造	403	2861	2330	12	54	17
光学仪器及眼镜制造	404	7390	6795	11	40	92
其他仪器仪表制造业	409	3685	3556	15	47	39
其他制造业	41	69187	67583	105	318	199
日用杂品制造	411	17534	16663	12	107	96
煤制品制造	412	3383	3367	18	47	18
其他未列明制造业	419	48270	47553	75	164	85
废弃资源综合利用业	42	15904	15581	57	136	51
金属废料和碎屑加工处理	421	7558	7359	26	92	22
非金属废料和碎屑加工处理	422	8346	8222	31	44	29
金属制品、机械和设备修理业	43	22628	22339	203	580	156
金属制品修理	431	1286	1246	6	25	6
通用设备修理	432	3264	3238	31	87	19
专用设备修理	433	2946	2910	48	111	17
铁路、船舶、航空航天等运输设备修理	434	6068	5969	64	171	57
电气设备修理	435	1970	1952	11	55	22
仪器仪表修理	436	439	432	6	16	4
其他机械和设备修理业	439	6655	6592	37	115	31
电力、热力、燃气及水生产和供应业	D	**117003**	**114324**	**7464**	**6467**	**1083**
电力、热力生产和供应业	44	82648	81245	3989	3621	859
电力生产	441	66808	65554	1853	3310	815

单位：个

国有联营企业	集体联营企业	国有与集体联营	其他联营	国有独资公司	其他有限责任公司	股份有限公司	私营独资	私营合伙	代码
				1	70	5	219	15	377
		1		2	190	12	172	25	379
9	51	10	133	164	28798	2203	24808	3094	38
2	3		11	30	2471	224	2314	299	381
3	26	5	36	58	9131	868	6297	1091	382
3	13	1	16	19	3804	306	3485	400	383
1	3		2	18	1342	161	441	72	384
	2	2	26	10	4241	209	3468	494	385
			3	5	969	86	839	74	386
	3	2	33	12	5188	255	6848	533	387
	1		6	12	1652	94	1116	131	389
2	10	4	165	114	20826	1515	10666	1553	39
	2	1	22	14	2855	182	623	133	391
	1		5	16	1702	194	615	113	392
		1	2	5	449	68	376	44	393
				9	60	10	10	2	394
1	1		11	8	884	65	722	79	395
	1		13	21	3913	328	1068	182	396
1	4	2	57	35	6805	412	5558	723	397
	1		55	6	4158	256	1694	277	399
	9	5	25	53	5805	581	4607	678	40
	2	3	10	23	3177	354	2169	357	401
	1	2	1	10	1039	129	613	80	402
	1		9	5	392	20	334	37	403
	1		3	11	731	46	1101	158	404
	4		2	4	466	32	390	46	409
5	13	2	12	37	9978	307	10803	1760	41
2	3		3	9	2433	62	3615	1213	411
1	2		2	3	337	29	1113	97	412
2	8	2	7	25	7208	216	6075	450	419
3	14	1	4	26	2369	140	2606	239	42
2	9		3	15	1222	75	1020	102	421
1	5	1	1	11	1147	65	1586	137	422
	12	4	19	30	2713	150	3220	351	43
			1	1	275	11	190	21	431
	2	1	2	1	382	18	443	39	432
	1			4	336	16	474	27	433
	6	2	3	12	577	41	893	132	434
			2	5	272	16	265	33	435
		1	1		61	8	37	5	436
	3		10	7	810	40	918	94	439
80	**257**	**60**	**123**	**3044**	**21480**	**2019**	**14833**	**8884**	**D**
53	180	41	88	1950	14751	1502	10446	8030	44
38	172	32	83	1296	11194	1195	9559	7919	441

2-4 续表 6

行业中类	代码	企业单位数	内资企业	国有企业	集体企业	股份合作企业
电力供应	442	7614	7565	1729	195	18
热力生产和供应	443	8226	8126	407	116	26
燃气生产和供应业	45	10329	9613	216	75	49
燃气生产和供应业	450	10329	9613	216	75	49
水的生产和供应业	46	24026	23466	3259	2771	175
自来水生产和供应	461	16482	16273	2644	2605	97
污水处理及其再生利用	462	6324	5989	582	149	20
其他水的处理、利用与分配	469	1220	1204	33	17	58
建筑业	**E**	**1045185**	**1042888**	**5900**	**7468**	**1689**
房屋建筑业	47	189109	188755	1511	3523	386
房屋建筑业	470	189109	188755	1511	3523	386
土木工程建筑业	48	193598	193146	2738	1562	273
铁路、道路、隧道和桥梁工程建筑	481	78085	77869	1243	515	104
水利和内河港口工程建筑	482	13086	13057	725	224	27
海洋工程建筑	483	534	528	7	2	2
工矿工程建筑	484	5995	5962	113	68	10
架线和管道工程建筑	485	17607	17545	263	287	32
其他土木工程建筑	489	78291	78185	387	466	98
建筑安装业	49	162694	162171	720	1200	337
电气安装	491	37267	37123	195	352	79
管道和设备安装	492	34688	34561	228	349	104
其他建筑安装业	499	90739	90487	297	499	154
建筑装饰和其他建筑业	50	499784	498816	931	1183	693
建筑装饰业	501	377481	376709	360	711	551
工程准备活动	502	33538	33499	220	194	46
提供施工设备服务	503	9005	8981	49	39	13
其他未列明建筑业	509	79760	79627	302	239	83
批发和零售业	**F**	**6173230**	**6120786**	**30562**	**43911**	**15396**
批发业	51	3606355	3564187	18540	21058	7378
农、林、牧产品批发	511	143958	143363	3860	1971	375
食品、饮料及烟草制品批发	512	332248	328419	4560	1860	730
纺织、服装及家庭用品批发	513	507772	497572	831	1285	719
文化、体育用品及器材批发	514	122676	120635	544	395	318
医药及医疗器材批发	515	102727	101751	558	186	214
矿产品、建材及化工产品批发	516	1024392	1018360	4421	10288	2264
机械设备、五金产品及电子产品批发	517	870954	859299	2094	2730	1993
贸易经纪与代理	518	155811	152869	687	438	210
其他批发业	519	345817	341919	985	1905	555
零售业	52	2566875	2556599	12022	22853	8018
综合零售	521	410225	408159	2243	10842	1032
食品、饮料及烟草制品专门零售	522	232702	231739	3036	1997	896
纺织、服装及日用品专门零售	523	267707	265595	670	1714	751
文化、体育用品及器材专门零售	524	135933	135176	1374	1057	879
医药及医疗器材专门零售	525	207463	207156	1069	814	805

单位：个

国有联营企业	集体联营企业	国有与集体联营	其他联营	国有独资公司	其他有限责任公司	股份有限公司	私营独资	私营合伙	代码
11	7	7	2	418	1374	149	366	77	442
4	1	2	3	236	2183	158	521	34	443
4	7	3	5	119	2605	224	1123	205	45
4	7	3	5	119	2605	224	1123	205	450
23	70	16	30	975	4124	293	3264	649	46
19	65	13	26	722	2344	185	2707	547	461
4	5	3	4	237	1600	95	361	41	462
				16	180	13	196	61	469
43	**183**	**46**	**284**	**3326**	**144844**	**8858**	**63599**	**7807**	E
8	66	18	47	767	33905	2801	11624	1393	47
8	66	18	47	767	33905	2801	11624	1393	470
18	40	13	62	1808	28297	1864	11268	1310	48
8	12	7	22	1118	12163	903	3985	489	481
4	4	1	4	276	2335	186	1003	105	482
				6	83	4	31		483
	5	1	4	78	1144	81	265	38	484
4	4	1	6	146	3134	224	903	74	485
2	15	3	26	184	9438	466	5081	604	489
6	25	7	45	329	21755	1255	9192	1113	49
3	6	1	9	96	5907	355	1838	240	491
1	7	3	4	81	4453	277	2023	241	492
2	12	3	32	152	11395	623	5331	632	499
11	52	8	130	422	60887	2938	31515	3991	50
4	24	7	102	139	45328	2158	23733	2993	501
2	6		12	103	4099	228	2564	306	502
2	4	1	5	13	1291	77	758	110	503
3	18		11	167	10169	475	4460	582	509
519	**1542**	**352**	**2871**	**5770**	**739016**	**35527**	**756605**	**55297**	F
242	719	160	1763	3701	442127	19652	315167	28024	51
34	75	19	77	557	17231	1007	26977	1495	511
25	54	19	158	755	40587	2070	34045	3026	512
18	37	11	160	191	54967	2214	39056	3336	513
5	12	6	51	112	14621	710	9124	955	514
7	15	3	56	107	15215	902	7951	753	515
73	325	39	436	1292	124559	5979	105440	8327	516
45	105	41	602	385	106179	4344	49942	6490	517
13	21	6	101	119	22034	1104	11668	1299	518
22	75	16	122	183	46734	1322	30964	2343	519
277	823	192	1108	2069	296889	15875	441438	27273	52
45	251	40	126	244	40825	2237	60537	3528	521
30	98	13	95	418	26552	1477	41701	2483	522
14	69	15	116	59	28052	1338	56583	2535	523
17	60	7	60	450	17381	943	18576	1489	524
30	73	13	150	155	19524	1414	75744	3139	525

2-4 续表 7

行业中类	代码	企业单位数	内资企业	国有企业	集体企业	股份合作企业
汽车、摩托车、燃料及零配件专门零售	526	310528	309112	1689	2440	975
家用电器及电子产品专门零售	527	301363	300572	372	586	898
五金、家具及室内装饰材料专门零售	528	343424	342649	709	1727	1154
货摊、无店铺及其他零售业	529	357530	356441	860	1676	628
交通运输、仓储和邮政业	**G**	**530856**	**525178**	**10319**	**5821**	**1630**
铁路运输业	53	3493	3476	348	161	7
铁路旅客运输	531	402	401	58	7	
铁路货物运输	532	1577	1567	105	43	3
铁路运输辅助活动	533	1514	1508	185	111	4
道路运输业	54	309998	308671	3026	2772	954
城市公共交通运输	541	13384	13261	596	320	110
公路旅客运输	542	11859	11745	628	353	117
道路货物运输	543	265788	264923	706	1341	597
道路运输辅助活动	544	18967	18742	1096	758	130
水上运输业	55	14756	14410	313	598	70
水上旅客运输	551	1603	1573	65	93	12
水上货物运输	552	8738	8655	129	421	42
水上运输辅助活动	553	4415	4182	119	84	16
航空运输业	56	2397	2300	93	10	9
航空客货运输	561	887	839	34	5	3
通用航空服务	562	732	720	15	1	2
航空运输辅助活动	563	778	741	44	4	4
管道运输业	57	421	398	23	6	
管道运输业	570	421	398	23	6	
装卸搬运和运输代理业	58	133971	131766	770	1542	375
装卸搬运	581	28295	28134	181	1196	88
运输代理业	582	105676	103632	589	346	287
仓储业	59	40662	39068	4174	684	141
谷物、棉花等农产品仓储	591	12277	12230	3552	185	33
其他仓储业	599	28385	26838	622	499	108
邮政业	60	25158	25089	1572	48	74
邮政基本服务	601	2053	2050	1384	29	5
快递服务	602	23105	23039	188	19	69
住宿和餐饮业	**H**	**374997**	**368736**	**5987**	**4297**	**1992**
住宿业	61	110895	109277	4578	2689	849
旅游饭店	611	35021	33885	2040	578	182
一般旅馆	612	65090	64691	2208	1879	589
其他住宿业	619	10784	10701	330	232	78
餐饮业	62	264102	259459	1409	1608	1143
正餐服务	621	207084	204126	1204	1318	844
快餐服务	622	16710	15858	69	112	116
饮料及冷饮服务	623	9544	9109	15	50	66
其他餐饮业	629	30764	30366	121	128	117

单位：个

国有联营企业	集体联营企业	国有与集体联营	其他联营	国有独资公司	其他有限责任公司	股份有限公司	私营独资	私营合伙	代码
103	115	70	157	375	44208	3348	49999	4686	526
7	33	8	178	64	41675	1957	35857	3048	527
10	66	13	129	141	40114	1555	58090	3293	528
21	58	13	97	163	38558	1606	44351	3072	529
127	**232**	**78**	**334**	**2920**	**77557**	**5144**	**41962**	**5848**	**G**
4	3	5	2	53	801	72	221	30	53
	1		1	8	118	13	23	1	531
2		1	1	26	412	40	89	18	532
2	2	4		19	271	19	109	11	533
39	125	25	147	1387	43820	2971	24891	3360	54
10	12	7	11	434	3617	389	692	149	541
9	18	5	18	230	2932	442	704	339	542
14	62	6	97	316	33937	1865	21325	2570	543
6	33	7	21	407	3334	275	2170	302	544
8	15	1	12	200	2884	289	737	213	55
	2			22	294	31	105	39	551
6	12		10	67	1650	177	372	108	552
2	1	1	2	111	940	81	260	66	553
2		1	2	124	636	80	77	13	56
			1	34	223	32	32	5	561
		1		15	200	22	27	5	562
2			1	75	213	26	18	3	563
1			1	9	132	19	25		57
1			1	9	132	19	25		570
24	45	14	122	314	18882	925	10004	1571	58
2	29	7	15	49	3418	147	3670	420	581
22	16	7	107	265	15464	778	6334	1151	582
40	37	24	15	723	6801	399	3900	409	59
28	14	8	4	511	1556	132	1398	158	591
12	23	16	11	212	5245	267	2502	251	599
9	7	8	33	110	3601	389	2107	252	60
9	4	4		19	97	42	49	3	601
	3	4	33	91	3504	347	2058	249	602
61	**176**	**38**	**165**	**857**	**46784**	**3159**	**92195**	**8041**	**H**
45	106	24	57	610	17019	1452	25494	3017	61
20	29	5	15	429	7958	721	4660	583	611
19	62	17	37	162	7508	611	18615	2160	612
6	15	2	5	19	1553	120	2219	274	619
16	70	14	108	247	29765	1707	66701	5024	62
14	60	9	76	208	23447	1361	54557	3966	621
1	2	1	10	18	1677	121	3542	276	622
	2		6	2	1031	62	2617	314	623
1	6	4	16	19	3610	163	5985	468	629

2-4 续表 8

行业中类	代码	企业单位数	内资企业	国有企业	集体企业	股份合作企业
信息传输、软件和信息技术服务业	I	**711173**	**699603**	**2359**	**701**	**972**
电信、广播电视和卫星传输服务	63	18679	17767	1434	186	68
电信	631	14927	14035	908	69	47
广播电视传输服务	632	3302	3287	508	113	20
卫星传输服务	633	450	445	18	4	1
互联网和相关服务	64	90375	89943	184	48	120
互联网接入及相关服务	641	8910	8868	45	7	13
互联网信息服务	642	63265	62932	115	31	93
其他互联网服务	649	18200	18143	24	10	14
软件和信息技术服务业	65	602119	591893	741	467	784
软件开发	651	388569	381165	255	171	410
信息系统集成服务	652	43686	43108	92	32	66
信息技术咨询服务	653	103203	102075	247	186	220
数据处理和存储服务	654	8921	8693	24	9	11
集成电路设计	655	3903	3577	5	4	6
其他信息技术服务业	659	53837	53275	118	65	71
金融业	J	**129762**	**124871**	**3766**	**1082**	**1967**
货币金融服务	66	40802	38378	2288	881	1508
中央银行服务	661	221	220	83	1	2
货币银行服务	662	15269	14475	1973	821	1371
非货币银行服务	663	25240	23613	216	59	130
银行监管服务	664	72	70	16		5
资本市场服务	67	46710	46270	429	78	130
证券市场服务	671	5429	5301	111	5	29
期货市场服务	672	505	498	26		1
证券期货监管服务	673	38	38	1		1
资本投资服务	674	34570	34324	235	61	80
其他资本市场服务	679	6168	6109	56	12	19
保险业	68	22729	21123	834	73	252
人身保险	681	6675	5735	345	12	104
财产保险	682	7218	6716	427	22	120
再保险	683	49	41	2		
养老金	684	157	156	10	10	2
保险经纪与代理服务	685	6566	6458	26	14	15
保险监管服务	686	42	41	1		1
其他保险活动	689	2022	1976	23	15	10
其他金融业	69	19521	19100	215	50	77
金融信托与管理服务	691	4888	4836	68	16	25
控股公司服务	692	1421	1399	22	2	9
非金融机构支付服务	693	683	673	8	2	4
金融信息服务	694	5021	4987	27	7	16
其他未列明金融业	699	7508	7205	90	23	23
房地产业	K	**636729**	**624909**	**8516**	**8009**	**2473**
房地产业	70	636729	624909	8516	8009	2473
房地产开发经营	701	241542	233768	2672	1145	414

单位：个

国有联营企业	集体联营企业	国有与集体联营	其他联营	国有独资公司	其他有限责任公司	股份有限公司	私营独资	私营合伙	代码
52	**47**	**28**	**242**	**930**	**99206**	**6188**	**39800**	**6689**	I
27	14	9	23	480	3415	1228	1577	164	63
19	11	6	18	343	2413	969	1341	131	631
7	3	3	5	130	887	239	214	27	632
1				7	115	20	22	6	633
5	5	4	34	71	11717	818	12549	1358	64
	1	1	8	8	1316	82	1115	140	641
4	3	3	22	53	7966	617	8785	952	642
1	1		4	10	2435	119	2649	266	649
20	28	15	185	379	84074	4142	25674	5167	65
11	11	7	113	150	53597	2635	14080	3146	651
3	3	3	11	56	6836	441	1584	335	652
4	11	3	35	92	13542	568	6367	1120	653
		2	3	24	1517	106	771	85	654
1			7	9	632	56	140	43	655
1	3		16	48	7950	336	2732	438	659
70	**40**	**26**	**81**	**1153**	**23666**	**17643**	**5227**	**10174**	J
33	21	12	29	200	7806	7937	1578	399	66
	2				19	44	5		661
23	14	7	13	67	902	6777	159	51	662
10	5	5	16	132	6876	1096	1413	348	663
				1	9	20	1		664
15	6	7	33	592	8711	1216	1720	8230	67
3	1	1	7	69	1310	682	145	565	671
1				5	179	30	18	17	672
				1	9	3	2	2	673
8	5	4	20	464	5857	394	1204	7191	674
3		2	6	53	1356	107	351	455	679
17	8	4	8	119	3387	8013	998	98	68
8	3		3	20	665	3497	129	13	681
8	3	3	1	45	733	4048	185	20	682
	1			1	11	10	1		683
					11	96	3		684
	1	1	3	47	1553	258	552	27	685
					7	9	5	2	686
1			1	6	407	95	123	36	689
5	5	3	11	242	3762	477	931	1447	69
2			3	57	841	114	248	518	691
1	2		5	39	304	34	31	270	692
				5	189	16	37	13	693
1	1		2	28	849	77	291	99	694
1	2	3	1	113	1579	236	324	547	699
95	**188**	**68**	**281**	**5001**	**146604**	**9332**	**31983**	**5386**	K
95	188	68	281	5001	146604	9332	31983	5386	70
26	33	17	47	3242	77457	5526	5492	950	701

2-4 续表 9

行业中类	代码	企业单位数	内资企业	国有企业	集体企业	股份合作企业
物业管理	702	200477	198525	2158	2140	626
房地产中介服务	703	149507	148769	698	449	359
自有房地产经营活动	704	27299	26217	2050	3635	987
其他房地产业	709	17904	17630	938	640	87
租赁和商务服务业	L	**2114420**	**2091630**	**15389**	**20361**	**6180**
租赁业	71	165756	163931	449	407	334
机械设备租赁	711	161213	159430	411	376	318
文化及日用品出租	712	4543	4501	38	31	16
商务服务业	72	1948664	1927699	14940	19954	5846
企业管理服务	721	431094	426356	6484	11780	1545
法律服务	722	15922	15884	229	118	112
咨询与调查	723	577804	565924	1551	1417	1502
广告业	724	359466	358685	1003	521	661
知识产权服务	725	14209	14090	59	26	41
人力资源服务	726	119842	119638	965	1281	256
旅行社及相关服务	727	73400	72991	1527	467	331
安全保护服务	728	16392	16355	592	290	35
其他商务服务业	729	340535	337776	2530	4054	1363
科学研究和技术服务业	M	**869307**	**857760**	**11088**	**4872**	**3141**
研究和试验发展	73	151507	148382	831	422	620
自然科学研究和试验发展	731	14700	14463	69	15	38
工程和技术研究和试验发展	732	102794	100917	463	195	231
农业科学研究和试验发展	733	14119	13956	182	97	55
医学研究和试验发展	734	17715	16906	93	103	268
社会人文科学研究	735	2179	2140	24	12	28
专业技术服务业	74	357878	353456	8374	2736	1444
气象服务	741	2147	2129	345	119	6
地震服务	742	515	514	20	4	3
海洋服务	743	661	639	27	9	2
测绘服务	744	11183	11175	655	236	47
质检技术服务	745	25067	24622	1314	589	178
环境与生态监测	746	7994	7949	131	52	35
地质勘查	747	7023	6953	610	72	29
工程技术	748	138118	136771	4256	978	498
其他专业技术服务业	749	165170	162704	1016	677	646
科技推广和应用服务业	75	359922	355922	1883	1714	1077
技术推广服务	751	279921	276796	1447	1462	861
科技中介服务	752	14075	13897	222	99	62
其他科技推广和应用服务业	759	65926	65229	214	153	154
水利、环境和公共设施管理业	N	**103659**	**102783**	**3460**	**1539**	**268**
水利管理业	76	7160	7122	984	321	21
防洪除涝设施管理	761	838	836	115	29	1
水资源管理	762	1681	1670	276	87	5
天然水收集与分配	763	730	723	199	60	1

单位：个

国有联营企业	集体联营企业	国有与集体联营	其他联营	国有独资公司	其他有限责任公司	股份有限公司	私营独资	私营合伙	代码
34	57	20	132	988	40080	2170	10046	1456	702
5	14	5	73	105	20822	1049	14020	2448	703
23	67	22	20	334	4782	349	1477	319	704
7	17	4	9	332	3463	238	948	213	709
168	**505**	**120**	**959**	**12131**	**307429**	**14941**	**132192**	**77869**	**L**
9	14	2	64	237	20933	956	16088	1745	71
8	13	2	60	224	20232	927	15554	1685	711
1	1		4	13	701	29	534	60	712
159	491	118	895	11894	286496	13985	116104	76124	72
59	199	55	194	8529	73318	3769	16259	43988	721
3	7	2	24	12	1261	98	1945	3761	722
22	56	17	217	477	79360	3095	32998	17957	723
14	23	7	170	390	48618	2282	27401	3395	724
1	1	1	9	17	1924	91	889	772	725
14	28	3	59	238	14645	768	8321	1176	726
13	27	7	54	737	13380	1122	4459	754	727
2	10	1	9	270	2745	185	917	179	728
31	140	25	159	1224	51245	2575	22915	4142	729
94	**162**	**49**	**346**	**2231**	**137072**	**6275**	**44023**	**7245**	**M**
11	25	6	46	207	21813	926	6857	1184	73
	1		2	15	2383	97	712	96	731
7	10	4	26	133	14074	538	3636	636	732
1	7	1	5	39	1846	122	1067	137	733
3	6		11	18	2610	155	1322	283	734
	1	1	2	2	900	14	120	32	735
54	82	34	216	1612	55353	3142	20827	3589	74
1	2	1	1	16	562	25	128	8	741
					86	3	35	13	742
			1	3	96	4	33	3	743
3	4	3	4	63	1538	118	655	140	744
20	12	10	15	245	4480	291	1285	244	745
3	2		2	27	1157	69	367	65	746
3	5	2	4	96	1431	100	389	66	747
15	34	9	96	995	23473	1544	6489	1361	748
9	23	9	93	167	22530	988	11446	1689	749
29	55	9	84	412	59906	2207	16339	2472	75
20	44	8	62	302	44897	1637	13203	1897	751
3	4		6	49	2091	106	913	167	752
6	7	1	16	61	12918	464	2223	408	759
25	**51**	**18**	**43**	**2802**	**18267**	**1234**	**7127**	**929**	**N**
5	13	3	4	373	1284	102	601	75	76
	2		1	73	134	9	65	8	761
2	8	2		127	348	27	103	16	762
	1			45	125	18	45	17	763

2-4 续表 10

行业中类	代码	企业单位数	内资企业	国有企业	集体企业	股份合作企业
水文服务	764	376	374	41	14	2
其他水利管理业	769	3535	3519	353	131	12
生态保护和环境治理业	77	14371	14083	410	97	34
生态保护	771	1573	1558	128	23	6
环境治理业	772	12798	12525	282	74	28
公共设施管理业	78	82128	81578	2066	1121	213
市政设施管理	781	9223	9120	582	168	21
环境卫生管理	782	9663	9617	368	245	20
城乡市容管理	783	1939	1935	59	29	7
绿化管理	784	39703	39633	379	269	98
公园和游览景区管理	785	21600	21273	678	410	67
居民服务、修理和其他服务业	**O**	**397368**	**395677**	**2399**	**4122**	**2245**
居民服务业	79	149741	148988	899	1559	896
家庭服务	791	38466	38415	57	137	83
托儿所服务	792	858	857	6	2	
洗染服务	793	6164	6121	21	38	49
理发及美容服务	794	28321	28001	32	122	366
洗浴服务	795	9772	9684	54	184	110
保健服务	796	14574	14498	17	20	95
婚姻服务	797	12219	12185	53	92	36
殡葬服务	798	5099	5061	335	394	30
其他居民服务业	799	34268	34166	324	570	127
机动车、电子产品和日用产品修理业	80	140934	140462	912	1800	1069
汽车、摩托车修理与维护	801	107501	107229	784	1470	845
计算机和办公设备维修	802	13337	13226	38	64	70
家用电器修理	803	14263	14210	49	135	112
其他日用产品修理业	809	5833	5797	41	131	42
其他服务业	81	106693	106227	588	763	280
清洁服务	811	56124	55977	164	308	159
其他未列明服务业	819	50569	50250	424	455	121
教育	**P**	**99025**	**98512**	**1468**	**920**	**664**
教育	82	99025	98512	1468	920	664
学前教育	821	9482	9432	118	98	29
初等教育	822	1112	1107	102	21	6
中等教育	823	1246	1239	93	24	13
高等教育	824	315	314	32	1	2
特殊教育	825	413	411	6	5	1
技能培训、教育辅助及其他教育	829	86457	86009	1117	771	613
卫生和社会工作	**Q**	**49665**	**49367**	**1149**	**846**	**498**
卫生	83	39868	39672	937	678	465
医院	831	16857	16749	421	152	214
社区医疗与卫生院	832	2423	2417	242	187	16
门诊部(所)	833	16240	16196	103	254	202
计划生育技术服务活动	834	127	127	47	11	

单位：个

国有联营企业	集体联营企业	国有与集体联营	其他联营	国有独资公司	其他有限责任公司	股份有限公司	私营独资	私营合伙	代码
1			2	7	59	8	32	3	764
2	2	1	1	121	618	40	356	31	769
9	6	3	8	208	2512	174	998	157	77
3	1	1		26	231	17	184	22	771
6	5	2	8	182	2281	157	814	135	772
11	32	12	31	2221	14471	958	5528	697	78
4	7	2	7	1054	2079	89	493	58	781
1	3	1	3	200	1456	85	677	84	782
			1	103	252	15	142	16	783
2	9	4	15	183	6104	325	2883	324	784
4	13	5	5	681	4580	444	1333	215	785
40	**159**	**43**	**213**	**493**	**44342**	**2433**	**73552**	**6409**	**O**
20	65	22	88	175	15975	858	29714	2668	79
1	1		23	11	4084	187	4616	411	791
				1	49	6	218	17	792
			3	3	671	35	1577	116	793
	5		18	1	2726	140	8486	608	794
	7		4	11	919	86	3491	370	795
	4	1	4	6	1439	80	3924	386	796
2	4		11	2	1240	48	2122	190	797
7	16	17	11	64	679	52	569	72	798
10	28	4	14	76	4168	224	4711	498	799
15	57	16	90	108	15148	923	31913	2574	80
12	47	13	63	93	11115	692	26223	2110	801
	2		10	5	1842	118	1692	175	802
	5	2	16	6	1536	77	2915	198	803
3	3	1	1	4	655	36	1083	91	809
5	37	5	35	210	13219	652	11925	1167	81
1	11	4	25	64	6608	334	6075	613	811
4	26	1	10	146	6611	318	5850	554	819
14	**49**	**16**	**83**	**174**	**11513**	**837**	**14613**	**2603**	**P**
14	49	16	83	174	11513	837	14613	2603	82
1	10	1	19	4	549	61	3013	334	821
				1	75	3	194	29	822
3	1	1	3	4	121	14	241	49	823
	1		1	3	44	10	31	9	824
				2	45	11	67	19	825
10	37	14	60	160	10679	738	11067	2163	829
11	**37**	**8**	**42**	**83**	**5459**	**453**	**13913**	**2636**	**Q**
9	31	8	37	51	4307	369	12616	2464	83
4	7	3	16	22	2238	219	4824	1266	831
2	7	5	6	2	102	15	675	87	832
2	14		12	7	1203	87	6377	993	833
1				1	7	1	13	1	834

2-4 续表 11

行业中类	代码	企业单位数	内资企业	国有企业	集体企业	股份合作企业
妇幼保健院(所、站)	835	209	205	10	3	3
专科疾病防治院(所、站)	836	617	615	19	6	8
疾病预防控制中心	837	218	218	38	18	1
其他卫生活动	839	3177	3145	57	47	21
社会工作	84	9797	9695	212	168	33
提供住宿社会工作	841	8891	8794	139	101	31
不提供住宿社会工作	842	906	901	73	67	2
文化、体育和娱乐业	**R**	**346299**	**344568**	**4545**	**1405**	**1233**
新闻和出版业	85	5379	5348	1255	169	29
新闻业	851	375	366	30	9	2
出版业	852	5004	4982	1225	160	27
广播、电视、电影和影视录音制作业	86	38456	38158	1897	295	100
广播	861	2027	2026	68	20	2
电视	862	1877	1870	193	26	5
电影和影视节目制作	863	22099	22016	122	27	60
电影和影视节目发行	864	1851	1835	132	10	10
电影放映	865	9290	9107	1364	206	18
录音制作	866	1312	1304	18	6	5
文化艺术业	87	110450	110029	914	453	432
文艺创作与表演	871	27945	27831	353	147	93
艺术表演场馆	872	1094	1086	138	18	1
图书馆与档案馆	873	954	953	56	31	4
文物及非物质文化遗产保护	874	1632	1625	58	34	3
博物馆	875	549	540	29	9	6
烈士陵园、纪念馆	876	103	103	11	9	
群众文化活动	877	13636	13592	153	97	76
其他文化艺术业	879	64537	64299	116	108	249
体育	88	30372	29888	204	129	151
体育组织	881	6282	6225	47	26	22
体育场馆	882	2010	1979	62	23	12
休闲健身活动	883	18028	17675	74	71	100
其他体育	889	4052	4009	21	9	17
娱乐业	89	161642	161145	275	359	521
室内娱乐活动	891	141950	141667	148	266	445
游乐园	892	3655	3583	30	25	15
彩票活动	893	230	228	21	2	1
文化、娱乐、体育经纪代理	894	7877	7834	33	14	49
其他娱乐业	899	7930	7833	43	52	11
公共管理、社会保障和社会组织	**S**	**314**	**314**	**87**	**31**	**2**
社会保障	93	314	314	87	31	2
社会保障	93	314	314	87	31	2

单位：个

国有联营企业	集体联营企业	国有与集体联营	其他联营	国有独资公司	其他有限责任公司	股份有限公司	私营独资	私营合伙	代码
			2		34	2	31	6	835
					58	2	223	22	836
	1			2	18		42	4	837
	2		1	17	647	43	431	85	839
2	6		5	32	1152	84	1297	172	84
	4		3	24	1077	73	1213	159	841
2	2		2	8	75	11	84	13	842
39	**81**	**14**	**164**	**1395**	**37298**	**2173**	**109747**	**8467**	**R**
8	7	2	9	367	1329	114	262	44	85
	2		1	10	61	3	41	2	851
8	5	2	8	357	1268	111	221	42	852
12	9	4	14	313	6300	433	3469	334	86
1			2	14	295	23	96	14	861
4				38	316	52	75	8	862
	1	2	7	78	3103	191	2585	172	863
	1		1	29	400	24	85	14	864
6	7	2	4	152	1989	131	515	102	865
1				2	197	12	113	24	866
9	22	1	33	539	16290	675	11739	1509	87
6	7		6	341	3288	170	5963	775	871
	1		1	41	234	18	128	17	872
			1	2	87	5	109	8	873
		1	1	33	246	24	232	14	874
				9	108	8	64	11	875
	1			1	15	1	10	1	876
	5		5	29	1995	96	1215	173	877
3	8		19	83	10317	353	4018	510	879
	14	4	11	86	4003	218	3571	477	88
	6		3	16	924	43	394	55	881
	1	1	1	36	313	13	237	42	882
	7	3	6	27	2227	139	2680	343	883
			1	7	539	23	260	37	889
10	29	3	97	90	9376	733	90706	6103	89
7	26	3	87	13	6449	527	88485	5795	891
1	1		3	29	681	67	383	69	892
				2	35	2	19	4	893
1	1		5	22	1253	66	842	107	894
1	1		2	24	958	71	977	128	899
		2		**9**	**31**	**9**	**20**	**3**	**S**
		2		9	31	9	20	3	93
		2		9	31	9	20	3	93

2-4 续表 12

行业中类	代码	私营有限责任公司	私营股份有限公司	其他	港、澳、台商投资企业	与港、澳、台商合资经营
总计	--	**11440794**	**174944**	**573638**	**130214**	**29554**
农、林、牧、渔业	A	**308079**	**6398**	**99559**	**1662**	**361**
农业	01	149594	2936	49260	909	194
谷物种植	011	18930	349	12617	72	23
豆类、油料和薯类种植	012	3388	82	1785	9	3
棉、麻、糖、烟草种植	013	791	13	716	6	
蔬菜、食用菌及园艺作物种植	014	62934	1190	14259	452	89
水果种植	015	24179	483	9004	215	36
坚果、含油果、香料和饮料作物种植	016	9269	183	3160	58	17
中药材种植	017	17065	328	3692	34	10
其他农业	019	13038	308	4027	63	16
林业	02	35352	763	5790	174	38
林木育种和育苗	021	29402	552	4618	113	23
造林和更新	022	3642	135	598	37	7
森林经营和管护	023	1334	41	333	17	5
木材和竹材采运	024	441	17	122	2	
林产品采集	025	533	18	119	5	3
畜牧业	03	67434	1515	27850	263	68
牲畜饲养	031	45314	1059	19698	175	47
家禽饲养	032	16824	344	6217	58	13
狩猎和捕捉动物	033	150	5	98		
其他畜牧业	039	5146	107	1837	30	8
渔业	04	21882	409	5847	178	38
水产养殖	041	20892	392	5686	174	36
水产捕捞	042	990	17	161	4	2
农、林、牧、渔服务业	05	33817	775	10812	138	23
农业服务业	051	28225	630	8804	112	20
林业服务业	052	2762	75	564	12	
畜牧服务业	053	1730	45	1009	4	2
渔业服务业	054	1100	25	435	10	1
采矿业	B	**44457**	**1626**	**4381**	**322**	**134**
煤炭开采和洗选业	06	8529	313	577	45	22
烟煤和无烟煤开采洗选	061	7595	278	463	35	18
褐煤开采洗选	062	218	9	20	4	2
其他煤炭采选	069	716	26	94	6	2
石油和天然气开采业	07	307	16	26	11	1
石油开采	071	216	9	13	8	1
天然气开采	072	91	7	13	3	
黑色金属矿采选业	08	7692	277	493	53	28
铁矿采选	081	6805	225	440	44	22
锰矿、铬矿采选	082	514	27	19	4	2
其他黑色金属矿采选	089	373	25	34	5	4
有色金属矿采选业	09	5401	262	388	62	34
常用有色金属矿采选	091	3860	188	288	53	30

单位：个

与港、澳、台商合作经营	港、澳、台商独资	港、澳、台商投资股份有限公司	其他港、澳、台投资	外商投资企业	中外合资经营	中外合作经营	外资企业	外商投资股份有限公司	其他外商投资	代码
3819	**91215**	**2829**	**2797**	**136997**	**35990**	**2900**	**88723**	**4643**	**4741**	--
60	**1100**	**79**	**62**	**924**	**304**	**38**	**482**	**61**	**39**	A
28	604	47	36	464	151	20	246	28	19	01
1	44	3	1	34	13		18	3		011
	6			8	2		5	1		012
	5	1		4	1		2	1		013
14	317	15	17	261	84	14	140	14	9	014
7	145	20	7	83	23	3	48	5	4	015
3	32	3	3	22	3		14	2	3	016
1	16	2	5	19	11	2	4	1	1	017
2	39	3	3	33	14	1	15	1	2	019
8	109	16	3	114	27	3	65	12	7	02
6	76	6	2	77	20	1	43	8	5	021
	20	9	1	31	5	1	20	4	1	022
2	9	1		3	1		2			023
	2			1		1				024
	2			2	1				1	025
7	165	8	15	175	68	12	80	7	8	03
5	109	6	8	120	45	7	56	6	6	031
2	37	1	5	44	17	4	21	1	1	032
										033
	19	1	2	11	6	1	3		1	039
4	127	2	7	85	30	3	46	5	1	04
4	125	2	7	80	26	3	45	5	1	041
	2			5	4		1			042
13	95	6	1	86	28		45	9	4	05
11	76	5		61	21		28	8	4	051
1	10		1	6	1		5			052
	2			11	2		8	1		053
1	7	1		8	4		4			054
23	**133**	**10**	**22**	**278**	**126**	**37**	**89**	**15**	**11**	B
1	14	1	7	45	26	3	10	4	2	06
1	10	1	5	41	23	3	10	3	2	061
	2			3	2			1		062
	2		2	1	1					069
2	7	1		18	2	5	10		1	07
2	4	1		9		4	5			071
	3			9	2	1	5		1	072
2	20	2	1	35	19	4	8	2	2	08
	19	2	1	25	13	2	7	1	2	081
2				7	4	2	1			082
	1			3	2			1		089
5	16	4	3	69	36	17	11	4	1	09
4	14	2	3	41	25	6	7	2	1	091

2-4 续表 13

行业中类	代码	私营有限责任公司	私营股份有限公司	其他	港、澳、台商投资企业	与港、澳、台商合资经营
贵金属矿采选	092	967	35	63	7	3
稀有稀土金属矿采选	093	574	39	37	2	1
非金属矿采选业	10	18542	633	2554	134	44
土砂石开采	101	15215	517	2264	99	27
化学矿开采	102	766	30	38	1	1
采盐	103	122	3	16	1	
石棉及其他非金属矿采选	109	2439	83	236	33	16
开采辅助活动	11	2460	56	157	14	5
煤炭开采和洗选辅助活动	111	306	16	47	3	1
石油和天然气开采辅助活动	112	1786	27	58	10	3
其他开采辅助活动	119	368	13	52	1	1
其他采矿业	12	1526	69	186	3	
其他采矿业	120	1526	69	186	3	
制造业	C	**2001401**	**36716**	**79730**	**64425**	**15616**
农副食品加工业	13	73367	2083	6152	1393	545
谷物磨制	131	12379	408	1328	84	26
饲料加工	132	9201	276	515	199	95
植物油加工	133	5910	194	729	69	30
制糖业	134	473	21	33	20	8
屠宰及肉类加工	135	12571	380	979	210	75
水产品加工	136	6945	164	430	309	127
蔬菜、水果和坚果加工	137	11052	288	996	317	115
其他农副食品加工	139	14836	352	1142	185	69
食品制造业	14	43131	1026	2719	1229	373
焙烤食品制造	141	10827	220	632	340	79
糖果、巧克力及蜜饯制造	142	3061	77	311	135	30
方便食品制造	143	6748	159	516	179	60
乳制品制造	144	980	41	66	36	10
罐头食品制造	145	2107	62	122	84	40
调味品、发酵制品制造	146	5017	143	306	108	31
其他食品制造	149	14391	324	766	347	123
酒、饮料和精制茶制造业	15	27067	873	2446	591	198
酒的制造	151	9566	338	667	153	62
饮料制造	152	10476	294	652	339	115
精制茶加工	153	7025	241	1127	99	21
烟草制品业	16	72	1	39	5	4
烟叶复烤	161	22	1	31	3	2
卷烟制造	162	12		1		
其他烟草制品制造	169	38		7	2	2
纺织业	17	104438	1378	2873	3768	1095
棉纺织及印染精加工	171	36886	573	1132	1370	457
毛纺织及染整精加工	172	6991	98	210	261	82
麻纺织及染整精加工	173	853	38	45	46	16
丝绢纺织及印染精加工	174	2144	50	49	80	44
化纤织造及印染精加工	175	9359	98	108	335	114

单位：个

与港、澳、台商合作经营	港、澳、台商独资	港、澳、台商投资股份有限公司	其他港、澳、台投资	外商投资企业	中外合资经营	中外合作经营	外资企业	外商投资股份有限公司	其他外商投资	代码
1	2	1		19	5	10	3	1		092
		1		9	6	1	1	1		093
10	68	2	10	89	36	8	38	3	4	10
7	56	2	7	62	19	6	33	3	1	101
				5	4				1	102
	1			1			1			103
3	11		3	21	13	2	4		2	109
1	7		1	18	5		10	2	1	11
	2									111
1	5		1	15	5		8	1	1	112
				3			2	1		119
2	1			4	2		2			12
2	1			4	2		2			120
1656	**45108**	**1275**	**770**	**62514**	**20481**	**1319**	**38497**	**1269**	**948**	C
46	749	34	19	2234	1055	92	1012	43	32	13
5	46	4	3	100	47	1	48	2	2	131
6	89	7	2	345	139	22	176	4	4	132
	37	1	1	151	67	3	78	2	1	133
	11		1	18	9		7	1	1	134
12	113	8	2	214	100	4	93	12	5	135
9	163	7	3	553	297	41	206	5	4	136
9	185	4	4	562	269	13	259	12	9	137
5	105	3	3	291	127	8	145	5	6	139
35	762	34	25	1553	547	43	895	41	27	14
11	234	8	8	287	59	9	206	8	5	141
8	91	4	2	112	20	5	81	3	3	142
3	108	6	2	225	90	10	116	5	4	143
	22	1	3	104	46	1	46	9	2	144
2	40	1	1	137	77	2	53	2	3	145
2	69	4	2	208	67	8	132	1		146
9	198	10	7	480	188	8	261	13	10	149
23	336	24	10	888	405	23	406	39	15	15
7	74	7	3	310	120	6	160	17	7	151
13	195	13	3	536	275	17	220	18	6	152
3	67	4	4	42	10		26	4	2	153
			1							16
			1							161
										162
										169
92	2486	64	31	2241	837	54	1279	43	28	17
36	850	21	6	692	252	16	393	17	14	171
4	169	4	2	119	62	3	52	2		172
1	28		1	25	13	2	9	1		173
3	33			56	32	1	21	2		174
4	208	6	3	150	73	2	73	2		175

2-4 续表 14

行业中类	代码	私营有限责任公司	私营股份有限公司	其他	港、澳、台商投资企业	与港、澳、台商合资经营
针织或钩针编织物及其制品制造	176	16864	193	422	690	138
家用纺织制成品制造	177	19063	170	525	446	123
非家用纺织制成品制造	178	12278	158	382	540	121
纺织服装、服饰业	18	117957	1509	4672	6393	1357
机织服装制造	181	64732	1032	2647	4426	920
针织或钩针编织服装制造	182	15961	167	420	1231	248
服饰制造	183	37264	310	1605	736	189
皮革、毛皮、羽毛及其制品和制鞋业	19	51484	675	2339	3026	476
皮革鞣制加工	191	2059	41	118	183	45
皮革制品制造	192	18461	179	817	1248	157
毛皮鞣制及制品加工	193	5867	67	356	86	31
羽毛(绒)加工及制品制造	194	1637	42	71	70	28
制鞋业	195	23460	346	977	1439	215
木材加工和木、竹、藤、棕、草制品业	20	55980	1063	3863	726	200
木材加工	201	19053	346	2014	118	32
人造板制造	202	10556	303	443	183	66
木制品制造	203	21006	297	915	305	70
竹、藤、棕、草等制品制造	204	5365	117	491	120	32
家具制造业	21	52841	932	2059	1320	225
木质家具制造	211	37955	573	1407	770	125
竹、藤家具制造	212	618	17	47	26	8
金属家具制造	213	4959	72	213	252	49
塑料家具制造	214	630	10	29	31	5
其他家具制造	219	8679	260	363	241	38
造纸和纸制品业	22	44670	723	1570	1555	365
纸浆制造	221	301	14	31	23	5
造纸	222	9265	218	409	406	128
纸制品制造	223	35104	491	1130	1126	232
印刷和记录媒介复制业	23	44091	790	2044	1014	278
印刷	231	40624	707	1804	960	260
装订及印刷相关服务	232	3295	82	224	31	11
记录媒介复制	233	172	1	16	23	7
文教、工美、体育和娱乐用品制造业	24	63597	865	2990	4123	663
文教办公用品制造	241	6953	77	253	354	80
乐器制造	242	1606	31	62	76	25
工艺美术品制造	243	37891	543	1947	1958	334
体育用品制造	244	7906	80	345	518	92
玩具制造	245	7089	111	340	1146	119
游艺器材及娱乐用品制造	246	2152	23	43	71	13
石油加工和炼焦业	25	5376	182	193	147	67
精炼石油产品制造	251	4617	147	166	118	49
炼焦	252	759	35	27	29	18
化学原料和化学制品制造业	26	75359	2226	2507	3143	968
基础化学原料制造	261	11072	391	333	436	197

单位：个

与港、澳、台商合作经营	港、澳、台商独资	港、澳、台商投资股份有限公司	其他港、澳、台投资	外商投资企业	中外合资经营	中外合作经营	外资企业	外商投资股份有限公司	其他外商投资	代码
28	503	12	9	314	119	12	173	5	5	176
8	302	10	3	523	193	13	301	10	6	177
8	393	11	7	362	93	5	257	4	3	178
161	4723	106	46	4388	1651	104	2495	71	67	18
113	3286	76	31	3125	1165	76	1787	49	48	181
33	921	19	10	645	269	15	346	9	6	182
15	516	11	5	618	217	13	362	13	13	183
91	2368	54	37	1761	472	43	1170	38	38	19
11	124	2	1	98	39	5	50	3	1	191
35	1023	19	14	754	191	16	520	12	15	192
	51	2	2	75	39	1	34		1	193
3	36	1	2	44	20	3	19	1	1	194
42	1134	30	18	790	183	18	547	22	20	195
23	471	22	10	685	262	25	364	13	21	20
3	78	2	3	105	22	1	76	2	4	201
5	103	8	1	118	53	2	55	4	4	202
8	211	11	5	352	132	13	189	6	12	203
7	79	1	1	110	55	9	44	1	1	204
40	1023	13	19	1080	301	21	714	20	24	21
23	603	8	11	654	190	13	426	11	14	211
2	15	1		6	2		3		1	212
4	190	2	7	183	50	5	122	4	2	213
1	25			18	4		14			214
10	190	2	1	219	55	3	149	5	7	219
55	1089	23	23	771	266	19	445	24	17	22
	16	1	1	10	2		4	2	2	221
18	245	10	5	212	108	4	87	10	3	222
37	828	12	17	549	156	15	354	12	12	223
51	648	22	15	516	167	28	299	13	9	23
46	619	21	14	484	155	23	284	13	9	231
2	17		1	25	8	2	15			232
3	12	1		7	4	3				233
113	3221	82	44	2918	765	67	1991	55	40	24
12	253	5	4	257	86	6	155	6	4	241
4	45	2		147	49	2	92	3	1	242
48	1532	33	11	1593	416	33	1104	21	19	243
6	402	13	5	466	92	9	347	10	8	244
42	934	28	23	393	107	15	250	14	7	245
1	55	1	1	62	15	2	43	1	1	246
5	71	3	1	181	100	4	72	2	3	25
3	62	3	1	153	74	3	71	2	3	251
2	9			28	26	1	1			252
82	1992	72	29	3853	1459	79	2171	90	54	26
12	210	11	6	658	307	15	315	16	5	261

2-4 续表 15

行业中类	代码	私营有限责任公司	私营股份有限公司	其他	港、澳、台商投资企业	与港、澳、台商合资经营
肥料制造	262	10696	363	393	157	66
农药制造	263	1607	82	60	53	22
涂料、油墨、颜料及类似产品制造	264	13385	314	427	718	172
合成材料制造	265	7981	204	238	483	132
专用化学产品制造	266	19627	529	521	724	248
炸药、火工及焰火产品制造	267	1525	105	188	23	14
日用化学产品制造	268	9466	238	347	549	117
医药制造业	27	15212	683	646	701	346
化学药品原料药制造	271	1872	97	47	90	56
化学药品制剂制造	272	1211	72	41	136	65
中药饮片加工	273	2833	128	222	42	16
中成药生产	274	2018	135	81	125	74
兽用药品制造	275	1120	43	30	22	12
生物药品制造	276	3026	128	118	158	68
卫生材料及医药用品制造	277	3132	80	107	128	55
化学纤维制造业	28	5055	89	83	313	133
纤维素纤维原料及纤维制造	281	844	30	29	70	23
合成纤维制造	282	4211	59	54	243	110
橡胶和塑料制品业	29	114986	1889	3739	4989	898
橡胶制品业	291	21149	380	650	759	124
塑料制品业	292	93837	1509	3089	4230	774
非金属矿物制品业	30	140665	3407	9775	2455	835
水泥、石灰和石膏制造	301	8076	243	571	149	68
石膏、水泥制品及类似制品制造	302	31559	771	2265	413	163
砖瓦、石材等建筑材料制造	303	53523	1333	4899	652	200
玻璃制造	304	3524	72	106	124	50
玻璃制品制造	305	11996	207	345	330	110
玻璃纤维和玻璃纤维增强塑料制品制造	306	4719	87	115	99	24
陶瓷制品制造	307	8452	236	655	410	116
耐火材料制品制造	308	7545	171	328	78	34
石墨及其他非金属矿物制品制造	309	11271	287	491	200	70
黑色金属冶炼和压延加工业	31	23572	575	776	533	256
炼铁	311	781	31	57	20	10
炼钢	312	517	20	32	21	17
黑色金属铸造	313	8572	213	313	131	56
钢压延加工	314	11902	230	302	338	164
铁合金冶炼	315	1800	81	72	23	9
有色金属冶炼和压延加工业	32	18389	543	532	661	222
常用有色金属冶炼	321	2928	132	118	96	43
贵金属冶炼	322	383	24	28	14	6
稀有稀土金属冶炼	323	661	41	12	12	6
有色金属合金制造	324	2745	73	80	110	36
有色金属铸造	325	1218	27	40	34	8
有色金属压延加工	326	10454	246	254	395	123

单位：个

与港、澳、台商合作经营	港、澳、台商独资	港、澳、台商投资股份有限公司	其他港、澳、台投资	外商投资企业	中外合资经营	中外合作经营	外资企业	外商投资股份有限公司	其他外商投资	代码
6	74	8	3	246	109	10	114	10	3	262
	28	2	1	77	52		24	1		263
18	517	8	3	667	237	12	391	16	11	264
9	322	15	5	604	207	8	368	9	12	265
16	432	19	9	1061	383	19	619	26	14	266
1	8			21	13	2	3	2	1	267
20	401	9	2	519	151	13	337	10	8	268
14	302	32	7	1000	494	26	436	32	12	27
4	29	1		155	91	6	49	5	4	271
3	50	16	2	204	95	4	94	9	2	272
	23	2	1	47	25	1	18	2	1	273
2	47	1	1	106	62	2	38	4		274
	10			47	31	1	15			275
4	76	10		256	119	8	117	8	4	276
1	67	2	3	185	71	4	105	4	1	277
6	163	8	3	203	77	4	112	5	5	28
1	44		2	50	21	1	26	1	1	281
5	119	8	1	153	56	3	86	4	4	282
124	3821	78	68	3522	916	70	2424	58	54	29
15	595	15	10	723	181	14	511	12	5	291
109	3226	63	58	2799	735	56	1913	46	49	292
136	1395	52	37	2372	954	108	1214	57	39	30
7	66	3	5	128	52	5	61	6	4	301
13	225	7	5	268	130	14	108	8	8	302
22	401	17	12	609	252	19	313	15	10	303
1	68		5	75	30	2	41	1	1	304
5	203	8	4	327	114	8	196	6	3	305
1	68	4	2	138	51	4	80	2	1	306
79	205	8	2	345	120	47	167	6	5	307
1	40	3		190	94	4	84	5	3	308
7	119	2	2	292	111	5	164	8	4	309
21	241	8	7	632	288	19	301	14	10	31
2	7	1		14	7		7			311
2	2			9	4		4	1		312
6	65	2	2	204	90	12	97	2	3	313
11	153	5	5	354	160	5	174	8	7	314
	14			51	27	2	19	3		315
25	388	16	10	621	258	16	323	12	12	32
8	39	5	1	68	38		23	4	3	321
1	5	2		14	5	3	5		1	322
1	4		1	36	24	3	9			323
3	66	3	2	142	53	3	80	3	3	324
	25		1	32	12	1	16	1	2	325
12	249	6	5	329	126	6	190	4	3	326

2-4 续表 16

行业中类	代码	私营有限责任公司	私营股份有限公司	其他	港、澳、台商投资企业	与港、澳、台商合资经营
金属制品业	33	188441	2599	7161	4274	915
结构性金属制品制造	331	63644	1031	2323	826	190
金属工具制造	332	18090	249	629	481	116
集装箱及金属包装容器制造	333	4627	94	106	233	84
金属丝绳及其制品制造	334	13334	82	977	162	55
建筑、安全用金属制品制造	335	25844	333	1020	650	137
金属表面处理及热处理加工	336	7786	114	230	318	71
搪瓷制品制造	337	1569	15	64	28	6
金属制日用品制造	338	14079	169	472	637	113
其他金属制品制造	339	39468	512	1340	939	143
通用设备制造业	34	216854	3171	5249	3494	1001
锅炉及原动设备制造	341	7532	183	289	122	50
金属加工机械制造	342	34907	598	1455	524	124
物料搬运设备制造	343	9212	175	245	250	89
泵、阀门、压缩机及类似机械制造	344	27850	527	451	505	175
轴承、齿轮和传动部件制造	345	14473	198	201	298	111
烘炉、风机、衡器、包装等设备制造	346	21011	368	360	535	164
文化、办公用机械制造	347	1870	47	52	207	38
通用零部件制造	348	73488	788	1527	849	208
其他通用设备制造业	349	26511	287	669	204	42
专用设备制造业	35	146583	2608	4123	3448	790
采矿、冶金、建筑专用设备制造	351	21698	480	663	280	95
化工、木材、非金属加工专用设备制造	352	41122	584	1155	1347	226
食品、饮料、烟草及饲料生产专用设备制造	353	4275	81	134	86	13
印刷、制药、日化及日用品生产专用设备制造	354	6908	153	224	251	74
纺织、服装和皮革加工专用设备制造	355	7763	103	192	291	72
电子和电工机械专用设备制造	356	10989	202	372	316	53
农、林、牧、渔专用机械制造	357	8743	187	346	93	21
医疗仪器设备及器械制造	358	9174	220	251	318	95
环保、社会公共服务及其他专用设备制造	359	35911	598	786	466	141
汽车制造业	36	53976	896	992	1469	525
汽车整车制造	361	674	23	21	35	19
改装汽车制造	362	697	28	30	18	13
低速载货汽车制造	363	58	2	3		
电车制造	364	741	10	18	6	4
汽车车身、挂车制造	365	1061	21	19	13	5
汽车零部件及配件制造	366	50745	812	901	1397	484
铁路、船舶、航空航天和其他运输设备制造业	37	22018	402	535	564	184
铁路运输设备制造	371	2178	72	61	38	21
城市轨道交通设备制造	372	235	4	7	3	3
船舶及相关装置制造	373	6459	139	189	139	50
航空、航天器及设备制造	374	830	27	24	34	13
摩托车制造	375	4649	78	59	101	41
自行车制造	376	6184	62	153	184	42

单位：个

与港、澳、台商合作经营	港、澳、台商独资	港、澳、台商投资股份有限公司	其他港、澳、台投资	外商投资企业	中外合资经营	中外合作经营	外资企业	外商投资股份有限公司	其他外商投资	代码
143	3075	87	54	3530	1086	83	2238	70	53	33
18	582	23	13	752	270	26	426	16	14	331
24	325	15	1	490	136	11	325	9	9	332
10	134	4	1	215	91	4	116	4		333
5	99	2	1	159	60	2	91	5	1	334
19	470	16	8	575	168	9	382	9	7	335
12	228	4	3	288	66	7	210	3	2	336
2	20			27	10		16		1	337
31	466	12	15	342	100	11	215	9	7	338
22	751	11	12	682	185	13	457	15	12	339
61	2321	63	48	5416	1682	82	3496	93	63	34
4	63	5		254	121	1	119	12	1	341
11	370	11	8	752	223	11	501	9	8	342
3	154	4		372	130	8	220	7	7	343
7	310	8	5	1054	322	11	693	17	11	344
5	173	3	6	508	173	10	315	5	5	345
11	341	12	7	904	269	19	582	20	14	346
3	161	4	1	207	47	2	151	2	5	347
15	598	14	14	1052	311	17	699	15	10	348
2	151	2	7	313	86	3	216	6	2	349
58	2491	68	41	4659	1342	67	3093	88	69	35
5	172	7	1	535	209	11	296	12	7	351
20	1062	20	19	1403	292	15	1050	23	23	352
4	66	2	1	117	36	4	74	2	1	353
6	167	1	3	256	73	5	169	6	3	354
5	204	9	1	272	75	6	182	5	4	355
6	242	9	6	399	82	3	297	9	8	356
2	65	4	1	197	56	2	128	5	6	357
8	210	4	1	616	236	10	355	10	5	358
2	303	12	8	864	283	11	542	16	12	359
27	869	31	17	3773	1340	40	2261	71	61	36
	13	2	1	139	105	1	26	6	1	361
	4	1		35	20		12	2	1	362
				1		1				363
	2			6	3		3			364
2	6			23	11		11		1	365
25	844	28	16	3569	1201	38	2209	63	58	366
6	361	6	7	903	379	20	483	16	5	37
	17			90	59	1	29		1	371
				11	7		2	1	1	372
2	84	1	2	308	133	8	161	5	1	373
	21			102	56	1	43	2		374
3	53	2	2	109	48	5	54	1	1	375
1	137	2	2	209	56	4	143	6		376

2-4 续表 17

行业中类	代码	私营有限责任公司	私营股份有限公司	其他	港、澳、台商投资企业	与港、澳、台商合资经营
非公路休闲车及零配件制造	377	650	9	10	40	9
潜水救捞及其他未列明运输设备制造	379	833	11	32	25	5
电气机械和器材制造业	38	131380	2374	2949	4947	1209
电机制造	381	12170	231	340	401	117
输配电及控制设备制造	382	46710	856	872	1437	347
电线、电缆、光缆及电工器材制造	383	17818	398	440	832	156
电池制造	384	4131	111	91	288	91
家用电力器具制造	385	15802	222	423	725	196
非电力家用器具制造	386	4591	108	164	93	22
照明器具制造	387	21009	310	358	1009	238
其他电气机械及器材制造	389	9149	138	261	162	42
计算机、通信和其他电子设备制造业	39	71742	1550	2373	5712	1023
计算机制造	391	6690	186	377	681	94
通信设备制造	392	6191	160	149	453	88
广播电视设备制造	393	2027	42	50	224	46
雷达及配套设备制造	394	153	5	4	4	1
视听设备制造	395	3205	73	134	470	79
电子器件制造	396	10140	283	289	933	236
电子元件制造	397	29099	522	802	2358	406
其他电子设备制造	399	14237	279	568	589	73
仪器仪表制造业	40	28789	636	728	1286	246
通用仪器仪表制造	401	16284	384	318	357	115
专用仪器仪表制造	402	4346	122	138	129	29
钟表与计时仪器制造	403	1347	30	72	457	34
光学仪器及眼镜制造	404	4427	56	118	301	58
其他仪器仪表制造业	409	2385	44	82	42	10
其他制造业	41	41076	573	2395	880	125
日用杂品制造	411	8653	188	267	561	62
煤制品制造	412	1513	34	153	8	5
其他未列明制造业	419	30910	351	1975	311	58
废弃资源综合利用业	42	9216	204	515	149	59
金属废料和碎屑加工处理	421	4414	101	256	80	35
非金属废料和碎屑加工处理	422	4802	103	259	69	24
金属制品、机械和设备修理业	43	14017	191	693	117	35
金属制品修理	431	655	12	43	22	5
通用设备修理	432	2089	30	94	9	1
专用设备修理	433	1747	27	102	13	2
铁路、船舶、航空航天等运输设备修理	434	3846	41	124	35	23
电气设备修理	435	1203	18	50	11	3
仪器仪表修理	436	272	3	18	4	
其他机械和设备修理业	439	4205	60	262	23	1
电力、热力、燃气及水生产和供应业	**D**	**42352**	**1489**	**4689**	**1510**	**661**
电力、热力生产和供应业	44	31376	1154	3205	853	347
电力生产	441	24374	985	2729	775	310

单位：个

与港、澳、台商合作经营	港、澳、台商独资	港、澳、台商投资股份有限公司	其他港、澳、台投资	外商投资企业	中外合资经营	中外合作经营	外资企业	外商投资股份有限公司	其他外商投资	代码
	31			31	5		24	1	1	377
	18	1	1	43	15	1	27			379
84	3504	95	55	4560	1469	76	2843	102	70	38
10	263	10	1	504	168	14	310	10	2	381
20	1014	34	22	1475	472	17	939	26	21	382
16	638	9	13	655	185	12	419	20	19	383
3	189	5		288	131	10	137	7	3	384
17	492	15	5	623	194	11	395	15	8	385
2	64	3	2	115	36	1	68	8	2	386
15	729	18	9	682	221	10	426	13	12	387
1	115	1	3	218	62	1	149	3	3	389
83	4412	126	68	5747	1153	62	4335	113	84	39
5	557	19	6	625	95	5	502	13	10	391
3	350	8	4	465	107	6	330	15	7	392
1	172	3	2	144	34	1	105	3	1	393
	2	1		5	2	1	1		1	394
9	373	6	3	335	96	3	226	4	6	395
18	640	24	15	1247	314	16	883	23	11	396
36	1836	52	28	2287	390	24	1793	44	36	397
11	482	13	10	639	115	6	495	11	12	399
18	972	30	20	1437	431	22	933	29	22	40
3	225	12	2	709	224	8	451	17	9	401
1	93	4	2	273	78	4	182	5	4	402
7	395	8	13	74	14	4	50	1	5	403
7	228	6	2	294	91	4	193	5	1	404
	31		1	87	24	2	57	1	3	409
21	705	17	12	724	176	13	512	12	11	41
13	468	11	7	310	78	7	216	6	3	411
	3			8	4		4			412
8	234	6	5	406	94	6	292	6	8	419
6	78	5	1	174	81	2	89	1	1	42
3	40	2		119	56	1	61		1	421
3	38	3	1	55	25	1	28	1		422
6	71		5	172	68	7	91	4	2	43
1	16			18	9		9			431
2	5		1	17	2		13		2	432
	11			23	8	2	13			433
3	5		4	64	37	4	22	1		434
	8			7	2		4	1		435
	4			3			3			436
	22			40	10	1	27	2		439
67	**730**	**30**	**22**	**1169**	**564**	**75**	**438**	**54**	**38**	D
34	443	16	13	550	270	47	177	33	23	44
31	405	16	13	479	237	41	151	30	20	441

2-4 续表 18

行业中类	代码	私营有限责任公司	私营股份有限公司	其他	港、澳、台商投资企业	与港、澳、台商合资经营
电力供应	442	2866	60	286	26	9
热力生产和供应	443	4136	109	190	52	28
燃气生产和供应业	45	4480	162	336	380	197
燃气生产和供应业	450	4480	162	336	380	197
水的生产和供应业	46	6496	173	1148	277	117
自来水生产和供应	461	3286	114	899	112	56
污水处理及其再生利用	462	2647	41	200	155	56
其他水的处理、利用与分配	469	563	18	49	10	5
建筑业	**E**	**764462**	**11519**	**22860**	**1313**	**502**
房屋建筑业	47	125781	2766	4159	201	86
房屋建筑业	470	125781	2766	4159	201	86
土木工程建筑业	48	137299	2040	4554	243	89
铁路、道路、隧道和桥梁工程建筑	481	54756	923	1621	117	43
水利和内河港口工程建筑	482	7709	148	306	16	10
海洋工程建筑	483	361	5	27	1	
工矿工程建筑	484	3969	76	110	12	3
架线和管道工程建筑	485	11951	178	338	35	13
其他土木工程建筑	489	58553	710	2152	62	20
建筑安装业	49	120921	1799	3467	260	94
电气安装	491	26965	460	617	79	31
管道和设备安装	492	25737	409	644	62	27
其他建筑安装业	499	68219	930	2206	119	36
建筑装饰和其他建筑业	50	380461	4914	10680	609	233
建筑装饰业	501	289284	3620	7695	509	205
工程准备活动	502	24757	392	570	25	4
提供施工设备服务	503	6227	146	246	12	2
其他未列明建筑业	509	60193	756	2169	63	22
批发和零售业	**F**	**4207203**	**51722**	**174493**	**21809**	**2814**
批发业	51	2577712	29789	98155	16897	1974
农、林、牧产品批发	511	76486	1293	11906	283	52
食品、饮料及烟草制品批发	512	222994	2950	14586	1763	253
纺织、服装及家庭用品批发	513	383250	3325	8172	4038	415
文化、体育用品及器材批发	514	90396	984	2402	911	95
医药及医疗器材批发	515	72290	1145	2349	372	71
矿产品、建材及化工产品批发	516	720816	8840	25261	2548	406
机械设备、五金产品及电子产品批发	517	661131	7193	16025	4448	442
贸易经纪与代理	518	108050	1362	5757	976	71
其他批发业	519	242299	2697	11697	1558	169
零售业	52	1629491	21933	76338	4912	840
综合零售	521	268079	3028	15102	979	143
食品、饮料及烟草制品专门零售	522	142394	2182	8367	479	68
纺织、服装及日用品专门零售	523	164754	1914	7011	1099	140
文化、体育用品及器材专门零售	524	88372	1263	3248	315	47
医药及医疗器材专门零售	525	94321	1736	8169	112	35

单位：个

与港、澳、台商合作经营	港、澳、台商独资	港、澳、台商投资股份有限公司	其他港、澳、台投资	外商投资企业	中外合资经营	中外合作经营	外资企业	外商投资股份有限公司	其他外商投资	代码
1	16			23	8	1	11	2	1	442
2	22			48	25	5	15	1	2	443
14	156	9	4	336	189	7	121	12	7	45
14	156	9	4	336	189	7	121	12	7	450
19	131	5	5	283	105	21	140	9	8	46
14	38	3	1	97	44	15	35	2	1	461
5	88	2	4	180	60	5	101	7	7	462
	5			6	1	1	4			469
77	**631**	**32**	**71**	**984**	**385**	**50**	**450**	**35**	**64**	**E**
10	81	8	16	153	47	7	72	10	17	47
10	81	8	16	153	47	7	72	10	17	470
20	116	6	12	209	94	26	76	6	7	48
14	53	2	5	99	42	22	31	2	2	481
1	5			13	7		5		1	482
	1			5	2		3			483
1	7		1	21	9	3	8	1		484
3	15	1	3	27	15	1	8	2	1	485
1	35	3	3	44	19		21	1	3	489
16	131	4	15	263	95	6	142	8	12	49
2	35	2	9	65	23		36	2	4	491
5	29	1		65	27	1	33	2	2	492
9	67	1	6	133	45	5	73	4	6	499
31	303	14	28	359	149	11	160	11	28	50
22	251	13	18	263	109	5	122	8	19	501
3	11	1	6	14	9		1	1	3	502
1	7		2	12	6	1	5			503
5	34		2	70	25	5	32	2	6	509
264	**17464**	**534**	**733**	**30635**	**4396**	**284**	**22847**	**1131**	**1977**	**F**
162	13869	365	527	25271	3352	197	19560	663	1499	51
5	199	4	23	312	72	9	207	14	10	511
34	1392	40	44	2066	392	25	1533	53	63	512
29	3374	96	124	6162	616	40	4778	174	554	513
9	769	13	25	1130	133	12	871	23	91	514
4	278	13	6	604	121	6	450	14	13	515
30	1979	53	80	3484	551	32	2708	94	99	516
29	3811	64	102	7207	919	39	5848	121	280	517
5	770	37	93	1966	205	15	1318	98	330	518
17	1297	45	30	2340	343	19	1847	72	59	519
102	3595	169	206	5364	1044	87	3287	468	478	52
11	752	30	43	1087	175	21	664	115	112	521
9	355	18	29	484	112	10	302	34	26	522
13	885	35	26	1013	149	13	671	123	57	523
7	237	17	7	442	38	8	268	31	97	524
12	43	13	9	195	39	2	106	30	18	525

2-4 续表 19

行业中类	代码					
		私营有限责任公司	私营股份有限公司	其他	港、澳、台商投资企业	与港、澳、台商合资经营
汽车、摩托车、燃料及零配件专门零售	526	189793	3237	7917	611	179
家用电器及电子产品专门零售	527	205722	2913	7254	417	67
五金、家具及室内装饰材料专门零售	528	223635	2841	9172	424	48
货摊、无店铺及其他零售业	529	252421	2819	10098	476	113
交通运输、仓储和邮政业	**G**	**353451**	**5803**	**13952**	**3159**	**819**
铁路运输业	53	1578	36	155	10	5
铁路旅客运输	531	146	4	21		
铁路货物运输	532	754	15	58	6	4
铁路运输辅助活动	533	678	17	76	4	1
道路运输业	54	214016	3480	7658	769	170
城市公共交通运输	541	6316	253	345	70	24
公路旅客运输	542	5368	230	352	87	22
道路货物运输	543	193119	2778	6190	500	103
道路运输辅助活动	544	9213	219	771	112	21
水上运输业	55	8536	198	336	176	112
水上旅客运输	551	829	30	51	19	15
水上货物运输	552	5363	132	166	43	17
水上运输辅助活动	553	2344	36	119	114	80
航空运输业	56	1164	29	60	33	13
航空客货运输	561	445	9	16	15	5
通用航空服务	562	394	13	25	4	2
航空运输辅助活动	563	325	7	19	14	6
管道运输业	57	166	3	13	10	7
管道运输业	570	166	3	13	10	7
装卸搬运和运输代理业	58	92451	1356	3371	1276	287
装卸搬运	581	17726	253	933	86	44
运输代理业	582	74725	1103	2438	1190	243
仓储业	59	19972	380	1369	856	219
谷物、棉花等农产品仓储	591	3899	97	655	30	5
其他仓储业	599	16073	283	714	826	214
邮政业	60	15568	321	990	29	6
邮政基本服务	601	236	10	159	2	1
快递服务	602	15332	311	831	27	5
住宿和餐饮业	**H**	**189159**	**3909**	**11916**	**2894**	**702**
住宿业	61	48729	1344	3264	936	346
旅游饭店	611	15227	528	910	688	276
一般旅馆	612	28259	680	1885	206	58
其他住宿业	619	5243	136	469	42	12
餐饮业	62	140430	2565	8652	1958	356
正餐服务	621	108487	2067	6508	1335	277
快餐服务	622	9145	150	618	265	28
饮料及冷饮服务	623	4538	82	324	179	22
其他餐饮业	629	18260	266	1202	179	29

单位：个

与港、澳、台商合作经营	港、澳、台商独资	港、澳、台商投资股份有限公司	其他港、澳、台投资	外商投资企业	中外合资经营	中外合作经营	外资企业	外商投资股份有限公司	其他外商投资	代码
24	354	26	28	805	264	12	396	75	58	526
5	315	14	16	374	66	5	259	16	28	527
10	333	5	28	351	63	5	230	20	33	528
11	321	11	20	613	138	11	391	24	49	529
390	**1789**	**91**	**70**	**2519**	**789**	**223**	**1318**	**97**	**92**	**G**
	5			7	3		3		1	53
				1					1	531
	2			4	2		2			532
	3			2	1		1			533
317	221	28	33	558	164	174	164	29	27	54
20	21	3	2	53	20	14	11	5	3	541
53	3	3	6	27	5	12	4	1	5	542
199	157	19	22	365	117	76	137	17	18	543
45	40	3	3	113	22	72	12	6	1	544
11	45	7	1	170	117	4	44	2	3	55
3	1			11	7		3		1	551
4	18	3	1	40	25	1	13	1		552
4	26	4		119	85	3	28	1	2	553
2	15	3		64	16		37	6	5	56
	8	2		33	7		19	4	3	561
	2			8	3		3	1	1	562
2	5	1		23	6		15	1	1	563
	3			13	8		5			57
	3			13	8		5			570
39	887	36	27	929	262	30	565	42	30	58
2	36		4	75	44	5	21	2	3	581
37	851	36	23	854	218	25	544	40	27	582
20	593	15	9	738	209	15	477	15	22	59
1	21	2	1	17	7		8	2		591
19	572	13	8	721	202	15	469	13	22	599
1	20	2		40	10		23	3	4	60
	1			1			1			601
1	19	2		39	10		22	3	4	602
144	**1877**	**81**	**90**	**3367**	**679**	**104**	**2188**	**234**	**162**	**H**
73	457	33	27	682	230	59	324	34	35	61
54	316	28	14	448	161	47	202	17	21	611
16	117	5	10	193	56	10	99	16	12	612
3	24		3	41	13	2	23	1	2	619
71	1420	48	63	2685	449	45	1864	200	127	62
50	944	29	35	1623	318	35	1076	110	84	621
8	212	7	10	587	60	3	454	55	15	622
6	133	8	10	256	35	4	186	19	12	623
7	131	4	8	219	36	3	148	16	16	629

2-4 续表 20

行业中类	代码	私营有限责任公司	私营股份有限公司	其他	港、澳、台商投资企业	与港、澳、台商合资经营
信息传输、软件和信息技术服务业	**I**	**521035**	**6649**	**14705**	**4976**	**663**
电信、广播电视和卫星传输服务	63	8129	179	834	426	56
电信	631	6941	144	675	415	55
广播电视传输服务	632	956	29	146	8	1
卫星传输服务	633	232	6	13	3	
互联网和相关服务	64	59137	1018	2875	217	32
互联网接入及相关服务	641	5717	97	318	22	6
互联网信息服务	642	41616	755	1917	167	18
其他互联网服务	649	11804	166	640	28	8
软件和信息技术服务业	65	453769	5452	10996	4333	575
软件开发	651	296748	3448	6383	3150	399
信息系统集成服务	652	32458	460	728	236	45
信息技术咨询服务	653	76756	887	2037	509	61
数据处理和存储服务	654	5855	117	169	102	17
集成电路设计	655	2528	73	73	112	22
其他信息技术服务业	659	39424	467	1606	224	31
金融业	**J**	**52682**	**3163**	**4131**	**2025**	**933**
货币金融服务	66	12831	1614	1241	1399	661
中央银行服务	661	42	6	16		
货币银行服务	662	1036	812	449	170	16
非货币银行服务	663	11747	794	766	1229	645
银行监管服务	664	6	2	10		
资本市场服务	67	22902	668	1533	216	73
证券市场服务	671	2056	83	234	41	18
期货市场服务	672	197	4	20	7	5
证券期货监管服务	673	16		3		
资本投资服务	674	17295	484	1022	130	37
其他资本市场服务	679	3338	97	254	38	13
保险业	68	5975	574	763	111	54
人身保险	681	528	178	230	45	24
财产保险	682	662	204	235	22	5
再保险	683	14		1	2	1
养老金	684	19	2	3		
保险经纪与代理服务	685	3583	145	233	32	19
保险监管服务	686	14		2		
其他保险活动	689	1155	45	59	10	5
其他金融业	69	10974	307	594	299	145
金融信托与管理服务	691	2709	86	149	25	3
控股公司服务	692	615	18	47	15	2
非金融机构支付服务	693	369	11	19	5	
金融信息服务	694	3399	66	124	19	2
其他未列明金融业	699	3882	126	255	235	138
房地产业	**K**	**385848**	**8483**	**12642**	**7884**	**2455**
房地产业	70	385848	8483	12642	7884	2455
房地产开发经营	701	129440	4430	2877	5351	1852

单位：个

与港、澳、台商合作经营	港、澳、台商独资	港、澳、台商投资股份有限公司	其他港、澳、台投资	外商投资企业	中外合资经营	中外合作经营	外资企业	外商投资股份有限公司	其他外商投资	代码
76	**3954**	**171**	**112**	**6594**	**1393**	**52**	**4754**	**240**	**155**	**I**
6	264	79	21	486	29	3	346	76	32	63
6	254	79	21	477	26	3	342	74	32	631
	7			7	2		4	1		632
	3			2	1			1		633
9	168	3	5	215	49	4	142	13	7	64
1	14	1		20	2		16	1	1	641
4	138	2	5	166	40	4	105	11	6	642
4	16			29	7		21	1		649
61	3522	89	86	5893	1315	45	4266	151	116	65
37	2610	51	53	4254	945	29	3096	113	71	651
5	172	7	7	342	82	4	249	4	3	652
8	405	17	18	619	123	5	446	19	26	653
1	78	3	3	126	23	1	100	1	1	654
1	85	3	1	214	52	1	147	9	5	655
9	172	8	4	338	90	5	228	5	10	659
17	**1006**	**37**	**32**	**2866**	**766**	**19**	**1373**	**649**	**59**	**J**
5	704	19	10	1025	258	5	481	261	20	66
				1				1		661
1	141	9	3	624	74		326	211	13	662
4	563	10	7	398	184	5	154	48	7	663
				2			1	1		664
4	121	5	13	224	92	11	83	22	16	67
	17	4	2	87	53	3	13	15	3	671
	1		1							672
										673
2	82	1	8	116	34	7	58	6	11	674
2	21		2	21	5	1	12	1	2	679
5	44	6	2	1495	378	2	748	351	16	68
1	17	2	1	895	278	1	454	153	9	681
1	13	3		480	65	1	249	161	4	682
	1			6			4		2	683
				1				1		684
3	8	1	1	76	24		26	25	1	685
				1			1			686
	5			36	11		14	11		689
3	137	7	7	122	38	1	61	15	7	69
2	13	3	4	27	8		17	1	1	691
1	10		2	7	2		5			692
	5			5	2	1	1	1		693
	15	2		15	2		8	4	1	694
	94	2	1	68	24		30	9	5	699
578	**4567**	**151**	**133**	**3936**	**1314**	**259**	**2063**	**162**	**138**	**K**
578	4567	151	133	3936	1314	259	2063	162	138	70
426	2904	102	67	2423	913	188	1187	73	62	701

2-4 续表 21

行业中类	代码	私营有限责任公司	私营股份有限公司	其他	港、澳、台商投资企业	与港、澳、台商合资经营
物业管理	702	131305	2262	5051	1218	283
房地产中介服务	703	103919	1381	3422	463	72
自有房地产经营活动	704	11237	201	714	693	207
其他房地产业	709	9947	209	578	159	41
租赁和商务服务业	**L**	**1422461**	**19935**	**60990**	**10810**	**2161**
租赁业	71	116606	1537	4550	1219	710
机械设备租赁	711	113699	1504	4417	1196	704
文化及日用品出租	712	2907	33	133	23	6
商务服务业	72	1305855	18398	56440	9591	1451
企业管理服务	721	238901	4130	17146	2223	456
法律服务	722	5797	126	2389	13	2
咨询与调查	723	410124	4704	12427	5250	543
广告业	724	262448	3547	8205	396	58
知识产权服务	725	9856	121	282	65	5
人力资源服务	726	87251	1201	3432	118	23
旅行社及相关服务	727	46776	1132	2205	235	61
安全保护服务	728	10510	198	412	16	4
其他商务服务业	729	234192	3239	9942	1275	299
科学研究和技术服务业	**M**	**607130**	**8234**	**25798**	**4849**	**924**
研究和试验发展	73	110867	1337	3230	1236	269
自然科学研究和试验发展	731	10519	116	400	102	25
工程和技术研究和试验发展	732	78396	795	1773	812	150
农业科学研究和试验发展	733	9624	209	564	84	21
医学研究和试验发展	734	11428	193	413	227	71
社会人文科学研究	735	900	24	80	11	2
专业技术服务业	74	243842	3615	8536	1912	324
气象服务	741	751	21	143	13	2
地震服务	742	308	12	30		
海洋服务	743	443	6	12	8	3
测绘服务	744	7256	129	324	1	
质检技术服务	745	15024	277	638	138	31
环境与生态监测	746	5742	96	201	16	1
地质勘查	747	3842	74	230	24	6
工程技术	748	92911	1505	2607	577	91
其他专业技术服务业	749	117565	1495	4351	1135	190
科技推广和应用服务业	75	252421	3282	14032	1701	331
技术推广服务	751	196261	2597	12098	1318	269
科技中介服务	752	9622	140	413	70	12
其他科技推广和应用服务业	759	46538	545	1521	313	50
水利、环境和公共设施管理业	**N**	**62588**	**1169**	**3263**	**535**	**177**
水利管理业	76	2888	65	383	18	7
防洪除涝设施管理	761	353	2	44	2	2
水资源管理	762	559	18	92	5	1
天然水收集与分配	763	151	7	54	3	2

单位：个

与港、澳、台商合作经营	港、澳、台商独资	港、澳、台商投资股份有限公司	其他港、澳、台投资	外商投资企业	中外合资经营	中外合作经营	外资企业	外商投资股份有限公司	其他外商投资	代码
57	818	27	33	734	176	27	425	59	47	702
24	343	8	16	275	55	6	186	11	17	703
47	415	10	14	389	127	21	217	13	11	704
24	87	4	3	115	43	17	48	6	1	709
189	**7903**	**181**	**376**	**11980**	**1842**	**157**	**8893**	**385**	**703**	L
10	473	14	12	606	182	11	331	40	42	71
9	458	13	12	587	175	10	320	40	42	711
1	15	1		19	7	1	11			712
179	7430	167	364	11374	1660	146	8562	345	661	72
48	1528	48	143	2515	402	40	1714	121	238	721
1	5	1	4	25	3		17	1	4	722
63	4451	67	126	6630	767	66	5387	144	266	723
16	278	11	33	385	82	8	242	9	44	724
1	52	3	4	54	11		40	2	1	725
1	84	2	8	86	31	5	37	4	9	726
16	149	6	3	174	50	5	88	14	17	727
1	7	1	3	21	14		6		1	728
32	876	28	40	1484	300	22	1031	50	81	729
90	**3573**	**92**	**170**	**6698**	**2240**	**129**	**3987**	**174**	**168**	M
20	895	35	17	1889	757	26	1027	43	36	73
2	73	2		135	59	6	68	1	1	731
14	608	29	11	1065	382	14	620	25	24	732
2	58	1	2	79	32	2	37	4	4	733
2	149	3	2	582	271	4	287	13	7	734
	7		2	28	13		15			735
40	1414	33	101	2510	668	53	1660	61	68	74
	11			5	1		3		1	741
				1			1			742
	5			14	8		6			743
			1	7			5		2	744
1	100	3	3	307	106	9	177	10	5	745
1	11	1	2	29	11		16	2		746
3	13	2		46	11	14	18	2	1	747
9	412	9	56	770	176	11	546	12	25	748
26	862	18	39	1331	355	19	888	35	34	749
30	1264	24	52	2299	815	50	1300	70	64	75
25	961	17	46	1807	660	42	1002	53	50	751
1	53	1	3	108	23	1	78	1	5	752
4	250	6	3	384	132	7	220	16	9	759
35	**293**	**14**	**16**	**341**	**135**	**26**	**150**	**16**	**14**	N
	11			20	9		9	1	1	76
										761
	4			6	3		2	1		762
	1			4	2		1		1	763

2-4 续表 22

行业中类	代码	私营有限责任公司	私营股份有限公司	其他	港、澳、台商投资企业	与港、澳、台商合资经营
水文服务	764	183	3	19	2	1
其他水利管理业	769	1642	35	174	6	1
生态保护和环境治理业	77	8798	164	505	144	51
生态保护	771	750	14	152	5	1
环境治理业	772	8048	150	353	139	50
公共设施管理业	78	50902	940	2375	373	119
市政设施管理	781	4180	74	302	62	9
环境卫生管理	782	6074	77	323	32	15
城乡市容管理	783	1203	29	79	2	
绿化管理	784	27556	407	1075	40	11
公园和游览景区管理	785	11889	353	596	237	84
居民服务、修理和其他服务业	**O**	**241912**	**3767**	**13548**	**738**	**182**
居民服务业	79	89130	1416	5503	338	82
家庭服务	791	27401	342	1061	27	7
托儿所服务	792	471	1	86		
洗染服务	793	3359	61	188	23	8
理发及美容服务	794	14413	241	843	106	13
洗浴服务	795	3863	132	453	49	18
保健服务	796	7916	150	456	42	10
婚姻服务	797	7895	123	367	17	
殡葬服务	798	2519	58	238	30	12
其他居民服务业	799	21293	308	1811	44	14
机动车、电子产品和日用产品修理业	80	80239	1327	4271	210	54
汽车、摩托车修理与维护	801	59607	992	3163	122	40
计算机和办公设备维修	802	8636	149	425	45	9
家用电器修理	803	8540	138	481	27	3
其他日用产品修理业	809	3456	48	202	16	2
其他服务业	81	72543	1024	3774	190	46
清洁服务	811	39511	530	1570	76	18
其他未列明服务业	819	33032	494	2204	114	28
教育	**P**	**56418**	**1098**	**8042**	**213**	**49**
教育	82	56418	1098	8042	213	49
学前教育	821	2481	54	2660	21	7
初等教育	822	385	14	277	2	
中等教育	823	361	17	294	3	
高等教育	824	133	6	41	1	
特殊教育	825	200	3	52	1	1
技能培训、教育辅助及其他教育	829	52858	1004	4718	185	41
卫生和社会工作	**Q**	**19105**	**525**	**4602**	**150**	**69**
卫生	83	13485	399	3816	88	43
医院	831	5962	240	1161	51	30
社区医疗与卫生院	832	366	13	692	2	
门诊部(所)	833	5149	101	1692	21	8
计划生育技术服务活动	834	22		23		

单位：个

与港、澳、台商合作经营	港、澳、台商独资	港、澳、台商投资股份有限公司	其他港、澳、台投资	外商投资企业	中外合资经营	中外合作经营	外资企业	外商投资股份有限公司	其他外商投资	代码
	1									764
	5			10	4		6			769
6	84	2	1	144	62	8	63	4	7	77
2	2			10	3	3	2		2	771
4	82	2	1	134	59	5	61	4	5	772
29	198	12	15	177	64	18	78	11	6	78
17	33	1	2	41	11	13	13	2	2	781
1	14		2	14	4	1	7	1	1	782
	2			2	1		1			783
2	22	3	2	30	11	1	16	1	1	784
9	127	8	9	90	37	3	41	7	2	785
38	**469**	**21**	**28**	**953**	**211**	**33**	**610**	**42**	**57**	**O**
20	213	12	11	415	88	11	272	23	21	79
1	15	1	3	24	5		12	4	3	791
				1			1			792
2	12	1		20	9	2	7	2		793
1	89	2	1	214	26	2	169	10	7	794
4	22	3	2	39	17	1	20	1		795
2	27	2	1	34	12	1	16	1	4	796
	16	1		17	2		12	1	2	797
9	8	1		8	2	3	1	1	1	798
1	24	1	4	58	15	2	34	3	4	799
11	128	8	9	262	78	12	153	9	10	80
7	66	4	5	150	60	9	68	5	8	801
1	30	4	1	66	8	1	52	4	1	802
2	20		2	26	6	1	18		1	803
1	12		1	20	4	1	15			809
7	128	1	8	276	45	10	185	10	26	81
1	52		5	71	16	3	47	2	3	811
6	76	1	3	205	29	7	138	8	23	819
17	**137**	**4**	**6**	**300**	**70**	**13**	**159**	**20**	**38**	**P**
17	137	4	6	300	70	13	159	20	38	82
4	9	1		29	5		7	2	15	821
	2			3					3	822
	2		1	4		1	3			823
1										824
				1			1			825
12	124	3	5	263	65	12	148	18	20	829
12	**61**		**8**	**148**	**71**	**27**	**36**	**6**	**8**	**Q**
9	29		7	108	53	22	23	3	7	83
7	12		2	57	32	12	8	2	3	831
	1		1	4	1		2		1	832
2	8		3	23	7	7	6		3	833
										834

2-4 续表 23

行业中类	代码	私营有限责任公司	私营股份有限公司	其他	港、澳、台商投资企业	与港、澳、台商合资经营
妇幼保健院(所、站)	835	102	1	11	2	
专科疾病防治院(所、站)	836	239	3	35	2	1
疾病预防控制中心	837	72	2	20		
其他卫生活动	839	1573	39	182	10	4
社会工作	84	5620	126	786	62	26
提供住宿社会工作	841	5185	116	669	60	25
不提供住宿社会工作	842	435	10	117	2	1
文化、体育和娱乐业	**R**	**160976**	**2737**	**14294**	**940**	**332**
新闻和出版业	85	1531	50	172	15	4
新闻业	851	174	2	29	2	
出版业	852	1357	48	143	13	4
广播、电视、电影和影视录音制作业	86	23701	531	746	196	68
广播	861	1393	28	70		
电视	862	1098	24	31	4	1
电影和影视节目制作	863	15025	305	338	42	12
电影和影视节目发行	864	1049	31	49	13	2
电影放映	865	4263	128	220	131	51
录音制作	866	873	15	38	6	2
文化艺术业	87	73143	893	3377	212	48
文艺创作与表演	871	15387	225	1070	71	9
艺术表演场馆	872	433	9	47	5	3
图书馆与档案馆	873	606	12	32		
文物及非物质文化遗产保护	874	870	17	92	4	3
博物馆	875	243	8	45	3	1
烈士陵园、纪念馆	876	45		9		
群众文化活动	877	9190	112	446	19	5
其他文化艺术业	879	46369	510	1636	110	27
体育	88	19751	310	959	233	70
体育组织	881	4389	70	230	31	8
体育场馆	882	1151	19	68	17	3
休闲健身活动	883	11296	183	519	173	56
其他体育	889	2915	38	142	12	3
娱乐业	89	42850	953	9040	284	142
室内娱乐活动	891	30218	746	8452	165	102
游乐园	892	2127	60	92	32	13
彩票活动	893	121	2	19	1	1
文化、娱乐、体育经纪代理	894	5191	73	177	28	4
其他娱乐业	899	5193	72	300	58	22
公共管理、社会保障和社会组织	**S**	**75**	**2**	**43**		
社会保障	93	75	2	43		
社会保障	93	75	2	43		

单位：个

与港、澳、台商合作经营	港、澳、台商独资	港、澳、台商投资股份有限公司	其他港、澳、台投资	外商投资企业	中外合资经营	中外合作经营	外资企业	外商投资股份有限公司	其他外商投资	代码
	2			2	2					835
			1							836
										837
	6			22	11	3	7	1		839
3	32		1	40	18	5	13	3	1	84
3	31		1	37	17	5	11	3	1	841
	1			3	1		2			842
86	**420**	**26**	**76**	**791**	**224**	**55**	**389**	**53**	**70**	**R**
3	5	2	1	16	4	2	7		3	85
1	1			7	1		3		3	851
2	4	2	1	9	3	2	4			852
7	98	7	16	102	31	1	42	16	12	86
				1			1			861
	3			3	1			1	1	862
3	16	2	9	41	8	1	17	6	9	863
	11			3	2		1			864
4	64	5	7	52	18		23	9	2	865
	4			2	2					866
5	117	5	37	209	63	3	112	9	22	87
2	30	1	29	43	17		16	1	9	871
1	1			3	2				1	872
				1			1			873
	1			3		1		2		874
	2			6	1	1	3		1	875
										876
	11	1	2	25	9	1	12	2	1	877
2	72	3	6	128	34		80	4	10	879
47	103	5	8	251	59	27	137	13	15	88
3	19		1	26	7	1	14	2	2	881
5	8		1	14	4	1	7	2		882
38	69	4	6	180	39	24	98	9	10	883
1	7	1		31	9	1	18		3	889
24	97	7	14	213	67	22	91	15	18	89
15	35	3	10	118	42	16	38	8	14	891
2	15	1	1	40	8	2	23	6	1	892
				1	1					893
2	19		3	15	5		8		2	894
5	28	3		39	11	4	22	1	1	899
										S
										93
										93

2-5 按地区、登记注册类型

(2017年)

地区	企业单位数	内资企业	国有企业	集体企业	股份合作企业	国有联营企业	集体联营企业
全国	**18097682**	**17830471**	**133223**	**155641**	**62350**	**1754**	**5267**
北京	676829	660700	5834	10630	13470	57	274
天津	414784	406023	3034	3837	834	53	210
河北	954073	951283	4350	6307	1448	26	110
山西	429757	428996	5278	4918	228	35	44
内蒙古	222801	222251	2366	976	525	28	53
辽宁	543275	534957	6607	10366	2427	50	206
吉林	141199	140094	2993	1904	525	28	96
黑龙江	223467	222219	4671	3028	1365	42	69
上海	453393	417803	2679	5927	1897	76	201
江苏	2148335	2110538	8045	11809	3054	101	248
浙江	1599310	1573737	3100	10792	8528	24	142
安徽	727017	724092	5422	4390	1905	76	191
福建	748141	731742	5852	6061	2353	131	342
江西	439890	437291	4906	2532	1795	82	286
山东	1676178	1657740	7995	10505	1823	55	134
河南	695953	693820	6343	6380	1588	122	295
湖北	751526	746546	6908	5441	960	83	171
湖南	502984	500848	4462	4218	994	66	233
广东	1752016	1686333	10390	17253	8190	198	662
广西	409008	406871	4012	4729	513	15	71
海南	77662	76866	1489	700	573	35	59
重庆	520514	518047	2007	2328	1017	26	88
四川	401716	399471	3956	3773	2184	73	245
贵州	342972	342339	3761	2776	963	75	225
云南	457374	455346	3738	4827	682	25	91
西藏	9461	9405	698	373	70	19	64
陕西	333776	332050	5150	5200	1002	66	256
甘肃	127899	127644	2298	1982	784	32	94
青海	76169	75889	946	552	165	7	13
宁夏	63463	63277	364	200	77	6	6
新疆	176740	176253	3569	927	411	42	88

分组的企业法人单位数

单位：个

国有与集体联营	其他联营	国有独资公司	其他有限责任公司	股份有限公司	私营独资	私营合伙	私营有限责任公司
1248	**8281**	**46995**	**2321955**	**151259**	**2453626**	**299496**	**11440794**
88	147	1754	158515	6177	26119	7732	420475
32	539	831	88966	2884	27742	4979	249150
17	57	1933	85552	4778	112120	11346	692949
14	17	1506	20257	1585	33980	2567	351601
13	49	950	37614	2866	20613	2199	139743
47	283	1221	98340	7694	94993	3718	273268
9	52	816	29363	3131	21841	1277	69516
14	76	923	24900	2385	22147	1727	152335
193	133	1619	33912	2386	40597	7393	315244
96	547	2535	115945	10324	259897	22422	1616389
32	106	3873	59058	5531	201095	53646	1216550
49	607	1667	95615	7140	106639	14209	434086
68	219	1847	155299	7947	73710	18525	417306
51	152	1127	90864	6897	63351	16955	209824
31	85	2164	96372	9376	205756	10344	1253991
54	447	1626	150923	8566	92909	6709	371227
35	105	1837	85477	4768	89252	11689	514279
42	140	2141	66344	7394	87402	20294	264520
152	3599	2991	437623	19291	204650	30906	861595
8	81	1455	25142	2618	77936	5684	280489
13	49	251	32091	1733	4788	2061	28182
15	110	1437	25526	2941	185564	7630	270315
43	200	1979	87327	7579	83272	12035	166038
40	137	2367	43269	2653	120688	7351	141584
14	54	1819	25690	2796	87151	3550	312084
8	10	100	1433	286	2459	437	2391
27	133	1528	85316	4202	50067	4526	153744
17	67	534	27765	2732	24906	2615	45921
5	11	430	4087	391	9210	706	57133
2	6	357	3519	401	5929	447	49628
19	63	1377	29851	1807	16843	3817	109237

2-5 续表

地区						
	私营股份有限公司	其他	港、澳、台商投资企业	与港、澳、台商合资经营	与港、澳、台商合作经营	港、澳、台商独资
全国	**174944**	**573638**	**130214**	**29554**	**3819**	**91215**
北京	8312	1116	6392	1285	196	4759
天津	2816	20116	3236	1328	37	1753
河北	5675	24615	966	447	40	447
山西	2217	4749	288	136	12	125
内蒙古	3846	10410	221	97	8	94
辽宁	7827	27910	2254	973	81	1107
吉林	2362	6181	292	126	11	126
黑龙江	1381	7156	432	159	19	229
上海	3542	2004	13542	2205	375	10747
江苏	20004	39122	15840	4477	180	10741
浙江	5340	5920	11461	4661	170	6239
安徽	10188	41908	1214	465	24	657
福建	9512	32570	10948	2250	192	8016
江西	8779	29690	1706	360	37	1210
山东	9825	49284	4802	1835	110	2710
河南	5199	41432	949	371	42	461
湖北	5012	20529	2065	660	47	1263
湖南	10072	32526	1214	524	54	553
广东	17445	71388	46372	5313	2002	36705
广西	3952	166	1100	368	56	630
海南	1624	3218	453	117	19	273
重庆	4482	14561	1166	309	19	765
四川	8530	22237	950	301	27	543
贵州	3142	13308	345	148	11	165
云南	2828	9997	791	269	19	462
西藏	137	920	24	4	3	11
陕西	5026	15807	739	179	13	225
甘肃	2460	15437	109	51	2	46
青海	497	1736	90	37	7	38
宁夏	695	1640	79	23	2	46
新疆	2217	5985	174	76	4	69

单位：个

港、澳、台商投资股份有限公司	其他港、澳、台投资	外商投资企业	中外合资经营	中外合作经营	外资企业	外商投资股份有限公司	其他外商投资
2829	**2797**	**136997**	**35990**	**2900**	**88723**	**4643**	**4741**
102	50	9737	2336	211	6851	190	149
63	55	5525	1534	129	3505	170	187
19	13	1824	722	74	989	19	20
11	4	473	205	30	204	26	8
12	10	329	140	13	128	19	29
68	25	6064	2324	200	3231	165	144
12	17	813	311	28	420	26	28
13	12	816	251	23	405	120	17
154	61	22048	3225	387	18126	153	157
289	153	21957	6283	262	14717	400	295
169	222	14112	5049	171	7464	297	1131
44	24	1711	659	29	789	141	93
303	187	5451	1372	89	3512	256	222
52	47	893	321	22	437	50	63
75	72	13636	3740	192	9390	160	154
36	39	1184	443	39	408	266	28
56	39	2915	798	30	1397	198	492
45	38	922	380	37	412	49	44
1065	1287	19311	3512	715	12616	1361	1107
20	26	1037	295	43	470	199	30
30	14	343	126	20	160	17	20
37	36	1301	458	22	725	63	33
51	28	1295	516	32	622	58	67
11	10	288	103	15	127	20	23
26	15	1237	259	27	824	26	101
5	1	32	15	2	11	1	3
32	290	987	336	24	505	77	45
5	5	146	71	8	45	12	10
5	3	190	37	8	58	83	4
3	5	107	48	1	53	2	3
16	9	313	121	17	122	19	34

2-6 按行业(中类)、开业(成立)

(2017年)

行业中类	代码	企业单位数	1949年及以前	1950-1977年	1978-1991年
总计	--	**18097682**	**2186**	**37178**	**150303**
农、林、牧、渔业	A	**818192**	**53**	**1770**	**2765**
农业	01	379577	21	542	649
谷物种植	011	67071	5	201	159
豆类、油料和薯类种植	012	8870	5	24	15
棉、麻、糖、烟草种植	013	4447		103	34
蔬菜、食用菌及园艺作物种植	014	134608	2	50	150
水果种植	015	76680	4	74	130
坚果、含油果、香料和饮料作物种植	016	25905	4	48	95
中药材种植	017	35648		5	11
其他农业	019	26348	1	37	55
林业	02	71954	12	712	835
林木育种和育苗	021	56570	3	130	217
造林和更新	022	8468	1	91	131
森林经营和管护	023	4369	3	330	375
木材和竹材采运	024	1205	5	85	92
林产品采集	025	1342		76	20
畜牧业	03	230723	8	178	348
牲畜饲养	031	155860	7	136	213
家禽饲养	032	56534	1	11	87
狩猎和捕捉动物	033	524			2
其他畜牧业	039	17805		31	46
渔业	04	67147	2	85	355
水产养殖	041	65270	2	75	323
水产捕捞	042	1877		10	32
农、林、牧、渔服务业	05	68791	10	253	578
农业服务业	051	55849	8	148	398
林业服务业	052	5313		68	89
畜牧服务业	053	4671	2	18	43
渔业服务业	054	2958		19	48
采矿业	B	**108770**	**41**	**688**	**2465**
煤炭开采和洗选业	06	21088	17	373	991
烟煤和无烟煤开采洗选	061	18985	17	354	939
褐煤开采洗选	062	615		13	24
其他煤炭采选	069	1488		6	28
石油和天然气开采业	07	817	1	3	12
石油开采	071	518	1	3	8
天然气开采	072	299			4
黑色金属矿采选业	08	16096	9	33	211
铁矿采选	081	14274	9	26	175
锰矿、铬矿采选	082	1036		5	28
其他黑色金属矿采选	089	786		2	8
有色金属矿采选业	09	11720	4	68	337

时间分组的企业法人单位数

单位：个

1992-1995年	1996年	1997年	1998年	1999年	2000年	2001年	2002年	2003年	代码
195358	**63079**	**73061**	**112564**	**119570**	**172113**	**214166**	**254267**	**321852**	--
2232	**686**	**856**	**1938**	**1550**	**2707**	**2973**	**3316**	**4437**	A
717	214	262	618	538	875	1010	1143	1401	01
148	36	28	70	87	95	105	94	125	011
13	2	4	9	5	12	22	23	26	012
24	4	6	18	8	17	15	19	14	013
252	69	111	281	244	385	499	622	706	014
154	48	63	116	95	201	192	187	267	015
64	23	23	62	43	64	60	76	95	016
15	7	10	21	25	48	51	63	88	017
47	25	17	41	31	53	66	59	80	019
340	106	141	244	220	449	412	506	714	02
135	49	74	147	128	281	311	381	550	021
53	14	18	27	28	86	39	57	83	022
116	30	40	53	41	62	50	49	54	023
21	6	7	11	16	14	7	11	20	024
15	7	2	6	7	6	5	8	7	025
401	149	223	550	401	721	826	814	1221	03
252	113	159	327	247	496	567	564	880	031
119	25	50	131	118	168	192	175	248	032
		1		2	1	1		1	033
30	11	13	92	34	56	66	75	92	039
358	103	125	228	198	314	318	337	434	04
329	97	119	218	184	293	307	317	422	041
29	6	6	10	14	21	11	20	12	042
416	114	105	298	193	348	407	516	667	05
285	82	65	211	129	229	313	390	487	051
54	15	17	33	21	42	36	44	66	052
40	11	10	27	17	41	37	50	62	053
37	6	13	27	26	36	21	32	52	054
1954	**773**	**766**	**1314**	**1109**	**1829**	**2341**	**2526**	**4079**	B
659	262	278	398	318	466	592	646	1189	06
632	252	261	382	299	442	564	602	1129	061
12	4	11	9	12	12	16	19	31	062
15	6	6	7	7	12	12	25	29	069
19	5	12	13	22	18	16	23	16	07
15	3	10	6	18	18	12	17	12	071
4	2	2	7	4		4	6	4	072
230	96	71	163	140	267	375	383	783	08
208	78	61	144	121	239	340	348	704	081
13	13	8	13	15	18	23	25	59	082
9	5	2	6	4	10	12	10	20	089
274	116	125	158	177	260	305	361	478	09

2-6 续表 1

行业中类	代码	企业单位数	1949年及以前	1950-1977年	1978-1991年
常用有色金属矿采选	091	8093	2	41	175
贵金属矿采选	092	2310	1	17	139
稀有稀土金属矿采选	093	1317	1	10	23
非金属矿采选业	10	51690	9	201	874
土砂石开采	101	44259	4	113	663
化学矿开采	102	1674		20	62
采盐	103	442	5	38	59
石棉及其他非金属矿采选	109	5315		30	90
开采辅助活动	11	4307	1	9	25
煤炭开采和洗选辅助活动	111	660	1	2	13
石油和天然气开采辅助活动	112	2845		5	12
其他开采辅助活动	119	802		2	
其他采矿业	12	3052		1	15
其他采矿业	120	3052		1	15
制造业	**C**	**3471728**	**529**	**8877**	**54424**
农副食品加工业	13	145885	25	622	2305
谷物磨制	131	28121	11	119	459
饲料加工	132	16696	1	7	216
植物油加工	133	12842	5	56	214
制糖业	134	1120		30	58
屠宰及肉类加工	135	24873	4	313	630
水产品加工	136	13110		33	314
蔬菜、水果和坚果加工	137	20885		16	170
其他农副食品加工	139	28238	4	48	244
食品制造业	14	80766	14	251	1215
焙烤食品制造	141	20769	2	69	247
糖果、巧克力及蜜饯制造	142	6453		19	151
方便食品制造	143	13994	1	23	171
乳制品制造	144	2100	1	21	59
罐头食品制造	145	3945	2	13	91
调味品、发酵制品制造	146	9831	4	71	266
其他食品制造	149	23674	4	35	230
酒、饮料和精制茶制造业	15	58702	33	322	1233
酒的制造	151	20702	29	183	735
饮料制造	152	20965		17	169
精制茶加工	153	17035	4	122	329
烟草制品业	16	360	12	15	37
烟叶复烤	161	138		1	8
卷烟制造	162	105	12	10	16
其他烟草制品制造	169	117		4	13
纺织业	17	164902	25	325	2166
棉纺织及印染精加工	171	59466	13	154	905
毛纺织及染整精加工	172	10736	2	18	215
麻纺织及染整精加工	173	1675		9	46

单位：个

1992-1995年	1996年	1997年	1998年	1999年	2000年	2001年	2002年	2003年	代码
161	71	70	106	105	172	207	241	327	091
93	37	44	38	56	59	69	74	100	092
20	8	11	14	16	29	29	46	51	093
706	273	264	541	418	758	956	1036	1510	10
560	219	193	413	317	625	778	850	1275	101
32	19	23	34	24	47	40	50	46	102
26	9	5	15	11	9	11	14	24	103
88	26	43	79	66	77	127	122	165	109
45	14	12	31	21	45	66	49	73	11
10	2	5	6	6	10	10	7	9	111
31	11	6	21	14	30	43	37	54	112
4	1	1	4	1	5	13	5	10	119
21	7	4	10	13	15	31	28	30	12
21	7	4	10	13	15	31	28	30	120
74350	**23963**	**26994**	**41069**	**42875**	**62363**	**78006**	**91231**	**110010**	**C**
2840	1083	1214	2185	2158	3115	3632	3975	4966	13
606	215	210	564	431	744	846	881	1191	131
349	166	238	325	365	411	444	457	583	132
232	66	76	154	172	287	328	328	487	133
35	10	10	9	7	21	48	35	42	134
487	207	258	396	366	500	565	734	780	135
479	157	151	249	279	371	459	458	512	136
349	147	135	269	286	407	512	539	694	137
303	115	136	219	252	374	430	543	677	139
1828	649	699	1146	1049	1535	1773	1758	2108	14
396	151	145	272	201	321	352	342	439	141
280	91	105	158	134	154	192	184	196	142
214	77	72	149	153	208	249	247	307	143
57	23	33	53	53	75	105	99	128	144
152	35	57	80	71	124	131	149	177	145
286	120	119	188	177	266	298	285	340	146
443	152	168	246	260	387	446	452	521	149
1332	506	655	1027	1040	1399	1428	1575	1798	15
640	245	351	530	523	666	597	605	734	151
404	151	202	301	354	451	525	626	686	152
288	110	102	196	163	282	306	344	378	153
19	3	4	8	11	9	10	7	16	16
3	1	1	4	6	6	3	2	7	161
8	1	1	4	1		1	1	6	162
8	1	2		4	3	6	4	3	169
2951	994	1288	1972	2131	3861	4195	6037	6864	17
1106	372	519	769	826	1519	1684	2711	2819	171
286	99	102	150	168	264	296	343	357	172
35	12	23	29	25	52	47	62	111	173

2-6 续表 2

行业中类	代码	企 业 单位数	1949年及以前	1950-1977年	1978-1991年
丝绸纺织及印染精加工	174	3771	1	28	117
化纤织造及印染精加工	175	13790	2	4	87
针织或钩针编织物及其制品制造	176	26029	2	43	278
家用纺织制成品制造	177	28789	2	33	208
非家用纺织制成品制造	178	20646	3	36	310
纺织服装、服饰业	18	203549	10	225	1879
机织服装制造	181	118387	8	160	1319
针织或钩针编织服装制造	182	26480		23	315
服饰制造	183	58682	2	42	245
皮革、毛皮、羽毛及其制品和制鞋业	19	89775	9	114	1015
皮革鞣制加工	191	4083	1	18	73
皮革制品制造	192	30135		22	245
毛皮鞣制及制品加工	193	8280	3	11	44
羽毛(绒)加工及制品制造	194	2811		4	46
制鞋业	195	44466	5	59	607
木材加工和木、竹、藤、棕、草制品业	20	115292	2	165	975
木材加工	201	45265	1	85	400
人造板制造	202	21801		11	134
木制品制造	203	35917	1	41	315
竹、藤、棕、草等制品制造	204	12309		28	126
家具制造业	21	89394	2	70	561
木质家具制造	211	63217	2	52	390
竹、藤家具制造	212	1265		2	11
金属家具制造	213	8475		9	90
塑料家具制造	214	1119			9
其他家具制造	219	15318		7	61
造纸和纸制品业	22	79185	14	164	1438
纸浆制造	221	778		5	13
造纸	222	17079	12	76	477
纸制品制造	223	61328	2	83	948
印刷和记录媒介复制业	23	86325	62	493	4103
印刷	231	78738	58	441	3659
装订及印刷相关服务	232	7226	4	51	432
记录媒介复制	233	361		1	12
文教、工美、体育和娱乐用品制造业	24	118648	4	192	1606
文教办公用品制造	241	11576	1	40	224
乐器制造	242	2964		8	52
工艺美术品制造	243	73614	2	127	928
体育用品制造	244	12189		9	109
玩具制造	245	15264	1	8	276
游艺器材及娱乐用品制造	246	3041			17
石油加工和炼焦业	25	9507	11	45	206
精炼石油产品制造	251	7869	9	35	180
炼焦	252	1638	2	10	26

单位：个

1992-1995年	1996年	1997年	1998年	1999年	2000年	2001年	2002年	2003年	代码
149	44	47	89	91	168	189	213	260	174
143	61	107	188	205	433	419	679	911	175
436	147	179	280	297	554	616	805	895	176
335	117	161	218	239	405	439	631	777	177
461	142	150	249	280	466	505	593	734	178
3436	1060	1122	1624	1929	3307	3879	4516	5432	18
2318	724	760	1089	1295	2180	2576	2952	3705	181
694	198	211	291	361	605	738	900	984	182
424	138	151	244	273	522	565	664	743	183
2002	650	589	824	903	1229	1567	1881	2060	19
153	44	49	82	59	84	110	145	122	191
500	144	140	228	244	357	458	610	669	192
67	23	25	30	45	85	94	127	117	193
72	29	31	35	43	68	86	83	85	194
1210	410	344	449	512	635	819	916	1067	195
1194	437	438	790	854	1400	1674	1973	2461	20
348	130	125	244	271	388	481	497	694	201
223	71	100	170	194	345	445	523	738	202
438	159	154	268	276	441	548	680	722	203
185	77	59	108	113	226	200	273	307	204
1024	420	497	683	700	960	1179	1317	1674	21
695	290	366	467	490	671	827	890	1150	211
23	3	1	11	9	12	20	17	15	212
163	72	56	99	93	149	172	197	242	213
23	9	7	6	16	9	14	35	33	214
120	46	67	100	92	119	146	178	234	219
1934	694	744	1079	1134	1571	2005	2404	2852	22
17	6	3	6	4	10	15	15	20	221
555	199	212	288	341	429	539	700	818	222
1362	489	529	785	789	1132	1451	1689	2014	223
4092	1151	1432	1872	1730	2545	3204	3697	4589	23
3714	1052	1302	1709	1565	2335	2987	3397	4221	231
359	96	120	153	150	204	200	294	349	232
19	3	10	10	15	6	17	6	19	233
2505	721	765	1235	1347	1939	2370	2845	3489	24
291	107	123	198	190	277	293	349	423	241
80	20	19	34	46	67	86	78	93	242
1453	422	432	717	817	1139	1419	1751	2103	243
215	76	74	114	108	170	204	273	311	244
425	87	96	142	163	253	329	338	494	245
41	9	21	30	23	33	39	56	65	246
300	92	99	161	168	227	273	330	450	25
252	79	79	136	148	194	238	271	299	251
48	13	20	25	20	33	35	59	151	252

2-6 续表 3

行业中类	代码	企业单位数	1949年及以前	1950-1977年	1978-1991年
化学原料和化学制品制造业	26	135711	31	575	3308
基础化学原料制造	261	20631	11	121	655
肥料制造	262	17647	1	119	200
农药制造	263	2924	1	29	152
涂料、油墨、颜料及类似产品制造	264	24054	6	59	577
合成材料制造	265	14021	2	29	260
专用化学产品制造	266	34082	3	100	908
炸药、火工及焰火产品制造	267	5914	1	84	227
日用化学产品制造	268	16438	6	34	329
医药制造业	27	28246	20	214	697
化学药品原料药制造	271	3505	3	34	118
化学药品制剂制造	272	2888	9	50	146
中药饮片加工	273	5112		13	62
中成药生产	274	4352	6	91	163
兽用药品制造	275	1893		12	61
生物药品制造	276	5355	2	4	53
卫生材料及医药用品制造	277	5141		10	94
化学纤维制造业	28	7603	1	10	124
纤维素纤维原料及纤维制造	281	1448	1	4	25
合成纤维制造	282	6155		6	99
橡胶和塑料制品业	29	201994	7	270	3189
橡胶制品业	291	35706	1	84	733
塑料制品业	292	166288	6	186	2456
非金属矿物制品业	30	292793	40	1110	6832
水泥、石灰和石膏制造	301	17602	10	267	666
石膏、水泥制品及类似制品制造	302	65831	4	118	1011
砖瓦、石材等建筑材料制造	303	121879	13	453	3512
玻璃制造	304	5719		11	48
玻璃制品制造	305	19277	3	49	250
玻璃纤维和玻璃纤维增强塑料制品制造	306	7445	1	15	175
陶瓷制品制造	307	20154	3	90	286
耐火材料制品制造	308	14303	5	63	538
石墨及其他非金属矿物制品制造	309	20583	1	44	346
黑色金属冶炼和压延加工业	31	42979	5	211	1314
炼铁	311	1681		11	42
炼钢	312	1039	1	9	18
黑色金属铸造	313	17434		95	818
钢压延加工	314	19391	4	82	360
铁合金冶炼	315	3434		14	76
有色金属冶炼和压延加工业	32	33398	11	90	622
常用有色金属冶炼	321	5767	6	28	118
贵金属冶炼	322	845		10	28
稀有稀土金属冶炼	323	1238		5	24
有色金属合金制造	324	4825	1	10	67

单位：个

1992-1995年	1996年	1997年	1998年	1999年	2000年	2001年	2002年	2003年	代码
4648	1530	1692	2731	2740	3897	4774	5311	6171	26
733	255	277	509	447	620	749	842	1169	261
282	136	117	228	199	317	388	481	546	262
151	54	57	96	115	116	141	118	141	263
969	305	347	553	613	794	969	1124	1213	264
384	120	150	219	214	339	374	492	547	265
1347	409	443	707	749	1032	1226	1432	1661	266
157	52	57	95	105	250	449	293	308	267
625	199	244	324	298	429	478	529	586	268
1091	336	351	562	519	692	901	1007	1176	27
152	49	58	87	84	104	112	148	176	271
240	64	60	89	77	119	147	152	154	272
68	27	25	45	32	59	80	106	147	273
256	92	80	139	108	147	198	197	237	274
73	17	35	54	66	71	88	86	86	275
153	47	49	69	65	97	123	149	166	276
149	40	44	79	87	95	153	169	210	277
187	66	72	89	120	224	256	329	401	28
45	13	10	10	23	42	41	51	55	281
142	53	62	79	97	182	215	278	346	282
4752	1584	1758	2680	2975	4183	5551	6507	7204	29
933	364	338	554	566	766	972	1060	1279	291
3819	1220	1420	2126	2409	3417	4579	5447	5925	292
7028	2221	2136	3803	3457	4878	6017	7039	8977	30
591	173	180	361	293	407	465	512	709	301
1140	374	372	633	530	859	1024	1381	1748	302
3135	954	812	1556	1350	1924	2279	2601	3474	303
111	36	31	43	47	71	86	117	147	304
332	120	96	205	231	321	389	439	515	305
227	75	93	114	103	171	196	253	308	306
502	169	190	268	274	349	476	576	628	307
565	163	187	317	317	335	516	584	678	308
425	157	175	306	312	441	586	576	770	309
1596	450	557	812	887	1208	1490	1769	2791	31
48	16	14	24	21	50	58	67	157	311
50	7	9	15	14	26	22	44	78	312
869	232	299	421	462	611	734	861	1102	313
547	169	201	295	342	448	555	679	1118	314
82	26	34	57	48	73	121	118	336	315
927	286	365	517	538	753	1056	1138	1279	32
165	55	57	102	101	151	191	195	253	321
40	11	12	8	15	31	33	42	38	322
45	12	18	30	19	34	51	42	56	323
119	38	45	69	67	102	121	139	161	324

2-6 续表 4

行业中类	代码	企业单位数	1949年及以前	1950-1977年	1978-1991年
有色金属铸造	325	2406	1	6	63
有色金属压延加工	326	18317	3	31	322
金属制品业	33	313438	23	533	3956
结构性金属制品制造	331	105540	5	113	961
金属工具制造	332	30501	4	114	463
集装箱及金属包装容器制造	333	7845	1	31	231
金属丝绳及其制品制造	334	18281	1	35	206
建筑、安全用金属制品制造	335	44145	3	62	485
金属表面处理及热处理加工	336	14483		57	638
搪瓷制品制造	337	2603		8	29
金属制日用品制造	338	25817	2	34	256
其他金属制品制造	339	64223	7	79	687
通用设备制造业	34	339566	56	939	5215
锅炉及原动设备制造	341	13937	9	102	381
金属加工机械制造	342	55054	11	154	776
物料搬运设备制造	343	14199	4	67	242
泵、阀门、压缩机及类似机械制造	344	42297	14	189	860
轴承、齿轮和传动部件制造	345	22633	1	95	428
烘炉、风机、衡器、包装等设备制造	346	32039	5	88	475
文化、办公用机械制造	347	3322	1	13	57
通用零部件制造	348	119950	4	194	1789
其他通用设备制造业	349	36135	7	37	207
专用设备制造业	35	226534	36	576	2844
采矿、冶金、建筑专用设备制造	351	34207	7	138	542
化工、木材、非金属加工专用设备制造	352	66112	4	63	518
食品、饮料、烟草及饲料生产专用设备制造	353	6723	1	35	168
印刷、制药、日化及日用品生产专用设备制造	354	11181	1	39	189
纺织、服装和皮革加工专用设备制造	355	12847	3	61	318
电子和电工机械专用设备制造	356	16883	10	16	132
农、林、牧、渔专用机械制造	357	14503	4	116	281
医疗仪器设备及器械制造	358	14368	2	47	210
环保、社会公共服务及其他专用设备制造	359	49710	4	61	486
汽车制造业	36	85000	13	260	1199
汽车整车制造	361	1504	5	15	39
改装汽车制造	362	1407	5	28	54
低速载货汽车制造	363	121		3	6
电车制造	364	1130		1	4
汽车车身、挂车制造	365	1514		4	15
汽车零部件及配件制造	366	79324	3	209	1081
铁路、船舶、航空航天和其他运输设备制造业	37	36958	22	181	734
铁路运输设备制造	371	4019	9	45	221
城市轨道交通设备制造	372	401		2	4
船舶及相关装置制造	373	10629	11	81	200
航空、航天器及设备制造	374	1686	1	14	18

单位：个

1992-1995年	1996年	1997年	1998年	1999年	2000年	2001年	2002年	2003年	代码
91	26	39	50	53	59	88	114	110	325
467	144	194	258	283	376	572	606	661	326
5569	1794	2106	3054	3429	4827	6317	7500	8852	33
1600	514	606	951	990	1401	1896	2325	2829	331
665	208	263	376	420	649	723	914	960	332
307	81	102	139	166	182	240	287	298	333
302	102	111	178	157	246	293	336	428	334
692	248	286	386	441	698	978	1082	1211	335
504	140	188	266	318	390	478	554	753	336
37	24	21	24	24	25	45	27	51	337
507	168	182	230	322	431	561	657	754	338
955	309	347	504	591	805	1103	1318	1568	339
6945	2263	2606	3949	4014	5673	7451	8875	10646	34
410	144	178	261	253	299	351	386	476	341
902	302	365	556	526	806	1110	1313	1660	342
369	104	145	182	185	238	338	433	529	343
1285	393	461	736	674	1036	1252	1520	1637	344
575	223	201	307	356	528	683	764	941	345
886	303	318	469	515	688	854	1027	1186	346
117	33	29	43	38	68	104	113	118	347
2128	669	798	1211	1281	1744	2392	2899	3524	348
273	92	111	184	186	266	367	420	575	349
3931	1259	1517	2262	2330	3509	4605	5365	6641	35
640	212	270	440	410	552	800	922	1176	351
860	308	342	464	567	928	1205	1483	1900	352
214	59	58	105	105	132	192	189	238	353
307	91	135	156	168	231	295	327	415	354
378	126	184	220	252	460	546	652	652	355
223	63	85	139	150	204	271	332	467	356
255	96	79	174	153	226	272	282	352	357
359	112	120	174	167	264	292	359	401	358
695	192	244	390	358	512	732	819	1040	359
1813	548	647	906	1007	1362	1858	2294	2969	36
40	20	28	20	16	18	28	25	42	361
54	14	15	25	19	28	42	74	57	362
2	2	2	4	5	5	3	5	3	363
2		2	2	1	6	3	4	8	364
17	6	10	10	17	14	30	42	46	365
1698	506	590	845	949	1291	1752	2144	2813	366
1013	330	359	489	585	730	891	985	1168	37
153	46	48	61	80	107	136	126	174	371
2	4		1	6	1	1	4	2	372
248	71	77	109	119	143	201	209	268	373
23	12	8	14	18	20	24	18	26	374

2-6 续表 5

行业中类	代码	企业单位数	1949年及以前	1950-1977年	1978-1991年
摩托车制造	375	8347		23	182
自行车制造	376	9446	1	10	89
非公路休闲车及零配件制造	377	1060		2	4
潜水救捞及其他未列明运输设备制造	379	1370		4	16
电气机械和器材制造业	38	208762	27	453	2864
电机制造	381	19348	4	93	295
输配电及控制设备制造	382	70247	8	193	1160
电线、电缆、光缆及电工器材制造	383	28811	5	64	615
电池制造	384	7041	4	15	75
家用电力器具制造	385	26523	4	31	261
非电力家用器具制造	386	7111		5	49
照明器具制造	387	36545	2	42	281
其他电气机械及器材制造	389	13136		10	128
计算机、通信和其他电子设备制造业	39	122942	2	125	907
计算机制造	391	12460		2	51
通信设备制造	392	10191	2	19	105
广播电视设备制造	393	3473		3	43
雷达及配套设备制造	394	269		9	3
视听设备制造	395	6027		5	63
电子器件制造	396	18566		25	121
电子元件制造	397	49073		53	445
其他电子设备制造	399	22883		9	76
仪器仪表制造业	40	45795	6	168	883
通用仪器仪表制造	401	24770	3	90	497
专用仪器仪表制造	402	7089		44	154
钟表与计时仪器制造	403	2861	2	15	86
光学仪器及眼镜制造	404	7390		14	90
其他仪器仪表制造业	409	3685	1	5	56
其他制造业	41	69187	3	48	420
日用杂品制造	411	17534	2	20	187
煤制品制造	412	3383		3	58
其他未列明制造业	419	48270	1	25	175
废弃资源综合利用业	42	15904	1	14	121
金属废料和碎屑加工处理	421	7558	1	10	68
非金属废料和碎屑加工处理	422	8346		4	53
金属制品、机械和设备修理业	43	22628	2	97	456
金属制品修理	431	1286		5	26
通用设备修理	432	3264	1	11	61
专用设备修理	433	2946		22	71
铁路、船舶、航空航天等运输设备修理	434	6068		41	172
电气设备修理	435	1970		2	28
仪器仪表修理	436	439			13
其他机械和设备修理业	439	6655	1	16	85

单位：个

1992-1995年	1996年	1997年	1998年	1999年	2000年	2001年	2002年	2003年	代码
400	145	152	191	260	256	279	319	322	375
160	45	60	90	86	160	211	270	296	376
18	4	9	10	5	21	15	16	33	377
9	3	5	13	11	22	24	23	47	379
4553	1468	1666	2332	2710	3656	4775	5409	6373	38
471	143	177	243	300	386	545	561	708	381
1685	512	623	828	1049	1287	1647	1941	2258	382
880	294	337	505	509	652	900	971	1109	383
132	32	44	68	66	109	147	163	204	384
540	227	171	261	301	471	544	646	776	385
100	28	45	53	62	99	125	147	160	386
582	192	210	292	333	498	675	756	847	387
163	40	59	82	90	154	192	224	311	389
2099	587	739	991	1047	1739	2393	2740	3238	39
145	38	49	79	94	128	201	251	264	391
251	82	84	124	135	200	265	264	297	392
127	34	44	68	55	92	117	120	143	393
7	2	4	3	5	6	7	5	12	394
146	35	71	64	61	100	152	168	203	395
285	60	99	109	123	256	396	373	475	396
929	267	300	418	452	754	1023	1215	1446	397
209	69	88	126	122	203	232	344	398	399
1399	422	491	689	709	993	1273	1277	1591	40
724	236	286	405	414	553	721	701	890	401
223	69	74	115	124	153	207	213	274	402
148	32	34	32	42	55	65	70	90	403
196	54	61	84	82	150	198	198	224	404
108	31	36	53	47	82	82	95	113	409
685	190	209	307	354	531	671	784	951	41
377	97	108	146	160	289	352	403	447	411
61	19	21	38	39	56	71	77	84	412
247	74	80	123	155	186	248	304	420	419
134	36	55	85	94	151	203	236	366	42
83	21	35	40	54	75	110	143	223	421
51	15	20	45	40	76	93	93	143	422
523	133	122	205	206	260	335	351	457	43
24	9	9	9	8	14	21	21	35	431
78	22	13	38	33	43	70	54	78	432
79	16	16	26	25	36	42	44	64	433
174	38	46	67	61	70	90	111	112	434
50	22	8	19	19	35	24	34	38	435
9	2		2	3	6	11	9	18	436
109	24	30	44	57	56	77	78	112	439

2-6 续表 6

行业中类	代码	企业单位数	1949年及以前	1950-1977年	1978-1991年
电力、热力、燃气及水生产和供应业	D	**117003**	**101**	**2048**	**5598**
电力、热力生产和供应业	44	82648	54	1469	3507
电力生产	441	66808	21	963	2821
电力供应	442	7614	33	498	529
热力生产和供应	443	8226		8	157
燃气生产和供应业	45	10329	5	10	134
燃气生产和供应业	450	10329	5	10	134
水的生产和供应业	46	24026	42	569	1957
自来水生产和供应	461	16482	41	563	1908
污水处理及其再生利用	462	6324		4	16
其他水的处理、利用与分配	469	1220	1	2	33
建筑业	E	**1045185**	**86**	**3954**	**10711**
房屋建筑业	47	189109	54	2873	5697
房屋建筑业	470	189109	54	2873	5697
土木工程建筑业	48	193598	16	789	2277
铁路、道路、隧道和桥梁工程建筑	481	78085	7	310	921
水利和内河港口工程建筑	482	13086	4	268	465
海洋工程建筑	483	534			4
工矿工程建筑	484	5995	3	69	149
架线和管道工程建筑	485	17607	2	76	374
其他土木工程建筑	489	78291		66	364
建筑安装业	49	162694	7	189	1459
电气安装	491	37267	4	39	454
管道和设备安装	492	34688		58	432
其他建筑安装业	499	90739	3	92	573
建筑装饰和其他建筑业	50	499784	9	103	1278
建筑装饰业	501	377481	7	44	863
工程准备活动	502	33538		20	139
提供施工设备服务	503	9005		4	38
其他未列明建筑业	509	79760	2	35	238
批发和零售业	F	**6173230**	**808**	**11287**	**35590**
批发业	51	3606355	277	5115	19001
农、林、牧产品批发	511	143958	42	966	2381
食品、饮料及烟草制品批发	512	332248	46	930	2989
纺织、服装及家庭用品批发	513	507772	19	238	1418
文化、体育用品及器材批发	514	122676	16	75	454
医药及医疗器材批发	515	102727	2	231	608
矿产品、建材及化工产品批发	516	1024392	121	2029	6605
机械设备、五金产品及电子产品批发	517	870954	13	334	2539
贸易经纪与代理	518	155811	10	123	564
其他批发业	519	345817	8	189	1443
零售业	52	2566875	531	6172	16589
综合零售	521	410225	198	3475	6606
食品、饮料及烟草制品专门零售	522	232702	24	825	2217
纺织、服装及日用品专门零售	523	267707	15	371	1411

单位：个

1992-1995年	1996年	1997年	1998年	1999年	2000年	2001年	2002年	2003年	代码
3097	**981**	**1073**	**1543**	**1457**	**1900**	**2324**	**3031**	**4453**	D
1965	673	740	1099	1019	1257	1642	2186	3394	44
1551	586	619	919	824	1001	1384	1889	2898	441
247	55	67	113	131	130	114	125	212	442
167	32	54	67	64	126	144	172	284	443
181	62	69	83	106	151	188	222	300	45
181	62	69	83	106	151	188	222	300	450
951	246	264	361	332	492	494	623	759	46
868	216	247	313	285	417	409	446	552	461
28	12	9	31	33	55	65	156	177	462
55	18	8	17	14	20	20	21	30	469
13753	**3904**	**4361**	**6381**	**6159**	**7575**	**10595**	**11988**	**13638**	E
4620	1108	1177	1798	1499	1789	3150	3084	2463	47
4620	1108	1177	1798	1499	1789	3150	3084	2463	470
2770	632	747	1202	1127	1408	1880	2178	2772	48
1227	282	322	534	463	598	759	866	1169	481
415	66	77	125	130	154	209	221	229	482
4	1		1	3	4	4	3	4	483
142	28	29	58	55	78	88	109	140	484
430	108	117	180	178	200	324	332	396	485
552	147	202	304	298	374	496	647	834	489
2456	772	954	1326	1377	1603	2197	2334	2798	49
751	247	337	438	437	517	718	784	847	491
663	181	228	313	339	412	552	570	658	492
1042	344	389	575	601	674	927	980	1293	499
3907	1392	1483	2055	2156	2775	3368	4392	5605	50
3153	1179	1229	1609	1684	2201	2592	3186	4033	501
333	83	96	170	189	207	298	478	689	502
55	21	19	37	46	57	79	110	136	503
366	109	139	239	237	310	399	618	747	509
42523	**15945**	**19469**	**31627**	**34072**	**47730**	**60125**	**72795**	**92217**	F
25770	9692	11971	19618	21501	29889	38529	46372	60162	51
1326	402	425	837	876	1227	1602	1790	2106	511
2275	836	946	1697	1790	2403	2910	3148	3957	512
2549	1017	1361	2028	2359	3524	4517	5214	6668	513
882	371	444	677	786	1171	1414	1664	2274	514
898	293	399	693	737	966	1216	1521	2158	515
9070	3363	4056	6658	7420	9909	12816	15526	20228	516
6225	2519	3364	5461	5975	8277	10746	13702	17375	517
883	310	296	466	498	756	995	1309	1739	518
1662	581	680	1101	1060	1656	2313	2498	3657	519
16753	6253	7498	12009	12571	17841	21596	26423	32055	52
2552	829	939	1484	1388	2000	2432	2556	3168	521
1482	519	595	967	1167	1487	1725	1972	2348	522
1448	599	723	1159	1144	1789	2015	2303	2842	523

2-6 续表 7

行业中类	代码	企业单位数			
			1949年及以前	1950-1977年	1978-1991年
文化、体育用品及器材专门零售	524	135933	238	591	1035
医药及医疗器材专门零售	525	207463	16	349	925
汽车、摩托车、燃料及零配件专门零售	526	310528	13	155	1469
家用电器及电子产品专门零售	527	301363	6	62	538
五金、家具及室内装饰材料专门零售	528	343424	6	170	1344
货摊、无店铺及其他零售业	529	357530	15	174	1044
交通运输、仓储和邮政业	**G**	**530856**	**159**	**2008**	**6157**
铁路运输业	53	3493	17	52	155
铁路旅客运输	531	402	6	16	8
铁路货物运输	532	1577	2	10	50
铁路运输辅助活动	533	1514	9	26	97
道路运输业	54	309998	45	797	2563
城市公共交通运输	541	13384	4	169	432
公路旅客运输	542	11859	27	251	512
道路货物运输	543	265788	12	248	1245
道路运输辅助活动	544	18967	2	129	374
水上运输业	55	14756	9	166	692
水上旅客运输	551	1603	2	28	126
水上货物运输	552	8738	1	110	448
水上运输辅助活动	553	4415	6	28	118
航空运输业	56	2397		4	28
航空客货运输	561	887		2	13
通用航空服务	562	732			4
航空运输辅助活动	563	778		2	11
管道运输业	57	421		1	3
管道运输业	570	421		1	3
装卸搬运和运输代理业	58	133971	21	234	1115
装卸搬运	581	28295	18	197	687
运输代理业	582	105676	3	37	428
仓储业	59	40662	40	715	1516
谷物、棉花等农产品仓储	591	12277	39	606	926
其他仓储业	599	28385	1	109	590
邮政业	60	25158	27	39	85
邮政基本服务	601	2053	27	36	73
快递服务	602	23105		3	12
住宿和餐饮业	**H**	**374997**	**54**	**861**	**4631**
住宿业	61	110895	31	544	3279
旅游饭店	611	35021	20	269	1168
一般旅馆	612	65090	8	250	1886
其他住宿业	619	10784	3	25	225
餐饮业	62	264102	23	317	1352
正餐服务	621	207084	18	261	1144
快餐服务	622	16710	2	17	100
饮料及冷饮服务	623	9544	2		13
其他餐饮业	629	30764	1	39	95

单位：个

1992-1995年	1996年	1997年	1998年	1999年	2000年	2001年	2002年	2003年	代码
1172	418	519	747	911	1206	1423	1810	2193	524
891	372	361	728	731	1042	1438	2560	3313	525
3750	1235	1545	2448	2521	3555	4185	5564	5693	526
1533	760	998	1611	1871	2805	3551	4096	5557	527
2348	899	1128	1769	1804	2391	3056	3439	4311	528
1577	622	690	1096	1034	1566	1771	2123	2630	529
6171	**1909**	**2201**	**3712**	**3578**	**4475**	**6062**	**7181**	**8893**	**G**
104	23	22	37	39	46	59	55	53	53
11	6	5	2	4	5	9	6	6	531
50	12	9	20	23	23	30	31	34	532
43	5	8	15	12	18	20	18	13	533
2955	972	1187	1741	1834	2326	3467	4129	4821	54
865	265	304	368	361	375	497	521	528	541
358	144	160	308	221	350	565	560	527	542
1338	418	548	843	985	1363	2064	2690	3263	543
394	145	175	222	267	238	341	358	503	544
453	120	138	200	192	229	325	390	471	55
54	21	18	27	31	30	48	68	55	551
284	71	85	115	122	144	203	253	283	552
115	28	35	58	39	55	74	69	133	553
58	19	18	34	22	35	37	48	60	56
26	8	7	11	8	19	17	22	21	561
9	4	5	8	6	4	5	9	10	562
23	7	6	15	8	12	15	17	29	563
9		5	3	3	11	5	7	11	57
9		5	3	3	11	5	7	11	570
1412	514	486	729	716	1070	1368	1665	2260	58
390	110	94	170	122	212	261	274	351	581
1022	404	392	559	594	858	1107	1391	1909	582
1098	234	276	572	444	497	618	716	977	59
417	86	117	353	229	210	243	216	276	591
681	148	159	219	215	287	375	500	701	599
82	27	69	396	328	261	183	171	240	60
48	13	45	342	255	164	54	27	35	601
34	14	24	54	73	97	129	144	205	602
4385	**1533**	**1763**	**2568**	**2599**	**3530**	**3911**	**4447**	**5664**	**H**
2525	841	917	1278	1185	1516	1603	1817	2382	61
1081	376	424	538	543	633	599	730	956	611
1267	409	434	674	585	799	906	984	1301	612
177	56	59	66	57	84	98	103	125	619
1860	692	846	1290	1414	2014	2308	2630	3282	62
1589	582	687	1079	1193	1703	1920	2160	2711	621
134	61	79	85	82	120	170	163	200	622
26	7	24	37	50	66	94	136	169	623
111	42	56	89	89	125	124	171	202	629

2-6 续表 8

行业中类	代码	企业单位数	1949年及以前	1950-1977年	1978-1991年
信息传输、软件和信息技术服务业	I	**711173**	**22**	**52**	**480**
电信、广播电视和卫星传输服务	63	18679	13	34	147
电信	631	14927	11	22	69
广播电视传输服务	632	3302	2	11	69
卫星传输服务	633	450		1	9
互联网和相关服务	64	90375	4	5	32
互联网接入及相关服务	641	8910		1	6
互联网信息服务	642	63265	4	3	24
其他互联网服务	649	18200		1	2
软件和信息技术服务业	65	602119	5	13	301
软件开发	651	388569	3	5	151
信息系统集成服务	652	43686		6	31
信息技术咨询服务	653	103203			75
数据处理和存储服务	654	8921	1		3
集成电路设计	655	3903			3
其他信息技术服务业	659	53837	1	2	38
金融业	J	**129762**	**38**	**273**	**1968**
货币金融服务	66	40802	17	259	1702
中央银行服务	661	221	5	9	36
货币银行服务	662	15269	11	244	1589
非货币银行服务	663	25240	1	5	75
银行监管服务	664	72		1	2
资本市场服务	67	46710	2	1	50
证券市场服务	671	5429			15
期货市场服务	672	505			2
证券期货监管服务	673	38			
资本投资服务	674	34570	2		27
其他资本市场服务	679	6168		1	6
保险业	68	22729	18	10	151
人身保险	681	6675	8	2	28
财产保险	682	7218	9	2	112
再保险	683	49			
养老金	684	157		1	2
保险经纪与代理服务	685	6566			3
保险监管服务	686	42			
其他保险活动	689	2022	1	5	6
其他金融业	69	19521	1	3	65
金融信托与管理服务	691	4888	1	1	41
控股公司服务	692	1421			16
非金融机构支付服务	693	683			
金融信息服务	694	5021		1	2
其他未列明金融业	699	7508		1	6

单位：个

1992-1995年	1996年	1997年	1998年	1999年	2000年	2001年	2002年	2003年	代码
1737	**702**	**926**	**1522**	**2165**	**3751**	**4701**	**5220**	**7356**	I
280	80	103	219	420	536	775	549	708	63
138	51	69	143	349	414	612	439	579	631
128	27	30	70	61	111	153	102	115	632
14	2	4	6	10	11	10	8	14	633
100	65	57	117	189	417	483	607	1051	64
17	4	7	22	20	52	72	69	103	641
77	56	40	81	147	315	370	468	809	642
6	5	10	14	22	50	41	70	139	649
1357	557	766	1186	1556	2798	3443	4064	5597	65
732	320	458	668	960	1812	2172	2541	3512	651
165	68	104	176	194	387	473	495	652	652
276	92	113	204	252	343	466	581	818	653
15	14	10	20	26	38	40	86	123	654
22	12	7	22	16	33	57	76	76	655
147	51	74	96	108	185	235	285	416	659
1383	**880**	**848**	**652**	**508**	**535**	**766**	**1500**	**1953**	J
927	461	438	384	302	218	243	394	404	66
7	3	6	6	5	4	3		4	661
732	414	364	225	224	141	169	102	88	662
186	42	68	153	72	71	71	292	310	663
2	2			1	2			2	664
270	87	81	93	96	173	256	239	349	67
57	18	15	16	18	32	49	48	48	671
82	23	2	1	1	1	5	1	10	672
						1	1	1	673
93	33	41	64	64	117	173	156	245	674
38	13	23	12	13	23	28	33	45	679
125	314	311	149	66	81	194	784	1084	68
24	156	152	55	26	33	84	457	501	681
75	143	149	86	27	26	59	237	274	682
1	1						1	4	683
3		2	1			2		1	684
10	6	4	6	5	17	37	66	236	685
1							1	2	686
11	8	4	1	8	5	12	22	66	689
61	18	18	26	44	63	73	83	116	69
23	5	7	9	10	14	21	33	34	691
17	6	7	8	6	8	12	14	14	692
2	1		1	5	3	2	7	7	693
5	2	1	5	4	8	16	6	13	694
14	4	3	3	19	30	22	23	48	699

2-6 续表 9

行业中类	代码	企业单位数	1949年及以前	1950-1977年	1978-1991年
房地产业	K	**636729**	**41**	**1544**	**6718**
房地产业	70	636729	41	1544	6718
房地产开发经营	701	241542	7	46	2020
物业管理	702	200477	4	101	804
房地产中介服务	703	149507	1	35	261
自有房地产经营活动	704	27299	24	1111	3212
其他房地产业	709	17904	5	251	421
租赁和商务服务业	L	**2114420**	**82**	**1101**	**8132**
租赁业	71	165756	1	49	317
机械设备租赁	711	161213	1	43	294
文化及日用品出租	712	4543		6	23
商务服务业	72	1948664	81	1052	7815
企业管理服务	721	431094	59	767	4005
法律服务	722	15922	2	6	326
咨询与调查	723	577804	4	25	647
广告业	724	359466	2	14	280
知识产权服务	725	14209		1	16
人力资源服务	726	119842		20	459
旅行社及相关服务	727	73400	7	30	581
安全保护服务	728	16392		5	280
其他商务服务业	729	340535	7	184	1221
科学研究和技术服务业	M	**869307**	**29**	**777**	**3908**
研究和试验发展	73	151507	2	107	300
自然科学研究和试验发展	731	14700		10	24
工程和技术研究和试验发展	732	102794		74	168
农业科学研究和试验发展	733	14119	1	15	69
医学研究和试验发展	734	17715	1	7	31
社会人文科学研究	735	2179		1	8
专业技术服务业	74	357878	16	544	2704
气象服务	741	2147	1	9	17
地震服务	742	515			2
海洋服务	743	661			10
测绘服务	744	11183		7	58
质检技术服务	745	25067	2	22	226
环境与生态监测	746	7994	2	1	21
地质勘查	747	7023	1	53	178
工程技术	748	138118	8	340	1642
其他专业技术服务业	749	165170	2	112	550
科技推广和应用服务业	75	359922	11	126	904
技术推广服务	751	279921	7	107	742
科技中介服务	752	14075	1	5	67
其他科技推广和应用服务业	759	65926	3	14	95
水利、环境和公共设施管理业	N	**103659**	**12**	**172**	**777**
水利管理业	76	7160	4	108	266
防洪除涝设施管理	761	838		13	28

单位：个

1992-1995年	1996年	1997年	1998年	1999年	2000年	2001年	2002年	2003年	代码
15042	**3532**	**4109**	**6343**	**6650**	**9182**	**11565**	**12999**	**16326**	K
15042	3532	4109	6343	6650	9182	11565	12999	16326	70
8340	1541	1858	3233	3020	4540	5546	5848	7041	701
2649	1105	1210	1737	2133	2653	3286	3888	5023	702
702	224	345	459	647	888	1454	1688	2291	703
2688	524	551	696	669	836	946	1179	1383	704
663	138	145	218	181	265	333	396	588	709
14087	**3913**	**5000**	**6556**	**8159**	**13232**	**14195**	**16690**	**22833**	L
606	252	256	370	377	556	787	849	1115	71
576	242	248	347	362	524	752	802	1051	711
30	10	8	23	15	32	35	47	64	712
13481	3661	4744	6186	7782	12676	13408	15841	21718	72
4746	963	1510	1380	1412	2098	2437	2859	3751	721
582	161	124	208	231	425	524	355	336	722
2044	615	724	1105	2204	4047	3047	3998	5593	723
2072	787	1067	1483	1603	2398	2812	3292	4421	724
64	22	33	35	50	54	176	180	428	725
492	108	117	209	224	398	500	740	1169	726
994	280	349	535	686	1067	1342	1166	1625	727
293	47	53	66	76	97	179	195	312	728
2194	678	767	1165	1296	2092	2391	3056	4083	729
7164	**1972**	**1987**	**3016**	**3814**	**5502**	**7089**	**8464**	**10656**	M
575	147	150	248	325	546	604	703	916	73
36	4	10	12	23	35	47	60	49	731
338	84	82	139	171	276	313	344	501	732
79	22	28	43	51	80	85	101	102	733
110	35	29	49	76	147	148	187	250	734
12	2	1	5	4	8	11	11	14	735
4713	1369	1353	2038	2516	3485	4575	5597	6937	74
51	7	15	12	22	40	49	72	90	741
	2	1	3	4	2	2	5	7	742
26	3	5	4		7	9	8	11	743
137	36	45	51	73	123	175	291	369	744
395	121	97	163	194	235	297	401	650	745
47	12	7	19	25	31	43	44	92	746
183	28	31	57	62	70	78	107	164	747
2813	801	713	1148	1434	1943	2612	3121	3496	748
1061	359	439	581	702	1034	1310	1548	2058	749
1876	456	484	730	973	1471	1910	2164	2803	75
1471	380	382	576	798	1175	1495	1672	2160	751
144	23	37	59	47	98	135	161	189	752
261	53	65	95	128	198	280	331	454	759
1171	**319**	**400**	**590**	**697**	**1051**	**1233**	**1545**	**2051**	N
220	60	48	84	94	117	111	127	151	76
24	7	7	14	14	17	15	11	21	761

2-6 续表 10

行业中类	代码	企业单位数	1949年及以前	1950–1977年	1978–1991年
水资源管理	762	1681	2	18	59
天然水收集与分配	763	730	1	49	75
水文服务	764	376	1	1	11
其他水利管理业	769	3535		27	93
生态保护和环境治理业	77	14371		27	75
生态保护	771	1573		25	41
环境治理业	772	12798		2	34
公共设施管理业	78	82128	8	37	436
市政设施管理	781	9223		10	93
环境卫生管理	782	9663		4	28
城乡市容管理	783	1939			7
绿化管理	784	39703	2	7	132
公园和游览景区管理	785	21600	6	16	176
居民服务、修理和其他服务业	**O**	**397368**	**15**	**305**	**2652**
居民服务业	79	149741	5	120	644
家庭服务	791	38466		3	42
托儿所服务	792	858		1	5
洗染服务	793	6164		3	35
理发及美容服务	794	28321	2	40	102
洗浴服务	795	9772	1	14	86
保健服务	796	14574		2	10
婚姻服务	797	12219		1	11
殡葬服务	798	5099	1	14	119
其他居民服务业	799	34268	1	42	234
机动车、电子产品和日用产品修理业	80	140934	5	153	1699
汽车、摩托车修理与维护	801	107501	5	122	1442
计算机和办公设备维修	802	13337		1	50
家用电器修理	803	14263		10	109
其他日用产品修理业	809	5833		20	98
其他服务业	81	106693	5	32	309
清洁服务	811	56124	3	5	103
其他未列明服务业	819	50569	2	27	206
教育	**P**	**99025**	**29**	**153**	**527**
教育	82	99025	29	153	527
学前教育	821	9482	3	55	119
初等教育	822	1112	11	47	41
中等教育	823	1246	10	20	41
高等教育	824	315	1	4	15
特殊教育	825	413			3
技能培训、教育辅助及其他教育	829	86457	4	27	308
卫生和社会工作	**Q**	**49665**	**39**	**630**	**719**
卫生	83	39868	38	610	641
医院	831	16857	29	236	194
社区医疗与卫生院	832	2423	5	176	136

单位：个

1992-1995年	1996年	1997年	1998年	1999年	2000年	2001年	2002年	2003年	代码
67	17	11	17	32	31	30	36	37	762
28	9	7	19	11	15	12	17	29	763
15	1		4	4	5	8	3	12	764
86	26	23	30	33	49	46	60	52	769
108	26	42	62	91	128	126	192	246	77
31	8	13	11	25	35	28	44	30	771
77	18	29	51	66	93	98	148	216	772
843	233	310	444	512	806	996	1226	1654	78
180	40	34	64	68	77	110	146	190	781
66	21	23	34	41	89	91	111	129	782
12	2	8	2	11	8	12	11	24	783
346	93	139	207	247	414	525	651	886	784
239	77	106	137	145	218	258	307	425	785
3613	**1235**	**1440**	**2152**	**2459**	**3293**	**3840**	**4625**	**6165**	**O**
896	316	436	701	845	1127	1280	1638	2096	79
40	21	18	54	58	108	129	162	200	791
	2	1	2	2	6	8	7	11	792
61	26	31	54	58	67	79	126	114	793
142	60	81	157	231	293	366	561	628	794
124	70	92	152	185	224	205	268	395	795
31	7	25	38	49	84	109	125	218	796
33	23	25	43	44	50	56	72	83	797
232	50	68	75	72	97	90	95	140	798
233	57	95	126	146	198	238	222	307	799
2242	791	813	1154	1254	1626	1894	2157	2941	80
1877	647	640	907	978	1203	1428	1650	2191	801
99	48	70	85	106	163	179	208	332	802
167	71	83	120	128	187	211	218	308	803
99	25	20	42	42	73	76	81	110	809
475	128	191	297	360	540	666	830	1128	81
232	64	102	174	213	324	384	486	648	811
243	64	89	123	147	216	282	344	480	819
665	**230**	**234**	**401**	**411**	**754**	**789**	**1031**	**1298**	**P**
665	230	234	401	411	754	789	1031	1298	82
117	46	58	92	74	169	153	209	200	821
15	5	7	14	9	20	23	16	32	822
33	11	6	22	21	38	31	37	32	823
3		2	2	3	5	12	4	4	824
3	2	1	3		4		4	4	825
494	166	160	268	304	518	570	761	1026	829
456	**165**	**129**	**248**	**235**	**362**	**436**	**587**	**930**	**Q**
415	152	113	204	188	304	389	554	872	83
130	47	38	56	59	99	143	257	405	831
54	27	14	34	33	42	61	59	67	832

2-6 续表 11

行业中类	代码	企业单位数	1949年及以前	1950-1977年	1978-1991年
门诊部(所)	833	16240	2	172	254
计划生育技术服务活动	834	127		1	11
妇幼保健院(所、站)	835	209		3	2
专科疾病防治院(所、站)	836	617		7	14
疾病预防控制中心	837	218	1	9	6
其他卫生活动	839	3177	1	6	24
社会工作	84	9797	1	20	78
提供住宿社会工作	841	8891	1	13	51
不提供住宿社会工作	842	906		7	27
文化、体育和娱乐业	**R**	**346299**	**48**	**674**	**2059**
新闻和出版业	85	5379	16	78	524
新闻业	851	375		2	5
出版业	852	5004	16	76	519
广播、电视、电影和影视录音制作业	86	38456	18	451	975
广播	861	2027		6	26
电视	862	1877		3	30
电影和影视节目制作	863	22099	2	14	27
电影和影视节目发行	864	1851	1	37	76
电影放映	865	9290	15	390	808
录音制作	866	1312		1	8
文化艺术业	87	110450	13	119	289
文艺创作与表演	871	27945	7	58	92
艺术表演场馆	872	1094	1	32	65
图书馆与档案馆	873	954	2	4	9
文物及非物质文化遗产保护	874	1632	2	4	15
博物馆	875	549		3	5
烈士陵园、纪念馆	876	103			1
群众文化活动	877	13636	1	12	66
其他文化艺术业	879	64537		6	36
体育	88	30372		2	66
体育组织	881	6282			9
体育场馆	882	2010		1	16
休闲健身活动	883	18028		1	37
其他体育	889	4052			4
娱乐业	89	161642	1	24	205
室内娱乐活动	891	141950	1	14	149
游乐园	892	3655		3	18
彩票活动	893	230			2
文化、娱乐、体育经纪代理	894	7877		4	12
其他娱乐业	899	7930		3	24
公共管理、社会保障和社会组织	**S**	**314**		**4**	**22**
社会保障	93	314		4	22
社会保障	930	314		4	22

单位：个

1992-1995年	1996年	1997年	1998年	1999年	2000年	2001年	2002年	2003年	代码
185	64	44	94	83	137	155	212	361	833
5	3		3	2	5	3		1	834
3		1			1		1	3	835
7	3	4	5	2	3	7	12	13	836
9	2	3	1	1	5	4	3	1	837
22	6	9	11	8	12	16	10	21	839
41	13	16	44	47	58	47	33	58	84
28	11	13	31	30	42	36	29	43	841
13	2	3	13	17	16	11	4	15	842
1557	**435**	**503**	**927**	**1070**	**2338**	**3211**	**5087**	**8882**	R
328	61	36	74	102	127	121	113	153	85
6	3	2	2	1	5	5	4	6	851
322	58	34	72	101	122	116	109	147	852
324	76	83	114	134	179	187	240	333	86
12	2	3	8	5	9	7	8	14	861
47	18	10	17	21	15	32	23	36	862
81	28	36	38	52	95	93	112	165	863
18	3	3	12	10	13	15	29	22	864
154	22	26	36	39	35	29	53	81	865
12	3	5	3	7	12	11	15	15	866
252	58	74	145	166	268	325	346	505	87
94	15	19	43	53	70	89	99	153	871
22	6	5	7	9	7	7	11	11	872
11	2		6	3	5	5	9	6	873
4	2	4	10	9	9	12	12	17	874
4	1	2	3		4	6	5	11	875
4	3	1	1	2	4	2	2	2	876
51	9	11	15	30	48	50	55	79	877
62	20	32	60	60	121	154	153	226	879
178	42	68	97	97	166	189	238	391	88
23	10	8	9	14	30	19	27	43	881
25	5	11	7	9	24	21	21	39	882
118	24	44	68	66	99	137	172	278	883
12	3	5	13	8	13	12	18	31	889
475	198	242	497	571	1598	2389	4150	7500	89
364	163	205	432	494	1487	2255	3982	7282	891
34	9	11	15	16	20	27	30	30	892
2	1	2	5	1	7	3	7	1	893
28	13	8	12	28	37	62	76	111	894
47	12	16	33	32	47	42	55	76	899
18	**2**	**2**	**5**	**3**	**4**	**4**	**4**	**11**	S
18	2	2	5	3	4	4	4	11	93
18	2	2	5	3	4	4	4	11	930

2-6 续表 12

行业中类	代码	2004年	2005年	2006年	2007年	2008年	2009年
总计	--	**344226**	**377776**	**443228**	**452397**	**493268**	**655464**
农、林、牧、渔业	A	**4410**	**5940**	**6947**	**9148**	**14445**	**21367**
农业	01	1453	1782	2280	2894	4199	6774
谷物种植	011	155	225	215	240	391	660
豆类、油料和薯类种植	012	30	42	61	75	128	249
棉、麻、糖、烟草种植	013	17	35	39	39	44	61
蔬菜、食用菌及园艺作物种植	014	728	775	1038	1331	1986	3064
水果种植	015	250	347	465	611	833	1284
坚果、含油果、香料和饮料作物种植	016	100	134	177	221	306	556
中药材种植	017	93	104	142	168	252	384
其他农业	019	80	120	143	209	259	516
林业	02	577	702	931	1061	1503	2404
林木育种和育苗	021	409	463	669	725	1075	1767
造林和更新	022	83	108	128	181	226	357
森林经营和管护	023	59	89	95	112	135	205
木材和竹材采运	024	10	25	17	25	30	39
林产品采集	025	16	17	22	18	37	36
畜牧业	03	1312	1990	2195	3379	6072	8122
牲畜饲养	031	965	1404	1555	2406	4562	6092
家禽饲养	032	265	454	478	778	1207	1627
狩猎和捕捉动物	033	2	4	5	8	17	9
其他畜牧业	039	80	128	157	187	286	394
渔业	04	419	614	652	742	1140	1703
水产养殖	041	399	596	628	733	1115	1659
水产捕捞	042	20	18	24	9	25	44
农、林、牧、渔服务业	05	649	852	889	1072	1531	2364
农业服务业	051	469	537	641	780	1055	1665
林业服务业	052	48	73	76	89	130	218
畜牧服务业	053	67	72	107	134	231	342
渔业服务业	054	65	170	65	69	115	139
采矿业	B	**5382**	**6068**	**6515**	**6031**	**6554**	**6803**
煤炭开采和洗选业	06	1406	1429	1126	990	1212	1205
烟煤和无烟煤开采洗选	061	1333	1348	1048	901	1127	1115
褐煤开采洗选	062	31	37	34	37	36	34
其他煤炭采选	069	42	44	44	52	49	56
石油和天然气开采业	07	19	33	34	27	31	46
石油开采	071	13	20	17	20	19	29
天然气开采	072	6	13	17	7	12	17
黑色金属矿采选业	08	1419	1461	1213	1228	1401	1012
铁矿采选	081	1305	1295	1066	1086	1281	890
锰矿、铬矿采选	082	76	97	89	95	67	67
其他黑色金属矿采选	089	38	69	58	47	53	55
有色金属矿采选业	09	594	799	1084	1032	773	669

单位：个

2010年	2011年	2012年	2013年	2014年	2015年	2016年	2017年	无开业年份	代码
839833	**997392**	**1079919**	**1310504**	**1725615**	**2113146**	**2688609**	**2800459**	**60149**	--
25737	**39956**	**60568**	**76696**	**106208**	**137504**	**148705**	**132304**	**2974**	A
9401	15441	23315	34126	54921	73161	73313	66939	1588	01
827	1198	1721	5823	10576	15391	14221	14085	190	011
311	452	548	672	1552	1696	1653	1217	24	012
95	166	573	769	571	774	537	461	4	013
4554	7294	9251	12186	19084	22419	23756	23229	542	014
1702	3187	5743	7960	10344	15116	15026	12017	264	015
685	1105	1966	2292	3692	4924	4772	4028	290	016
613	1231	2416	2720	5433	7051	7497	7041	159	017
614	808	1097	1704	3669	5790	5851	4861	115	019
2957	4357	6561	7651	9658	10225	9402	8954	320	02
2215	3357	5050	5756	8255	8565	7921	7682	255	021
402	585	939	1371	866	1033	815	714	32	022
248	299	407	361	285	306	307	241	17	023
38	43	63	68	128	128	171	119	6	024
54	73	102	95	124	193	188	198	10	025
8343	11579	19670	20964	26159	35210	44659	34709	520	03
5791	7416	13530	15001	19257	23115	27552	22904	349	031
1979	3238	4771	4535	4836	8839	13099	8976	127	032
15	41	38	37	91	104	98	46	1	033
558	884	1331	1391	1975	3152	3910	2783	43	039
2141	5100	6658	8193	7380	9948	10146	9220	234	04
2098	5025	6518	8012	7108	9648	9830	8993	222	041
43	75	140	181	272	300	316	227	12	042
2895	3479	4364	5762	8090	8960	11185	12482	312	05
2078	2549	3238	4608	6919	7639	9682	10987	257	051
237	308	397	438	627	687	677	797	26	052
378	366	477	465	336	392	509	424	13	053
202	256	252	251	208	242	317	274	16	054
7126	**7305**	**7383**	**6591**	**5793**	**5605**	**5934**	**5390**	**405**	B
1233	1178	1108	896	720	689	873	753	81	06
1108	1038	961	771	519	525	657	590	71	061
45	33	31	20	22	18	40	30	4	062
80	107	116	105	179	146	176	133	6	069
39	42	46	52	82	71	76	56	3	07
26	27	28	30	47	44	42	33		071
13	15	18	22	35	27	34	23	3	072
1108	1130	835	769	568	365	362	410	54	08
1005	1014	756	674	484	298	284	337	46	081
56	53	35	49	35	18	38	37	4	082
47	63	44	46	49	49	40	36	4	089
606	731	672	496	397	377	390	364	73	09

2-6 续表 13

行业中类	代码	2004年	2005年	2006年	2007年	2008年	2009年
常用有色金属矿采选	091	409	536	816	784	541	469
贵金属矿采选	092	114	139	147	142	144	136
稀有稀土金属矿采选	093	71	124	121	106	88	64
非金属矿采选业	10	1816	2173	2794	2483	2805	3498
土砂石开采	101	1506	1835	2374	2100	2420	3070
化学矿开采	102	91	82	117	93	117	95
采盐	103	22	39	27	12	14	18
石棉及其他非金属矿采选	109	197	217	276	278	254	315
开采辅助活动	11	99	117	183	177	232	240
煤炭开采和洗选辅助活动	111	16	10	14	19	23	19
石油和天然气开采辅助活动	112	67	81	140	128	172	151
其他开采辅助活动	119	16	26	29	30	37	70
其他采矿业	12	29	56	81	94	100	133
其他采矿业	120	29	56	81	94	100	133
制造业	**C**	**111364**	**115255**	**136484**	**129293**	**126180**	**154075**
农副食品加工业	13	4995	5583	5981	5753	6150	6581
谷物磨制	131	1234	1359	1353	1242	1407	1440
饲料加工	132	626	828	865	678	744	906
植物油加工	133	551	471	481	491	661	685
制糖业	134	36	29	41	43	31	25
屠宰及肉类加工	135	860	884	959	1020	1115	1122
水产品加工	136	412	535	539	523	466	508
蔬菜、水果和坚果加工	137	699	726	890	903	829	842
其他农副食品加工	139	577	751	853	853	897	1053
食品制造业	14	2128	2250	2589	2542	2723	2788
焙烤食品制造	141	448	459	615	605	704	629
糖果、巧克力及蜜饯制造	142	226	224	278	299	250	260
方便食品制造	143	279	361	413	393	495	524
乳制品制造	144	105	117	96	92	75	83
罐头食品制造	145	185	192	188	159	158	163
调味品、发酵制品制造	146	333	316	394	375	346	372
其他食品制造	149	552	581	605	619	695	757
酒、饮料和精制茶制造业	15	1731	1866	2136	2020	2064	2194
酒的制造	151	653	645	759	609	632	628
饮料制造	152	671	744	823	787	795	827
精制茶加工	153	407	477	554	624	637	739
烟草制品业	16	13	10	24	8	9	12
烟叶复烤	161	7	5	7	5	1	7
卷烟制造	162	4	1	13	2	5	4
其他烟草制品制造	169	2	4	4	1	3	1
纺织业	17	5967	5905	6992	5872	4975	6431
棉纺织及印染精加工	171	2440	2551	2920	2227	1804	2204
毛纺织及染整精加工	172	311	295	376	316	252	305
麻纺织及染整精加工	173	87	79	81	58	61	51

单位：个

2010年	2011年	2012年	2013年	2014年	2015年	2016年	2017年	无开业年份	代码
414	508	473	340	289	261	272	251	52	091
121	141	122	97	55	58	73	78	16	092
71	82	77	59	53	58	45	35	5	093
3693	3754	4221	3821	3232	3227	3353	3114	160	10
3242	3251	3635	3389	2812	2772	2960	2763	120	101
91	97	149	84	64	92	48	49	8	102
20	16	10	5	6	7	8	11	1	103
340	390	427	343	350	356	337	291	31	109
263	270	291	334	477	461	402	348	22	11
55	50	40	40	74	66	92	51	10	111
143	159	186	240	331	322	223	232	6	112
65	61	65	54	72	73	87	65	6	119
184	200	210	223	317	415	478	345	12	12
184	200	210	223	317	415	478	345	12	120
193045	**209674**	**207386**	**239939**	**256045**	**273082**	**333053**	**359236**	**12926**	**C**
6866	8112	9793	10464	9448	12474	13586	11567	412	13
1387	1668	2106	2179	1581	1884	1698	1263	43	131
973	923	1014	929	1114	1132	1175	1183	44	132
626	745	831	876	742	1095	1281	871	30	133
36	56	76	63	49	101	82	143	4	134
1138	1393	1670	1694	1511	2045	2264	1867	91	135
601	675	757	882	880	898	984	929	59	136
1007	1202	1481	1651	1425	1816	2019	1820	51	137
1098	1450	1858	2190	2146	3503	4083	3491	90	139
3024	4518	5529	5812	5852	8723	9620	8307	336	14
842	1575	1838	1971	1871	2253	2103	1837	82	141
262	421	529	510	338	423	365	391	13	142
545	790	1062	1193	1226	1781	1608	1400	53	143
71	74	81	87	100	143	141	116	12	144
185	184	254	191	196	292	302	203	11	145
351	545	605	654	582	885	890	727	36	146
768	929	1160	1206	1539	2946	4211	3633	129	149
2321	2756	3674	4018	3832	5849	6102	5261	530	15
698	809	1102	1003	1056	2014	2334	1856	66	151
815	1132	1392	1573	1644	2232	1915	1631	98	152
808	815	1180	1442	1132	1603	1853	1774	366	153
13	25	13	16	22	13	22	9		16
9	20	4	10	4	6	7	4		161
1		1	1	3	1	6	2		162
3	5	8	5	15	6	9	3		169
8724	8962	7814	10199	10834	12446	17765	18700	507	17
3085	2860	2461	3409	3195	4377	6261	6159	116	171
545	504	453	628	666	908	1515	1335	27	172
88	71	83	95	109	126	124	109	2	173

2-6 续表 14

行业中类	代码	2004年	2005年	2006年	2007年	2008年	2009年
丝绢纺织及印染精加工	174	224	206	214	167	142	149
化纤织造及印染精加工	175	663	457	609	503	383	631
针织或钩针编织物及其制品制造	176	828	895	1143	1037	836	1140
家用纺织制成品制造	177	766	723	802	773	784	972
非家用纺织制成品制造	178	648	699	847	791	713	979
纺织服装、服饰业	18	5397	5770	6784	6434	5796	7775
机织服装制造	181	3699	4023	4771	4587	4010	5333
针织或钩针编织服装制造	182	927	865	1079	926	817	1172
服饰制造	183	771	882	934	921	969	1270
皮革、毛皮、羽毛及其制品和制鞋业	19	2173	2434	2833	2640	2508	3486
皮革鞣制加工	191	137	217	190	145	125	150
皮革制品制造	192	747	843	929	907	909	1188
毛皮鞣制及制品加工	193	135	181	253	172	195	362
羽毛(绒)加工及制品制造	194	84	88	107	102	83	106
制鞋业	195	1070	1105	1354	1314	1196	1680
木材加工和木、竹、藤、棕、草制品业	20	2695	3119	4091	3971	3827	4809
木材加工	201	810	1023	1362	1322	1342	1782
人造板制造	202	809	776	1110	1097	891	1076
木制品制造	203	804	993	1223	1176	1249	1483
竹、藤、棕、草等制品制造	204	272	327	396	376	345	468
家具制造业	21	1854	1988	2541	2441	2425	3211
木质家具制造	211	1229	1313	1681	1624	1617	2184
竹、藤家具制造	212	26	23	36	41	26	39
金属家具制造	213	276	284	362	323	315	349
塑料家具制造	214	31	31	59	50	43	68
其他家具制造	219	292	337	403	403	424	571
造纸和纸制品业	22	2775	2822	3343	3252	2919	4050
纸浆制造	221	27	14	21	25	21	33
造纸	222	753	714	858	800	720	1006
纸制品制造	223	1995	2094	2464	2427	2178	3011
印刷和记录媒介复制业	23	4219	3735	4169	3509	3154	3890
印刷	231	3857	3400	3812	3225	2889	3550
装订及印刷相关服务	232	352	326	343	269	250	324
记录媒介复制	233	10	9	14	15	15	16
文教、工美、体育和娱乐用品制造业	24	3441	3575	4299	4010	3729	4725
文教办公用品制造	241	415	414	425	401	372	443
乐器制造	242	114	98	98	88	77	97
工艺美术品制造	243	2036	2240	2694	2528	2378	3019
体育用品制造	244	349	323	405	354	350	457
玩具制造	245	450	444	591	546	445	582
游艺器材及娱乐用品制造	246	77	56	86	93	107	127
石油加工和炼焦业	25	447	372	432	444	420	523
精炼石油产品制造	251	297	275	363	365	290	414
炼焦	252	150	97	69	79	130	109

单位：个

2010年	2011年	2012年	2013年	2014年	2015年	2016年	2017年	无开业年份	代码
169	182	161	187	151	164	118	138	3	174
964	1091	707	964	779	689	910	1175	26	175
1472	1608	1451	1829	2065	1939	2489	2679	86	176
1215	1437	1525	1841	2403	2719	4323	4830	111	177
1186	1209	973	1246	1466	1524	2025	2275	136	178
11461	12705	12249	16608	16203	17833	23031	26232	852	18
8002	8863	7732	10615	8767	8133	9633	10723	410	181
1553	1563	1684	2209	1845	1965	2084	2385	86	182
1906	2279	2833	3784	5591	7735	11314	13124	356	183
5136	5689	5500	8476	9955	7710	9218	8653	521	19
199	215	217	274	271	379	389	227	8	191
1733	2014	2142	3068	2884	2711	3315	3048	80	192
417	427	500	832	963	732	1236	1157	47	193
140	167	168	162	190	252	269	303	8	194
2647	2866	2473	4140	5647	3636	4009	3918	378	195
5949	6237	7176	8489	8034	10609	15340	18320	263	20
2305	2447	3230	3518	3131	4798	6311	8146	74	201
1303	1263	1214	1493	1200	1400	1950	3224	41	202
1803	1878	2092	2588	2759	3072	5247	5396	111	203
538	649	640	890	944	1339	1832	1554	37	204
4539	4741	5663	6688	8144	8057	11322	16284	409	21
3116	3381	3912	4633	5600	5751	8078	12523	285	211
60	61	85	92	140	107	198	202	5	212
484	481	510	625	685	585	790	1012	52	213
65	89	81	86	88	82	81	103	1	214
814	729	1075	1252	1631	1532	2175	2444	66	219
4650	4486	4596	5501	5588	5583	6316	7056	215	22
33	40	34	57	75	133	121	29	1	221
1133	1005	1011	1047	877	788	810	870	41	222
3484	3441	3551	4397	4636	4662	5385	6157	173	223
4499	4363	4046	4053	3710	4219	4642	5005	142	23
4150	4022	3690	3664	3369	3799	4163	4580	128	231
339	323	344	374	313	395	450	400	12	232
10	18	12	15	28	25	29	25	2	233
6165	6903	7620	9228	9347	10094	12925	13166	403	24
573	605	600	835	802	883	1125	1136	31	241
122	167	167	209	167	231	393	341	12	242
4025	4416	5193	6165	5909	6221	7603	7665	212	243
554	626	587	758	1108	1168	1568	1865	54	244
760	916	892	1035	1063	1244	1841	1760	83	245
131	173	181	226	298	347	395	399	11	246
488	488	542	497	497	561	705	658	71	25
389	405	469	428	455	505	643	597	54	251
99	83	73	69	42	56	62	61	17	252

2-6 续表 15

行业中类	代码	2004年	2005年	2006年	2007年	2008年	2009年
化学原料和化学制品制造业	26	6127	6395	7183	6061	5758	6629
基础化学原料制造	261	1137	1220	1344	1117	982	1087
肥料制造	262	634	717	689	653	779	1054
农药制造	263	130	131	140	122	103	112
涂料、油墨、颜料及类似产品制造	264	1178	1129	1195	1012	967	1109
合成材料制造	265	554	561	642	601	567	630
专用化学产品制造	266	1658	1721	1915	1687	1551	1708
炸药、火工及焰火产品制造	267	297	360	570	325	228	206
日用化学产品制造	268	539	556	688	544	581	723
医药制造业	27	1132	1104	1089	884	902	1154
化学药品原料药制造	271	169	163	175	160	137	145
化学药品制剂制造	272	134	122	102	80	84	103
中药饮片加工	273	171	163	141	131	144	168
中成药生产	274	195	143	133	116	106	129
兽用药品制造	275	108	122	133	77	71	110
生物药品制造	276	147	194	195	186	211	262
卫生材料及医药用品制造	277	208	197	210	134	149	237
化学纤维制造业	28	372	316	489	375	266	323
纤维素纤维原料及纤维制造	281	62	63	73	61	64	62
合成纤维制造	282	310	253	416	314	202	261
橡胶和塑料制品业	29	7240	7625	9337	8844	8052	9723
橡胶制品业	291	1320	1375	1593	1539	1415	1572
塑料制品业	292	5920	6250	7744	7305	6637	8151
非金属矿物制品业	30	8707	9259	12055	11030	12475	14884
水泥、石灰和石膏制造	301	676	651	755	700	845	1072
石膏、水泥制品及类似制品制造	302	1521	1688	2346	2317	2631	3358
砖瓦、石材等建筑材料制造	303	3194	3751	5353	4734	5672	6347
玻璃制造	304	192	182	213	198	201	255
玻璃制品制造	305	539	567	730	666	641	787
玻璃纤维和玻璃纤维增强塑料制品制造	306	324	308	334	342	346	375
陶瓷制品制造	307	594	625	696	641	591	859
耐火材料制品制造	308	821	721	773	606	642	836
石墨及其他非金属矿物制品制造	309	846	766	855	826	906	995
黑色金属冶炼和压延加工业	31	2677	2554	2473	2301	2274	2204
炼铁	311	126	121	97	93	117	100
炼钢	312	59	40	42	45	55	61
黑色金属铸造	313	1102	1107	1145	965	884	858
钢压延加工	314	989	1046	994	979	967	1003
铁合金冶炼	315	401	240	195	219	251	182
有色金属冶炼和压延加工业	32	1408	1521	1816	1843	1639	1635
常用有色金属冶炼	321	305	326	407	398	331	305
贵金属冶炼	322	38	48	48	50	41	38
稀有稀土金属冶炼	323	65	90	75	84	69	46
有色金属合金制造	324	187	209	264	244	221	241

单位：个

2010年	2011年	2012年	2013年	2014年	2015年	2016年	2017年	无开业年份	代码
6844	7025	6856	6821	7145	7936	8720	8181	622	26
993	1005	984	819	877	892	895	799	92	261
947	991	1039	983	1215	1616	1692	1543	81	262
115	132	99	104	140	142	129	145	9	263
1147	1132	1193	1331	1193	1180	1357	1257	145	264
767	835	785	850	863	937	1060	1165	74	265
1785	1782	1677	1626	1644	1660	1757	1755	139	266
311	331	260	206	208	247	153	134		267
779	817	819	902	1005	1262	1677	1383	82	268
1284	1393	1477	1552	1590	2068	2481	2342	228	27
177	175	143	138	181	196	201	187	33	271
117	107	108	124	117	114	140	110	19	272
218	352	339	380	358	547	670	587	79	273
148	139	163	166	173	265	335	410	17	274
98	80	114	51	55	69	73	77	6	275
283	291	330	395	381	452	517	493	41	276
243	249	280	298	325	425	545	478	33	277
553	549	354	409	390	417	411	480	20	28
104	96	66	88	91	88	96	113	1	281
449	453	288	321	299	329	315	367	19	282
11690	12001	11787	13332	13630	13671	16552	17291	559	29
1953	1947	1983	2169	2626	2600	3070	2809	85	291
9737	10054	9804	11163	11004	11071	13482	14482	474	292
17613	20344	20453	21197	20232	19635	22789	27565	1017	30
1047	1067	928	855	897	1048	1223	1158	46	301
4470	5410	5848	5881	4934	4305	5450	6303	175	302
7168	8410	8600	8910	8348	8217	9082	11582	448	303
447	413	408	475	481	431	494	558	23	304
1063	1204	1194	1783	1492	1509	2010	2082	60	305
370	402	388	397	466	473	595	574	20	306
1063	1188	1163	1112	1738	1591	1504	2817	161	307
794	848	757	645	536	585	694	745	32	308
1191	1402	1167	1139	1340	1476	1737	1746	52	309
2382	2240	1914	1844	1519	1726	1855	1810	116	31
86	84	70	61	39	54	61	61	3	311
62	62	47	59	53	48	56	54	3	312
863	797	621	588	426	601	469	456	48	313
1196	1130	1034	1032	925	953	1160	1133	50	314
175	167	142	104	76	70	109	106	12	315
1850	2071	1946	2040	1780	1762	2119	2283	103	32
303	325	332	206	246	284	297	261	19	321
53	39	42	34	38	28	50	29	1	322
61	73	70	47	64	43	55	57	3	323
258	328	292	353	285	242	346	399	17	324

2-6 续表 16

行业中类	代码	2004年	2005年	2006年	2007年	2008年	2009年
有色金属铸造	325	100	104	114	118	100	111
有色金属压延加工	326	713	744	908	949	877	894
金属制品业	33	9268	9578	11473	11107	10976	13537
结构性金属制品制造	331	2933	2932	3622	3648	3844	4855
金属工具制造	332	1021	1091	1218	1133	1091	1230
集装箱及金属包装容器制造	333	342	320	361	340	321	378
金属丝绳及其制品制造	334	489	526	589	486	467	606
建筑、安全用金属制品制造	335	1283	1328	1734	1629	1526	1964
金属表面处理及热处理加工	336	689	676	693	646	611	592
搪瓷制品制造	337	51	64	83	96	90	108
金属制日用品制造	338	792	831	1015	893	897	1214
其他金属制品制造	339	1668	1810	2158	2236	2129	2590
通用设备制造业	34	11654	11693	13621	13683	13211	15032
锅炉及原动设备制造	341	550	468	531	516	489	566
金属加工机械制造	342	1823	1913	2233	2312	2260	2677
物料搬运设备制造	343	537	519	627	593	543	647
泵、阀门、压缩机及类似机械制造	344	1765	1647	1914	1920	1736	1995
轴承、齿轮和传动部件制造	345	951	941	1094	1012	943	899
烘炉、风机、衡器、包装等设备制造	346	1223	1273	1354	1353	1270	1478
文化、办公用机械制造	347	113	133	150	157	124	190
通用零部件制造	348	4060	4197	4993	5070	4932	5340
其他通用设备制造业	349	632	602	725	750	914	1240
专用设备制造业	35	7157	7528	8860	8412	8510	10938
采矿、冶金、建筑专用设备制造	351	1340	1503	1677	1588	1519	1929
化工、木材、非金属加工专用设备制造	352	2177	2299	2836	2742	2716	3118
食品、饮料、烟草及饲料生产专用设备制造	353	205	207	247	202	248	370
印刷、制药、日化及日用品生产专用设备制造	354	421	412	432	449	455	651
纺织、服装和皮革加工专用设备制造	355	603	574	623	510	424	533
电子和电工机械专用设备制造	356	495	490	643	653	660	821
农、林、牧、渔专用机械制造	357	376	384	482	440	481	730
医疗仪器设备及器械制造	358	441	473	516	461	450	597
环保、社会公共服务及其他专用设备制造	359	1099	1186	1404	1367	1557	2189
汽车制造业	36	2991	2878	3385	3320	2933	3702
汽车整车制造	361	32	43	33	45	23	53
改装汽车制造	362	70	54	58	58	51	57
低速载货汽车制造	363	1	8	6	2	4	6
电车制造	364	13	12	29	24	14	45
汽车车身、挂车制造	365	72	50	55	69	62	92
汽车零部件及配件制造	366	2803	2711	3204	3122	2779	3449
铁路、船舶、航空航天和其他运输设备制造业	37	1216	1348	1632	1591	1606	1955
铁路运输设备制造	371	132	180	172	179	155	217
城市轨道交通设备制造	372	7	5	5	6	10	7
船舶及相关装置制造	373	324	393	513	547	653	737
航空、航天器及设备制造	374	40	33	49	61	54	66

单位：个

2010年	2011年	2012年	2013年	2014年	2015年	2016年	2017年	无开业年份	代码
128	160	116	150	101	114	127	155	8	325
1047	1146	1094	1250	1046	1051	1244	1382	55	326
17487	19282	18798	22872	25881	26856	32643	34664	1056	33
6363	6904	6788	8141	8505	9319	11426	11700	369	331
1820	1987	1783	2213	2288	2453	2597	2697	120	332
483	444	486	450	440	413	456	531	15	333
618	609	1095	1819	2191	1882	2029	2461	19	334
2517	3011	2857	3781	3751	3203	4291	4557	141	335
782	786	661	823	740	681	778	988	51	336
140	152	148	173	333	247	264	331	8	337
1428	1614	1623	1724	2081	2207	2581	2674	139	338
3336	3775	3357	3748	5552	6451	8221	8725	194	339
19884	21406	18505	20989	24407	25129	30899	39967	854	34
666	754	719	731	1061	1186	1554	856	40	341
3883	3961	3333	3489	4133	3921	4382	6111	142	342
830	903	740	878	967	991	1319	1224	45	343
2376	2513	2097	2404	2484	2486	2977	3783	143	344
1251	1309	1121	1235	1286	1303	1462	2675	49	345
1832	1992	1816	2001	2109	1930	2437	3067	90	346
192	243	204	241	224	215	211	187	4	347
7119	7791	6562	7980	8417	8230	10498	15900	228	348
1735	1940	1913	2030	3726	4867	6059	6164	113	349
14030	14854	14098	15753	18019	17828	20649	24145	878	35
2249	2461	2239	2073	2407	2052	2198	2744	119	351
4413	4752	4465	5175	5109	4737	5953	6847	131	352
364	322	335	400	531	514	618	646	18	353
759	751	726	764	825	697	724	700	61	354
731	787	629	779	630	591	636	850	95	355
1183	1277	1234	1427	1409	1337	1491	1510	161	356
939	977	937	1047	1159	1240	1476	1507	38	357
783	748	807	956	1068	1327	1604	1565	65	358
2609	2779	2726	3132	4881	5333	5949	7776	190	359
5231	5246	4688	5606	6285	6224	7937	9392	306	36
55	64	54	80	108	162	230	217	9	361
83	77	76	69	77	70	100	90	2	362
9	8	6	6	3	9	7	5	1	363
59	50	52	74	134	223	252	112	4	364
133	84	69	57	130	95	142	185	8	365
4892	4963	4431	5320	5833	5665	7206	8783	282	366
2277	2230	1998	2341	2713	2615	3086	2699	164	37
233	204	170	202	214	223	248	276	8	371
15	21	20	22	37	45	82	90	2	372
802	713	625	507	807	819	801	611	40	373
87	105	73	102	161	166	244	239	10	374

2-6 续表 17

行业中类	代码	2004年	2005年	2006年	2007年	2008年	2009年
摩托车制造	375	374	394	382	344	328	360
自行车制造	376	271	277	385	370	306	435
非公路休闲车及零配件制造	377	34	26	53	32	35	44
潜水救捞及其他未列明运输设备制造	379	34	40	73	52	65	89
电气机械和器材制造业	38	6381	6583	8093	8063	8005	10465
电机制造	381	753	694	804	801	871	1039
输配电及控制设备制造	382	2275	2216	2848	2694	2701	3538
电线、电缆、光缆及电工器材制造	383	1047	1225	1451	1402	1155	1369
电池制造	384	198	225	283	268	272	389
家用电力器具制造	385	777	825	957	924	1001	1288
非电力家用器具制造	386	160	232	296	272	365	504
照明器具制造	387	859	865	1037	1278	1250	1691
其他电气机械及器材制造	389	312	301	417	424	390	647
计算机、通信和其他电子设备制造业	39	3667	3697	4459	4557	4524	5912
计算机制造	391	341	338	391	394	437	582
通信设备制造	392	297	305	366	395	373	520
广播电视设备制造	393	154	160	157	162	161	199
雷达及配套设备制造	394	5	16	12	7	5	10
视听设备制造	395	258	249	277	298	260	338
电子器件制造	396	555	567	657	672	699	899
电子元件制造	397	1564	1551	1953	1991	1859	2360
其他电子设备制造	399	493	511	646	638	730	1004
仪器仪表制造业	40	1562	1533	1756	1701	1580	2027
通用仪器仪表制造	401	862	863	998	934	825	1088
专用仪器仪表制造	402	264	246	310	304	295	365
钟表与计时仪器制造	403	88	106	99	109	109	121
光学仪器及眼镜制造	404	238	214	228	235	229	274
其他仪器仪表制造业	409	110	104	121	119	122	179
其他制造业	41	998	1113	1318	1271	1236	1729
日用杂品制造	411	457	513	628	614	490	660
煤制品制造	412	111	117	127	158	162	161
其他未列明制造业	419	430	483	563	499	584	908
废弃资源综合利用业	42	444	529	562	638	688	747
金属废料和碎屑加工处理	421	288	313	312	344	371	402
非金属废料和碎屑加工处理	422	156	216	250	294	317	345
金属制品、机械和设备修理业	43	528	572	669	716	846	1004
金属制品修理	431	22	28	30	39	47	55
通用设备修理	432	103	75	100	102	116	136
专用设备修理	433	71	71	86	83	113	138
铁路、船舶、航空航天等运输设备修理	434	133	167	219	236	289	347
电气设备修理	435	52	70	63	62	53	70
仪器仪表修理	436	15	12	10	15	19	24
其他机械和设备修理业	439	132	149	161	179	209	234

单位：个

2010年	2011年	2012年	2013年	2014年	2015年	2016年	2017年	无开业年份	代码
465	501	453	593	438	356	416	352	62	375
492	502	507	697	850	807	1097	935	37	376
59	48	52	124	83	103	114	114	2	377
124	136	98	94	123	96	84	82	3	379
13196	14398	13331	14844	15990	15205	18064	18794	1064	38
1329	1415	1176	1068	1444	1212	1365	1326	125	381
4424	4729	3932	4364	5064	4909	6086	7081	195	382
1614	1701	1545	1863	1814	1742	1997	1967	78	383
437	488	408	529	416	520	715	783	51	384
1544	1783	1799	2082	2404	2181	2279	2330	116	385
497	514	432	467	502	513	653	795	36	386
2513	2737	3206	3654	3046	2832	3377	3087	403	387
838	1031	833	817	1300	1296	1592	1425	60	389
8193	8843	8834	10631	10168	10226	12034	9956	634	39
795	868	945	1161	1120	1422	1533	805	26	391
667	661	648	721	818	795	907	851	39	392
242	255	298	261	183	149	135	108	3	393
18	18	16	18	25	24	18	14		394
430	458	459	533	372	359	362	293	13	395
1366	1443	1356	1673	1538	1440	1937	1369	73	396
3258	3476	3459	4286	3903	3663	4233	4065	150	397
1417	1664	1653	1978	2209	2374	2909	2451	330	399
2376	2866	2781	3226	3158	3224	3632	4336	136	40
1281	1431	1359	1542	1655	1727	2027	2585	73	401
395	466	438	445	448	440	499	501	23	402
146	280	302	281	142	137	152	108	10	403
378	475	443	725	572	532	624	852	20	404
176	214	239	233	341	388	330	290	10	409
2223	2443	2892	3811	8377	10706	14359	11180	378	41
788	847	901	1231	1650	1774	2541	1794	58	411
166	184	174	219	284	308	395	271	19	412
1269	1412	1817	2361	6443	8624	11423	9115	301	419
897	1058	963	1006	1210	1433	1779	2369	85	42
464	590	466	446	453	527	657	1025	37	421
433	468	497	560	757	906	1122	1344	48	422
1200	1440	1496	1616	2085	2250	2450	2564	45	43
56	75	64	95	149	131	190	124		431
179	220	178	214	319	311	330	370	9	432
156	203	219	248	261	260	268	317	11	433
386	430	430	383	393	533	543	589	8	434
124	93	127	141	167	206	221	241	1	435
20	24	35	23	39	50	53	27		436
279	395	443	512	757	759	845	896	16	439

2-6 续表 18

行业中类	代码	2004年	2005年	2006年	2007年	2008年	2009年
电力、热力、燃气及水生产和供应业	D	**4473**	**4236**	**4273**	**3651**	**3747**	**4121**
电力、热力生产和供应业	44	3435	3179	3112	2461	2309	2455
电力生产	441	3028	2757	2722	1995	1842	1947
电力供应	442	164	151	130	162	133	125
热力生产和供应	443	243	271	260	304	334	383
燃气生产和供应业	45	276	287	300	294	388	468
燃气生产和供应业	450	276	287	300	294	388	468
水的生产和供应业	46	762	770	861	896	1050	1198
自来水生产和供应	461	564	551	588	570	604	702
污水处理及其再生利用	462	167	186	245	287	406	456
其他水的处理、利用与分配	469	31	33	28	39	40	40
建筑业	E	**15577**	**17006**	**18905**	**18795**	**21099**	**29635**
房屋建筑业	47	2822	3235	3639	3398	3594	5385
房屋建筑业	470	2822	3235	3639	3398	3594	5385
土木工程建筑业	48	2972	3143	3291	3285	3796	5536
铁路、道路、隧道和桥梁工程建筑	481	1177	1237	1250	1239	1469	2228
水利和内河港口工程建筑	482	238	264	269	278	301	472
海洋工程建筑	483	6	11	13	5	7	12
工矿工程建筑	484	132	157	209	224	200	243
架线和管道工程建筑	485	456	428	443	462	513	658
其他土木工程建筑	489	963	1046	1107	1077	1306	1923
建筑安装业	49	3212	3408	3784	3650	4174	5414
电气安装	491	954	972	1079	1005	1129	1409
管道和设备安装	492	770	781	880	830	896	1105
其他建筑安装业	499	1488	1655	1825	1815	2149	2900
建筑装饰和其他建筑业	50	6571	7220	8191	8462	9535	13300
建筑装饰业	501	4620	5097	5715	6057	6902	9680
工程准备活动	502	793	804	828	829	993	1286
提供施工设备服务	503	192	250	325	303	319	454
其他未列明建筑业	509	966	1069	1323	1273	1321	1880
批发和零售业	F	**97045**	**107786**	**130794**	**136123**	**158330**	**225360**
批发业	51	63335	70302	84571	88678	101581	144433
农、林、牧产品批发	511	2181	2913	3167	3109	4071	5944
食品、饮料及烟草制品批发	512	3848	4640	5846	6512	7995	11384
纺织、服装及家庭用品批发	513	7001	8328	10469	10887	12285	18429
文化、体育用品及器材批发	514	2439	2534	2820	2941	3468	4705
医药及医疗器材批发	515	2274	2636	2790	2386	2610	4122
矿产品、建材及化工产品批发	516	21125	22204	27023	28267	32126	45558
机械设备、五金产品及电子产品批发	517	17930	19789	23799	25251	28482	39093
贸易经纪与代理	518	2134	2357	2868	3094	3407	5005
其他批发业	519	4403	4901	5789	6231	7137	10193
零售业	52	33710	37484	46223	47445	56749	80927
综合零售	521	3128	3409	4235	3970	5190	7663
食品、饮料及烟草制品专门零售	522	2400	2941	3898	4236	5166	6719
纺织、服装及日用品专门零售	523	3043	3600	4397	4726	5781	7781

单位：个

2010年	2011年	2012年	2013年	2014年	2015年	2016年	2017年	无开业年份	代码
4299	**4203**	**4467**	**4682**	**6035**	**9171**	**14983**	**16508**	**548**	D
2606	2476	2551	2616	3716	6363	12047	13893	424	44
1948	1820	1870	1997	2907	5040	9630	11458	371	441
147	177	162	144	225	592	1465	1567	16	442
511	479	519	475	584	731	952	868	37	443
544	558	675	766	907	1038	1214	1047	56	45
544	558	675	766	907	1038	1214	1047	56	450
1149	1169	1241	1300	1412	1770	1722	1568	68	46
677	743	761	766	774	1053	1005	836	23	461
407	355	403	435	520	578	594	659	40	462
65	71	77	99	118	139	123	73	5	469
38262	**45617**	**48229**	**58050**	**103898**	**113023**	**183465**	**237141**	**3378**	E
6657	7481	8416	9985	16223	15248	28485	44631	598	47
6657	7481	8416	9985	16223	15248	28485	44631	598	470
6921	8152	8805	10376	17641	18986	34237	47966	693	48
2649	3036	3339	4103	7036	7124	13895	20566	279	481
552	646	665	788	1084	1148	1752	2222	44	482
26	24	29	32	63	68	110	96	4	483
259	328	298	288	452	465	720	1058	14	484
808	858	922	814	1441	1592	2471	2976	48	485
2627	3260	3552	4351	7565	8589	15289	21048	304	489
6746	7852	7991	8962	16025	17247	26844	29460	453	49
1671	2024	2082	1999	3166	3288	4910	5917	89	491
1310	1522	1713	1967	3425	3566	5308	6110	99	492
3765	4306	4196	4996	9434	10393	16626	17433	265	499
17938	22132	23017	28727	54009	61542	93899	115084	1634	50
13367	16807	17870	22468	40697	46675	70567	87929	1250	501
1594	1684	1761	2292	3521	3284	4640	6364	163	502
497	552	508	549	855	788	1214	1569	28	503
2480	3089	2878	3418	8936	10795	17478	19222	193	509
295594	**364228**	**390373**	**473497**	**633617**	**768595**	**980606**	**929269**	**17825**	F
190129	228691	239613	277722	385397	425869	519484	488264	10389	51
7095	8867	11243	14130	13706	17130	19992	16126	304	511
15588	20033	25326	29316	35974	45750	52326	42784	999	512
24836	31779	32643	42313	59724	62127	80550	73256	2233	513
6331	7979	8453	9537	13568	14382	17339	15671	281	514
4779	5839	6674	7303	9813	12595	15095	13886	203	515
60169	69256	66120	73277	97015	101680	131959	148253	2559	516
50572	59544	61677	69170	90728	95038	108475	102979	1897	517
6848	8919	10506	13005	18656	19758	24922	25599	784	518
13911	16475	16971	19671	46213	57409	68826	49710	1129	519
105465	135537	150760	195775	248220	342726	461122	441005	7436	52
9941	12780	15063	24339	39563	65950	98068	88418	881	521
9428	13693	17725	21141	21710	31127	38846	37688	656	522
10958	16422	17678	25570	25666	32269	49045	43935	1017	523

2-6 续表 19

行业中类	代码	2004年	2005年	2006年	2007年	2008年	2009年
文化、体育用品及器材专门零售	524	2230	2413	3004	3216	3714	5031
医药及医疗器材专门零售	525	3697	4005	4110	3758	4432	7437
汽车、摩托车、燃料及零配件专门零售	526	5806	6092	7356	7104	7890	11862
家用电器及电子产品专门零售	527	5890	6615	8521	9179	10757	14978
五金、家具及室内装饰材料专门零售	528	4539	5178	6652	7026	8578	11423
货摊、无店铺及其他零售业	529	2977	3231	4050	4230	5241	8033
交通运输、仓储和邮政业	G	**11752**	**13776**	**14667**	**14866**	**16900**	**21867**
铁路运输业	53	80	98	104	97	124	141
铁路旅客运输	531	9	12	13	12	15	24
铁路货物运输	532	54	39	46	47	63	71
铁路运输辅助活动	533	17	47	45	38	46	46
道路运输业	54	6142	6487	7477	7711	9123	11985
城市公共交通运输	541	560	462	455	483	467	485
公路旅客运输	542	518	518	563	495	479	472
道路货物运输	543	4525	4929	5877	6172	7520	10294
道路运输辅助活动	544	539	578	582	561	657	734
水上运输业	55	661	627	599	627	606	759
水上旅客运输	551	57	37	50	48	51	68
水上货物运输	552	462	424	381	379	388	436
水上运输辅助活动	553	142	166	168	200	167	255
航空运输业	56	82	59	82	64	60	80
航空客货运输	561	35	32	38	31	28	37
通用航空服务	562	15	9	13	15	13	16
航空运输辅助活动	563	32	18	31	18	19	27
管道运输业	57	10	9	16	17	14	22
管道运输业	570	10	9	16	17	14	22
装卸搬运和运输代理业	58	3456	4897	4689	4510	4893	5769
装卸搬运	581	423	450	514	692	824	910
运输代理业	582	3033	4447	4175	3818	4069	4859
仓储业	59	955	1214	1294	1321	1333	1765
谷物、棉花等农产品仓储	591	268	362	406	443	505	616
其他仓储业	599	687	852	888	878	828	1149
邮政业	60	366	385	406	519	747	1346
邮政基本服务	601	55	33	19	33	51	37
快递服务	602	311	352	387	486	696	1309
住宿和餐饮业	H	**6357**	**7848**	**9196**	**9933**	**11274**	**12652**
住宿业	61	2674	3221	3935	4237	4652	4555
旅游饭店	611	1063	1160	1247	1363	1369	1457
一般旅馆	612	1461	1883	2448	2608	2946	2716
其他住宿业	619	150	178	240	266	337	382
餐饮业	62	3683	4627	5261	5696	6622	8097
正餐服务	621	3011	3746	4289	4568	5282	6419
快餐服务	622	244	323	322	414	481	597
饮料及冷饮服务	623	180	251	291	311	340	407
其他餐饮业	629	248	307	359	403	519	674

单位：个

2010年	2011年	2012年	2013年	2014年	2015年	2016年	2017年	无开业年份	代码
6672	8775	9442	11641	13029	15806	18898	19513	286	524
8957	10679	11850	12273	17884	33151	39105	33042	357	525
15609	16814	18386	22000	28476	35336	44717	50227	720	526
17551	21176	22105	26635	27467	32912	39103	34622	464	527
15672	21205	23934	32785	35017	39945	50932	57065	808	528
10677	13993	14577	19391	39408	56230	82408	76495	2247	529
27706	**28830**	**29283**	**37940**	**50551**	**60082**	**72543**	**76000**	**1587**	**G**
222	205	203	281	394	281	324	264	13	53
31	18	32	36	42	23	29	20	2	531
91	80	82	100	144	131	174	153	8	532
100	107	89	145	208	127	121	91	3	533
14399	15675	16040	20718	29061	35617	47424	54442	860	54
534	544	613	718	777	957	984	643	13	541
509	486	485	470	545	808	862	650	16	542
12581	13751	13924	18426	26261	32153	43114	50468	776	543
775	894	1018	1104	1478	1699	2464	2681	55	544
778	737	611	686	1193	1050	1169	1205	63	55
76	65	65	74	112	141	126	121	4	551
445	402	320	348	732	567	620	693	22	552
257	270	226	264	349	342	423	391	37	553
116	123	143	231	236	253	266	222	17	56
47	51	51	72	80	83	86	57	5	561
38	28	62	62	91	98	110	92	6	562
31	44	30	97	65	72	70	73	6	563
30	26	28	32	41	42	40	34	2	57
30	26	28	32	41	42	40	34	2	570
7162	8060	8710	11131	13968	15636	15218	13941	341	58
1026	1237	1379	2056	3264	4305	4310	3967	52	581
6136	6823	7331	9075	10704	11331	10908	9974	289	582
2327	2391	2248	2902	3636	3936	3933	3458	246	59
755	638	552	755	927	865	829	610	28	591
1572	1753	1696	2147	2709	3071	3104	2848	218	599
2672	1613	1300	1959	2022	3267	4169	2434	45	60
53	49	45	46	65	212	158	77	1	601
2619	1564	1255	1913	1957	3055	4011	2357	44	602
16611	**19941**	**25201**	**32043**	**32828**	**46875**	**55141**	**52203**	**948**	**H**
5929	6653	7849	8959	8169	10585	11201	10022	336	61
1768	1875	2270	2298	2332	3095	3294	2920	173	611
3690	4174	4858	5798	4941	6091	6221	5639	113	612
471	604	721	863	896	1399	1686	1463	50	619
10682	13288	17352	23084	24659	36290	43940	42181	612	62
8512	10580	13634	17997	19138	28118	33638	32662	443	621
729	868	1164	1570	1550	2133	2564	2501	37	622
511	616	886	1108	1018	985	1028	964	24	623
930	1224	1668	2409	2953	5054	6710	6054	108	629

2-6 续表 20

行业中类	代码	2004年	2005年	2006年	2007年	2008年	2009年
信息传输、软件和信息技术服务业	I	**8917**	**9570**	**11234**	**11629**	**13133**	**17489**
电信、广播电视和卫星传输服务	63	877	644	678	567	881	836
电信	631	723	456	495	425	671	649
广播电视传输服务	632	138	172	164	126	192	170
卫星传输服务	633	16	16	19	16	18	17
互联网和相关服务	64	1231	1253	1568	1656	1582	2008
互联网接入及相关服务	641	136	129	177	173	169	221
互联网信息服务	642	958	983	1253	1311	1238	1534
其他互联网服务	649	137	141	138	172	175	253
软件和信息技术服务业	65	6809	7673	8988	9406	10670	14645
软件开发	651	4278	4808	5762	6045	6740	9264
信息系统集成服务	652	758	906	965	975	1074	1494
信息技术咨询服务	653	999	1141	1330	1358	1690	2379
数据处理和存储服务	654	150	162	160	199	165	197
集成电路设计	655	101	93	126	152	171	226
其他信息技术服务业	659	523	563	645	677	830	1085
金融业	J	**1704**	**2579**	**2795**	**3962**	**4888**	**5272**
货币金融服务	66	312	934	918	1590	1763	2367
中央银行服务	661	3	4	5	1	7	2
货币银行服务	662	151	500	444	827	936	598
非货币银行服务	663	153	428	466	761	819	1767
银行监管服务	664	5	2	3	1	1	
资本市场服务	67	356	402	544	756	911	1320
证券市场服务	671	32	39	33	58	77	135
期货市场服务	672	4	3	6	9	17	10
证券期货监管服务	673		1		1		
资本投资服务	674	252	306	425	594	684	997
其他资本市场服务	679	68	53	80	94	133	178
保险业	68	906	1115	1127	1372	1877	973
人身保险	681	230	219	252	379	826	384
财产保险	682	289	548	562	614	644	233
再保险	683	6	3		1	5	1
养老金	684	1	2		42	34	6
保险经纪与代理服务	685	308	286	258	276	286	289
保险监管服务	686	1	1	2	2	2	2
其他保险活动	689	71	56	53	58	80	58
其他金融业	69	130	128	206	244	337	612
金融信托与管理服务	691	24	27	46	65	86	137
控股公司服务	692	21	18	30	35	39	63
非金融机构支付服务	693	7	8	15	13	24	33
金融信息服务	694	17	23	37	29	40	56
其他未列明金融业	699	61	52	78	102	148	323

单位：个

2010年	2011年	2012年	2013年	2014年	2015年	2016年	2017年	无开业年份	代码
21405	**27349**	**31023**	**41673**	**69169**	**106900**	**144128**	**166162**	**2758**	I
810	823	1008	1006	1350	1800	1828	1682	25	63
570	625	761	806	1120	1570	1612	1528	20	631
215	176	219	175	191	181	173	128	3	632
25	22	28	25	39	49	43	26	2	633
2473	3036	3516	4357	8003	16061	20756	19180	568	64
282	329	405	586	820	1606	1899	1574	31	641
1856	2255	2530	2886	5509	10731	13732	13738	357	642
335	452	581	885	1674	3724	5125	3868	180	649
18122	23490	26499	36310	59816	89039	121544	145300	2165	65
11526	14890	17066	22860	38528	57245	77995	96926	1302	651
1673	2183	2331	2705	4578	6350	7343	7470	130	652
2934	3852	4344	6796	9291	14494	21366	27488	521	653
262	384	430	678	939	1473	1724	1587	35	654
268	296	319	380	386	319	328	412	2	655
1459	1885	2009	2891	6094	9158	12788	11417	175	659
6781	**8761**	**9408**	**11731**	**14717**	**17096**	**14905**	**13419**	**440**	J
3093	3667	3755	3970	3651	3470	2952	2564	47	66
5	6	8	7	26	26	25	8		661
830	852	721	854	1195	1159	1372	516	11	662
2254	2806	3025	3102	2424	2274	1544	2035	36	663
4	3	1	7	6	11	11	5		664
2032	3040	3515	5035	6753	7985	5852	6264	248	67
227	348	390	586	767	1060	723	605	33	671
21	16	24	51	58	92	34	31	1	672
	3	2	2	11	8	4	3		673
1498	2228	2410	3270	4975	6026	4532	5160	198	674
286	445	689	1126	942	799	559	465	16	679
835	1078	1118	1066	1047	1732	3219	1940	37	68
359	461	409	346	270	320	469	219	6	681
214	309	462	434	370	428	553	348	11	682
1	2	1	1	6	4	3	8		683
7	6	16	3	7	9	7	5		684
195	242	171	200	223	658	1727	1042	15	685
1	1		2	5	2	9	7	1	686
58	57	59	80	166	311	451	311	4	689
821	976	1020	1660	3266	3909	2882	2651	108	69
193	249	321	558	793	808	600	757	25	691
104	170	123	161	138	157	161	86	7	692
49	52	47	48	122	100	67	64	6	693
93	108	185	414	992	1438	818	684	24	694
382	397	344	479	1221	1406	1236	1060	46	699

2-6 续表 21

行业中类	代码	2004年	2005年	2006年	2007年	2008年	2009年
房地产业	K	**16304**	**17883**	**21062**	**24550**	**20705**	**29142**
房地产业	70	16304	17883	21062	24550	20705	29142
房地产开发经营	701	6594	7915	9960	12169	8900	12895
物业管理	702	5243	5615	6294	6801	7162	8902
房地产中介服务	703	2566	2656	3025	3974	3202	5650
自有房地产经营活动	704	1343	1147	1122	862	833	886
其他房地产业	709	558	550	661	744	608	809
租赁和商务服务业	L	**27924**	**32972**	**37402**	**41308**	**48830**	**65489**
租赁业	71	1376	1680	2020	2185	2751	4384
机械设备租赁	711	1319	1613	1919	2098	2650	4239
文化及日用品出租	712	57	67	101	87	101	145
商务服务业	72	26548	31292	35382	39123	46079	61105
企业管理服务	721	3795	4667	5437	6708	8154	10980
法律服务	722	354	411	443	397	496	987
咨询与调查	723	7497	9349	10096	11189	13393	17121
广告业	724	5824	6612	7791	8603	9842	13049
知识产权服务	725	398	353	393	382	439	570
人力资源服务	726	1642	1896	2310	2616	3352	4056
旅行社及相关服务	727	1889	1973	2103	1941	1838	2120
安全保护服务	728	302	329	385	426	489	535
其他商务服务业	729	4847	5702	6424	6861	8076	11687
科学研究和技术服务业	M	**12651**	**14186**	**16167**	**16424**	**18868**	**26332**
研究和试验发展	73	1026	1136	1481	1498	1793	2897
自然科学研究和试验发展	731	67	76	112	109	144	255
工程和技术研究和试验发展	732	578	649	903	882	1078	1721
农业科学研究和试验发展	733	94	136	175	160	206	341
医学研究和试验发展	734	265	256	276	328	346	550
社会人文科学研究	735	22	19	15	19	19	30
专业技术服务业	74	8153	8773	9780	9345	10264	13566
气象服务	741	75	71	65	65	66	51
地震服务	742	4	8	4	6	8	9
海洋服务	743	11	9	14	15	20	25
测绘服务	744	386	438	402	339	326	404
质检技术服务	745	803	877	1360	922	873	1194
环境与生态监测	746	103	109	136	125	184	242
地质勘查	747	188	267	280	337	417	326
工程技术	748	4048	4207	4333	4117	4338	5842
其他专业技术服务业	749	2535	2787	3186	3419	4032	5473
科技推广和应用服务业	75	3472	4277	4906	5581	6811	9869
技术推广服务	751	2627	3189	3881	4430	5430	7851
科技中介服务	752	203	259	293	319	410	432
其他科技推广和应用服务业	759	642	829	732	832	971	1586
水利、环境和公共设施管理业	N	**1944**	**2168**	**2343**	**2436**	**2925**	**4075**
水利管理业	76	171	166	202	170	210	278
防洪除涝设施管理	761	16	21	25	18	17	29

单位：个

2010年	2011年	2012年	2013年	2014年	2015年	2016年	2017年	无开业年份	代码
40956	**41069**	**35828**	**46408**	**50104**	**45987**	**67527**	**83372**	**1781**	K
40956	41069	35828	46408	50104	45987	67527	83372	1781	70
20131	18512	13715	17377	18191	12750	17514	21301	578	701
11129	12296	12482	14616	19110	18941	22969	23763	561	702
7666	8118	7794	12188	10946	12390	24398	35498	441	703
950	1032	929	1129	673	627	906	1005	36	704
1080	1111	908	1098	1184	1279	1740	1805	165	709
86641	**109773**	**125353**	**155015**	**229873**	**288972**	**354271**	**389278**	**7339**	L
6105	8035	8994	11059	17962	23862	32512	36747	549	71
5909	7788	8759	10669	17468	23182	31790	36035	533	711
196	247	235	390	494	680	722	712	16	712
80536	101738	116359	143956	211911	265110	321759	352531	6790	72
16361	22168	25426	34394	52558	68126	69418	74809	2106	721
914	739	776	781	1086	1523	1496	2208	31	722
21853	27858	32283	42646	61628	76782	101177	118878	2001	723
17349	21777	24286	27095	41261	46268	53682	54882	914	724
776	876	992	1158	1344	1636	1741	2043	49	725
5206	6258	7712	8169	9561	12711	19730	29850	337	726
3112	3498	3685	4041	4998	7801	12554	12948	237	727
761	1075	1025	1494	1817	1696	2066	2339	50	728
14204	17489	20174	24178	37658	48567	59895	54574	1065	729
33756	**42338**	**48465**	**60607**	**83763**	**115012**	**149722**	**172755**	**3883**	M
3958	5230	6054	7917	15294	21987	34895	41108	610	73
355	455	532	765	1894	2593	3787	3192	54	731
2369	3217	3680	5026	10122	14668	24739	30224	448	732
411	545	748	815	1718	2564	2924	2545	61	733
766	947	1030	1235	1390	1918	3174	4124	40	734
57	66	64	76	170	244	271	1023	7	735
17205	20666	22617	27355	34841	39198	47627	51770	871	74
71	57	55	131	297	259	313	178	8	741
8	14	21	29	74	122	87	93		742
23	38	49	49	71	88	97	66	3	743
509	511	562	620	1080	1170	1527	1517	27	744
1325	1343	1474	1648	2251	2440	2680	2991	83	745
298	371	430	502	806	1037	1418	1860	29	746
398	449	393	446	548	586	647	709	20	747
7365	9027	9530	11303	11370	10665	13589	18000	313	748
7208	8856	10103	12627	18344	22831	27269	26356	388	749
12593	16442	19794	25335	33628	53827	67200	79877	2402	75
10142	13359	16324	21294	24728	40655	49389	63749	1908	751
531	683	771	823	1402	1674	2264	2962	83	752
1920	2400	2699	3218	7498	11498	15547	13166	411	759
4475	**5410**	**6195**	**7102**	**9691**	**11119**	**15427**	**17537**	**794**	N
276	370	421	432	639	666	942	805	22	76
26	26	44	53	81	86	133	84	8	761

2-6 续表 22

行业中类	代码	2004年	2005年	2006年	2007年	2008年	2009年
水资源管理	762	42	42	63	62	58	76
天然水收集与分配	763	25	29	32	17	29	33
水文服务	764	17	7	5	9	11	17
其他水利管理业	769	71	67	77	64	95	123
生态保护和环境治理业	77	252	289	346	340	433	506
生态保护	771	27	33	58	48	47	49
环境治理业	772	225	256	288	292	386	457
公共设施管理业	78	1521	1713	1795	1926	2282	3291
市政设施管理	781	190	232	225	244	288	418
环境卫生管理	782	138	186	159	217	298	349
城乡市容管理	783	24	38	36	34	49	81
绿化管理	784	782	798	834	895	1024	1575
公园和游览景区管理	785	387	459	541	536	623	868
居民服务、修理和其他服务业	**O**	**6933**	**7701**	**8746**	**8665**	**10174**	**13067**
居民服务业	79	2496	2695	2937	2923	3466	4304
家庭服务	791	339	314	382	410	584	849
托儿所服务	792	8	12	17	10	23	26
洗染服务	793	135	129	149	170	170	168
理发及美容服务	794	696	824	812	718	954	987
洗浴服务	795	431	449	432	418	425	414
保健服务	796	235	258	306	292	338	467
婚姻服务	797	115	150	201	250	227	363
殡葬服务	798	160	154	146	135	129	175
其他居民服务业	799	377	405	492	520	616	855
机动车、电子产品和日用产品修理业	80	3111	3360	3935	3603	4102	5185
汽车、摩托车修理与维护	801	2281	2390	2796	2564	2911	3678
计算机和办公设备维修	802	376	408	459	491	524	660
家用电器修理	803	354	418	553	402	485	613
其他日用产品修理业	809	100	144	127	146	182	234
其他服务业	81	1326	1646	1874	2139	2606	3578
清洁服务	811	756	929	1090	1325	1573	1925
其他未列明服务业	819	570	717	784	814	1033	1653
教育	**P**	**1815**	**2412**	**2378**	**2056**	**2474**	**3018**
教育	82	1815	2412	2378	2056	2474	3018
学前教育	821	195	245	281	230	394	398
初等教育	822	18	34	17	17	26	27
中等教育	823	36	39	40	33	34	40
高等教育	824	5	8	9	12	10	8
特殊教育	825	9	2	14	9	8	14
技能培训、教育辅助及其他教育	829	1552	2084	2017	1755	2002	2531
卫生和社会工作	**Q**	**1090**	**1298**	**1393**	**1174**	**1411**	**1334**
卫生	83	1046	1231	1320	1111	1318	1231
医院	831	495	583	558	447	549	561
社区医疗与卫生院	832	83	80	92	95	83	93

单位：个

2010年	2011年	2012年	2013年	2014年	2015年	2016年	2017年	无开业年份	代码
68	87	90	130	104	150	183	165	4	762
29	31	42	46	42	37	30	32	4	763
19	30	34	12	46	26	48	30		764
134	196	211	191	366	367	548	494	6	769
536	638	770	852	1251	1660	2424	2883	68	77
64	93	98	86	107	157	238	170	7	771
472	545	672	766	1144	1503	2186	2713	61	772
3663	4402	5004	5818	7801	8793	12061	13849	704	78
425	435	503	589	770	925	1394	1530	43	781
335	434	523	585	735	1191	1652	2169	55	782
93	100	102	127	182	177	280	307	212	783
1912	2367	2650	3045	4192	4049	5357	6407	167	784
898	1066	1226	1472	1922	2451	3378	3436	227	785
16133	**20147**	**22925**	**28906**	**38650**	**51773**	**66911**	**63823**	**1020**	O
5543	7417	8827	10904	13744	19122	26943	27927	389	79
1156	1554	2148	2789	4010	5794	8180	9001	121	791
25	19	37	48	83	127	153	222	3	792
227	411	450	552	514	695	883	843	14	793
1210	1818	2092	2399	1689	2560	3873	4982	44	794
477	534	586	707	682	764	926	689	22	795
681	798	893	1128	998	1505	2679	3254	44	796
510	682	959	1156	1397	1835	1967	1937	29	797
185	214	207	258	438	482	658	686	19	798
1072	1387	1455	1867	3933	5360	7624	6313	93	799
6421	7751	8544	10663	11387	15848	20520	19479	296	80
4610	5498	6193	7712	8553	12706	16438	15839	242	801
770	894	927	1172	1180	1180	1520	1407	28	802
754	1007	1050	1249	1110	1274	1801	1565	16	803
287	352	374	530	544	688	761	668	10	809
4169	4979	5554	7339	13519	16803	19448	16417	335	81
2317	2851	3354	3914	6325	7752	9605	9503	167	811
1852	2128	2200	3425	7194	9051	9843	6914	168	819
4029	**4635**	**5840**	**6978**	**7861**	**12413**	**16709**	**19607**	**278**	P
4029	4635	5840	6978	7861	12413	16709	19607	278	82
588	621	701	688	1007	1191	737	885	26	821
41	33	47	57	107	156	149	135	8	822
63	50	46	67	108	129	138	118	3	823
8	16	20	24	33	37	31	39		824
19	22	27	33	54	73	58	47		825
3310	3893	4999	6109	6552	10827	15596	18383	241	829
1739	**2070**	**2706**	**2910**	**3438**	**6127**	**8396**	**9428**	**215**	Q
1575	1874	2441	2590	2622	4512	6026	6356	135	83
641	859	1042	1151	1201	2149	2489	2369	70	831
124	128	163	162	118	156	175	156	7	832

2-6 续表 23

行业中类	代码	2004年	2005年	2006年	2007年	2008年	2009年
门诊部(所)	833	378	472	564	436	568	456
计划生育技术服务活动	834	26	11	13	3	3	3
妇幼保健院(所、站)	835	2	5	7	5	5	5
专科疾病防治院(所、站)	836	17	23	21	12	22	15
疾病预防控制中心	837	4	6	6	6	5	4
其他卫生活动	839	41	51	59	107	83	94
社会工作	84	44	67	73	63	93	103
提供住宿社会工作	841	33	51	59	55	81	85
不提供住宿社会工作	842	11	16	14	8	12	18
文化、体育和娱乐业	**R**	**8575**	**9082**	**11921**	**12345**	**11323**	**14352**
新闻和出版业	85	175	208	174	146	251	264
新闻业	851	9	7	9	6	11	9
出版业	852	166	201	165	140	240	255
广播、电视、电影和影视录音制作业	86	452	492	612	568	731	916
广播	861	13	19	18	9	22	29
电视	862	48	60	58	34	55	60
电影和影视节目制作	863	256	258	319	309	360	496
电影和影视节目发行	864	33	43	44	44	56	69
电影放映	865	75	83	129	150	204	213
录音制作	866	27	29	44	22	34	49
文化艺术业	87	699	891	1148	1447	1789	2759
文艺创作与表演	871	174	199	299	279	402	690
艺术表演场馆	872	14	17	21	28	20	53
图书馆与档案馆	873	7	9	18	16	17	25
文物及非物质文化遗产保护	874	15	32	33	33	32	42
博物馆	875	15	10	20	15	18	29
烈士陵园、纪念馆	876	1	4	5	2	3	4
群众文化活动	877	107	157	169	203	244	369
其他文化艺术业	879	366	463	583	871	1053	1547
体育	88	374	524	551	647	684	872
体育组织	881	45	67	63	87	94	110
体育场馆	882	34	44	36	51	46	72
休闲健身活动	883	266	376	417	457	490	621
其他体育	889	29	37	35	52	54	69
娱乐业	89	6875	6967	9436	9537	7868	9541
室内娱乐活动	891	6629	6661	9027	9118	7411	8968
游乐园	892	42	38	46	42	76	94
彩票活动	893	4	5	3	7	7	5
文化、娱乐、体育经纪代理	894	127	173	236	223	237	286
其他娱乐业	899	73	90	124	147	137	188
公共管理、社会保障和社会组织	**S**	**9**	**10**	**6**	**8**	**8**	**14**
社会保障	93	9	10	6	8	8	14
社会保障	930	9	10	6	8	8	14

单位：个

2010年	2011年	2012年	2013年	2014年	2015年	2016年	2017年	无开业年份	代码
675	708	1032	980	905	1606	2537	3114	46	833
1	2	2	7	2	11	4	5		834
6	5	13	14	22	30	40	35	1	835
22	38	37	52	41	66	104	70		836
9	8	10	21	19	21	25	29		837
97	126	142	203	314	473	652	578	11	839
164	196	265	320	816	1615	2370	3072	80	84
140	179	234	285	729	1443	2211	2900	78	841
24	17	31	35	87	172	159	172	2	842
15529	**16077**	**19269**	**19725**	**23352**	**43761**	**56143**	**57004**	**1050**	**R**
306	293	415	328	268	330	265	217	6	85
23	17	26	28	42	56	41	50		851
283	276	389	300	226	274	224	167	6	852
1265	1634	1799	2013	2581	4905	8152	9105	117	86
38	41	67	80	115	246	447	779	4	861
81	72	77	77	164	204	277	355	3	862
610	726	856	997	1185	2782	5574	6545	83	863
82	104	107	81	96	215	301	332	5	864
396	622	602	676	929	1278	1339	887	19	865
58	69	90	102	92	180	214	207	3	866
3749	4698	6258	7327	9908	16113	23011	27602	491	87
816	1164	1652	1785	2613	4176	5642	7176	86	871
54	53	74	65	96	140	157	118	1	872
29	20	58	64	71	134	186	237	1	873
45	68	110	116	194	197	291	307	17	874
38	38	45	50	43	56	56	62	10	875
6	4	7	4	8	6	9	18		876
558	638	795	1058	1211	1604	2596	3441	59	877
2203	2713	3517	4185	5672	9800	14074	16243	317	879
950	1101	1329	1594	2254	3905	6310	7622	121	88
121	134	158	189	388	929	1674	1988	43	881
74	83	75	98	160	267	379	409	3	882
658	755	940	1116	1421	2154	3256	3996	61	883
97	129	156	191	285	555	1001	1229	14	889
9259	8351	9468	8463	8341	18508	18405	12458	315	89
8534	7419	8419	7248	6506	16021	14834	8081	246	891
120	136	161	231	339	599	836	661	21	892
11	12	14	4	12	19	25	69	2	893
350	460	476	553	880	927	1205	1329	24	894
244	324	398	427	604	942	1505	2318	22	899
9	**9**	**17**	**11**	**22**	**49**	**40**	**23**		**S**
9	9	17	11	22	49	40	23		93
9	9	17	11	22	49	40	23		930

2-7 按地区、开业(成立)

地区	企业单位数	1949年及以前	1950-1977年	1978-1991年	1992-1995年	1996年	1997年
全国	**18097682**	**2186**	**37178**	**150303**	**195358**	**63079**	**73061**
北京	676829	49	1068	7281	14042	4154	4727
天津	414784	59	442	3082	5068	1481	1581
河北	954073	70	632	4177	4568	1781	2158
山西	429757	82	1271	4199	2984	1024	1302
内蒙古	222801	41	574	1129	999	477	632
辽宁	543275	297	2179	9078	9753	2687	3138
吉林	141199	127	771	2255	1739	669	738
黑龙江	223467	245	1054	3490	3159	1036	1000
上海	453393	93	593	5730	17075	4569	5168
江苏	2148335	99	1791	18192	20996	6388	8099
浙江	1599310	102	1626	10921	18727	6963	7485
安徽	727017	54	1216	3420	3715	1428	1815
福建	748141	84	2574	5870	9318	3293	3332
江西	439890	43	1602	2924	1921	651	734
山东	1676178	122	1618	9282	12422	4071	4822
河南	695953	144	2296	5270	4867	2310	2670
湖北	751526	49	1177	5030	4820	1994	2179
湖南	502984	47	1320	4521	4397	1429	1547
广东	1752016	100	2855	20839	29995	7596	9009
广西	409008	10	1173	3639	3471	940	1111
海南	77662	4	614	1015	1280	290	308
重庆	520514	29	589	2750	3735	1284	1840
四川	401716	25	1651	4100	4831	1850	2092
贵州	342972	25	1137	1447	1469	503	782
云南	457374	26	1173	2721	2838	1190	1400
西藏	9461	5	200	202	146	60	56
陕西	333776	99	2081	3862	3348	1442	1633
甘肃	127899	37	928	1891	1728	688	761
青海	76169	5	146	375	284	141	172
宁夏	63463	1	120	362	381	197	220
新疆	176740	13	707	1249	1282	493	550

时间分组的企业法人单位数

单位：个

1998年	1999年	2000年	2001年	2002年	2003年	2004年
112564	**119570**	**172113**	**214166**	**254267**	**321852**	**344226**
7385	8853	12774	16639	19102	23526	27695
2202	2209	3268	3925	4792	6167	6447
3415	3766	5575	7351	9505	10722	12853
2452	2289	2719	3218	4139	5590	6556
1192	1263	1855	2180	2422	3111	3682
5308	5893	7684	9018	10049	12874	14002
1427	1547	2433	3039	3013	3773	3979
1898	1942	2828	3310	3452	4401	4504
7052	7572	10470	13492	17400	22113	25013
13844	13634	21518	27384	34703	42168	40130
10503	12307	17707	20590	26297	30608	28409
2266	2359	3828	4741	6035	7960	8764
4886	5181	7692	8387	9344	12928	14057
1243	1327	2490	3339	3862	4770	4701
8520	9318	13059	16685	20062	26480	27052
4395	4376	5731	7001	7792	10565	11745
3288	3427	5015	6938	8398	10583	12084
2721	2797	4607	6031	6197	8764	9505
11395	13547	18111	22999	26932	35085	39999
1486	1484	1980	2538	3326	4087	4708
458	465	647	844	974	1286	1377
2513	1955	2784	3460	3836	5366	5473
3375	3181	4605	5597	6006	7761	7722
1113	1213	1659	1812	2021	2703	3167
2097	1854	2515	2911	3186	4621	5344
108	106	170	162	197	248	285
2879	2382	3494	4346	4353	5440	5942
1275	1175	1820	2375	2498	2810	2890
393	360	616	755	804	912	969
404	426	576	618	689	1030	1100
1071	1362	1883	2481	2881	3400	4072

2-7 续表

地 区	2005年	2006年	2007年	2008年	2009年	2010年	2011年
全 国	**377776**	**443228**	**452397**	**493268**	**655464**	**839833**	**997392**
北 京	30778	31752	35578	41316	50663	58017	64814
天 津	7264	8983	9129	10989	13901	17156	21319
河 北	13704	17140	16413	18537	25587	31384	38005
山 西	7306	8578	8971	9890	12222	14314	17819
内蒙古	4523	5733	6241	6861	8891	11742	12709
辽 宁	15177	17311	17478	19053	24509	34182	36039
吉 林	5270	6236	6121	6021	8430	10075	11637
黑龙江	5352	5965	6231	7666	10294	11616	12784
上 海	26318	23100	19590	21286	27527	33102	34131
江 苏	41845	52543	52317	52143	72636	98986	106366
浙 江	29870	37699	38311	36707	49255	64249	74216
安 徽	9860	13380	14291	16220	20920	29201	35111
福 建	15792	18937	18441	21529	29429	38648	45169
江 西	5949	6810	6472	7560	11991	16324	20105
山 东	29541	34687	33637	36262	48978	62707	70334
河 南	14911	16627	16960	20654	26626	31811	36830
湖 北	12590	13508	14755	17864	24272	30367	36645
湖 南	10898	12382	12215	12622	17481	23162	26849
广 东	43111	52425	55048	55947	76732	98233	124311
广 西	5232	6195	7612	7691	12174	15595	22827
海 南	1626	1933	2090	2401	2816	4594	4829
重 庆	5677	6601	8354	9416	11440	21975	45023
四 川	8301	10543	10356	11954	14678	17563	20411
贵 州	3560	5042	5455	6113	7555	9622	12403
云 南	5759	7201	7187	9058	12562	14611	17565
西 藏	380	447	482	423	669	701	960
陕 西	7183	8669	9053	11293	15491	18825	21881
甘 肃	3291	3893	3917	5110	6311	7733	8984
青 海	987	1153	1442	1458	1780	2218	2987
宁 夏	1022	1151	1356	1521	2076	2711	3115
新 疆	4699	6604	6894	7703	7568	8409	11214

单位：个

2012年	2013年	2014年	2015年	2016年	2017年	无开业年份
1079919	**1310504**	**1725615**	**2113146**	**2688609**	**2800459**	**60149**
67941	71053	26867	39884	6826	3264	781
21222	23752	29426	56399	78056	71767	4698
40950	56415	89415	116607	194160	226526	2657
20543	23608	40733	57562	83538	86563	285
12720	13833	21808	24788	39016	33813	566
33634	31394	49180	49824	56980	62072	4482
11323	11267	8055	10759	12668	7685	142
13553	14011	17193	24166	36330	25835	152
35484	32329	33401	16298	13166	1028	293
104683	116338	187825	244028	339080	424009	6590
73124	131217	161235	160863	236130	304498	9691
38106	47522	75661	95667	110674	169037	3766
45641	44555	68672	88350	100526	115839	9667
22902	21737	43049	56583	81268	108626	907
74666	98944	168701	232468	323691	307133	916
38640	49925	76539	98217	115324	83223	504
40661	66195	78653	98202	118753	133639	440
29811	41416	51210	51996	80244	78583	232
138974	185838	200498	188087	193139	94512	6699
32537	34838	44330	56499	61141	72164	220
5086	5989	6879	10221	11786	7676	174
46992	50640	58814	73289	81297	64732	650
22578	24274	30121	41455	63512	72044	1130
32039	31208	36285	48486	67813	57767	573
20777	22723	48814	80252	85568	92403	1018
1397	1548	147	159	128	62	13
23207	22493	33446	38796	41067	39085	1986
10952	12137	13311	14833	10203	6165	183
3546	4336	8683	10850	15819	14940	38
3763	4798	5312	9864	10860	9736	54
12467	14171	11352	17694	19846	26033	642

2-8 按开业(成立)时间、

开业(成立)时间	企业单位数	营业	停业(歇业)	筹建
总计	**18097682**	**15322124**	**618639**	**1598205**
1949年及以前	2186	1927	171	3
1950-1977年	37178	31102	4366	22
1978-1991年	150303	129688	14734	427
1992-1995年	195358	173714	15225	468
1996年	63079	56870	4313	135
1997年	73061	66356	4559	177
1998年	112564	101305	7379	544
1999年	119570	108456	7129	321
2000年	172113	154552	11030	426
2001年	214166	194417	12858	563
2002年	254267	232119	14351	722
2003年	321852	292654	18987	1083
2004年	344226	313725	19695	1395
2005年	377776	342203	23038	1676
2006年	443228	401046	27033	2321
2007年	452397	408234	28170	3182
2008年	493268	440822	30780	7375
2009年	655464	589770	37340	10566
2010年	839833	753353	49202	14658
2011年	997392	886555	54042	33121
2012年	1079919	954484	55237	44445
2013年	1310504	1110074	48627	125024
2014年	1725615	1468738	37935	182316
2015年	2113146	1750831	37897	273106
2016年	2688609	2218091	33667	349865
2017年	2800459	2140912	20859	484277
无开业年份	60149	126	15	59987

营业状态分组的企业法人单位数

单位：个

当年关闭	当年破产	当年注销	当年吊销	注册未经营	其他
155018	**11558**	**8788**	**2226**	**201230**	**179894**
47	4	2		2	30
832	196	13	2	23	622
2795	442	61	50	182	1924
3392	277	79	47	180	1976
1031	90	24	12	49	555
1143	102	35	17	54	618
1998	189	45	18	107	979
2007	169	43	18	130	1297
3316	305	62	43	684	1695
3769	294	80	31	225	1929
4124	330	87	38	250	2246
5326	426	101	68	329	2878
5375	407	114	69	349	3097
6467	477	144	81	361	3329
7546	559	134	64	483	4042
7223	548	158	68	512	4302
7772	633	143	68	642	5033
9328	708	184	121	908	6539
11729	861	280	116	1169	8465
12178	881	277	167	1494	8677
13047	800	348	139	1714	9705
10810	553	445	126	4088	10757
8656	520	667	197	8467	18119
9961	678	982	178	14827	24686
11587	968	2086	207	46963	25175
3557	141	2194	281	117032	31206
2				6	13

2-9 按行业(中类)、营业状态

(2017年)

行业中类	代码	企业单位数	营业	停业(歇业)	筹建
总计	--	**18097682**	**15322124**	**618639**	**1598205**
农、林、牧、渔业	A	**818192**	**664216**	**28641**	**92093**
农业	01	379577	302572	11692	49618
谷物种植	011	67071	54442	1912	7697
豆类、油料和薯类种植	012	8870	7124	267	1104
棉、麻、糖、烟草种植	013	4447	3803	193	254
蔬菜、食用菌及园艺作物种植	014	134608	107769	4946	16915
水果种植	015	76680	63052	1753	9156
坚果、含油果、香料和饮料作物种植	016	25905	19752	730	4133
中药材种植	017	35648	26482	1117	6073
其他农业	019	26348	20148	774	4286
林业	02	71954	57605	3146	8436
林木育种和育苗	021	56570	45128	2460	6928
造林和更新	022	8468	6781	356	983
森林经营和管护	023	4369	3635	215	306
木材和竹材采运	024	1205	1008	69	77
林产品采集	025	1342	1053	46	142
畜牧业	03	230723	193460	8288	20109
牲畜饲养	031	155860	130677	5416	13767
家禽饲养	032	56534	47173	2299	4761
狩猎和捕捉动物	033	524	446	23	38
其他畜牧业	039	17805	15164	550	1543
渔业	04	67147	55874	2463	5959
水产养殖	041	65270	54389	2385	5713
水产捕捞	042	1877	1485	78	246
农、林、牧、渔服务业	05	68791	54705	3052	7971
农业服务业	051	55849	44010	2399	6871
林业服务业	052	5313	4319	215	544
畜牧服务业	053	4671	3880	302	319
渔业服务业	054	2958	2496	136	237
采矿业	B	**108770**	**79104**	**15653**	**7919**
煤炭开采和洗选业	06	21088	14975	3192	1258
烟煤和无烟煤开采洗选	061	18985	13512	2903	1035
褐煤开采洗选	062	615	462	76	38
其他煤炭采选	069	1488	1001	213	185
石油和天然气开采业	07	817	681	41	70
石油开采	071	518	429	33	39
天然气开采	072	299	252	8	31
黑色金属矿采选业	08	16096	10720	3678	856
铁矿采选	081	14274	9573	3302	721
锰矿、铬矿采选	082	1036	646	229	55
其他黑色金属矿采选	089	786	501	147	80
有色金属矿采选业	09	11720	7475	2442	1016

分组的企业法人单位数

单位：个

当年关闭	当年破产	当年注销	当年吊销	注册未经营	其他	代码
155018	**11558**	**8788**	**2226**	**201230**	**179894**	--
7383	**659**	**332**	**69**	**11311**	**13488**	A
3104	234	162	26	5404	6765	01
327	28	30	10	1234	1391	011
82	5	1	1	115	171	012
48	7	4		34	104	013
1139	80	53	8	2044	1654	014
624	44	35	1	707	1308	015
248	21	8	2	357	654	016
438	32	22	2	620	862	017
198	17	9	2	293	621	019
656	49	27	12	848	1175	02
427	30	20	12	728	837	021
90	12	3		72	171	022
68	5	1		30	109	023
16	1			5	29	024
55	1	3		13	29	025
2391	240	77	24	2839	3295	03
1541	154	55	15	1949	2286	031
654	71	18	9	758	791	032
3				3	11	033
193	15	4		129	207	039
577	58	27	3	1303	883	04
565	56	26	3	1279	854	041
12	2	1		24	29	042
655	78	39	4	917	1370	05
535	55	32	4	803	1140	051
57	6	5		52	115	052
44	8	2		35	81	053
19	9			27	34	054
3750	**397**	**94**	**22**	**573**	**1258**	B
1081	91	37	8	98	348	06
1007	88	35	8	75	322	061
26	1			6	6	062
48	2	2		17	20	069
10	1	1		3	10	07
9		1		2	5	071
1	1			1	5	072
519	75	8	4	70	166	08
422	55	7	3	63	128	081
61	14		1	6	24	082
36	6	1		1	14	089
544	58	6		48	131	09

2-9 续表 1

行业中类	代码	企业单位数	营业	停业(歇业)	筹建
常用有色金属矿采选	091	8093	5131	1699	701
贵金属矿采选	092	2310	1414	529	213
稀有稀土金属矿采选	093	1317	930	214	102
非金属矿采选业	10	51690	39804	5652	3814
土砂石开采	101	44259	34485	4631	3113
化学矿开采	102	1674	1219	277	102
采盐	103	442	385	26	16
石棉及其他非金属矿采选	109	5315	3715	718	583
开采辅助活动	11	4307	3374	331	409
煤炭开采和洗选辅助活动	111	660	436	93	84
石油和天然气开采辅助活动	112	2845	2379	141	232
其他开采辅助活动	119	802	559	97	93
其他采矿业	12	3052	2075	317	496
其他采矿业	120	3052	2075	317	496
制造业	**C**	**3471728**	**2979693**	**150813**	**239013**
农副食品加工业	13	145885	123439	7456	9993
谷物磨制	131	28121	24824	1372	974
饲料加工	132	16696	14235	854	1027
植物油加工	133	12842	10622	833	805
制糖业	134	1120	885	91	100
屠宰及肉类加工	135	24873	21142	1170	1811
水产品加工	136	13110	10993	759	966
蔬菜、水果和坚果加工	137	20885	17240	1077	1819
其他农副食品加工	139	28238	23498	1300	2491
食品制造业	14	80766	67255	3457	7514
焙烤食品制造	141	20769	17646	837	1756
糖果、巧克力及蜜饯制造	142	6453	5607	259	395
方便食品制造	143	13994	11884	586	1113
乳制品制造	144	2100	1754	135	139
罐头食品制造	145	3945	3294	223	268
调味品、发酵制品制造	146	9831	8273	452	807
其他食品制造	149	23674	18797	965	3036
酒、饮料和精制茶制造业	15	58702	48750	3072	4982
酒的制造	151	20702	16998	1421	1574
饮料制造	152	20965	17399	1047	1886
精制茶加工	153	17035	14353	604	1522
烟草制品业	16	360	313	21	16
烟叶复烤	161	138	123	7	4
卷烟制造	162	105	93	8	1
其他烟草制品制造	169	117	97	6	11
纺织业	17	164902	141521	7511	9935
棉纺织及印染精加工	171	59466	50866	2680	3074
毛纺织及染整精加工	172	10736	8833	1028	528
麻纺织及染整精加工	173	1675	1417	123	63

单位：个

当年关闭	当年破产	当年注销	当年吊销	注册未经营	其他	代码
391	38	4		34	95	091
105	11	2		13	23	092
48	9			1	13	093
1450	157	35	7	280	491	10
1217	132	29	7	241	404	101
49	2	4		12	9	102
10	3	1		1		103
174	20	1		26	78	109
83	5	5	2	36	62	11
21	1	1	1	4	19	111
41	2	1	1	22	26	112
21	2	3		10	17	119
63	10	2	1	38	50	12
63	10	2	1	38	50	120
42262	**4118**	**1493**	**471**	**30592**	**23273**	C
2457	312	84	22	796	1326	13
542	98	9	3	85	214	131
340	28	13	3	70	126	132
305	39	6	1	47	184	133
23	4	1		7	9	134
355	45	8	7	111	224	135
167	17	6		64	138	136
333	35	31	4	195	151	137
392	46	10	4	217	280	139
1096	152	46	7	561	678	14
240	29	13	1	97	150	141
104	19	3	1	18	47	142
181	30	7		86	107	143
36	5			11	20	144
99	14	1	1	14	31	145
151	20	4		59	65	146
285	35	18	4	276	258	149
823	127	27	10	342	569	15
314	46	16	5	121	207	151
274	41	6	5	120	187	152
235	40	5		101	175	153
9					1	16
4						161
3						162
2					1	169
2470	230	60	36	2310	829	17
1074	128	24	11	1275	334	171
170	22	6	1	94	54	172
52	2	1		2	15	173

2-9 续表 2

行业中类	代码	企业单位数	营业	停业(歇业)	筹建
丝绢纺织及印染精加工	174	3771	3275	257	103
化纤织造及印染精加工	175	13790	12202	700	591
针织或钩针编织物及其制品制造	176	26029	22488	1013	1487
家用纺织制成品制造	177	28789	24361	986	2654
非家用纺织制成品制造	178	20646	18079	724	1435
纺织服装、服饰业	18	203549	172548	10086	12648
机织服装制造	181	118387	100333	6934	6328
针织或钩针编织服装制造	182	26480	22688	1361	1446
服饰制造	183	58682	49527	1791	4874
皮革、毛皮、羽毛及其制品和制鞋业	19	89775	77406	4004	5319
皮革鞣制加工	191	4083	3403	322	184
皮革制品制造	192	30135	26461	1189	1594
毛皮鞣制及制品加工	193	8280	6956	307	810
羽毛(绒)加工及制品制造	194	2811	2295	201	215
制鞋业	195	44466	38291	1985	2516
木材加工和木、竹、藤、棕、草制品业	20	115292	98944	5505	7199
木材加工	201	45265	38630	2416	2787
人造板制造	202	21801	19269	959	807
木制品制造	203	35917	30809	1531	2568
竹、藤、棕、草等制品制造	204	12309	10236	599	1037
家具制造业	21	89394	74548	3512	8704
木质家具制造	211	63217	52153	2531	6548
竹、藤家具制造	212	1265	1032	56	123
金属家具制造	213	8475	7387	344	572
塑料家具制造	214	1119	927	76	84
其他家具制造	219	15318	13049	505	1377
造纸和纸制品业	22	79185	69215	3268	4704
纸浆制造	221	778	685	32	39
造纸	222	17079	14790	988	732
纸制品制造	223	61328	53740	2248	3933
印刷和记录媒介复制业	23	86325	79009	2889	2741
印刷	231	78738	72085	2599	2510
装订及印刷相关服务	232	7226	6616	275	209
记录媒介复制	233	361	308	15	22
文教、工美、体育和娱乐用品制造业	24	118648	101494	4906	8513
文教办公用品制造	241	11576	10175	453	660
乐器制造	242	2964	2498	100	262
工艺美术品制造	243	73614	63222	3011	5156
体育用品制造	244	12189	10337	447	1068
玩具制造	245	15264	12760	783	989
游艺器材及娱乐用品制造	246	3041	2502	112	378
石油加工和炼焦业	25	9507	7470	752	884
精炼石油产品制造	251	7869	6296	537	753
炼焦	252	1638	1174	215	131

单位：个

当年关闭	当年破产	当年注销	当年吊销	注册未经营	其他	代码
75	6	1	1	31	22	174
154	10	3		89	41	175
496	27	4	1	393	120	176
270	21	15	19	302	161	177
179	14	6	3	124	82	178
3154	212	84	33	3444	1340	18
2202	146	48	29	1504	863	181
503	22	11	2	346	101	182
449	44	25	2	1594	376	183
1376	120	63	6	935	546	19
117	5			11	41	191
471	29	19	4	211	157	192
116	9	15		38	29	193
48	6			27	19	194
624	71	29	2	648	300	195
1717	203	42	11	747	924	20
632	76	13	1	304	406	201
523	63	12	3	50	115	202
394	33	13	6	274	289	203
168	31	4	1	119	114	204
977	83	34	6	938	592	21
687	67	30	5	798	398	211
22	3	1		16	12	212
81	6		1	31	53	213
14	1			6	11	214
173	6	3		87	118	219
1031	95	45	16	387	424	22
16	2				4	221
343	44	10	3	52	117	222
672	49	35	13	335	303	223
768	77	17	15	242	567	23
709	72	16	12	225	510	231
52	4	1	3	16	50	232
7	1			1	7	233
1422	103	56	14	1371	769	24
109	3	4		101	71	241
37	2	3	1	35	26	242
937	77	40	12	645	514	243
107	10	3	1	158	58	244
211	11	5		413	92	245
21		1		19	8	246
205	21	6	2	60	107	25
141	9	2	1	53	77	251
64	12	4	1	7	30	252

2-9 续表 3

行业中类	代码	企业单位数			
			营业	停业(歇业)	筹建
化学原料和化学制品制造业	26	135711	114567	7802	9000
基础化学原料制造	261	20631	17294	1477	1115
肥料制造	262	17647	13873	1271	1767
农药制造	263	2924	2460	184	174
涂料、油墨、颜料及类似产品制造	264	24054	20545	1293	1559
合成材料制造	265	14021	11815	608	1156
专用化学产品制造	266	34082	29227	1954	1921
炸药、火工及焰火产品制造	267	5914	5428	245	59
日用化学产品制造	268	16438	13925	770	1249
医药制造业	27	28246	23508	1219	2686
化学药品原料药制造	271	3505	2909	176	289
化学药品制剂制造	272	2888	2468	159	202
中药饮片加工	273	5112	4123	197	640
中成药生产	274	4352	3731	181	305
兽用药品制造	275	1893	1670	92	89
生物药品制造	276	5355	4231	244	688
卫生材料及医药用品制造	277	5141	4376	170	473
化学纤维制造业	28	7603	6544	377	400
纤维素纤维原料及纤维制造	281	1448	1239	75	76
合成纤维制造	282	6155	5305	302	324
橡胶和塑料制品业	29	201994	177514	8103	11612
橡胶制品业	291	35706	31887	1213	1807
塑料制品业	292	166288	145627	6890	9805
非金属矿物制品业	30	292793	244817	18418	19934
水泥、石灰和石膏制造	301	17602	14212	1403	1070
石膏、水泥制品及类似制品制造	302	65831	55419	3911	4433
砖瓦、石材等建筑材料制造	303	121879	101109	8171	8370
玻璃制造	304	5719	4874	256	430
玻璃制品制造	305	19277	16683	753	1346
玻璃纤维和玻璃纤维增强塑料制品制造	306	7445	6496	370	394
陶瓷制品制造	307	20154	16847	993	1737
耐火材料制品制造	308	14303	12138	1189	620
石墨及其他非金属矿物制品制造	309	20583	17039	1372	1534
黑色金属冶炼和压延加工业	31	42979	36334	3202	1863
炼铁	311	1681	1174	298	76
炼钢	312	1039	809	119	70
黑色金属铸造	313	17434	15212	1236	427
钢压延加工	314	19391	16438	1154	1169
铁合金冶炼	315	3434	2701	395	121
有色金属冶炼和压延加工业	32	33398	28182	2127	1962
常用有色金属冶炼	321	5767	4454	685	324
贵金属冶炼	322	845	690	71	42
稀有稀土金属冶炼	323	1238	1010	123	49
有色金属合金制造	324	4825	4151	224	305

单位：个

当年关闭	当年破产	当年注销	当年吊销	注册未经营	其他	代码
2290	255	58	25	706	1008	26
459	44	8	6	80	148	261
383	54	8	2	124	165	262
56	12	1	1	7	29	263
329	29	7	3	111	178	264
192	16	2	3	115	114	265
551	67	11	5	143	203	266
115	12	16	2	1	36	267
205	21	5	3	125	135	268
348	38	12	1	146	288	27
71	7			14	39	271
25	1	1		8	24	272
55	12	5		23	57	273
63	4	1	1	22	44	274
22	6			6	8	275
67	4	3		43	75	276
45	4	2		30	41	277
125	18	3		91	45	28
29	7			10	12	281
96	11	3		81	33	282
2194	179	94	24	1221	1053	29
367	40	7	4	186	195	291
1827	139	87	20	1035	858	292
4953	649	161	57	1544	2260	30
548	86	15		97	171	301
973	105	36	18	424	512	302
2285	305	67	28	614	930	303
73	9	3	1	25	48	304
239	30	12	3	104	107	305
84	9	4	2	32	54	306
234	42	7	2	94	198	307
199	20	3	2	59	73	308
318	43	14	1	95	167	309
1054	95	23	3	159	246	31
94	6			10	23	311
18	6	3		5	9	312
405	30	6	2	46	70	313
382	25	14	1	89	119	314
155	28			9	25	315
672	64	14	3	128	246	32
205	19	3		16	61	321
24	6			4	8	322
38	4	1		6	7	323
73	6		1	25	40	324

2-9 续表 4

行业中类	代码	企业单位数	营业	停业(歇业)	筹建
有色金属铸造	325	2406	2107	137	125
有色金属压延加工	326	18317	15770	887	1117
金属制品业	33	313438	270730	12004	22108
结构性金属制品制造	331	105540	89934	4781	8149
金属工具制造	332	30501	26810	1125	1813
集装箱及金属包装容器制造	333	7845	6893	351	432
金属丝绳及其制品制造	334	18281	16449	546	1003
建筑、安全用金属制品制造	335	44145	38192	1695	2855
金属表面处理及热处理加工	336	14483	12699	625	859
搪瓷制品制造	337	2603	2263	93	184
金属制日用品制造	338	25817	22108	910	1856
其他金属制品制造	339	64223	55382	1878	4957
通用设备制造业	34	339566	294802	12436	22332
锅炉及原动设备制造	341	13937	12216	572	821
金属加工机械制造	342	55054	47695	2142	3805
物料搬运设备制造	343	14199	12471	463	986
泵、阀门、压缩机及类似机械制造	344	42297	37302	1367	2691
轴承、齿轮和传动部件制造	345	22633	20194	865	1021
烘炉、风机、衡器、包装等设备制造	346	32039	28278	1075	2039
文化、办公用机械制造	347	3322	2979	104	158
通用零部件制造	348	119950	102826	5005	7066
其他通用设备制造业	349	36135	30841	843	3745
专用设备制造业	35	226534	195719	7643	17742
采矿、冶金、建筑专用设备制造	351	34207	29549	1473	2233
化工、木材、非金属加工专用设备制造	352	66112	58594	1784	4418
食品、饮料、烟草及饲料生产专用设备制造	353	6723	5880	257	440
印刷、制药、日化及日用品生产专用设备制造	354	11181	9687	490	734
纺织、服装和皮革加工专用设备制造	355	12847	11300	489	698
电子和电工机械专用设备制造	356	16883	14403	612	1493
农、林、牧、渔专用机械制造	357	14503	12457	567	1038
医疗仪器设备及器械制造	358	14368	12064	415	1539
环保、社会公共服务及其他专用设备制造	359	49710	41785	1556	5149
汽车制造业	36	85000	73248	2897	6852
汽车整车制造	361	1504	1191	49	202
改装汽车制造	362	1407	1227	56	84
低速载货汽车制造	363	121	92	13	10
电车制造	364	1130	903	33	158
汽车车身、挂车制造	365	1514	1292	51	140
汽车零部件及配件制造	366	79324	68543	2695	6258
铁路、船舶、航空航天和其他运输设备制造业	37	36958	31361	1646	2982
铁路运输设备制造	371	4019	3508	146	260
城市轨道交通设备制造	372	401	316	8	67
船舶及相关装置制造	373	10629	8973	578	804
航空、航天器及设备制造	374	1686	1356	31	244

单位：个

当年关闭	当年破产	当年注销	当年吊销	注册未经营	其他	代码
12	4			7	14	325
320	25	10	2	70	116	326
3044	219	106	30	3281	1916	33
1089	87	24	13	775	688	331
378	23	5	5	208	134	332
89	4	1	2	31	42	333
129	12	6	3	71	62	334
353	28	18	3	734	267	335
162	7	4		67	60	336
20	1	5		21	16	337
286	23	12	3	412	207	338
538	34	31	1	962	440	339
2573	238	124	49	5162	1850	34
132	26	5	4	58	103	341
494	55	13	5	474	371	342
97	4			74	104	343
248	26	23	8	468	164	344
223	28	15	2	199	86	345
231	15	10	6	215	170	346
39	2	3	3	8	26	347
911	70	43	17	3427	585	348
198	12	12	4	239	241	349
1840	168	77	33	1654	1658	35
405	48	13	3	212	271	351
449	23	19	7	421	397	352
44	5		2	40	55	353
134	11	6	1	54	64	354
101	9	6	2	195	47	355
140	8	6	3	81	137	356
180	27	7	3	114	110	357
82	10	5	3	123	127	358
305	27	15	9	414	450	359
746	87	41	5	561	563	36
11	3		1	22	25	361
21	1		1	3	14	362
4	1				1	363
18	3			3	12	364
18	2	2			9	365
674	77	39	3	533	502	366
415	47	19	10	259	219	37
29	3	1		29	43	371
5				2	3	372
108	12	3	5	74	72	373
8		1	2	25	19	374

2-9 续表 5

行业中类	代码	企业单位数	营业	停业(歇业)	筹建
摩托车制造	375	8347	7418	344	366
自行车制造	376	9446	7714	429	1062
非公路休闲车及零配件制造	377	1060	903	43	93
潜水救捞及其他未列明运输设备制造	379	1370	1173	67	86
电气机械和器材制造业	38	208762	181141	7744	14827
电机制造	381	19348	16695	748	1362
输配电及控制设备制造	382	70247	62592	2089	4289
电线、电缆、光缆及电工器材制造	383	28811	25235	1240	1678
电池制造	384	7041	5736	287	735
家用电力器具制造	385	26523	22397	1151	2172
非电力家用器具制造	386	7111	5707	442	684
照明器具制造	387	36545	31531	1404	2682
其他电气机械及器材制造	389	13136	11248	383	1225
计算机、通信和其他电子设备制造业	39	122942	108449	3330	8288
计算机制造	391	12460	11250	285	638
通信设备制造	392	10191	8985	345	615
广播电视设备制造	393	3473	3208	100	99
雷达及配套设备制造	394	269	241	5	18
视听设备制造	395	6027	5414	167	289
电子器件制造	396	18566	16417	464	1273
电子元件制造	397	49073	43216	1404	3178
其他电子设备制造	399	22883	19718	560	2178
仪器仪表制造业	40	45795	40587	1375	3014
通用仪器仪表制造	401	24770	21974	716	1658
专用仪器仪表制造	402	7089	6253	246	449
钟表与计时仪器制造	403	2861	2578	96	131
光学仪器及眼镜制造	404	7390	6685	184	412
其他仪器仪表制造业	409	3685	3097	133	364
其他制造业	41	69187	58757	1811	6735
日用杂品制造	411	17534	15348	549	965
煤制品制造	412	3383	2636	303	295
其他未列明制造业	419	48270	40773	959	5475
废弃资源综合利用业	42	15904	12295	1154	1812
金属废料和碎屑加工处理	421	7558	5858	598	777
非金属废料和碎屑加工处理	422	8346	6437	556	1035
金属制品、机械和设备修理业	43	22628	19226	1086	1712
金属制品修理	431	1286	1132	57	67
通用设备修理	432	3264	2749	181	251
专用设备修理	433	2946	2510	166	196
铁路、船舶、航空航天等运输设备修理	434	6068	5032	345	497
电气设备修理	435	1970	1715	81	127
仪器仪表修理	436	439	391	10	33
其他机械和设备修理业	439	6655	5697	246	541

单位：个

当年关闭	当年破产	当年注销	当年吊销	注册未经营	其他	代码
133	10	4		48	24	375
108	15	6	3	68	41	376
3	1	4		9	4	377
21	6			4	13	379
2071	147	89	22	1430	1291	38
280	20	11	1	129	102	381
472	35	32	11	362	365	382
336	29	16	4	117	156	383
136	23	2	1	47	74	384
299	5	8	1	345	145	385
84	9	7	2	84	92	386
374	25	9	2	264	254	387
90	1	4		82	103	389
1214	88	52	13	676	832	39
97	10	7		41	132	391
118	7	2	2	40	77	392
37		5	1	9	14	393
1	1			1	2	394
81	7	4		27	38	395
167	11	5	3	115	111	396
562	35	21	7	350	300	397
151	17	8		93	158	399
281	19	8	7	242	262	40
124	12	4	2	158	122	401
45	4	3	3	29	57	402
42	1		1	2	10	403
39		1		37	32	404
31	2		1	16	41	409
450	33	30	9	851	511	41
135	8	7	2	443	77	411
67	9		1	29	43	412
248	16	23	6	379	391	419
322	22	7		137	155	42
199	7	1		43	75	421
123	15	6		94	80	422
165	17	11	2	211	198	43
14	1	1		7	7	431
15	5	4		30	29	432
23	1			12	38	433
48	5	3	1	88	49	434
18		2	1	10	16	435
1				2	2	436
46	5	1		62	57	439

2-9 续表 6

行业中类	代码	企业单位数	营业	停业(歇业)	筹建
电力、热力、燃气及水生产和供应业	D	**117003**	**97061**	**3424**	**13116**
电力、热力生产和供应业	44	82648	67647	2163	10201
电力生产	441	66808	54454	1655	8668
电力供应	442	7614	6217	221	811
热力生产和供应	443	8226	6976	287	722
燃气生产和供应业	45	10329	8434	309	1286
燃气生产和供应业	450	10329	8434	309	1286
水的生产和供应业	46	24026	20980	952	1629
自来水生产和供应	461	16482	14760	689	740
污水处理及其再生利用	462	6324	5181	214	788
其他水的处理、利用与分配	469	1220	1039	49	101
建筑业	E	**1045185**	**864798**	**32185**	**116939**
房屋建筑业	47	189109	155704	5489	21993
房屋建筑业	470	189109	155704	5489	21993
土木工程建筑业	48	193598	157005	6036	24336
铁路、道路、隧道和桥梁工程建筑	481	78085	63364	2279	9842
水利和内河港口工程建筑	482	13086	10914	442	1339
海洋工程建筑	483	534	404	17	99
工矿工程建筑	484	5995	5037	240	542
架线和管道工程建筑	485	17607	14914	507	1717
其他土木工程建筑	489	78291	62372	2551	10797
建筑安装业	49	162694	138344	4886	15106
电气安装	491	37267	31997	1129	3107
管道和设备安装	492	34688	29811	1041	2955
其他建筑安装业	499	90739	76536	2716	9044
建筑装饰和其他建筑业	50	499784	413745	15774	55504
建筑装饰业	501	377481	313421	11597	41577
工程准备活动	502	33538	26432	1931	4074
提供施工设备服务	503	9005	7458	412	896
其他未列明建筑业	509	79760	66434	1834	8957
批发和零售业	F	**6173230**	**5315244**	**186605**	**495547**
批发业	51	3606355	3096046	116547	295852
农、林、牧产品批发	511	143958	122619	6277	10651
食品、饮料及烟草制品批发	512	332248	282178	11038	30028
纺织、服装及家庭用品批发	513	507772	438471	13495	43771
文化、体育用品及器材批发	514	122676	106902	3268	9484
医药及医疗器材批发	515	102727	90717	2283	7601
矿产品、建材及化工产品批发	516	1024392	862270	43502	84431
机械设备、五金产品及电子产品批发	517	870954	772533	21513	59126
贸易经纪与代理	518	155811	128417	5180	16660
其他批发业	519	345817	291939	9991	34100
零售业	52	2566875	2219198	70058	199695
综合零售	521	410225	351298	10796	33825
食品、饮料及烟草制品专门零售	522	232702	198983	7875	18553
纺织、服装及日用品专门零售	523	267707	228867	8122	21556

单位：个

当年关闭	当年破产	当年注销	当年吊销	注册未经营	其他	代码
945	**86**	**64**	**7**	**1092**	**1208**	D
706	65	55	6	926	879	44
512	50	40	5	747	677	441
135	5	8	1	116	100	442
59	10	7		63	102	443
80	7	2	1	85	125	45
80	7	2	1	85	125	450
159	14	7		81	204	46
113	11	3		36	130	461
36	2	4		40	59	462
10	1			5	15	469
6906	**470**	**587**	**126**	**12213**	**10961**	E
1448	134	145	21	2351	1824	47
1448	134	145	21	2351	1824	470
1192	83	128	21	2615	2182	48
451	37	54	4	1111	943	481
91	4	13	4	136	143	482
		1		9	4	483
42	3	8		63	60	484
134	10	19	4	142	160	485
474	29	33	9	1154	872	489
1137	56	89	23	1488	1565	49
289	15	25	3	353	349	491
259	11	26	9	267	309	492
589	30	38	11	868	907	499
3129	197	225	61	5759	5390	50
2338	137	173	49	4240	3949	501
238	24	17	3	522	297	502
76	4	8		59	92	503
477	32	27	9	938	1052	509
48884	**3070**	**2887**	**762**	**64045**	**56186**	F
27265	1650	1478	463	34776	32278	51
1509	132	66	20	1078	1606	511
2547	189	161	49	2924	3134	512
2787	147	199	49	5668	3185	513
620	24	49	9	1253	1067	514
589	38	49	9	711	730	515
10993	659	492	188	11765	10092	516
4635	238	261	81	5999	6568	517
1202	64	84	23	2322	1859	518
2383	159	117	35	3056	4037	519
21619	1420	1409	299	29269	23908	52
3742	304	230	60	4677	5293	521
2357	160	167	23	2506	2078	522
2346	155	189	25	4350	2097	523

2-9 续表 7

行业中类	代码	企业单位数	营业	停业(歇业)	筹建
文化、体育用品及器材专门零售	524	135933	117710	4456	10033
医药及医疗器材专门零售	525	207463	187955	3337	12451
汽车、摩托车、燃料及零配件专门零售	526	310528	271433	8168	22885
家用电器及电子产品专门零售	527	301363	269598	7555	16849
五金、家具及室内装饰材料专门零售	528	343424	295841	11394	25944
货摊、无店铺及其他零售业	529	357530	297513	8355	37599
交通运输、仓储和邮政业	**G**	**530856**	**451202**	**17230**	**47549**
铁路运输业	53	3493	2973	143	247
铁路旅客运输	531	402	340	15	32
铁路货物运输	532	1577	1324	72	129
铁路运输辅助活动	533	1514	1309	56	86
道路运输业	54	309998	262306	9723	29127
城市公共交通运输	541	13384	12224	303	537
公路旅客运输	542	11859	10673	337	555
道路货物运输	543	265788	223380	8301	26495
道路运输辅助活动	544	18967	16029	782	1540
水上运输业	55	14756	12476	697	1122
水上旅客运输	551	1603	1380	62	92
水上货物运输	552	8738	7409	448	603
水上运输辅助活动	553	4415	3687	187	427
航空运输业	56	2397	1997	56	274
航空客货运输	561	887	772	22	72
通用航空服务	562	732	568	21	118
航空运输辅助活动	563	778	657	13	84
管道运输业	57	421	366	13	36
管道运输业	570	421	366	13	36
装卸搬运和运输代理业	58	133971	115512	3906	11036
装卸搬运	581	28295	24284	1021	2235
运输代理业	582	105676	91228	2885	8801
仓储业	59	40662	32828	2146	4336
谷物、棉花等农产品仓储	591	12277	10587	714	574
其他仓储业	599	28385	22241	1432	3762
邮政业	60	25158	22744	546	1371
邮政基本服务	601	2053	1891	41	61
快递服务	602	23105	20853	505	1310
住宿和餐饮业	**H**	**374997**	**326976**	**11762**	**24599**
住宿业	61	110895	97566	3484	6861
旅游饭店	611	35021	30043	1234	2553
一般旅馆	612	65090	58360	1902	3312
其他住宿业	619	10784	9163	348	996
餐饮业	62	264102	229410	8278	17738
正餐服务	621	207084	180587	6503	12917
快餐服务	622	16710	14679	576	1040
饮料及冷饮服务	623	9544	8482	330	524
其他餐饮业	629	30764	25662	869	3257

单位：个

当年关闭	当年破产	当年注销	当年吊销	注册未经营	其他	代码
1130	65	76	9	1183	1271	524
1055	70	99	21	1094	1381	525
3175	170	134	41	2268	2254	526
2498	172	134	31	1942	2584	527
2974	173	151	44	3363	3540	528
2342	151	229	45	7886	3410	529
4717	**309**	**264**	**73**	**4561**	**4951**	**G**
33	3	3	1	18	72	53
4			1	1	9	531
14		1		7	30	532
15	3	2		10	33	533
2845	173	167	37	2980	2640	54
134	9	6	1	49	121	541
138	14	6		43	93	542
2404	140	144	35	2681	2208	543
169	10	11	1	207	218	544
183	17	6		113	142	55
22	3			19	25	551
134	13	5		53	73	552
27	1	1		41	44	553
18	3		1	25	23	56
6	2			3	10	561
6			1	16	2	562
6	1			6	11	563
				1	5	57
				1	5	570
1013	69	60	23	1061	1291	58
243	22	17	3	216	254	581
770	47	43	20	845	1037	582
476	33	20	6	273	544	59
168	16		5	41	172	591
308	17	20	1	232	372	599
149	11	8	5	90	234	60
8	1			4	47	601
141	10	8	5	86	187	602
5854	**301**	**273**	**60**	**2311**	**2861**	**H**
1484	91	53	12	524	820	61
678	41	20	4	174	274	611
724	44	30	5	267	446	612
82	6	3	3	83	100	619
4370	210	220	48	1787	2041	62
3832	185	169	34	1352	1505	621
172	6	16	3	105	113	622
96	4	9	2	35	62	623
270	15	26	9	295	361	629

2-9　续表 8

行业中类	代码	企　业单位数	营业	停业(歇业)	筹建
信息传输、软件和信息技术服务业	I	**711173**	**593491**	**15067**	**79700**
电信、广播电视和卫星传输服务	63	18679	16625	632	902
电信	631	14927	13265	478	767
广播电视传输服务	632	3302	2978	131	102
卫星传输服务	633	450	382	23	33
互联网和相关服务	64	90375	74265	2286	10841
互联网接入及相关服务	641	8910	7387	243	1013
互联网信息服务	642	63265	52220	1662	7258
其他互联网服务	649	18200	14658	381	2570
软件和信息技术服务业	65	602119	502601	12149	67957
软件开发	651	388569	325271	7387	44329
信息系统集成服务	652	43686	38130	912	3604
信息技术咨询服务	653	103203	84254	2543	12450
数据处理和存储服务	654	8921	7321	158	1193
集成电路设计	655	3903	3395	101	333
其他信息技术服务业	659	53837	44230	1048	6048
金融业	J	**129762**	**106190**	**4611**	**11765**
货币金融服务	66	40802	36676	1137	2272
中央银行服务	661	221	198	4	10
货币银行服务	662	15269	14314	388	386
非货币银行服务	663	25240	22101	743	1870
银行监管服务	664	72	63	2	6
资本市场服务	67	46710	33405	2144	5654
证券市场服务	671	5429	4520	150	592
期货市场服务	672	505	449	13	34
证券期货监管服务	673	38	34		3
资本投资服务	674	34570	23612	1588	4289
其他资本市场服务	679	6168	4790	393	736
保险业	68	22729	20687	738	981
人身保险	681	6675	6188	281	130
财产保险	682	7218	6684	279	184
再保险	683	49	44	1	4
养老金	684	157	136	13	6
保险经纪与代理服务	685	6566	5886	103	452
保险监管服务	686	42	30	4	3
其他保险活动	689	2022	1719	57	202
其他金融业	69	19521	15422	592	2858
金融信托与管理服务	691	4888	3997	171	584
控股公司服务	692	1421	1195	51	152
非金融机构支付服务	693	683	601	15	59
金融信息服务	694	5021	3948	150	793
其他未列明金融业	699	7508	5681	205	1270

单位：个

当年关闭	当年破产	当年注销	当年吊销	注册未经营	其他	代码
3237	**169**	**360**	**80**	**11542**	**7527**	I
157	7	17	1	103	235	63
112	5	12	1	95	192	631
40	2	4		6	39	632
5		1		2	4	633
616	38	63	11	1369	886	64
70	3	5	1	100	88	641
438	28	50	8	1034	567	642
108	7	8	2	235	231	649
2464	124	280	68	10070	6406	65
1432	66	189	37	5628	4230	651
222	6	10	11	369	422	652
507	35	56	12	2262	1084	653
62	2	2		99	84	654
20	1	1		27	25	655
221	14	22	8	1685	561	659
709	**43**	**43**	**11**	**5162**	**1228**	J
201	10	13	1	204	288	66
					9	661
50	1			25	105	662
151	9	13	1	179	173	663
					1	664
339	25	20	7	4517	599	67
24	2	1	1	70	69	671
2	1	1		2	3	672
				1		673
249	17	12	4	4396	403	674
64	5	6	2	48	124	679
76	2	6	1	85	153	68
17				12	47	681
15	1	2		16	37	682
						683
					2	684
32	1	4	1	48	39	685
				1	4	686
12				8	24	689
93	6	4	2	356	188	69
18	2	2		64	50	691
6				4	13	692
2				3	3	693
23	2	2	2	73	28	694
44	2			212	94	699

2-9 续表 9

行业中类	代码	企业单位数	营业	停业(歇业)	筹建
房地产业	K	**636729**	**534124**	**28595**	**51569**
房地产业	70	636729	534124	28595	51569
房地产开发经营	701	241542	201064	13015	16508
物业管理	702	200477	169488	6952	18575
房地产中介服务	703	149507	125974	5273	13794
自有房地产经营活动	704	27299	23763	1940	780
其他房地产业	709	17904	13835	1415	1912
租赁和商务服务业	L	**2114420**	**1755174**	**68097**	**221723**
租赁业	71	165756	136222	5370	18857
机械设备租赁	711	161213	132311	5245	18470
文化及日用品出租	712	4543	3911	125	387
商务服务业	72	1948664	1618952	62727	202866
企业管理服务	721	431094	340581	15977	56517
法律服务	722	15922	13985	601	910
咨询与调查	723	577804	479349	18021	61999
广告业	724	359466	312367	10481	27408
知识产权服务	725	14209	12609	303	1024
人力资源服务	726	119842	96573	4848	13979
旅行社及相关服务	727	73400	59817	2407	8771
安全保护服务	728	16392	14306	371	1293
其他商务服务业	729	340535	289365	9718	30965
科学研究和技术服务业	M	**869307**	**710983**	**22749**	**108822**
研究和试验发展	73	151507	121639	3193	21617
自然科学研究和试验发展	731	14700	11462	256	2482
工程和技术研究和试验发展	732	102794	83344	1800	14293
农业科学研究和试验发展	733	14119	10740	494	2320
医学研究和试验发展	734	17715	14164	604	2346
社会人文科学研究	735	2179	1929	39	176
专业技术服务业	74	357878	304631	10249	33566
气象服务	741	2147	1948	39	110
地震服务	742	515	391	13	94
海洋服务	743	661	539	17	84
测绘服务	744	11183	9897	217	828
质检技术服务	745	25067	21392	645	2440
环境与生态监测	746	7994	6518	192	1039
地质勘查	747	7023	5793	423	567
工程技术	748	138118	118536	4663	11363
其他专业技术服务业	749	165170	139617	4040	17041
科技推广和应用服务业	75	359922	284713	9307	53639
技术推广服务	751	279921	218595	7428	44635
科技中介服务	752	14075	11341	590	1676
其他科技推广和应用服务业	759	65926	54777	1289	7328
水利、环境和公共设施管理业	N	**103659**	**82658**	**4376**	**13018**
水利管理业	76	7160	5955	278	655
防洪除涝设施管理	761	838	665	42	89

单位：个

当年关闭	当年破产	当年注销	当年吊销	注册未经营	其他	代码
5905	**418**	**370**	**64**	**5381**	**10303**	K
5905	418	370	64	5381	10303	70
2945	241	160	35	1711	5863	701
1530	89	94	11	1601	2137	702
990	41	101	13	1827	1494	703
257	30	8	4	120	397	704
183	17	7	1	122	412	709
12715	**744**	**1042**	**246**	**28578**	**26101**	L
1155	100	122	32	2102	1796	71
1119	94	122	31	2072	1749	711
36	6		1	30	47	712
11560	644	920	214	26476	24305	72
2562	145	156	30	8746	6380	721
70	3	9	2	133	209	722
2908	136	320	61	7989	7021	723
2232	130	146	39	2827	3836	724
47		1		113	112	725
1035	77	79	31	1731	1489	726
565	33	47	6	973	781	727
131	7	11		131	142	728
2010	113	151	45	3833	4335	729
4185	**234**	**415**	**86**	**11628**	**10205**	M
514	26	42	14	2672	1790	73
54	6	4		252	184	731
300	11	26	12	1904	1104	732
89	6	7	1	203	259	733
67	3	4	1	303	223	734
4		1		10	20	735
2025	117	134	28	3184	3944	74
13			1	15	21	741
4				4	9	742
4		1		6	10	743
50	2	3	4	85	97	744
144	10	10	2	200	224	745
49	2	4		104	86	746
83	5	2		30	120	747
918	51	57	5	1214	1311	748
760	47	57	16	1526	2066	749
1646	91	239	44	5772	4471	75
1323	71	197	31	3983	3658	751
96	8	16	7	161	180	752
227	12	26	6	1628	633	759
902	**53**	**59**	**15**	**1253**	**1325**	N
56	4	3		66	143	76
6				8	28	761

2-9 续表 10

行业中类	代码	企业单位数	营业	停业(歇业)	筹建
水资源管理	762	1681	1390	72	147
天然水收集与分配	763	730	635	29	44
水文服务	764	376	327	11	26
其他水利管理业	769	3535	2938	124	349
生态保护和环境治理业	77	14371	11458	448	2002
生态保护	771	1573	1324	49	159
环境治理业	772	12798	10134	399	1843
公共设施管理业	78	82128	65245	3650	10361
市政设施管理	781	9223	7672	318	939
环境卫生管理	782	9663	7918	325	1064
城乡市容管理	783	1939	1386	70	415
绿化管理	784	39703	32308	1819	4365
公园和游览景区管理	785	21600	15961	1118	3578
居民服务、修理和其他服务业	**O**	**397368**	**342934**	**12203**	**31401**
居民服务业	79	149741	127876	5121	12427
家庭服务	791	38466	31950	1419	3923
托儿所服务	792	858	766	23	49
洗染服务	793	6164	5360	198	441
理发及美容服务	794	28321	25335	711	1556
洗浴服务	795	9772	8555	488	456
保健服务	796	14574	12557	399	1224
婚姻服务	797	12219	10460	463	981
殡葬服务	798	5099	4277	178	471
其他居民服务业	799	34268	28616	1242	3326
机动车、电子产品和日用产品修理业	80	140934	125267	3839	8782
汽车、摩托车修理与维护	801	107501	95548	2777	6907
计算机和办公设备维修	802	13337	11806	446	763
家用电器修理	803	14263	12800	429	725
其他日用产品修理业	809	5833	5113	187	387
其他服务业	81	106693	89791	3243	10192
清洁服务	811	56124	47252	1959	5174
其他未列明服务业	819	50569	42539	1284	5018
教育	**P**	**99025**	**84374**	**2912**	**8854**
教育	82	99025	84374	2912	8854
学前教育	821	9482	8442	342	460
初等教育	822	1112	971	34	72
中等教育	823	1246	1048	71	69
高等教育	824	315	275	18	18
特殊教育	825	413	346	19	38
技能培训、教育辅助及其他教育	829	86457	73292	2428	8197
卫生和社会工作	**Q**	**49665**	**42080**	**1067**	**5150**
卫生	83	39868	35003	776	3168
医院	831	16857	14803	288	1358
社区医疗与卫生院	832	2423	2213	76	74

单位：个

当年关闭	当年破产	当年注销	当年吊销	注册未经营	其他	代码
20				18	34	762
6	1	1		2	12	763
2				4	6	764
22	3	2		34	63	769
88	9	4	2	189	171	77
10	1	1		7	22	771
78	8	3	2	182	149	772
758	40	52	13	998	1011	78
67	2	6	1	97	121	781
86	4	7	2	146	111	782
21	3	1	3	16	24	783
310	18	20	4	418	441	784
274	13	18	3	321	314	785
3035	**221**	**216**	**53**	**3423**	**3882**	**O**
1258	86	98	19	1372	1484	79
253	20	30	6	459	406	791
4	1			5	10	792
65	6	1	1	48	44	793
250	13	20	2	240	194	794
149	12	8	2	36	66	795
120	5	10		159	100	796
102	10	9	3	97	94	797
39	2	3	1	55	73	798
276	17	17	4	273	497	799
1029	83	58	17	824	1035	80
800	59	33	13	601	763	801
86	9	16	1	79	131	802
102	9	7	2	107	82	803
41	6	2	1	37	59	809
748	52	60	17	1227	1363	81
415	33	38	11	683	559	811
333	19	22	6	544	804	819
642	**45**	**47**	**12**	**952**	**1187**	**P**
642	45	47	12	952	1187	82
54	5	1		37	141	821
6		1	1	2	25	822
18	2	1	1	7	29	823
1				2	1	824
1				5	4	825
562	38	44	10	899	987	829
336	**18**	**34**	**6**	**473**	**501**	**Q**
272	15	27	3	260	344	83
158	9	10	1	95	135	831
17	2			8	33	832

2-9 续表 11

行业中类	代码	企业单位数			
			营业	停业(歇业)	筹建
门诊部(所)	833	16240	14350	307	1266
计划生育技术服务活动	834	127	117		4
妇幼保健院(所、站)	835	209	179	2	23
专科疾病防治院(所、站)	836	617	542	18	42
疾病预防控制中心	837	218	193	3	16
其他卫生活动	839	3177	2606	82	385
社会工作	84	9797	7077	291	1982
提供住宿社会工作	841	8891	6372	243	1883
不提供住宿社会工作	842	906	705	48	99
文化、体育和娱乐业	**R**	**346299**	**291570**	**12630**	**29404**
新闻和出版业	85	5379	4933	142	154
新闻业	851	375	323	10	24
出版业	852	5004	4610	132	130
广播、电视、电影和影视录音制作业	86	38456	31309	910	4067
广播	861	2027	1629	24	192
电视	862	1877	1579	57	190
电影和影视节目制作	863	22099	17397	405	2819
电影和影视节目发行	864	1851	1442	57	171
电影放映	865	9290	8147	326	571
录音制作	866	1312	1115	41	124
文化艺术业	87	110450	89052	3708	13960
文艺创作与表演	871	27945	23314	1249	2586
艺术表演场馆	872	1094	930	60	78
图书馆与档案馆	873	954	803	26	90
文物及非物质文化遗产保护	874	1632	1326	47	180
博物馆	875	549	418	34	69
烈士陵园、纪念馆	876	103	82	3	13
群众文化活动	877	13636	11196	491	1491
其他文化艺术业	879	64537	50983	1798	9453
体育	88	30372	25149	960	3299
体育组织	881	6282	5044	148	846
体育场馆	882	2010	1692	58	197
休闲健身活动	883	18028	15144	638	1758
其他体育	889	4052	3269	116	498
娱乐业	89	161642	141127	6910	7924
室内娱乐活动	891	141950	126812	6132	5529
游乐园	892	3655	2938	141	442
彩票活动	893	230	195	7	19
文化、娱乐、体育经纪代理	894	7877	6246	306	1055
其他娱乐业	899	7930	4936	324	879
公共管理、社会保障和社会组织	**S**	**314**	**252**	**19**	**24**
社会保障	93	314	252	19	24
社会保障	930	314	252	19	24

单位：个

当年关闭	当年破产	当年注销	当年吊销	注册未经营	其他	代码
71	1	13	2	113	117	833
					6	834
2					3	835
4	1	1		1	8	836
				3	3	837
20	2	3		40	39	839
64	3	7	3	213	157	84
55	3	6	3	196	130	841
9		1		17	27	842
2651	**200**	**208**	**63**	**6140**	**3433**	**R**
45	4	2		23	76	85
2	1			10	5	851
43	3	2		13	71	852
197	25	15	5	1559	369	86
7	2	1	1	143	28	861
7	1			23	20	862
82	7	9	3	1174	203	863
8	3			149	21	864
83	12	5	1	60	85	865
10				10	12	866
512	29	71	15	1743	1360	87
154	8	15	6	309	304	871
5				6	15	872
5				16	14	873
9	3	2		15	50	874
7	1			6	14	875
				4	1	876
70	9	11	3	142	223	877
262	8	43	6	1245	739	879
214	11	19	1	420	299	88
38	2	5		125	74	881
14		1		23	25	882
136	6	9	1	178	158	883
26	3	4		94	42	889
1683	131	101	42	2395	1329	89
1524	121	93	39	602	1098	891
43	3	1	2	40	45	892
1				3	5	893
53	4	4	1	112	96	894
62	3	3		1638	85	899
	3				**16**	**S**
	3				16	93
	3				16	930

2-10 按地区、营业状态分组的企业法人单位数

(2017年) 单位：个

地 区	企 业 单位数	营业	停业(歇业)	筹建	当年关闭	当年破产	当年注销	当年吊销	注册未经营	其他
全 国	**18097682**	**15322124**	**618639**	**1598205**	**155018**	**11558**	**8788**	**2226**	**201230**	**179894**
北 京	676829	599148	48319	20384	4055	86	23	59	39	4716
天 津	414784	251519	18738	124912	6075	167	768	113	3194	9298
河 北	954073	839385	27798	63867	4431	263	823	130	13468	3908
山 西	429757	382218	10273	28766	625	137	55	71	4569	3043
内蒙古	222801	181158	10483	23979	1614	264	209	188	2114	2792
辽 宁	543275	419398	37329	68970	4874	447	355	224	7870	3808
吉 林	141199	126775	7537	4762	841	104	50	12	173	945
黑龙江	223467	191987	9103	12043	1755	276	259	6	2783	5255
上 海	453393	393307	10242	42846	2289	56	307	38	60	4248
江 苏	2148335	1823840	52545	201382	13109	517	421	324	41328	14869
浙 江	1599310	1358700	50255	137797	2739	82	802	91	48369	475
安 徽	727017	451848	90973	151551	10701	1109	523	91	11702	8519
福 建	748141	559987	25829	138147	11344	640	255	12	5188	6739
江 西	439890	386875	6181	36262	3424	175	113	22	1630	5208
山 东	1676178	1520382	30142	92256	14472	1294	531	56	6805	10240
河 南	695953	637738	13143	29513	5223	842	286	54	1786	7368
湖 北	751526	635814	16222	68879	4892	749	169	9	1684	23108
湖 南	502984	449642	10584	21392	8211	818	287	51	2244	9755
广 东	1752016	1563800	40228	101615	16891	753	576	48	9391	18714
广 西	409008	373298	8372	18188	3431	145	50	27	1054	4443
海 南	77662	60162	3802	10431	374	53	38	11	900	1891
重 庆	520514	464254	10929	29746	7361	475	414	32	4180	3123
四 川	401716	354274	14343	21853	2458	243	532	394	4332	3287
贵 州	342972	289699	13833	24782	5741	460	168	26	4253	4010
云 南	457374	356589	15103	60481	7930	280	339	40	3952	12660
西 藏	9461	8664	277	337	62	15	1	1	1	103
陕 西	333776	285660	12526	23987	6158	327	198	69	1750	3101
甘 肃	127899	113541	6188	5372	1039	299	67	14	132	1247
青 海	76169	60408	2955	10388	1140	202	28	2	574	472
宁 夏	63463	54391	2707	4634	479	64	28	2	139	1019
新 疆	176740	127663	11680	18683	1280	216	113	9	15566	1530

2-11　按行业(大类)、控股情况分组的企业法人单位数

(2017年)　　　　单位：个

行业大类	代码	企　业 单位数	国有 控股	集体 控股	私人 控股	港澳台 商控股	外商 控股	其他
总计	--	**18097682**	**325800**	**249946**	**16204143**	**113103**	**111628**	**1093062**
农、林、牧、渔业	A	**818192**	**9583**	**11005**	**723192**	**1416**	**694**	**72302**
农业	01	379577	3339	4922	334910	782	343	35281
林业	02	71954	2475	1342	63085	152	93	4807
畜牧业	03	230723	1332	1832	207656	215	136	19552
渔业	04	67147	651	791	60719	152	59	4775
农、林、牧、渔服务业	05	68791	1786	2118	56822	115	63	7887
采矿业	B	**108770**	**4066**	**3701**	**95008**	**225**	**211**	**5559**
煤炭开采和洗选业	06	21088	2008	1085	16998	30	39	928
石油和天然气开采业	07	817	172	25	526	9	15	70
黑色金属矿采选业	08	16096	336	522	14602	35	28	573
有色金属矿采选业	09	11720	587	509	9908	46	52	618
非金属矿采选业	10	51690	693	1458	46568	95	64	2812
开采辅助活动	11	4307	213	62	3743	8	11	270
其他采矿业	12	3052	57	40	2663	2	2	288
制造业	C	**3471728**	**34666**	**51834**	**3128201**	**55590**	**49653**	**151784**
农副食品加工业	13	145885	2860	2029	130778	1074	1544	7600
食品制造业	14	80766	1070	850	72359	1030	1194	4263
酒、饮料和精制茶制造业	15	58702	1053	1210	51899	493	689	3358
烟草制品业	16	360	164	26	130		1	39
纺织业	17	164902	960	1634	152486	3098	1723	5001
纺织服装、服饰业	18	203549	806	1723	184479	5501	3300	7740
皮革、毛皮、羽毛及其制品和制鞋业	19	89775	252	843	80972	2747	1422	3539
木材加工和木、竹、藤、棕、草制品业	20	115292	754	986	107336	609	493	5114
家具制造业	21	89394	243	566	82563	1162	879	3981
造纸和纸制品业	22	79185	462	1356	72113	1386	605	3263
印刷和记录媒介复制业	23	86325	1743	3508	75562	876	410	4226
文教、工美、体育和娱乐用品制造业	24	118648	513	1248	105867	3682	2394	4944
石油加工和炼焦业	25	9507	419	238	8093	112	123	522
化学原料和化学制品制造业	26	135711	2623	3281	118002	2591	2979	6235
医药制造业	27	28246	811	437	23865	544	708	1881
化学纤维制造业	28	7603	116	92	6814	239	155	187
橡胶和塑料制品业	29	201994	942	2966	182547	4395	2898	8246
非金属矿物制品业	30	292793	3704	6317	264314	2037	1778	14643
黑色金属冶炼和压延加工业	31	42979	720	1293	38685	391	424	1466
有色金属冶炼和压延加工业	32	33398	921	712	29359	521	450	1435
金属制品业	33	313438	1662	4353	286963	3763	2837	13860

2-11 续表 1

单位：个

行业大类	代码	企业单位数	国有控股	集体控股	私人控股	港澳台商控股	外商控股	其他
通用设备制造业	34	339566	2499	5205	313471	2926	4377	11088
专用设备制造业	35	226534	2316	2816	204438	3007	3842	10115
汽车制造业	36	85000	1367	1182	75204	1188	3070	2989
铁路、船舶、航空航天和其他运输设备制造业	37	36958	883	770	32744	474	677	1410
电气机械和器材制造业	38	208762	1749	2926	187076	4341	3658	9012
计算机、通信和其他电子设备制造业	39	122942	1370	849	102832	5281	5010	7600
仪器仪表制造业	40	45795	626	886	39983	1141	1191	1968
其他制造业	41	69187	392	568	63033	756	570	3868
废弃资源综合利用业	42	15904	221	243	14293	126	127	894
金属制品、机械和设备修理业	43	22628	445	721	19941	99	125	1297
电力、热力、燃气及水生产和供应业	**D**	**117003**	**16985**	**8656**	**81254**	**1164**	**771**	**8173**
电力、热力生产和供应业	44	82648	10483	5205	60563	647	298	5452
燃气生产和供应业	45	10329	997	192	7701	299	244	896
水的生产和供应业	46	24026	5505	3259	12990	218	229	1825
建筑业	**E**	**1045185**	**17885**	**13589**	**953009**	**1047**	**723**	**58932**
房屋建筑业	47	189109	4142	5526	168328	138	116	10859
土木工程建筑业	48	193598	7981	3142	170988	185	141	11161
建筑安装业	49	162694	2266	2255	148534	221	204	9214
建筑装饰和其他建筑业	50	499784	3496	2666	465159	503	262	27698
批发和零售业	**F**	**6173230**	**67049**	**62618**	**5643054**	**19743**	**26867**	**353899**
批发业	51	3606355	40272	31612	3294697	15370	22517	201887
零售业	52	2566875	26777	31006	2348357	4373	4350	152012
交通运输、仓储和邮政业	**G**	**530856**	**21139**	**9104**	**462393**	**2619**	**1841**	**33760**
铁路运输业	53	3493	747	192	2218	9	5	322
道路运输业	54	309998	8001	4782	278355	587	358	17915
水上运输业	55	14756	1155	765	11563	104	65	1104
航空运输业	56	2397	431	38	1603	17	49	259
管道运输业	57	421	106	9	253	6	8	39
装卸搬运和运输代理业	58	133971	2616	2078	118248	1116	714	9199
仓储业	59	40662	6128	1051	29137	754	610	2982
邮政业	60	25158	1955	189	21016	26	32	1940
住宿和餐饮业	**H**	**374997**	**9846**	**6353**	**328877**	**2533**	**2825**	**24563**
住宿业	61	110895	7009	3717	91174	754	522	7719
餐饮业	62	264102	2837	2636	237703	1779	2303	16844
信息传输、软件和信息技术服务业	**I**	**711173**	**9270**	**2569**	**644018**	**4560**	**5583**	**45173**
电信、广播电视和卫星传输服务	63	18679	3888	404	12090	349	415	1533
互联网和相关服务	64	90375	871	317	82641	210	181	6155
软件和信息技术服务业	65	602119	4511	1848	549287	4001	4987	37485

2-11　续表 2

单位：个

行业大类	代码	企业单位数	国有控股	集体控股	私人控股	港澳台商控股	外商控股	其他
金融业	J	**129762**	**16176**	**4781**	**90883**	**1312**	**1795**	**14815**
货币金融服务	66	40802	7394	2898	23627	931	607	5345
资本市场服务	67	46710	2365	459	39490	179	132	4085
保险业	68	22729	5511	1213	11632	88	980	3305
其他金融业	69	19521	906	211	16134	114	76	2080
房地产业	K	**636729**	**26273**	**16444**	**535300**	**7194**	**3472**	**48046**
房地产业	70	636729	26273	16444	535300	7194	3472	48046
租赁和商务服务业	L	**2114420**	**45921**	**36384**	**1866931**	**9282**	**10146**	**145756**
租赁业	71	165756	1706	900	150845	627	386	11292
商务服务业	72	1948664	44215	35484	1716086	8655	9760	134464
科学研究和技术服务业	M	**869307**	**20929**	**9043**	**769013**	**4285**	**5165**	**60872**
研究和试验发展	73	151507	2052	913	135692	1070	1330	10450
专业技术服务业	74	357878	14439	4761	310797	1725	2033	24123
科技推广和应用服务业	75	359922	4438	3369	322524	1490	1802	26299
水利、环境和公共设施管理业	N	**103659**	**8929**	**2704**	**83841**	**461**	**241**	**7483**
水利管理业	76	7160	1687	419	4297	15	13	729
生态保护和环境治理业	77	14371	904	189	11881	123	100	1174
公共设施管理业	78	82128	6338	2096	67663	323	128	5580
居民服务、修理和其他服务业	O	**397368**	**4667**	**5861**	**359977**	**633**	**742**	**25488**
居民服务业	79	149741	1720	2206	135434	292	341	9748
机动车、电子产品和日用产品修理业	80	140934	1590	2446	128541	192	197	7968
其他服务业	81	106693	1357	1209	96002	149	204	7772
教育	P	**99025**	**2151**	**1466**	**85920**	**179**	**217**	**9092**
教育	82	99025	2151	1466	85920	179	217	9092
卫生和社会工作	Q	**49665**	**1532**	**1131**	**41637**	**121**	**99**	**5145**
卫生	83	39868	1235	921	33358	77	82	4195
社会工作	84	9797	297	210	8279	44	17	950
文化、体育和娱乐业	R	**346299**	**8654**	**2666**	**311498**	**739**	**583**	**22159**
新闻和出版业	85	5379	2259	251	2388	10	11	460
广播、电视、电影和影视录音制作业	86	38456	2852	511	32438	161	71	2423
文化艺术业	87	110450	2193	855	99519	174	137	7572
体育	88	30372	515	302	27086	193	209	2067
娱乐业	89	161642	835	747	150067	201	155	9637
公共管理、社会保障和社会组织	S	**314**	**79**	**37**	**137**			**61**
社会保障	93	314	79	37	137			61

2-12 按地区、控股情况

(2017年)

地 区	企业单位数	国有控股	集体控股
全 国	**18097682**	**325800**	**249946**
北 京	676829	17711	18961
天 津	414784	8879	5516
河 北	954073	10473	8461
山 西	429757	11060	6299
内蒙古	222801	5722	2149
辽 宁	543275	14058	14203
吉 林	141199	5790	2782
黑龙江	223467	8225	4233
上 海	453393	11706	9850
江 苏	2148335	22014	17161
浙 江	1599310	12991	23365
安 徽	727017	12738	7738
福 建	748141	12632	9021
江 西	439890	9764	7105
山 东	1676178	18645	15208
河 南	695953	14556	9733
湖 北	751526	13511	8002
湖 南	502984	12911	7841
广 东	1752016	24617	27579
广 西	409008	7043	5452
海 南	77662	2592	1395
重 庆	520514	7988	3443
四 川	401716	11682	8320
贵 州	342972	9604	4877
云 南	457374	9558	6341
西 藏	9461	1016	677
陕 西	333776	10722	7727
甘 肃	127899	4951	3210
青 海	76169	2124	836
宁 夏	63463	1295	394
新 疆	176740	9222	2067

分组的企业法人单位数

单位：个

私人控股	港澳台商控股	外商控股	其他
16204143	**113103**	**111628**	**1093062**
605577	6148	9114	19318
333849	2069	4089	60382
909843	699	1341	23256
405243	212	305	6638
196315	143	199	18273
457248	1900	4517	51349
120238	204	538	11647
196814	323	517	13355
380614	12693	20590	17940
1983808	13489	17838	94025
1533686	8843	11026	9399
642934	1057	1139	61411
650640	9808	4475	61565
385919	1584	706	34812
1558518	3560	10902	69345
605195	741	673	65055
680305	1628	1764	46316
428709	931	663	51929
1463030	42118	15689	178983
387506	1020	967	7020
62322	404	241	10708
480917	1019	946	26201
327439	797	940	52538
304496	299	212	23484
422374	597	979	17525
6909	20	17	822
290534	412	765	23616
103305	96	86	16251
70210	75	93	2831
59877	65	72	1760
149769	149	225	15308

2-13 按行业(大类)、地区分组的

(2017年)

行业大类	代码	企业单位数	北京	天津	河北	山西	内蒙古
总计	--	**325800**	**17711**	**8879**	**10473**	**11060**	**5722**
农、林、牧、渔业	A	**9583**	**117**	**76**	**268**	**189**	**267**
农业	01	3339	45	27	80	65	89
林业	02	2475	21	6	106	61	54
畜牧业	03	1332	26	21	25	23	55
渔业	04	651	13	11	9	3	6
农、林、牧、渔服务业	05	1786	12	11	48	37	63
采矿业	B	**4066**	**16**	**19**	**136**	**789**	**186**
煤炭开采和洗选业	06	2008	1		42	711	98
石油和天然气开采业	07	172	4	3	2	16	9
黑色金属矿采选业	08	336	5		48	19	16
有色金属矿采选业	09	587			10	21	31
非金属矿采选业	10	693	2	6	27	13	20
开采辅助活动	11	213	4	10	6	8	3
其他采矿业	12	57			1	1	9
制造业	C	**34666**	**1370**	**1208**	**1301**	**1124**	**498**
农副食品加工业	13	2860	47	37	48	108	34
食品制造业	14	1070	35	44	36	39	19
酒、饮料和精制茶制造业	15	1053	35	20	37	29	23
烟草制品业	16	164	1	1	3	1	2
纺织业	17	960	22	59	35	18	8
纺织服装、服饰业	18	806	21	26	22	15	10
皮革、毛皮、羽毛及其制品和制鞋业	19	252	6	12	8	6	4
木材加工和木、竹、藤、棕、草制品业	20	754	3	11	8	6	19
家具制造业	21	243	4	9	8	2	3
造纸和纸制品业	22	462	12	27	13	3	7
印刷和记录媒介复制业	23	1743	135	33	69	71	29
文教、工美、体育和娱乐用品制造业	24	513	19	24	11	12	2
石油加工和炼焦业	25	419	13	13	28	34	16
化学原料和化学制品制造业	26	2623	73	92	118	120	52
医药制造业	27	811	54	34	28	17	7
化学纤维制造业	28	116	2	4	7	5	1
橡胶和塑料制品业	29	942	39	58	38	36	7
非金属矿物制品业	30	3704	102	68	166	131	69
黑色金属冶炼和压延加工业	31	720	14	51	52	30	17
有色金属冶炼和压延加工业	32	921	16	15	23	37	46
金属制品业	33	1662	75	73	92	35	15

国有控股企业法人单位数

单位：个

辽宁	吉林	黑龙江	上海	江苏	浙江	安徽	福建	江西	山东	代码
14058	**5790**	**8225**	**11706**	**22014**	**12991**	**12738**	**12632**	**9764**	**18645**	--
366	**409**	**593**	**80**	**335**	**210**	**406**	**456**	**599**	**242**	A
132	79	213	40	132	67	179	132	139	71	01
88	218	221	7	35	56	83	209	264	28	02
59	45	50	15	35	21	38	23	45	38	03
40	24	19	11	43	22	35	25	53	44	04
47	43	90	7	90	44	71	67	98	61	05
114	**83**	**95**	**1**	**57**	**29**	**122**	**101**	**134**	**228**	B
26	24	44		12		46	26	41	113	06
1	14	10	1	3		2		2	25	07
22	6	1		4	5	19	11	7	15	08
13	20	13		4	3	17	17	42	35	09
31	13	19		27	21	29	46	37	27	10
18	6	7		7		4	1	3	12	11
3		1				5		2	1	12
2004	**580**	**948**	**1208**	**2432**	**793**	**1354**	**1124**	**1099**	**2039**	C
114	45	136	21	116	57	194	124	93	138	13
53	21	44	40	54	23	27	44	31	69	14
27	21	40	9	46	32	37	43	45	74	15
5	6	6	2	6	3	8	11	4	15	16
48	3	18	20	121	28	39	23	32	74	17
58	5	7	25	98	28	42	44	60	46	18
18	1	3	9	12	5	15	22	13	14	19
26	51	63	6	28	4	24	40	50	39	20
22	3	13	8	26		13	18	11	12	21
22	12	11	13	19	8	6	26	19	31	22
102	23	43	67	90	37	64	77	58	97	23
17	4	10	37	37	11	18	51	17	38	24
48	5	19	8	17	6	8	6	5	30	25
126	23	62	100	158	74	84	54	62	187	26
33	33	26	54	43	29	28	16	19	44	27
6	4	2	4	21	7	3	4		7	28
38	13	21	35	47	15	42	18	20	57	29
147	80	100	68	163	114	145	134	202	220	30
68	14	11	23	30	15	22	21	9	35	31
43	5	9	13	34	9	20	20	52	34	32
101	12	33	64	137	28	57	37	50	98	33

2-13 续表 1

行业大类	代码	企业单位数	北京	天津	河北	山西	内蒙古
通用设备制造业	34	2499	96	103	100	88	37
专用设备制造业	35	2316	120	111	110	107	23
汽车制造业	36	1367	66	41	63	20	11
铁路、船舶、航空航天和其他运输设备制造业	37	883	56	34	24	18	3
电气机械和器材制造业	38	1749	67	72	68	55	15
计算机、通信和其他电子设备制造业	39	1370	110	68	26	15	3
仪器仪表制造业	40	626	89	33	16	12	2
其他制造业	41	392	12	19	12	12	5
废弃资源综合利用业	42	221	10	4	12	11	1
金属制品、机械和设备修理业	43	445	16	12	20	31	8
电力、热力、燃气及水生产和供应业	D	**16985**	**173**	**172**	**752**	**765**	**698**
电力、热力生产和供应业	44	10483	103	105	395	445	516
燃气生产和供应业	45	997	19	25	50	92	14
水的生产和供应业	46	5505	51	42	307	228	168
建筑业	E	**17885**	**700**	**542**	**663**	**645**	**211**
房屋建筑业	47	4142	193	120	115	159	45
土木工程建筑业	48	7981	237	194	371	317	102
建筑安装业	49	2266	112	102	61	77	31
建筑装饰和其他建筑业	50	3496	158	126	116	92	33
批发和零售业	F	**67049**	**3160**	**1971**	**2016**	**2770**	**987**
批发业	51	40272	2013	1430	1327	1699	515
零售业	52	26777	1147	541	689	1071	472
交通运输、仓储和邮政业	G	**21139**	**543**	**633**	**663**	**711**	**557**
铁路运输业	53	747	22	14	22	67	79
道路运输业	54	8001	202	150	258	288	129
水上运输业	55	1155	4	63	37	3	
航空运输业	56	431	15	6	11	13	31
管道运输业	57	106	6	6	4	2	1
装卸搬运和运输代理业	58	2616	152	169	74	35	33
仓储业	59	6128	133	192	239	245	164
邮政业	60	1955	9	33	18	58	120
住宿和餐饮业	H	**9846**	**981**	**208**	**355**	**304**	**161**
住宿业	61	7009	749	133	254	203	110
餐饮业	62	2837	232	75	101	101	51
信息传输、软件和信息技术服务业	I	**9270**	**753**	**224**	**202**	**195**	**201**
电信、广播电视和卫星传输服务	63	3888	91	44	90	113	140
互联网和相关服务	64	871	83	14	21	9	18
软件和信息技术服务业	65	4511	579	166	91	73	43

单位：个

辽宁	吉林	黑龙江	上海	江苏	浙江	安徽	福建	江西	山东	代码
264	39	84	112	271	56	85	48	39	166	34
181	34	59	92	200	37	97	47	49	151	35
97	54	22	79	106	18	82	27	36	66	36
67	10	34	47	79	21	19	22	16	63	37
124	14	30	65	175	43	61	51	33	88	38
56	20	7	62	144	36	57	49	31	50	39
43	11	12	53	69	19	15	9	7	27	40
5	3	7	11	53	6	16	14	15	33	41
9	5	7	12	13	10	8	14	13	8	42
36	6	9	49	19	14	18	10	8	28	43
550	**416**	**563**	**99**	**545**	**680**	**622**	**635**	**474**	**897**	D
358	291	396	48	269	357	356	400	306	539	44
28	19	14	15	54	59	31	15	34	60	45
164	106	153	36	222	264	235	220	134	298	46
1017	**356**	**482**	**453**	**1313**	**483**	**708**	**543**	**559**	**1304**	E
210	85	130	88	182	54	146	132	133	227	47
435	172	198	166	547	326	312	250	253	646	48
165	60	103	73	209	46	88	40	58	180	49
207	39	51	126	375	57	162	121	115	251	50
3105	**1072**	**1825**	**2465**	**5025**	**1841**	**2373**	**2832**	**1975**	**3817**	F
2066	576	1169	1594	3348	1096	1320	1952	1356	2229	51
1039	496	656	871	1677	745	1053	880	619	1588	52
976	**582**	**806**	**667**	**1326**	**896**	**1015**	**908**	**642**	**1201**	G
40	22	41	6	23	7	16	21	15	45	53
345	151	235	210	486	423	408	383	245	424	54
48	1	22	76	118	107	47	109	20	76	55
13	8	16	14	17	19	10	17	10	21	56
3		2	5	8	1	1		1	24	57
178	31	39	179	228	151	75	153	40	186	58
301	330	424	163	370	162	393	176	266	289	59
48	39	27	14	76	26	65	49	45	136	60
394	**162**	**253**	**397**	**567**	**348**	**255**	**301**	**279**	**606**	H
277	122	198	263	344	261	162	247	215	352	61
117	40	55	134	223	87	93	54	64	254	62
430	**201**	**204**	**341**	**749**	**296**	**384**	**285**	**208**	**522**	I
146	140	123	49	193	134	185	112	78	252	63
33	17	18	30	83	23	42	39	26	52	64
251	44	63	262	473	139	157	134	104	218	65

2-13 续表 2

行业大类	代码	企业单位数	北京	天津	河北	山西	内蒙古
金融业	J	**16176**	**698**	**369**	**428**	**416**	**484**
货币金融服务	66	7394	183	264	154	187	216
资本市场服务	67	2365	266	54	107	56	33
保险业	68	5511	122	25	148	150	212
其他金融业	69	906	127	26	19	23	23
房地产业	K	**26273**	**2316**	**895**	**535**	**620**	**215**
房地产业	70	26273	2316	895	535	620	215
租赁和商务服务业	L	**45921**	**3006**	**1155**	**1446**	**1123**	**545**
租赁业	71	1706	79	203	54	45	26
商务服务业	72	44215	2927	952	1392	1078	519
科学研究和技术服务业	M	**20929**	**1996**	**827**	**677**	**548**	**254**
研究和试验发展	73	2052	161	52	56	37	16
专业技术服务业	74	14439	910	439	463	420	206
科技推广和应用服务业	75	4438	925	336	158	91	32
水利、环境和公共设施管理业	N	**8929**	**230**	**130**	**513**	**324**	**191**
水利管理业	76	1687	14	15	91	72	34
生态保护和环境治理业	77	904	35	6	43	37	27
公共设施管理业	78	6338	181	109	379	215	130
居民服务、修理和其他服务业	O	**4667**	**269**	**205**	**145**	**126**	**85**
居民服务业	79	1720	97	82	54	32	30
机动车、电子产品和日用产品修理业	80	1590	117	45	63	52	21
其他服务业	81	1357	55	78	28	42	34
教育	P	**2151**	**101**	**43**	**52**	**55**	**44**
教育	82	2151	101	43	52	55	44
卫生和社会工作	Q	**1532**	**49**	**26**	**46**	**72**	**31**
卫生	83	1235	29	20	30	43	27
社会工作	84	297	20	6	16	29	4
文化、体育和娱乐业	R	**8654**	**1233**	**172**	**273**	**278**	**106**
新闻和出版业	85	2259	784	40	50	60	18
广播、电视、电影和影视录音制作业	86	2852	172	38	128	113	41
文化艺术业	87	2193	153	55	64	95	32
体育	88	515	65	15	9	7	5
娱乐业	89	835	59	24	22	3	10
公共管理、社会保障和社会组织	S	**79**		**4**	**2**	**6**	**1**
社会保障	93	79		4	2	6	1

单位：个

辽宁	吉林	黑龙江	上海	江苏	浙江	安徽	福建	江西	山东	代码
495	**334**	**334**	**442**	**797**	**547**	**816**	**416**	**514**	**1368**	J
231	173	150	102	392	195	397	184	278	639	66
61	35	34	205	119	129	90	61	52	147	67
185	109	129	81	245	190	282	152	148	505	68
18	17	21	54	41	33	47	19	36	77	69
918	**265**	**497**	**2097**	**1745**	**1305**	**944**	**1225**	**643**	**1338**	K
918	265	497	2097	1745	1305	944	1225	643	1338	70
1642	**515**	**665**	**1871**	**3771**	**3265**	**1871**	**2193**	**1307**	**2418**	L
58	17	19	64	96	53	70	84	59	106	71
1584	498	646	1807	3675	3212	1801	2109	1248	2312	72
1042	**313**	**417**	**720**	**1606**	**985**	**905**	**710**	**547**	**1254**	M
128	38	38	98	371	63	67	81	27	122	73
700	233	291	466	878	755	734	519	429	909	74
214	42	88	156	357	167	104	110	91	223	75
243	**188**	**193**	**253**	**593**	**702**	**338**	**419**	**250**	**455**	N
46	51	33	20	82	125	64	87	40	81	76
24	12	40	23	63	56	44	37	15	62	77
173	125	120	210	448	521	230	295	195	312	78
248	**72**	**109**	**198**	**355**	**126**	**178**	**138**	**172**	**318**	O
111	32	53	66	156	62	70	52	62	99	79
108	18	36	89	104	34	56	54	41	87	80
29	22	20	43	95	30	52	32	69	132	81
85	**34**	**60**	**48**	**154**	**94**	**87**	**67**	**56**	**135**	P
85	34	60	48	154	94	87	67	56	135	82
124	**38**	**51**	**28**	**67**	**32**	**38**	**27**	**44**	**84**	Q
113	36	45	27	53	12	29	15	36	66	83
11	2	6	1	14	20	9	12	8	18	84
292	**170**	**125**	**338**	**574**	**358**	**320**	**250**	**262**	**417**	R
94	43	28	128	94	75	52	51	43	85	85
72	59	39	93	160	127	127	94	125	165	86
82	53	29	53	169	100	96	53	70	116	87
15	6	12	26	68	29	12	26	7	20	88
29	9	17	38	83	27	33	26	17	31	89
13		**5**		**3**	**1**	**2**	**2**		**2**	S
13		5		3	1	2	2		2	93

2-13 续表 3

行业大类	代码	河南	湖北	湖南	广东	广西	海南
总计	--	**14556**	**13511**	**12911**	**24617**	**7043**	**2592**
农、林、牧、渔业	A	**334**	**551**	**419**	**399**	**292**	**223**
农业	01	136	160	139	166	83	66
林业	02	41	118	96	79	132	98
畜牧业	03	56	29	51	53	20	26
渔业	04	15	107	45	40	15	10
农、林、牧、渔服务业	05	86	137	88	61	42	23
采矿业	B	**282**	**66**	**133**	**97**	**94**	**9**
煤炭开采和洗选业	06	199	11	62		16	1
石油和天然气开采业	07	4	1		2	2	2
黑色金属矿采选业	08	6	9	7	12	17	
有色金属矿采选业	09	45	4	32	24	36	3
非金属矿采选业	10	12	35	28	49	21	3
开采辅助活动	11	12	6	3	8		
其他采矿业	12	4		1	2	2	
制造业	C	**1403**	**1572**	**1202**	**3147**	**881**	**237**
农副食品加工业	13	140	149	113	301	171	73
食品制造业	14	46	38	34	84	32	11
酒、饮料和精制茶制造业	15	33	44	34	60	40	13
烟草制品业	16	10	12	14	9	2	1
纺织业	17	43	63	31	88	18	3
纺织服装、服饰业	18	39	38	16	85	8	2
皮革、毛皮、羽毛及其制品和制鞋业	19	11	9	8	53	2	
木材加工和木、竹、藤、棕、草制品业	20	25	30	40	39	53	11
家具制造业	21	8	2	2	42		3
造纸和纸制品业	22	18	12	22	85	20	3
印刷和记录媒介复制业	23	69	89	48	130	51	17
文教、工美、体育和娱乐用品制造业	24	19	14	16	83	5	4
石油加工和炼焦业	25	21	12	9	23	7	1
化学原料和化学制品制造业	26	122	93	75	156	61	19
医药制造业	27	20	36	30	62	21	6
化学纤维制造业	28	5	2	1	4	1	2
橡胶和塑料制品业	29	19	33	20	160	17	9
非金属矿物制品业	30	184	134	164	219	119	18
黑色金属冶炼和压延加工业	31	19	34	24	43	26	
有色金属冶炼和压延加工业	32	67	15	49	50	38	4
金属制品业	33	57	77	42	263	17	5

单位：个

重庆	四川	贵州	云南	西藏	陕西	甘肃	青海	宁夏	新疆	代码
7988	**11682**	**9604**	**9558**	**1016**	**10722**	**4951**	**2124**	**1295**	**9222**	--
277	**355**	**520**	**316**	**22**	**277**	**186**	**82**	**56**	**661**	A
100	112	246	109	9	81	100	27	35	280	01
23	99	70	111	1	66	17	11	2	54	02
88	53	144	22	4	50	47	26	12	132	03
15	10	11	6		7		2	1	9	04
51	81	49	68	8	73	22	16	6	186	05
69	**136**	**229**	**158**	**24**	**234**	**81**	**50**	**14**	**280**	B
27	25	147	51		126	23	18	11	107	06
17	16	8	1		9	2	1	1	14	07
5	16	10	14	3	11	5	5		38	08
1	30	16	51	14	32	23	8		42	09
15	40	42	31	6	15	9	15		54	10
4	5	3	6		38	15	1	2	21	11
	4	3	4	1	3	4	2		4	12
871	**1176**	**930**	**740**	**79**	**1362**	**559**	**173**	**114**	**1138**	C
54	71	91	47	14	73	48	16	8	179	13
18	24	24	15	3	49	11	5	3	94	14
25	60	81	33	3	31	22	4	3	49	15
6	5	6	16		5	2		1	1	16
10	21	11	7	2	45	12	1	3	54	17
10	19	11	12		13	5	7	4	30	18
5	4	2	3		2	3			2	19
9	20	77	35	11	11	4			11	20
5	6	5			10	2			6	21
10	11	5	9	1	14	5		5	13	22
35	61	50	38	6	53	40	7	7	47	23
4	10	15	3	3	12	7	4	2	4	24
1	15	4	6		25	12	1	1	25	25
83	106	92	95	6	108	46	45	13	118	26
30	34	7	21	7	36	15	4	1	16	27
	6		2		3	3		1	9	28
23	21	24	18		32	15		3	64	29
83	150	136	111	19	122	81	16	22	217	30
20	23	21	24		21	18	7	2	26	31
31	32	38	65		64	40	24	9	19	32
40	44	34	31	3	68	22	3	3	46	33

2-13 续表 4

行业大类	代码	河南	湖北	湖南	广东	广西	海南
通用设备制造业	34	112	118	75	147	45	2
专用设备制造业	35	115	91	86	169	42	3
汽车制造业	36	31	160	57	47	28	1
铁路、船舶、航空航天和其他运输设备制造业	37	26	53	32	62	8	3
电气机械和器材制造业	38	73	78	69	225	19	6
计算机、通信和其他电子设备制造业	39	25	54	36	295	12	6
仪器仪表制造业	40	17	32	18	37	3	2
其他制造业	41	14	22	17	58	3	1
废弃资源综合利用业	42	5	9	12	21	4	1
金属制品、机械和设备修理业	43	10	19	8	47	8	7
电力、热力、燃气及水生产和供应业	D	**590**	**854**	**873**	**944**	**507**	**125**
电力、热力生产和供应业	44	373	538	543	569	321	76
燃气生产和供应业	45	34	24	20	56	3	10
水的生产和供应业	46	183	292	310	319	183	39
建筑业	E	**724**	**810**	**883**	**1180**	**254**	**132**
房屋建筑业	47	139	191	184	314	64	46
土木工程建筑业	48	371	395	406	395	133	43
建筑安装业	49	81	82	90	176	21	7
建筑装饰和其他建筑业	50	133	142	203	295	36	36
批发和零售业	F	**4080**	**2609**	**2485**	**6447**	**1416**	**368**
批发业	51	2087	1309	1119	4187	863	181
零售业	52	1993	1300	1366	2260	553	187
交通运输、仓储和邮政业	G	**1182**	**944**	**709**	**1607**	**502**	**171**
铁路运输业	53	41	31	30	33	13	5
道路运输业	54	387	326	334	638	139	56
水上运输业	55	9	76	30	185	22	27
航空运输业	56	10	12	13	27	10	5
管道运输业	57	2	5	3	1	2	
装卸搬运和运输代理业	58	68	80	46	345	54	34
仓储业	59	551	222	137	292	237	27
邮政业	60	114	192	116	86	25	17
住宿和餐饮业	H	**401**	**334**	**314**	**663**	**206**	**130**
住宿业	61	292	206	217	500	160	115
餐饮业	62	109	128	97	163	46	15
信息传输、软件和信息技术服务业	I	**365**	**379**	**548**	**627**	**103**	**51**
电信、广播电视和卫星传输服务	63	181	168	240	194	74	23
互联网和相关服务	64	28	23	53	73	7	4
软件和信息技术服务业	65	156	188	255	360	22	24

单位：个

重庆	四川	贵州	云南	西藏	陕西	甘肃	青海	宁夏	新疆	代码
66	76	40	29		132	35	6	8	20	34
50	72	45	29		118	39	2	3	34	35
100	53	19	20		49	3	2		9	36
50	35	19	7		64	3	1	1	6	37
38	68	25	24		89	41	7	4	22	38
29	86	14	13		51	7	1	1	6	39
31	17	8	7		29	4	1		3	40
2	8	13	15		10	1	3		2	41
1	7	5	4		6	3	1	3	2	42
2	11	8	1	1	17	10	5	3	4	43
423	**987**	**625**	**720**	**140**	**626**	**477**	**209**	**175**	**669**	D
200	531	355	424	117	374	366	160	139	513	44
50	115	25	41	3	36	15	3	4	29	45
173	341	245	255	20	216	96	46	32	127	46
416	**752**	**551**	**473**	**73**	**707**	**280**	**120**	**94**	**457**	E
123	250	163	107	39	207	73	23	26	174	47
179	285	238	235	28	304	138	70	56	179	48
42	92	50	44	1	76	32	18	8	41	49
72	125	100	87	5	120	37	9	4	63	50
1427	**2036**	**1647**	**1599**	**239**	**2297**	**921**	**332**	**205**	**1707**	F
779	1199	870	809	72	1114	479	160	110	1244	51
648	837	777	790	167	1183	442	172	95	463	52
486	**736**	**494**	**532**	**95**	**599**	**297**	**155**	**72**	**432**	G
12	23	14	17	3	31	17	12	8	17	53
231	353	268	190	44	267	120	74	23	214	54
39	23	3	3		1	2	2	2		55
13	25	19	13	10	21	11	3	4	14	56
3	6	6	1		5	2			6	57
66	49	24	27	4	26	14	5	5	46	58
49	184	96	69	20	155	101	36	22	83	59
73	73	64	212	14	93	30	23	8	52	60
270	**332**	**286**	**309**	**59**	**401**	**205**	**71**	**29**	**265**	H
150	234	197	249	58	287	158	60	22	214	61
120	98	89	60	1	114	47	11	7	51	62
280	**440**	**218**	**267**	**36**	**314**	**140**	**61**	**46**	**200**	I
141	209	114	148	33	205	94	38	26	110	63
17	34	24	21	2	37	17	7	3	13	64
122	197	80	98	1	72	29	16	17	77	65

2-13 续表 5

行业大类	代码	河南	湖北	湖南	广东	广西	海南
金融业	J	**880**	**633**	**573**	**946**	**280**	**92**
货币金融服务	66	432	333	246	351	136	41
资本市场服务	67	105	61	83	197	19	11
保险业	68	311	205	225	347	120	33
其他金融业	69	32	34	19	51	5	7
房地产业	K	**839**	**958**	**861**	**2330**	**612**	**434**
房地产业	70	839	958	861	2330	612	434
租赁和商务服务业	L	**1474**	**1608**	**1988**	**3575**	**1061**	**267**
租赁业	71	78	47	74	111	29	20
商务服务业	72	1396	1561	1914	3464	1032	247
科学研究和技术服务业	M	**775**	**998**	**772**	**1203**	**420**	**138**
研究和试验发展	73	52	70	85	155	25	8
专业技术服务业	74	542	726	550	895	320	110
科技推广和应用服务业	75	181	202	137	153	75	20
水利、环境和公共设施管理业	N	**375**	**381**	**369**	**379**	**175**	**49**
水利管理业	76	80	128	70	52	37	5
生态保护和环境治理业	77	43	43	35	51	14	8
公共设施管理业	78	252	210	264	276	124	36
居民服务、修理和其他服务业	O	**198**	**208**	**178**	**309**	**57**	**27**
居民服务业	79	82	68	68	89	16	12
机动车、电子产品和日用产品修理业	80	59	56	49	136	24	7
其他服务业	81	57	84	61	84	17	8
教育	P	**149**	**110**	**78**	**161**	**23**	**21**
教育	82	149	110	78	161	23	21
卫生和社会工作	Q	**156**	**135**	**96**	**62**	**19**	**24**
卫生	83	130	117	90	57	13	23
社会工作	84	26	18	6	5	6	1
文化、体育和娱乐业	R	**344**	**352**	**425**	**540**	**140**	**94**
新闻和出版业	85	63	67	61	125	20	21
广播、电视、电影和影视录音制作业	86	144	118	176	187	74	34
文化艺术业	87	98	113	120	109	28	18
体育	88	11	14	24	37	10	9
娱乐业	89	28	40	44	82	8	12
公共管理、社会保障和社会组织	S	**5**	**9**	**5**	**1**	**1**	
社会保障	93	5	9	5	1	1	

单位：个

重庆	四川	贵州	云南	西藏	陕西	甘肃	青海	宁夏	新疆	代码
783	**652**	**395**	**866**	**61**	**496**	**353**	**122**	**116**	**470**	J
445	310	185	367	44	217	179	74	51	238	66
63	70	71	91	1	50	11	12	24	47	67
259	250	110	378	14	205	151	27	35	158	68
16	22	29	30	2	24	12	9	6	27	69
694	**756**	**761**	**578**	**29**	**848**	**273**	**130**	**69**	**543**	K
694	756	761	578	29	848	273	130	69	543	70
969	**1785**	**1642**	**1536**	**85**	**955**	**445**	**293**	**121**	**1324**	L
41	67	58	26	6	52	18	6	3	37	71
928	1718	1584	1510	79	903	427	287	118	1287	72
409	**656**	**431**	**607**	**30**	**596**	**299**	**192**	**72**	**530**	M
35	63	27	41	2	50	30	17	5	32	73
303	464	348	473	28	463	251	148	56	410	74
71	129	56	93		83	18	27	11	88	75
278	**356**	**374**	**339**	**9**	**371**	**132**	**51**	**38**	**231**	N
64	61	72	84	3	68	30	9	7	62	76
38	35	14	36	2	32	8	3	6	12	77
176	260	288	219	4	271	94	39	25	157	78
99	**144**	**176**	**157**	**13**	**156**	**53**	**20**	**14**	**114**	O
36	58	76	40	4	51	16	6	3	37	79
38	52	54	36	7	70	23	9	3	42	80
25	34	46	81	2	35	14	5	8	35	81
50	**59**	**71**	**133**	**6**	**63**	**29**	**18**	**7**	**58**	P
50	59	71	133	6	63	29	18	7	58	82
34	**43**	**49**	**32**	**4**	**60**	**24**	**5**	**5**	**27**	Q
24	34	40	27	4	47	22	5	4	17	83
10	9	9	5		13	2		1	10	84
153	**281**	**201**	**193**	**12**	**356**	**197**	**38**	**47**	**113**	R
32	55	34	24	2	60	24	3	10	13	85
52	92	61	60	6	144	60	18	14	59	86
52	79	52	69	3	118	73	8	12	21	87
9	11	20	17		13	1	6	1	10	88
8	44	34	23	1	21	39	3	10	10	89
		4	**3**		**4**		**2**	**1**	**3**	S
		4	3		4		2	1	3	93

2-14 按行业(大类)、营业状态

(2017年)

行业大类	代码	企业单位数	营业	停业(歇业)	筹建
总计	--	**325800**	**287686**	**17595**	**10741**
农、林、牧、渔业	A	**9583**	**8369**	**475**	**464**
农业	01	3339	2890	139	230
林业	02	2475	2252	97	58
畜牧业	03	1332	1137	77	78
渔业	04	651	580	42	16
农、林、牧、渔服务业	05	1786	1510	120	82
采矿业	B	**4066**	**3170**	**436**	**252**
煤炭开采和洗选业	06	2008	1524	220	128
石油和天然气开采业	07	172	160	2	7
黑色金属矿采选业	08	336	259	51	12
有色金属矿采选业	09	587	466	64	38
非金属矿采选业	10	693	555	72	37
开采辅助活动	11	213	167	19	22
其他采矿业	12	57	39	8	8
制造业	C	**34666**	**29108**	**3091**	**1023**
农副食品加工业	13	2860	2351	330	71
食品制造业	14	1070	859	130	25
酒、饮料和精制茶制造业	15	1053	871	96	42
烟草制品业	16	164	148	10	1
纺织业	17	960	685	179	21
纺织服装、服饰业	18	806	681	73	29
皮革、毛皮、羽毛及其制品和制鞋业	19	252	183	43	10
木材加工和木、竹、藤、棕、草制品业	20	754	611	92	17
家具制造业	21	243	200	25	8
造纸和纸制品业	22	462	352	63	10
印刷和记录媒介复制业	23	1743	1554	115	26
文教、工美、体育和娱乐用品制造业	24	513	411	62	20
石油加工和炼焦业	25	419	349	30	24
化学原料和化学制品制造业	26	2623	2185	235	85
医药制造业	27	811	710	58	19
化学纤维制造业	28	116	95	14	2
橡胶和塑料制品业	29	942	796	86	22
非金属矿物制品业	30	3704	3063	360	110
黑色金属冶炼和压延加工业	31	720	594	73	16
有色金属冶炼和压延加工业	32	921	784	70	25
金属制品业	33	1662	1436	117	51

分组的国有控股企业法人单位数

单位：个

						代码
当年关闭	当年破产	当年注销	当年吊销	注册未经营	其他	
4011	**529**	**213**	**42**	**825**	**4158**	--
59	**6**	**7**	**2**	**42**	**159**	A
15	2	2		15	46	01
11		1		7	49	02
10	1	2	1	10	16	03
2					11	04
21	3	2	1	10	37	05
87	**11**	**3**		**9**	**98**	B
49	7			6	74	06
1		1			1	07
8	1				5	08
10	1	1			7	09
15	2			3	9	10
3		1			1	11
1					1	12
725	**182**	**21**	**9**	**65**	**442**	C
47	9	2		7	43	13
29	9			3	15	14
18	9	1		3	13	15
5						16
34	19	2		1	19	17
10	2			3	8	18
6	2	1			7	19
16	4			3	11	20
7	1				2	21
23	2				12	22
25	5		1	1	16	23
9					11	24
10	1			1	4	25
70	10			6	32	26
11	2				11	27
1	3				1	28
19	6	1		1	11	29
97	22	4	1	8	39	30
19	2	2	1	1	12	31
23	8	1		4	6	32
31	5	1		3	18	33

2-14 续表 1

行业大类	代码	企业单位数	营业	停业(歇业)	筹建
通用设备制造业	34	2499	2100	238	70
专用设备制造业	35	2316	1959	162	92
汽车制造业	36	1367	1221	56	41
铁路、船舶、航空航天和其他运输设备制造业	37	883	778	46	27
电气机械和器材制造业	38	1749	1442	159	64
计算机、通信和其他电子设备制造业	39	1370	1224	71	35
仪器仪表制造业	40	626	561	30	15
其他制造业	41	392	335	21	24
废弃资源综合利用业	42	221	192	6	12
金属制品、机械和设备修理业	43	445	378	41	9
电力、热力、燃气及水生产和供应业	**D**	**16985**	**15273**	**423**	**869**
电力、热力生产和供应业	44	10483	9315	288	566
燃气生产和供应业	45	997	890	16	67
水的生产和供应业	46	5505	5068	119	236
建筑业	**E**	**17885**	**15918**	**680**	**767**
房屋建筑业	47	4142	3630	191	180
土木工程建筑业	48	7981	7200	255	307
建筑安装业	49	2266	2042	87	78
建筑装饰和其他建筑业	50	3496	3046	147	202
批发和零售业	**F**	**67049**	**58663**	**4808**	**1648**
批发业	51	40272	34997	3154	961
零售业	52	26777	23666	1654	687
交通运输、仓储和邮政业	**G**	**21139**	**19085**	**894**	**554**
铁路运输业	53	747	664	26	31
道路运输业	54	8001	7299	296	207
水上运输业	55	1155	1035	52	36
航空运输业	56	431	386	5	30
管道运输业	57	106	96	3	6
装卸搬运和运输代理业	58	2616	2363	90	79
仓储业	59	6128	5421	380	120
邮政业	60	1955	1821	42	45
住宿和餐饮业	**H**	**9846**	**8777**	**602**	**127**
住宿业	61	7009	6287	420	69
餐饮业	62	2837	2490	182	58
信息传输、软件和信息技术服务业	**I**	**9270**	**8483**	**266**	**268**
电信、广播电视和卫星传输服务	63	3888	3604	130	32
互联网和相关服务	64	871	801	18	32
软件和信息技术服务业	65	4511	4078	118	204

单位：个

当年关闭	当年破产	当年注销	当年吊销	注册未经营	其他	代码
42	17	2		5	25	34
48	15		2	3	35	35
21	6			4	18	36
21	2		1		8	37
38	12		1	1	32	38
14	8			5	13	39
8	1		2		9	40
9				1	2	41
7		2			2	42
7		2		1	7	43
178	**12**	**14**	**2**	**43**	**171**	D
148	4	11	2	32	117	44
9	2			3	10	45
21	6	3		8	44	46
235	**20**	**36**	**4**	**60**	**165**	E
75	8	10		18	30	47
80	6	20	1	31	81	48
28	1	3	1	3	23	49
52	5	3	2	8	31	50
890	**144**	**35**	**10**	**129**	**722**	F
502	73	21	4	86	474	51
388	71	14	6	43	248	52
260	**32**	**14**	**1**	**45**	**254**	G
7	2	1			16	53
99	7	5	1	22	65	54
13	4			4	11	55
3					7	56
					1	57
42	5	5		6	26	58
87	13	3		8	96	59
9	1			5	32	60
235	**18**	**6**	**2**	**8**	**71**	H
164	16	4		3	46	61
71	2	2	2	5	25	62
102	**3**	**6**	**1**	**27**	**114**	I
52	1	4		4	61	63
7	1	1		5	6	64
43	1	1	1	18	47	65

2-14 续表 2

行业大类	代码	企业单位数	营业	停业(歇业)	筹建
金融业	J	**16176**	**14975**	**639**	**359**
货币金融服务	66	7394	6962	247	109
资本市场服务	67	2365	2091	89	123
保险业	68	5511	5121	271	72
其他金融业	69	906	801	32	55
房地产业	K	**26273**	**23385**	**1317**	**608**
房地产业	70	26273	23385	1317	608
租赁和商务服务业	L	**45921**	**40245**	**2172**	**2123**
租赁业	71	1706	1526	62	75
商务服务业	72	44215	38719	2110	2048
科学研究和技术服务业	M	**20929**	**19014**	**745**	**693**
研究和试验发展	73	2052	1806	91	107
专业技术服务业	74	14439	13377	398	343
科技推广和应用服务业	75	4438	3831	256	243
水利、环境和公共设施管理业	N	**8929**	**7872**	**279**	**495**
水利管理业	76	1687	1484	59	84
生态保护和环境治理业	77	904	799	21	55
公共设施管理业	78	6338	5589	199	356
居民服务、修理和其他服务业	O	**4667**	**4129**	**227**	**168**
居民服务业	79	1720	1527	77	67
机动车、电子产品和日用产品修理业	80	1590	1420	94	38
其他服务业	81	1357	1182	56	63
教育	P	**2151**	**1920**	**89**	**73**
教育	82	2151	1920	89	73
卫生和社会工作	Q	**1532**	**1363**	**43**	**69**
卫生	83	1235	1139	25	30
社会工作	84	297	224	18	39
文化、体育和娱乐业	R	**8654**	**7872**	**401**	**176**
新闻和出版业	85	2259	2173	38	10
广播、电视、电影和影视录音制作业	86	2852	2528	210	45
文化艺术业	87	2193	1979	84	68
体育	88	515	458	19	24
娱乐业	89	835	734	50	29
公共管理、社会保障和社会组织	S	**79**	**65**	**8**	**5**
社会保障	93	79	65	8	5

单位：个

当年关闭	当年破产	当年注销	当年吊销	注册未经营	其他	代码
56	**2**	**2**	**1**	**20**	**122**	J
19				2	55	66
17		2	1	13	29	67
15	1			2	29	68
5	1			3	9	69
273	**37**	**25**	**3**	**53**	**572**	K
273	37	25	3	53	572	70
476	**29**	**22**	**3**	**205**	**646**	L
15	4			3	21	71
461	25	22	3	202	625	72
192	**11**	**12**		**39**	**223**	M
20	2			4	22	73
134	6	9		16	156	74
38	3	3		19	45	75
82	**4**	**3**	**3**	**44**	**147**	N
10	1			6	43	76
9			1	4	15	77
63	3	3	2	34	89	78
51	**4**	**4**		**17**	**67**	O
20				5	24	79
18	3	1		7	9	80
13	1	3		5	34	81
25	**1**	**1**		**5**	**37**	P
25	1	1		5	37	82
18	**2**			**2**	**35**	Q
15	2			1	23	83
3				1	12	84
67	**11**	**2**	**1**	**12**	**112**	R
11	1			1	25	85
26	5			2	36	86
14	4		1	7	36	87
5		1		1	7	88
11	1	1		1	8	89
					1	S
					1	93

2-15 按地区、营业状态分组的国有控股企业法人单位数

(2017年)

单位：个

地 区	企 业单位数	营业	停业(歇业)	筹建	当年关闭	当年破产	当年注销	当年吊销	注册未经营	其他
全 国	**325800**	**287686**	**17595**	**10741**	**4011**	**529**	**213**	**42**	**825**	**4158**
北 京	17711	16140	1136	102	201	12	4		4	112
天 津	8879	7539	570	482	128	11	13	3	12	121
河 北	10473	9219	545	420	104	15	9	5	58	98
山 西	11060	9467	777	524	57	10	5	1	70	149
内蒙古	5722	5160	181	239	38	10	2	1	16	75
辽 宁	14058	11681	1315	642	161	41	6	12	72	128
吉 林	5790	5223	334	99	64	7	10		5	48
黑龙江	8225	7372	436	143	85	22	2		27	138
上 海	11706	10870	374	104	150	4	31		5	168
江 苏	22014	20140	746	715	195	6	2	4	61	145
浙 江	12991	12046	424	320	55		4		112	30
安 徽	12738	8607	2823	868	185	36	5		37	177
福 建	12632	10577	849	734	225	17			22	208
江 西	9764	8831	308	320	129	11	5	1	12	147
山 东	18645	17129	573	479	214	25	6		14	205
河 南	14556	13488	408	247	131	36	11		13	222
湖 北	13511	12027	619	354	164	31	17		8	291
湖 南	12911	11947	338	215	188	49	5		13	156
广 东	24617	21567	1457	697	293	27	13	3	59	501
广 西	7043	6203	464	69	109	13	6	1	3	175
海 南	2592	2200	189	101	30	7	2		6	57
重 庆	7988	7325	184	219	134	11	8	2	10	95
四 川	11682	10751	342	331	81	7	16	5	42	107
贵 州	9604	8167	546	474	157	32	4		61	163
云 南	9558	8123	339	597	267	18	5	1	34	174
西 藏	1016	959	24	15	4					14
陕 西	10722	9569	400	415	240	20	4	1	24	49
甘 肃	4951	4510	211	118	50	19	4	1	2	36
青 海	2124	1781	93	135	69	12	1	1	4	28
宁 夏	1295	1195	29	37	12		1		1	20
新 疆	9222	7873	561	526	91	20	12		18	121